Die Zahlungen des Bürgen als vorläufige Sicherheit

Europäische Hochschulschriften
Publications Universitaires Européennes
European University Studies

Reihe II
Rechtswissenschaft

Série II   Series II
Droit
Law

Bd./Vol. 4539

PETER LANG
Frankfurt am Main · Berlin · Bern · Bruxelles · New York · Oxford · Wien

Olaf Dyck

Die Zahlungen des Bürgen als vorläufige Sicherheit

PETER LANG
Internationaler Verlag der Wissenschaften

Bibliografische Information der Deutschen Nationalbibliothek
Die Deutsche Nationalbibliothek verzeichnet diese Publikation in der Deutschen Nationalbibliografie; detaillierte bibliografische Daten sind im Internet über <http://www.d-nb.de> abrufbar.

Zugl.: Leipzig, Univ., Diss., 2006

15
ISSN 0531-7312
ISBN 978-3-631-55661-0

www.peterlang.de

Für meine Eltern
und meine Jeanninine

DANKSAGUNG

Die Arbeit hat der Juristenfakultät der Universität Leipzig im Frühjahr 2004 als Dissertation vorgelegen.
Herzlicher Dank gilt daher meinem Doktorvater, Herrn Professor Dr. Ekkehard Becker-Eberhard, der mir die Promotionsmöglichkeit eröffnet und mich während dieser Zeit betreut hat.
Ich danke Herrn Professor Dr. Gero R. Dolezalek für seine Bereitschaft, die Zweitkorrektur zu übernehmen und Herrn Professor Dr. Justus Meyer für die Erstellung der Drittkorrektur.

Weiter möchte ich mich bei den in dieser Arbeit erwähnten Kreditinstituten für die Zusendung der von ihnen im Jahr 2001 verwendeten Bürgschaftsformulare sowie bei meinem Schwager, Herrn Betriebswirt (FH) Sylvio Anton von der Volksbank Leipzig eG, für dessen praxisbezogene Informationen bei der Verwendung der untersuchten Bürgschaftsklausel bedanken.

Frau Christine Webers danke ich sehr herzlich für ihr mehrfaches Korrekturlesen.

Ganz besonderen Dank schulde ich meinen Eltern, Hans-Peter und Elke Dyck, die mir in meinem Leben in jeder Hinsicht alles ermöglicht und mich auch bei der Erstellung dieser Arbeit stets fürsorglich unterstützt haben. Ihnen ist es zu verdanken, dass sich die mit dieser Arbeit verbundenen Belastungen in Grenzen gehalten haben.

Gleicher Dank gilt meiner Ehefrau, Rechtsanwältin Jeannine Anton-Dyck, die mir neben der Absolvierung ihres Fachanwaltslehrganges für Arbeitsrecht und der Erstellung ihrer eigenen Dissertation für zahlreiche rechtsdogmatische Diskussionen im Rahmen dieser Arbeit hilfreich zur Verfügung stand.

Meinen Eltern und meiner Ehefrau möchte ich in großer Dankbarkeit diese Arbeit widmen.

Frankfurt am Main, den 15. Dezember 2006 Dr. Olaf Dyck

INHALTSVERZEICHNIS

ABKÜRZUNGSVERZEICHNIS

a.A.	anderer Ansicht
Abs.	Absatz
AcP	Archiv für die civilistische Praxis
a.E.	am Ende
a.F.	alte Fassung
AG	Aktiengesellschaft; Amtsgericht
AGB	Allgemeine Geschäftsbedingungen
AGB-Banken	Allgemeine Geschäftsbedingungen der privaten Banken und der Genossenschaftsbanken
AGBG	Gesetz zur Regelung des Rechts der Allgemeinen Geschäftsbedingungen
AGB-Spark	Allgemeine Geschäftsbedingungen der Sparkassen
Anh.	Anhang
Anm.	Anmerkung
Art.	Artikel
BAG	Bundesarbeitsgericht
BAGE	Entscheidungen des Bundesarbeitsgerichts
BB	Der Betriebs-Berater
Bd.	Band
Bekl.	Beklagte(r)
ber.	berichtigt
BGB	Bürgerliches Gesetzbuch
BGBl. I	Bundesgesetzblatt Teil I
BGH	Bundesgerichtshof
BGHZ	Entscheidungen des Bundesgerichtshofs in Zivilsachen
BMJ	Bundesministerium der Justiz
Bsp.	Beispiel
BuB	Bankrecht und Bankpraxis, Loseblattsammlung
BVerfG	Bundesverfassungsgericht
bzw.	beziehungsweise
Das Recht	Rundschau für den deutschen Juristenstand
DB	Der Betrieb
ders.	derselbe
d.h.	das heißt
dies.	dieselben

eG	eingetragene Genossenschaft
EGBGB	Einführungsgesetz zum BGB
Einf.	Einführung
Einf. v.	Einführung vor
Einl.	Einleitung
Einl. v.	Einleitung vor
e.V.	eingetragener Verein
EWG	Europäische Wirtschaftsgemeinschaft
EWiR	Entscheidungen zum Wirtschaftsrecht
f., ff.	folgend(e)
FK/Bearbeiter	Frankfurter Kommentar (und jeweiliger Bearbeiter) zur InsO
Fn.	Fußnote
FS	Festschrift
G	Gesetz
Gruchot	Beiträge zur Erläuterung des Deutschen Rechts (begründet von Gruchot)
GS	Großer Senat für Zivilsachen
HGB	Handelsgesetzbuch
HK/Bearbeiter	Heidelberger Kommentar (und jeweiliger Bearbeiter) zur InsO
HS	Halbsatz
i.d.R.	in der Regel
i.d.S.	in dem Sinne
i.H.v.	in Höhe von
InsO	Insolvenzordnung
i.S.d.	im Sinne des
i.V.m.	in Verbindung mit
JA	Juristische Arbeitsblätter
JR	Juristische Rundschau
Jura	Juristische Ausbildung
JuS	Juristische Schulung
JW	Juristische Wochenschrift
JZ	Juristenzeitung
KG	Kammergericht

Kl.	Kläger(in)
KO	Konkursordnung
KTS	Konkurs-, Treuhand- und Schiedsgerichtswesen
KuT	Konkurs- und Treuhandwesen (Monatsschrift für Wirtschaft und Recht)
LG	Landgericht
LZ	Leipziger Zeitschrift für Handels-, Konkurs- und Versicherungsrecht
MDR	Monatsschrift für Deutsches Recht
MK/Bearbeiter	Münchener Kommentar zum Bürgerlichen Gesetzbuch (und jeweiliger Bearbeiter)
m.w.N.	mit weiteren Nachweisen
Nachw.	Nachweise
NJ	Neue Justiz
NJW	Neue Juristische Wochenschrift
NJW-RR	NJW- Rechtsprechungsreport Zivilrecht
Nr.	Nummer
OLG	Oberlandesgericht
OLGE	Entscheidungen der Oberlandesgerichte
Palandt/Bearbeiter	Palandt (und jeweiliger Bearbeiter), Kurzkommentar zum BGB
Rdnr(n).	Randnummer(n)
RG	Reichsgericht
RGRK/Bearbeiter	Großkommentar zum BGB (und jeweiliger Bearbeiter), herausgegeben von Mitgliedern des Bundesgerichtshofs
RGZ	Entscheidungen des Reichsgerichts in Zivilsachen
Rspr.	Rechtsprechung
S.	Satz, Seite(n)
SeuffArch.	Seuffert`s Archiv für Entscheidungen der obersten Gerichte
SeuffBl.	Seuffert`s Blätter für Rechtsanwendung
Soergel/Bearbeiter	Soergel (und jeweiliger Bearbeiter), Kommentar zum BGB
Staudinger/ Bearbeiter	Staudinger (und jeweiliger Bearbeiter), Kommentar zum BGB

u.a.	und andere
Überbl. v.	Überblick vor
VerglO	Vergleichsordnung
vgl.	vergleiche
Vorbem.	Vorbemerkung
WarnRspr.	Warneyers Jahrbuch der Entscheidungen, Ergänzungsband, Die Rechtsprechung des Reichsgerichts
WM	Wertpapier-Mitteilungen
WuB	Wirtschafts- und Bankrecht
z.B.	zum Beispiel
ZBB	Zeitschrift für Bankrecht und Bankwirtschaft
Ziff.	Ziffer
ZIP	Zeitschrift für Wirtschaftsrecht (früher: Zeitschrift für die gesamte Insolvenzpraxis, daher die Abkürzung)
ZPO	Zivilprozessordnung
ZS	Zivilsenat
z.T.	zum Teil

TEIL 1: VORBETRACHTUNG

Banken und Sparkassen verwenden heute nur noch partiell[1] in ihren Formularverträgen die mit unterschiedlichen Nuancen ausgestaltete Bürgschaftsklausel:
„Zahlungen des Bürgen dienen als Sicherheitsleistung für dessen Bürgschaftsschuld, bis die Bank wegen ihrer sämtlichen Ansprüche gegen den Hauptschuldner, die im Zeitpunkt der vollständigen Erfüllung der Bürgschaftsschuld bestehen, befriedigt ist. Erst dann gehen die Ansprüche der Bank gegen den Hauptschuldner auf den Bürgen über. Die Bank ist jedoch berechtigt, sich jederzeit aus von dem Bürgen gezahlten Beträgen zu befriedigen."[2] [3]

---

1 Die zu überprüfende Bürgschaftsklausel wurde im Jahr 2001 in Leipzig nur noch von der Sparkasse Leipzig, der Volksbank Leipzig eG, der Deutschen Hypothekenbank Frankfurt-Hamburg AG (Deutsche Hyp), der Deutschen Zentral-Genossenschaftsbank (DZ Bank AG), der Deutschen Apotheker- und Ärztebank und der WTB Westdeutsche Kreditbank GmbH & Co. KG in den Bürgschaftsformularen verwendet. Die mit der Bürgschaftsklausel versehenen Formulare lagen dem Verfasser zur Überprüfung vor, sind dieser Arbeit jedoch nicht im Formular-Anhang beigefügt.

2 Die aufgeführte Bürgschaftsklausel befindet sich im Bürgschaftsformular der BHF-Bank vom 26.02.1992 (Anlagenkonvolut 1). Die BHF-Bank gebraucht die Bürgschaftsklausel seit dem Mustervorschlag vom 11.10.1993 nicht mehr. Der Mustervorschlag vom 26.06.2001 befindet sich im Formular-Anhang im Anlagenkonvolut 1.

3 Nach den rechtsvergleichenden Untersuchungen des Max-Planck-Instituts für ausländisches und internationales Privatrecht (Max-Planck-Institut, S. 50 ff.) sind die gesetzlichen Regelungen des Bürgschaftsrechts und die damit korrespondierenden Rückgriffsrechte des Bürgen in den Mitgliedstaaten der Europäischen Union strukturgleich kodifiziert. Dies ist der Grund, weshalb die zu untersuchende Bürgschaftsklausel in variierter Form auch von zahlreichen europäischen Kreditinstituten gebraucht wird. Diese Bürgschaftsklauseln sind inhaltlich wie folgt ausgestaltet:
• Nach den Ausführungen des Max-Planck-Instituts, S. 51 verwenden italienische Kreditinstitute die Bürgschaftsklausel:
„Der Bürge darf seine Rückgriffsansprüche erst nach voller Erfüllung seiner Verpflichtung geltend machen."
• Nach Becker, S. 76 ff.; Blessing, S. 35 ff. versuchen sich französische Kreditinstitute durch die inhaltliche Ausgestaltung der so genannten *„clause de non- concours"* umfassend zu sichern. Diese Bürgschaftsklausel verbietet es dem Bürgen, den Hauptschuldner unabhängig davon, auf welche Rechtsnorm er sich tatsächlich stützt, in Anspruch zu nehmen, solange das Kreditinstitut noch nicht wegen seiner Forderungen gegenüber dem Hauptschuldner vollständig befriedigt ist. Neben dieser *„clause de non- concours"* befindet sich in den Formularverträgen französischer Kreditinstitute noch die folgende Bürgschaftsklausel:
„Leistet der Bürge Teilzahlungen, so werden die von ihm gezahlten Beträge nicht dem Kontokorrent- bzw. Darlehenskonto des Hauptschuldners gutgeschrieben, sondern auf einem Sonderkonto verbucht, bis das Kreditinstitut vollständig befriedigt ist."
• Diese *„clause de non- concours"* befindet sich nach Hadding/Schneider, Teil III: Belgien, S. 127 auch in den Formularverträgen belgischer Kreditinstitute.
• Nach Hadding/Schneider, Teil IV: England, S. 76; Berensmann, S. 65 ff. hat sich auch in der Kautelarpraxis englischer Kreditinstitute zur Verstärkung der Gläubigerrechte die folgende Bürgschaftsklausel durchgesetzt:

Das OLG HAMBURG[4] hatte in seiner Entscheidung vom 23.10.1911 eine ähnliche Bürgschaftsklausel als *„vielfach übliche Bestimmung"* bezeichnet, die zudem nach der Auffassung des REICHSGERICHTS (RG)[5] *„völlig dem Sinne der Vorschrift des § 774 I 2 BGB[6] entspricht"*. Wenn auch der BUNDESGERICHTSHOF (BGH)[7] hierin eine *„typische, über den Bezirk eines Oberlandesgerichts hinaus verwendete Formularklausel"* erblickt, könnte der Eindruck erweckt werden, dass es sich tatsächlich um eine auch mit den §§ 305 ff. BGB (AGB-Gesetz a.F.[8]) im Einklang befindende Regelung handelt. Ob dies der Fall ist, soll Gegenstand dieser Arbeit sein.

Die Bürgschaftsklausel hat folgende Wirkungsweise: *„Soweit"* der Bürge seine Bürgschaftsschuld erfüllt, erwirbt er in der Höhe seiner Zahlungen kraft Gesetzes gemäß § 774 I 1 BGB den Anspruch des Gläubigers gegenüber dem Hauptschuldner in dem zu diesem Zeitpunkt konkret existierenden Bestand. Das Gesetz sieht deshalb diesen Forderungsübergang (so genannte cessio legis) vor,

---

„This guarantee shall be applicable to the ultimate balance that may become due to the Bank from the Principal and until repayment of such balance I will not take any steps to enforce any right or claim against the Principal in respect of any moneys paid by me to the Bank hereunder."

• Nach den Ausführungen von Rabl, V (Vorwort) ist das österreichische Bürgschaftsrecht in der Struktur und der Wirkungsweise wie das deutsche Bürgschaftsrecht aufgebaut. Darüber hinaus bezieht sich der Oberste Gerichtshof in Österreich im Rahmen seiner Judikatur vorzugsweise auf die Rechtsprechung des BGH und übernimmt diese sogar ansatzweise. Gerade deshalb gebrauchen österreichische Kreditinstitute die folgende Bürgschaftsklausel, die bei Rabl, S. 157 abgedruckt ist:

„Bis zur vollständigen Befriedigung aller Ansprüche gegen den Hauptschuldner gelten die vom Bürgen gemachten Zahlungen als Sicherheitsleistungen. Die Bank ist befugt, sich jederzeit aus gezahlten Beträgen zu befriedigen."

4 Vgl. OLG Hamburg, Urteil vom 23.10.1911 - Bf. I 71/11, LZ 1912 Sp. 410 Nr. 4.

5 Vgl. RG, Urteil vom 02.07.1917 - XI 151/17, LZ 1918 Sp. 206 Nr. 4; RG, Urteil vom 04.03.1937 - VI 371/36 (OLG Hamm), SeuffArch. Bd. 91 (Heft 8) Nr. 100.

6 Bürgerliches Gesetzbuch (BGB) vom 18.08.1896 (RGBl. S. 195) in der Fassung der Bekanntmachung vom 02.01.2002 (BGBl. I S. 42, ber. S. 2909 und BGBl. I 2003, S. 738), zuletzt geändert durch das Gesetz zur Modernisierung des Investmentwesens und zur Besteuerung von Investmentvermögen (Investmentmodernisierungsgesetz) vom 15.12.2003 (BGBl. I 2676).

7 Vgl. BGH, Urteil vom 30.10.1984 - IX ZR 92/83 (LG Rottweil, OLG Stuttgart), BGHZ 92, 374 (378) = WM 1984, 1630 (1631) = ZIP 1985, 18 (20) = DB 1985, 274 (274) = NJW 1985, 614 (614) = MDR 1985, 317 (317).

8 Gesetz zur Regelung des Rechts der Allgemeinen Geschäftsbedingungen (AGB-Gesetz) vom 09.12.1976 (BGBl. I S. 3317). Das AGB-Gesetz ist durch Art. 1 des Gesetzes zur Modernisierung des Schuldrechts vom 26.11.2001 (BGBl. I S. 3138) in den Abschnitt 2 des BGB (§§ 305 bis 310 BGB) eingefügt worden.

weil der Bürge nicht gemäß § 267 I 1 BGB als *„Dritter"* die Hauptschuld erfüllt[9] und somit den Untergang der gesicherten Forderung herbeiführt, sondern er mit der Zahlung seine eigene Bürgenschuld tilgt. Falls die Zahlungen des Bürgen allerdings nach der Bürgschaftsklausel als Sicherheitsleistungen zu qualifizieren sind, tritt die für § 774 I 1 BGB erforderliche *„endgültige Befriedigung"* nicht ein, weil den Zahlungen vorläufig die Erfüllungswirkung i.S.d. § 362 I BGB genommen wird. Hierdurch erhält der Bürge weder in der Höhe seiner Zahlungen die Hauptforderung des Gläubigers gegenüber dem Hauptschuldner mit den gemäß §§ 412, 401 BGB übergehenden akzessorischen Sicherheiten noch einen schuldrechtlichen Anspruch gegenüber dem Gläubiger auf Übertragung der für die Hauptforderung bestellten nicht akzessorischen Sicherheiten. Die Bürgschaftsklausel bewirkt durch den Aufschub des gesetzlichen Forderungsüberganges demnach einen *„Schwebezustand"*. Dies hat für den Bürgen insbesondere dann Auswirkung, wenn über das Vermögen des Hauptschuldners ein Insolvenzverfahren eröffnet wird. Auf Grund des Regelungskomplexes der Bürgschaftsklausel können die Bürgschaftszahlungen nicht den gesetzlichen Forderungsübergang herbeiführen, so dass der Bürge nicht als Insolvenzgläubiger gemäß § 38 InsO[10] [11] qualifiziert werden kann. Der Bürge kann sich folglich auch nicht an einem Insolvenzverfahren des Hauptschuldners beteiligen.
Durch den im Satz drei der Bürgschaftsklausel verankerten Regelungskomplex, nach dem das Kreditinstitut berechtigt ist, *„sich jederzeit aus von dem Bürgen gezahlten Beträgen zu befriedigen"*, wird diesem eine Option in dem Sinne gewährt, dass es die Sicherheitszahlungen des Bürgen in eine so genannte *„Erfüllungszahlung"* umwandeln kann.[12] Solange es hiervon keinen Gebrauch macht, bleibt es dabei,

---

9 Vgl. Staudinger/Horn, BGB, § 774 Rdnr. 3; MK/Habersack, BGB, § 774 Rdnrn. 2 ff.; Palandt/Sprau, BGB, § 774 Rdnr. 7; Rieder/Rieder, Die Bankbürgschaft, Ziff. 6.1.

10 Insolvenzordnung (InsO) vom 05.10.1994 (BGBl. I S. 2866), zuletzt geändert durch das Gesetz zu Reformen am Arbeitsmarkt vom 24.12.2003 (BGBl. I 3002).

11 § 38 InsO bestimmt, dass derjenige als Insolvenzgläubiger zu bezeichnen ist, der einen zur Zeit der Eröffnung des Insolvenzverfahrens begründeten Vermögensanspruch gegen den Schuldner innehat. § 38 InsO entspricht inhaltlich § 3 I KO, der die Person des Konkursgläubigers legal definierte. Die Konkursordnung vom 10.02.1877 (RGBl. S. 351), in der Fassung der Bekanntmachung vom 20.05.1898 (RGBl. S. 612), ist mit Wirkung vom 01.01.1999 durch Art. 2 Nr. 4 des Einführungsgesetzes zur Insolvenzordnung vom 05.10.1994 (BGBl. I S. 2911) aufgehoben worden. Ab diesem Zeitpunkt gilt die Insolvenzordnung vom 05.10.1994 (BGBl. I. S. 2866).

12 Schreiner, S. 136 betont, dass die beschriebene Umwandlung in eine Erfüllungszahlung nicht automatisch erfolgen kann. Deshalb behalten sich die Kreditinstitute durch Satz drei der Bürgschaftsklausel ein Umwandlungsrecht explizit vor, damit sie eine optimale Befriedigung - Insolvenzdividende plus Bürgenleistung – erhalten.

dass wegen der fehlenden Befriedigung des Kreditinstitutes die Voraussetzungen des Zessionsregresses nicht vorliegen.
Gegenstand dieser Arbeit ist, herauszuarbeiten, weshalb es der Bürgschaftsklausel überhaupt bedarf, die zudem inhaltlich in den vergangenen Jahren auf die jeweiligen Bedürfnisse präzisiert worden ist. Hierbei ist vor allem zu untersuchen, ob der durch die Bürgschaftsklausel bewirkte Aufschub des gesetzlichen Forderungsüberganges dem Leitbild der Regelungen des Bürgschaftsrechts und der Inhaltskontrolle der §§ 305 ff. BGB (AGB-Gesetz a.F.) entspricht unter Berücksichtigung der besonderen Stellung des persönlich und vielfach auch aus altruistischen Motiven haftenden Bürgen. Denn soweit die Banken und Sparkassen in der Praxis versuchen, die ausgewogenen gesetzlichen Bürgschaftsregelungen[13] inhaltlich zu verändern, ist es die Aufgabe der Rechtsprechung, die zum Teil schwierige Gratwanderung zwischen dem nachvollziehbaren Sicherungsbedürfnis des Kreditinstitutes und der ungleich schwächeren Verhandlungsposition des Bürgen zu beschreiten und die vereinbarten Regelungen in einem objektiven Abwägungsprozess zu harmonisieren. Dabei sind insbesondere die Behandlung der Bürgschaftszahlungen als Sicherheitsleistung sowie die damit korrespondierende Stellung des Bürgen im Insolvenzverfahren des Hauptschuldners maßgebend zu berücksichtigen. Ebenfalls ist der Frage nachzugehen, wie die Kreditinstitute die mit der Bürgschaftsklausel als Sicherheit dienenden Zahlungen anzulegen und zu verzinsen haben.
Die in den letzten Jahrzehnten auch mit der zu überprüfenden Bürgschaftsklausel in Verbindung gestandene Ausdehnung der Bürgenhaftung auf alle bestehenden und künftigen - auch bedingten oder befristeten - Ansprüche aus der Geschäftsverbindung mit dem Hauptschuldner ließ eine zeitliche Begrenzung und eine Einschränkung auf den eigentlichen Anlass der Bürgschaftsübernahme nicht mehr zu. Da der Bürge nach diesem Verständnis natürlich auch für alle später entstandenen, nicht unbeachtlichen Zinsen und Nebenforderungen einzustehen hatte, blieb für ihn im ungünstigsten Falle eine lebzeitige Haftung, deren Umfang gerade geschäftsunerfahrene Privatpersonen beim Abschluss eines Bürgschaftsvertrages nicht einmal erahnten.
Gerade deshalb muss übergreifend festgestellt werden, ob die neue Rechtsprechung des BGH im Rahmen des Bürgschaftsrechts Einfluss auf den Inhalt der Bürgschaftsklausel genommen hat, bzw. hätte nehmen müssen. Neben der *„Anlassrechtsprechung“*[14] des BGH ist ergänzend auf die Frage einzugehen, inwieweit

---

13 Vgl. Hadding/Häuser/Welter, S. 571 (S. 673 f.).

14 Vgl. BGH, Urteil vom 18.05.1995 – IX ZR 108/94 (LG Kaiserslautern, OLG Zweibrücken), BGHZ 130, 19 (31 ff.) = NJW 1995, 2553 (2553 ff.); BGH, Urteil vom

es für die Wirksamkeit der Bürgschaftsklausel relevant ist, ob der Bürge entweder als Privatperson oder als Kaufmann lediglich für eine einzelne oder statt dessen für eine Mehrheit von Forderungen einzustehen hat.
Die Bürgschaftsklausel verfolgt demnach das Ziel, das Außenverhältnis zwischen dem Kreditinstitut und dem Bürgen zu regeln. Hierbei muss aber folgendes berücksichtigt werden: Der Bürge verpflichtet sich in der Regel auf Grund eines Auftrages oder einer entgeltlichen Geschäftsbesorgung dem Hauptschuldner gegenüber, für dessen Zahlungsverpflichtungen gegenüber dem Gläubiger eine Bürgschaft zu übernehmen. Soweit der Bürge vom Gläubiger wegen seiner Bürgschaftsverpflichtung in Anspruch genommen wird und Bürgschaftszahlungen leistet, können diese Zahlungen als *„Aufwendungen"* bezeichnet werden, wenn der beauftragte Bürge die Vermögensopfer zum Zwecke der Ausführung seines Vertragsverhältnisses freiwillig oder auf Weisung erbringt. Eine Aufwendung kann bereits in der Eingehung einer Verbindlichkeit[15] und deshalb in einem Bürgschaftsvertrag gesehen werden. In diesem Fall steht dem Bürgen gegenüber dem Hauptschuldner ein Aufwendungsersatzanspruch gemäß § 670 BGB zu, der originär und erst mit der Zahlung des Bürgschaftsbetrages an den Gläubiger entsteht. Fraglich ist deshalb, ob sich der Regelungsgehalt der Bürgschaftsklausel auch auf dieses Innenverhältnis *„erstreckt"* und, falls diese Betrachtung zutreffend ist, welche Auswirkungen dies im Rahmen eines Insolvenzverfahrens über das Vermögen des Hauptschuldners hat.
Unabhängig von diesem kontrovers geführten Theorienstreit gilt es zusätzlich der Frage nachzugehen, welche Sicherungen der Bürge gegenüber dem Hauptschuldner bei einem zu bejahenden Anspruch aus dem Innenverhältnis zu wahren hat, soweit der Hauptschuldner an den Bürgen zu einem Zeitpunkt Zahlungen erbringt, bevor das Kreditinstitut vollständig befriedigt worden ist. Diese Frage ist deshalb zu erörtern, weil das Kreditinstitut auch die Möglichkeit hat, den Hauptschuldner in Anspruch zu nehmen, statt auf die Sicherheitszahlungen des Bürgen zuzugreifen. Ohne eine entsprechende Sicherung könnte der Hauptschuldner bei einer Insolvenz des Bürgen der Gefahr unterliegen, *„doppelt"* in

---

18.01.1996 – IX ZR 69/95 (Celle), BGHZ 132, 6 (8 f.) = NJW 1996, 924 (924 f.); BGH, Urteil vom 07.03.1996 – IX ZR 43/95 (Karlsruhe), NJW 1996, 1470 (1472 f.); OLG München, Urteil vom 10.12.1997 – 3 U 3961/97 (rechtskräftig), ZIP 1998, 731 (732); BGH, Urteil vom 13.11.1997 – IX ZR 289/96 (Düsseldorf), BGHZ 137, 153 (156 ff.) = NJW 1998, 450 (451 f.); im Rahmen der Höchstbetragsbürgschaft sei auf die Urteile des BGH vom 13.06.1996 – IX ZR 229/95 (Hamm), NJW 1996, 2369 (2369 f.) = WM 1996, 1391 (1392) sowie vom 28.10.1999 – IX ZR 364/97 (Rostock), NJW 2000, 658 (658 ff.) = WM 2000, 64 (65 ff.) verwiesen.

15 Vgl. Palandt/Sprau, BGB, § 670 Rdnr. 2.

Anspruch genommen zu werden. Deshalb muss die Frage beantwortet werden, ob der Bürgschaftsvertrag als ein *„Vertrag zugunsten eines Dritten"*, nämlich des Hauptschuldners, qualifiziert werden kann.
Darüber hinaus ist im Rahmen der Bürgschaftsklausel auch zu beachten, dass dem Kreditinstitut als Sicherheit für seine Forderung gegenüber dem Hauptschuldner möglicherweise mehrere Bürgen, die sich ebenfalls für diese Forderung verbürgt haben, zur Verfügung stehen. Dies hat folgende Wirkung:
Auf Grund der Vorschrift des § 769 BGB sind Mitbürgen grundsätzlich als Gesamtschuldner zu qualifizieren, unabhängig davon, ob sie sich gemeinschaftlich oder ohne Wissen des anderen dem Gläubiger gegenüber getrennt voneinander verbürgen.[16] Soweit ein Mitbürge die gesamte Forderung des Gläubigers gegenüber dem Hauptschuldner erfüllt, geht die Hauptforderung gemäß § 774 I 1 BGB im Wege der cessio legis auf ihn über. Daneben geht auch gemäß §§ 774 II, 769, 426 II 1 BGB die für die Hauptforderung bestellte Bürgschaftsforderung des Gläubigers gegenüber dem anderen Mitbürgen auf den zahlenden Mitbürgen über, wobei dieser Forderungsübergang der Höhe nach begrenzt ist auf den im Innenverhältnis auf den anderen Mitbürgen entfallenden Anteil (§ 426 I BGB).
Neben der cessio legis steht dem zahlenden Mitbürgen auch ein selbstständiger Ausgleichsanspruch gegenüber dem anderen Mitbürgen gemäß §§ 774 II, 769, 426 I BGB zu, der inhaltlich durch die Begründung der Mitbürgschaft auf Befreiung und, nach der Befriedigung des Gläubigers, auf einen Ausgleich des Geleisteten gerichtet ist.[17] Die auf den zahlenden Mitbürgen im Wege der cessio legis übergehenden Forderungen und sein originärer, durch die Vorschriften der Gesamtschuldnerschaft bestehender Ausgleichsanspruch stehen nebeneinander auf gleicher Stufe.[18] Der zahlende Mitbürge hat somit ein Wahlrecht, auf welchen Anspruch er sein Ausgleichsbegehren stützt.[19] Auf Grund dieser Ausführungen ist der Frage nachzugehen, ob sich der Regelungsgehalt der Bürgschaftsklausel auch auf diese Rückgriffsansprüche des Bürgen *„erstreckt"*. Soweit dies der Fall sein sollte, muss klarstellend erörtert werden, welche Möglichkeiten der zahlende Mitbürge hat, den anderen Mitbürgen bereits vor dem Zeitpunkt der vollständigen Befriedigung des Kreditinstitutes auf Zahlung in

16 Vgl. Palandt/Sprau, BGB, § 769 Rdnr. 1.
17 Vgl. Palandt/Heinrichs, BGB, § 426 Rdnr. 5.
18 Der BGH hat diesen Grundsatz für das Gesamtschuldverhältnis beispielsweise in seinem Urteil vom 30.10.1980 – III ZR 132/79 (Celle), BGH NJW 1981, 681 (681) aufgestellt.
19 Der BGH hat diesen Gesichtspunkt für das Gesamtschuldverhältnis unter anderem in seinem Urteil vom 29.06.1972 – VII ZR 190/71 (LG München I, OLG München), BGHZ 59, 97 (102 f.) festgestellt.

Anspruch zu nehmen. Diese Frage ist deshalb zu stellen, weil dem zahlenden Mitbürgen zwar während dieses *„Schwebezustandes"* ein selbstständiger Ausgleichsanspruch gegenüber dem anderen Mitbürgen gemäß §§ 774 II, 769, 426 I BGB zusteht, dieser aber - wegen der fehlenden Befriedigung des Kreditinstitutes - nur durch eine Zahlung des anderen Mitbürgen an das Kreditinstitut erfüllt werden kann. Eine solche Zahlung könnte das Kreditinstitut aber wegen der Bürgschaftsklausel wiederum als Sicherheitsleistung verbuchen, mit der Folge, dass die mit der Zahlung des anderen Mitbürgen angestrebte Erfüllungswirkung i.S.d. § 362 I BGB nicht eintritt. Welchen Sinn sollte dann aber die Geltendmachung dieses Anspruches für den zahlenden Mitbürgen haben? Denn inwieweit das Kreditinstitut auf die Sicherheitszahlungen der Mitbürgen *„zugreift"* und somit die Erfüllungswirkung herbeiführt, ist ungewiss. Ein Ausweg aus dieser Lage könnte dadurch herbeigeführt werden, dass dem zahlenden Mitbürgen gegenüber dem anderen Mitbürgen ein Zahlungsanspruch *„zugebilligt"* wird. Zu beachten ist aber, dass es einen solchen Zahlungsanspruch vor dem Zeitpunkt der Befriedigung des Gläubigers nach den Vorschriften der Gesamtschuldnerschaft nicht gibt. Deshalb ist zu erörtern, ob sich ein solcher Anspruch nicht möglicherweise wegen des Regelungsgehaltes der Bürgschaftsklausel aus allgemeinen Wertungen, wie der Vermeidung des so genannten *„Wettlaufs der Sicherungsgeber"*, ergibt.
Den Schwerpunkt der Arbeit soll aber die Vereinbarkeit der Bürgschaftsklausel mit den §§ 305 ff. BGB (AGB-Gesetz a.F.) bilden, wobei auch die Zulässigkeit dieses Regelungskomplexes im Rahmen eines Individualvertrages diskutiert wird.
Die Bürgschaftsklausel ist im Jahre 1993 vom BUNDESVERBAND DER DEUTSCHEN BANKEN durch eine andere Bürgschaftsklausel ersetzt worden. Hierbei sollen nicht nur die Motive der insoweit geänderten Formularpraxis dargelegt, sondern auch, unter Beachtung der elementaren Grundregeln, eigene Lösungsansätze entwickelt werden.

TEIL 2: DAS SICHERUNGSBEDÜRFNIS DER KREDITINSTITUTE

1. ABSCHNITT: DER ZESSIONSREGRESS

Soweit einige Banken und Sparkassen durch ihre Allgemeinen Geschäftsbedingungen bestrebt sind, den mit den Zahlungen des Bürgen bewirkten gesetzlichen Forderungsübergang gemäß § 774 I 1 BGB hinauszuschieben, ist klarstellend herauszuarbeiten, weshalb es einer solchen Kautelarpraxis überhaupt bedarf.

Für die Frage der Notwendigkeit des Gebrauchs der Bürgschaftsklausel ist deshalb zunächst auf den Übergang der Hauptforderung auf den zahlenden Bürgen einzugehen. Dabei müssen vor allem die unterschiedlichen Rechtswirkungen aufgezeigt werden, die entstehen, falls der Bürge vor bzw. nach der Eröffnung eines Insolvenzverfahrens über das Vermögen des Hauptschuldners die Bürgschaft teilweise bzw. vollständig erfüllt. Diese Differenzierung nach dem Zeitpunkt der Bürgschaftszahlung ist nicht nur für die Qualifizierung des Bürgen als möglicher Insolvenzgläubiger gemäß § 38 InsO relevant, sondern vor allem für die Anwendbarkeit der gesetzlichen Regelungen des § 774 BGB und der §§ 43 f. InsO.

A) Die allgemeinen Voraussetzungen und der Umfang der Bürgenhaftung

Die allgemeinen Voraussetzungen und der Umfang der Bürgenhaftung stellen sich zusammengefasst wie folgt dar:

- Durch den Bürgschaftsvertrag verpflichtet sich der Bürge dem Gläubiger eines Dritten gegenüber für die Erfüllung der Verbindlichkeit des Dritten einzustehen (§ 765 I BGB). Die Bürgschaft ist hierbei von Gesetzes wegen eine Interzession, so dass der Bürge als Sicherungsgeber bei der Übernahme der Bürgschaft niemals mit dem Schuldner der gesicherten Forderung (Hauptschuldner) identisch ist. Aber auch die Bürgschaftsschuld ist nicht identisch mit der Hauptschuld.[20]

---

20 Vgl. Lwowski, Rdnr. 341; Schütz, S. 424; Schaarschmidt, Rdnr. 2. 898; Eggert, § 3; an dieser Stelle sei auch auf Gentz, S. 154 ff., der die Voraussetzungen des Bürgschaftsvertrages nach islamischem Recht, und auf Hadding/Schneider, Teil VII: Spanien, S. 163 ff., die die Voraussetzungen des Bürgschaftsvertrages nach spanischen Recht darstellen, verwiesen.

Die Bürgschaft, die regelmäßig von einem Garantievertrag, einer Schuldübernahme oder einem Kreditauftrag abzugrenzen ist[21], stellt einen streng einseitigen, grundsätzlich nur den Bürgen verpflichtenden Vertrag dar.

• Ausweislich § 766 S. 1 BGB ist nur die Verpflichtungserklärung des Bürgen formbedürftig, die schriftlich erteilt werden muss. Für Vollkaufleute gilt § 350 HGB[22], so dass diese eine Bürgschaft formlos erklären können, wenn es sich um ein Handelsgeschäft handelt. Hierbei ist zu berücksichtigen, dass eine zwischen Kaufleuten vereinbarte Form nur Beweiszwecken, nicht aber dem Schutz vor Übereilung dient, und dass die Andeutungstheorie nicht zur Anwendung kommt.[23]
Die Bürgschaftsurkunde muss grundsätzlich den Verbürgungswillen des Bürgen zum Ausdruck bringen sowie die Person des Gläubigers und des Hauptschuldners als auch die verbürgte Schuld in individuell bestimmbarer Weise bezeichnen. Einschränkungen der Verpflichtung des Bürgen sind hingegen formlos möglich.
Mängel des Bürgschaftsvertrages können als bürgenbezogene Einwendungen der Bürgenverpflichtung entgegengehalten werden. Ein Verzicht auf diese Einwendungen kommt der erneuten Abgabe einer Bürgschaftserklärung gleich und bedarf daher der Form des § 766 S. 1 BGB.

• Der Umfang der Bürgschaft ist nach dem Grundsatz der Akzessorietät von dem jeweiligen Bestand der Hauptforderung abhängig (§ 767 I BGB). Die Bürgschaft ist hierbei gemäß § 765 II BGB auch für eine künftige oder eine bedingte Hauptforderung möglich, wobei zu beachten ist, dass die Bindung des Bürgen an den Bürgschaftsvertrag schon vor der Entstehung der Hauptforderung eintritt, die Bürgenhaftung hingegen erst mit ihrer Entstehung. Die künftige Forderung muss bestimmt oder bestimmbar sein. Hat sich der Bürge aus ei-

---

21 Vgl. Lwowski, Rdnr. 341; Tiedtke, ZIP 1986, 69 (71); Kohls, S. 103 ff.; Vallenthin, S. 90.

22 Handelsgesetzbuch (HGB) vom 10.05.1897 (RGBl. S. 219), zuletzt geändert durch das Gesetz zur Reform des Zulassungs- und Prüfungsverfahrens des Wirtschaftsprüfungsexamens (Wirtschaftsprüfungsexamens- Reformgesetz- WPRefG) vom 01.12.2003 (BGBl. I 2446). § 350 HGB ist wie folgt formuliert: *„Auf eine Bürgschaft, ein Schuldversprechen oder ein Schuldanerkenntnis finden, sofern die Bürgschaft auf der Seite des Bürgen, das Versprechen oder das Anerkenntnis auf der Seite des Schuldners ein Handelsgeschäft ist, die Formvorschriften des § 766 Satz 1 und 2, des § 780 und des § 781 Satz 2 des Bürgerlichen Gesetzbuchs keine Anwendung."* Die Vorschrift des § 350 HGB ist beispielsweise bei Bydlinski, S. 20 ff. erläutert.

23 Vgl. BGH, Urteil vom 03.12.1992 – IX ZR 29/92 (Köln), WM 1993, 239 (240).

nem konkreten Anlass verbürgt, ist seine Haftung aber durch eine Klausel in den Allgemeinen Geschäftsbedingungen auf alle gegenwärtigen und künftigen Forderungen des Hauptschuldners aus der Geschäftsverbindung erweitert worden, beschränkt sich seine Haftung gleichwohl nur auf die Hauptforderung, deren Absicherung der konkrete Anlass für die Bürgschaft gewesen ist.[24] Eine weitergehende Klausel in den Allgemeinen Geschäftsbedingungen verstößt gegen §§ 305 c I, 307 I, II BGB (§§ 3, 9 AGBG a.F.[25]).

---

24 Ein Verstoß gegen §§ 3, 9 AGBG a.F. (§§ 305 c I, 307 I, II BGB) führt nur dazu, dass die formularmäßige Zweckerklärung unwirksam ist, die Bürgschaft bleibt hingegen für die nach Grund und Umfang klar erkennbare Schuld, die Anlass der Eingehung der Bürgschaft war, wirksam. Insoweit sei verwiesen auf BGH, Urteil vom 18.05.1995 – IX ZR 108/94 (LG Kaiserslautern, OLG Zweibrücken), BGHZ 130, 19 (35) = NJW 1995, 2553 (2557); BGH, Urteil vom 07.03.1996 – IX ZR 43/95 (Karlsruhe), NJW 1996, 1470 (1472); BGH, Urteil vom 13.11.1997 – IX ZR 289/96 (LG Düsseldorf, OLG Düsseldorf), BGHZ 137, 153 (157) = ZIP 1998, 16 (17) = JZ 1998, 730 (731); BGH, Urteil vom 15.07.1999 – IX ZR 243/98 (LG Mainz, OLG Koblenz), BGHZ 142, 213 (216 ff.) = ZIP 1999, 1480 (1481); BGH, Urteil vom 28.10.1999 – IX ZR 364/97 (LG Schwerin, OLG Rostock), BGHZ 143, 95 (102) = ZIP 2000, 65 (69); BGH, Urteil vom 02.03.2000 – IX ZR 328/98 (Oldenburg), NJW 2000, 1566 (1567); BGH, Urteil vom 06.04.2000 – IX ZR 2/98 (Hamm), NJW 2000, 2580 (2581); BGH, Urteil vom 29.03.2001 – IX ZR 20/00 (OLG Brandenburg), ZIP 2001, 1361 (1362) = NJW-RR 2002, 343 (344); OLG Zweibrücken, Urteil vom 20.12.2001 – 4 U 131/00, NJW-RR 2002, 1037 (1038); OLG Köln, Urteil vom 30.01.2002 – 13 U 93/01 (rechtskräftig, LG Bonn), ZIP 2002, 844 (844 f.); in diesem Sinne argumentieren auch Horn, ZIP 1997, 525 (527 f.); Tiedtke, ZIP 1998, 449 (450); ders., JZ 1998, 732 (734 f.); ders., NJW 2001, 1015 (1028); Koch, NJW 2000, 1996 (1997) sowie Fischer, WM 2001, 1049 (1053); für die nicht erfassten Ansprüche ist hingegen nach dem Urteil des BGH vom 02.03.2000 – IX ZR 328/98 (Oldenburg), NJW 2000, 1566 (1569) eine neue Verbürgung erforderlich; a.A. Schmitz-Herscheidt, der darauf hinweist, dass der *„Bürge von jeder Haftung frei werden"* müsse, da dies anderenfalls gegen das Verbot der geltungserhaltenden Reduktion verstoße.

25 Die Rechtsprechung hat diese Rechtsfolge wiederholt bestätigt. Als Beispiele hierfür dienen unter anderem BGH, Urteil vom 01.06.1994 – XI ZR 133/93 (LG Wiesbaden, OLG Frankfurt), BGHZ 126, 174 (176 ff.); BGH, Urteil vom 18.05.1995 – IX ZR 108/94 (Zweibrücken), BGHZ 130, 19 (23 ff.) = NJW 1995, 2553 (2554 ff.); BGH, Urteil vom 18.01.1996 – IX ZR 69/95 (LG Lüneburg, OLG Celle), BGHZ 132, 6 (8 ff.) = NJW 1996, 924 (924 f.); BGH, Urteil vom 07.03.1996 – IX ZR 43/95 (Karlsruhe), NJW 1996, 1470 (1472) = WM 1996, 766 (768 f.); BGH, Urteil vom 13.06.1996 – IX ZR 229/95 (Hamm), NJW 1996, 2369 (2369 f.) = WM 1996, 1391 (1392); BGH, Urteil vom 13.11.1997 – IX ZR 289/96 (LG Düsseldorf, OLG Düsseldorf), BGHZ 137, 153 (155 ff.) = ZIP 1998, 16 (17 f.) = JZ 1998, 730 (730 f.); OLG München, Urteil vom 10.12.1997 – 3 U 3961/97 (rechtskräftig), ZIP 1998, 731 (732); BGH, Urteil vom 02.07.1998 – IX ZR 255/97 (Brandenburg), NJW 1998, 2815 (2816); BGH, Urteil vom 24.09.1998 – IX ZR 425/97 (KG), NJW 1998, 3708 (3709); OLG Köln, Urteil vom 18.12.1998 – 3 U 9/98, BB 1999, 710 (711); BGH, Urteil vom 15.07.1999 – IX ZR 243/98 (LG Mainz, OLG Koblenz), BGHZ 142, 213 (215 f.); BGH, Urteil vom 28.10.1999 – IX ZR 364/97 (LG Schwerin, OLG Rostock), BGHZ 143, 95 (96 ff.); OLG Koblenz, Urteil vom 12.11.1999 – 10 U

Die Bürgschaft erfasst des Weiteren auch die auf die Hauptforderung zu zahlenden Zinsen, soweit dies vereinbart worden ist.[26]

• Der Bürge kann - wegen der Akzessorietät der Bürgenverpflichtung - rechtshindernde und rechtsvernichtende Einwendungen des Hauptschuldners gegen die gesicherte Forderung und - wegen seiner Vertragsbeziehung zum Gläubiger - alle rechtshindernden und rechtsvernichtenden Einwendungen gegen die Bürgenverpflichtung erheben. Zudem hat er gemäß § 768 BGB die Möglichkeit, die dem Hauptschuldner gegen die Hauptforderung zustehenden Einreden, selbst wenn der Hauptschuldner auf diese verzichtet hat, geltend zu machen. Der Bürge ist darüber hinaus wegen seiner Rechtsbeziehung zum Gläubiger berechtigt, die Einreden gemäß §§ 770 f. BGB zu erheben.

• Die auf unbestimmte Zeit eingegangene Bürgschaft kann unter engen Voraussetzungen vom Bürgen nach angemessener Zeit oder aus wichtigem Grund gekündigt werden. Die für eine laufende Geschäftsverbindung bestellte Bürgschaft endet hingegen mit der Kündigung der Geschäftsverbindung, wobei der Bürge in diesem Fall nur für die bis zur Kündigung entstandenen Schulden sowie für die später auflaufenden Zinsen haftet. Die zeitlich begrenzte Bürgschaft endet sowohl mit Zeitablauf als auch mit dem Wegfall des Hauptschuldners.[27]

1654/98 (rechtskräftig), WM 2000, 2296 (2298); BGH, Urteil vom 16.12.1999 – IX ZR 36/98 (München), NJW 2000, 1179 (1181 f.); BAG, Urteil vom 27.04.2000 – 8 AZR 286/99 (LAG Köln), ZIP 2000, 1351 (1354); BGH, Urteil vom 29.03.2001 – IX ZR 20/00 (OLG Brandenburg), ZIP 2001, 1361 (1361) = NJW-RR 2002, 343 (344); OLG Zweibrücken, Urteil vom 20.12.2001 – 4 U 131/00, NJW-RR 2002, 1037 (1038); OLG Köln, Urteil vom 30.01.2002 – 13 U 93/01 (rechtskräftig, LG Bonn), ZIP 2002, 844 (844 f.); in diesem Sinne argumentieren auch Horn, ZIP 1997, 525 (526 f.); Trapp, ZIP 1997, 1279 (1281 ff.); Koch, NJW 2000, 1996 (1997) und Tiedtke, NJW 2001, 1015 (1028); kritisch zum Urteil des BGH vom 28.10.1999 Siems, JuS 2001, 429 (430 ff.) und zur Rückwirkung der Rechtsprechung Medicus, WM 1997, 2333 (2333 ff.).

26 Vgl. Palandt/Sprau, BGB, § 765 Rdnr. 19.

27 Vgl. Palandt/Sprau, BGB, § 765 Rdnrn. 13 ff.; Reinicke/Tiedtke, Rdnrn. 165 ff.; dies., Bürgschaftsrecht, Rdnrn. 127 ff.

B) Der gesetzliche Forderungsübergang gemäß § 774 I 1 BGB

I. Die Voraussetzungen und die Rechtsfolgen des gesetzlichen Forderungsüberganges

1. Die Hauptforderung und die für sie bestellten unselbstständigen Nebenrechte

§ 774 I 1 BGB regelt, dass, soweit der Bürge den Gläubiger befriedigt, auch die Forderung des Gläubigers gegen den Hauptschuldner auf ihn übergeht. Voraussetzung dieser Legalzession ist aber die *„Befriedigung des Gläubigers"*, die sowohl nach der Ansicht des RG[28] als auch des BGH[29] nur dann gegeben ist, wenn die Ansprüche des Gläubigers aus dem Rechtsverhältnis mit dem Hauptschuldner endgültig mit der Wirkung des entsprechenden Ausscheidens seiner Person aus dem Kreis der an diesem Rechtsverhältnis Beteiligten geregelt sind, wobei die Art und Weise des Eintritts dieser Wirkung mangels gesetzlicher Ausgestaltung gleichgültig ist[30] und die Befriedigung sogar ohne eine ausdrückliche Inanspruchnahme des Bürgen[31] eintreten kann.[32]

---

28 Vgl. RG, Urteil vom 19.04.1920 – VI 388/19 (LG Lnck, OLG Königsberg), RGZ 98, 328 (330); RG, Urteil vom 21.02.1923 - I 28/22 (LG Landsberg a.W., KG Berlin), RGZ 106, 311 (311 f.).

29 Vgl. BGH, Urteil vom 19.01.1983 - VIII ZR 315/81 (Düsseldorf), BGHZ 86, 267 (269) = NJW 1983, 1111 (1112) = WM 1983, 210 (211) = JZ 1983, 446 (446 f.) = ZIP 1983, 278 (279) = DB 1983, 873 (874) = BB 1983, 401 (401 f.) = JR 1983, 243 (244) mit Anmerkung von Rehbein.

30 Vgl. BGH, Urteil vom 23.06.1969 - VIII ZR 213/67 (Frankfurt), WM 1969, 1103 (1104); BGH, Urteil vom 19.01.1983 - VIII ZR 315/81 (Düsseldorf), WM 1983, 210 (211).

31 Vgl. BGH, Urteil vom 14.01.1998 – XII ZR 103/96 (Düsseldorf), WM 1998, 443 (446).

32 Eine *„Befriedigung"* kann durch eine erfüllende Zahlung des entsprechenden Geldbetrages, durch Hinterlegung unter Verzicht auf die Rücknahme [BGH, Urteil vom 06.11.1989 – II ZR 62/89, DB 1990, 368 (368 f.)], durch Annahme an Erfüllungs Statt seitens des Gläubigers, durch Freistellung des Hauptschuldners von seiner Verpflichtung [BGH, Urteil vom 23.06.1969 - VIII ZR 213/67 (Frankfurt), WM 1969, 1103 (1104)] oder durch Aufrechnung mit eigenen Forderungen [RGRK/Mormann, BGB, § 774 Rdnr. 1; Kommentar zum BGB/Reich, BGB, § 774 Rdnr. 1; Palandt/Sprau, BGB, § 774 Rdnr. 7; Schaarschmidt, Rdnr. 2.979] eintreten. Nicht ausreichend sind hingegen die Hinterlegung des Geldbetrages als Sicherheitsleistung [OLG Frankfurt, Urteil vom 09.12.1975 - 5 U 210/74, WM 1976, 1283 (1284) = MDR 1977, 139 (139)] sowie die Fallkonstellation, wenn der Bürge auf Grund eines vorläufig vollstreckbaren Urteils zur Abwendung der Zwangsvollstreckung an den Gläubiger zahlt und den Rechtsstreit mit dem Bürgschaftsgläubiger in der Rechtsmittelinstanz weiterführt [BGH, Urteil vom 19.01.1983 - VIII ZR 315/81 (Düsseldorf), BGHZ 86, 267 (270) = WM 1983, 210 (211) = NJW 1983, 1111

Mit der Hauptforderung gehen gemäß §§ 774 I 1, 412, 401 BGB auch die für sie bestehenden Nebenrechte über. Dies sind die unselbstständigen Nebenrechte, daher akzessorische Rechte im technischen Sinne, und die diesen gleichzustellenden unselbstständig sichernden Nebenrechte.[33]

2. Die für die Hauptforderung bestellten selbstständigen Nebenrechte

Selbstständige Nebenrechte hingegen, wie beispielsweise die Sicherungsgrundschuld, das Sicherungseigentum oder die Sicherungszession, die weder zum Inhalt der Hauptforderung gehören, noch ihr akzessorisch sind, gehen nicht automatisch gemäß §§ 774 I 1, 412, 401 BGB über. Überwiegend wird in diesem Fall die Auffassung vertreten, dass sich für den Gläubiger aus einer Analogie zu § 401 BGB eine schuldrechtliche Verpflichtung aus dem Sicherungsverhältnis zum Bürgen ergebe, diesem die parallel bestehenden nicht akzessorischen Sicherheiten zu übertragen, sofern nicht eine ausdrückliche Abrede mit dem Sicherungsgeber entgegenstehe.[34] BECKER-EBERHARD[35] vertritt hingegen zu

---

(1111) = JR 1983, 243 (244) = JZ 1983, 446 (446) = ZIP 1983, 278 (278) = DB 1983, 873 (874) = BB 1983, 401 (401)]. Eine Befriedigung tritt ebenfalls nicht ein, wenn die Zahlungen des Bürgen nur als Sicherheitsleistungen gelten [BGH, Urteil vom 30.10.1984 - IX ZR 92/83 (LG Rottweil, OLG Stuttgart), BGHZ 92, 374 (381) = WM 1984, 1630 (1631) = ZIP 1985, 18 (20) = DB 1985, 274 (274 f.) = NJW 1985, 614 (615) = MDR 1985, 317 (317) = EWIR 1985, 85 (86)].

33 Vgl. Staudinger/Horn, BGB, § 774 Rdnr. 19; Palandt/Sprau, BGB, § 774 Rdnr. 9; Jauernig/Stadler, BGB, 774 Rdnr. 5; MK/Habersack, BGB, § 774 Rdnr. 9; RGRK/Mormann, BGB, § 774 Rdnr. 3; Kommentar zum BGB/Reich, BGB, § 774 Rdnr. 5; Jan, S. 151; Nobbe, Rdnr. 1197.

34 Vgl. Reinicke/Tiedtke, DB 1990, 1953 (1953); MK/Habersack, BGB, § 774 Rdnr. 10; BGH, Urteil vom 17.12.1959 – VII ZR 194/58, WM 1960, 371 (373); BGH, Urteil vom 16.01.1961 – VII ZR 199/59, WM 1961, 350 (351); BGH, Urteil vom 15.06.1964 – VIII ZR 305/62 (LG Lübeck, OLG Schleswig), BGHZ 42, 53 (56 f.); BGH, Urteil vom 24.09.1980 – VIII ZR 291/79 (LG Frankfurt, OLG Frankfurt), BGHZ 78, 137 (143) = NJW 1981, 748 (749); BGH, Urteil vom 27.03.1981 – V ZR 202/79 (LG Mönchengladbach, OLG Düsseldorf), BGHZ 80, 228 (233); BGH, Urteil vom 30.10.1984 - IX ZR 92/83 (LG Rottweil, OLG Stuttgart), BGHZ 92, 374 (378) = WM 1984, 1630 (1631) = ZIP 1985, 18 (20) = DB 1985, 274 (274) = NJW 1985, 614 (614 f.) = EWIR 1985, 85 (85); BGH, Urteil vom 11.01.1990 – IX ZR 58/89 (LG Frankfurt, OLG Frankfurt), BGHZ 110, 41 (43) = NJW 1990, 903 (903) = ZIP 1990, 222, (222) = DB 1990, 1962 (1962) = JuS 1990, 581 (582) = JA 1990, 201 (201) = JR 1991, 193 (194) mit Anmerkung von Rehbein, der dieser Entscheidung zustimmt; OLG Köln, Urteil vom 22.05.1990 – 22 U 150/88, NJW 1990, 3214 (3214); BGH, Urteil vom 28.04.1994 – IX ZR 248/93 (Hamm), NJW 1994, 1796 (1798) = WM 1994, 1161 (1163); BGH, Urteil vom 14.01.1999 – IX ZR 208/97 (Berlin), NJW 1999, 1182 (1185); BGH, Urteil vom 02.03.2000 – IX ZR 328/98 (LG Osnabrück, OLG Oldenburg), BGHZ 144, 52 (54 f.); BGH, Urteil vom

Recht die Auffassung, dass eine Analogie zu § 401 BGB bezüglich eines schuldrechtlichen Anspruches gegenüber dem Gläubiger auf Mitübertragung der nicht akzessorischen Sicherheiten nicht angebracht sei, weil insbesondere bei diesen Sicherungsrechten nicht die so genannte *„Anhängseltheorie"* zum Tragen komme, die besage, dass das akzessorische Sicherungsrecht nur ein bloßes *„Anhängsel"* der Hauptforderung sei. Ob tatsächlich ein solcher Anspruch bestehe, richte sich vielmehr *„nach den – notfalls ergänzend auszulegenden – Absprachen der Beteiligten."* Dabei sei vor allem zu berücksichtigen, dass sich der (ursprüngliche) Sicherungszweck für das nicht akzessorische Sicherungsrecht wegen der cessio legis geändert habe, da es nunmehr den Zessionsregress des Bürgen gegenüber dem Hauptschuldner sichern soll. Für eine Mitübertragungsverpflichtung des Gläubigers komme entweder eine vertragliche Regelung oder, soweit eine solche fehlen sollte, eine (ergänzende) Auslegung des Bürgschaftsvertrages in Betracht. In der letzteren Konstellation sei im Zweifel eine Mitübertragungsverpflichtung gegeben, wenn der Gläubiger die nicht akzessorischen Sicherheiten vom Hauptschuldner selbst erhalten habe und keine gegenteiligen Absprachen oder Anhaltspunkte im Sicherungsvertrag vorliegen würden. Immerhin sei der Hauptschuldner auch derjenige, der letztlich für die Hauptforderung einzustehen habe. Soweit der Gläubiger hingegen die für die Hauptforderung bestellten nicht akzessorischen Sicherheiten von einem mit dem Hauptschuldner nicht identischen Sicherungsgeber erhalten habe, könne eine solche Mitübertragungsverpflichtung im Zweifel nicht angenommen werden, weil der Bürge sich dann wegen seines Zessionsregresses gegenüber dem Hauptschuldner anteilig bei diesem Sicherungsgeber schadlos halten könnte. Damit sei der Sicherungsgeber, der (ausschließlich) dem Gläubiger für seine Forderung(en) gegenüber dem Hauptschuldner eine nicht akzessorische Sicherheit gewährt habe, (in der Regel) nicht einverstanden.[36]

Diese Grundsätze hat beispielsweise das Bankhaus Reuschel & Co. in seinem Formularvertrag für eine selbstschuldnerische Höchstbetragsbürgschaft[37] aus dem Jahr 2001 wie folgt umgesetzt:

05.04.2001 – V ZR 14/00 (München), NJW 2001, 2327 (2330); a.A. Dempewolf, NJW 1958, 979 (980).

35 Vgl. Becker-Eberhard, S. 522 ff.

36 Becker-Eberhard, S. 570 führt in diesem Zusammenhang aus: *„daß der Sicherungsgeber im Zweifel nicht den anderen Interzedenten ihren Regreß sichern will, um nicht am Ende selbst der „Letzte" zu sein, der allein das Risiko des Regresses gegen den Schuldner trägt."*

37 Der Bürgschaftsvertrag des Bankhauses Reuschel & Co. ist dieser Arbeit nicht im Formular-Anhang beigefügt. Eine ähnliche Formulierung ist auch im Jahr 2001 in den Bürgschaftsverträgen der Commerzbank AG, der BHF-Bank AG (Formular-Anhang im Anla-

„Hat der Bürge die Bürgschaftsschuld vollständig erfüllt und hat die Bank nach den Sicherungsvereinbarungen Sicherheiten freizugeben, so wird sie Sicherheiten, die ihr vom Hauptschuldner bestellt worden sind – gegebenenfalls anteilig – auf den Bürgen übertragen; Sicherheiten, die von Dritten bestellt worden sind, wird die Bank an den jeweiligen Sicherungsgeber zurückübertragen, falls mit diesem nichts anderes vereinbart worden ist."

Soweit der Gläubiger hingegen mit dem Bürgen und dem Sicherungsgeber vereinbart hat, dass der Bürge auch die nicht akzessorischen Sicherheiten des Sicherungsgebers erhalten soll, steht einer Mitübertragungsverpflichtung des Gläubigers nichts entgegen.[38]

II. Der Anwendungsbereich des § 774 I 3 BGB

Der Umfang, in dem der Bürge die gesicherte Forderung erwirbt, richtet sich entsprechend der in § 774 I 1 BGB verankerten Gesetzesformulierung *„soweit"* nach der Höhe seiner Zahlungen, durch die der Gläubiger befriedigt wird. Darüber hinaus könnte sich dieser Umfang wegen § 774 I 3 BGB auch nach der konkreten Ausgestaltung des Innenverhältnisses zwischen ihm und dem Hauptschuldner richten.

Umstritten ist hierbei, ob aus der Vorschrift des § 774 I 3 BGB folgt, dass dem Hauptschuldner entweder eine Einwendung oder eine Einrede[39] gegen den Bürgen in der Form zusteht, dass dieser die vollständig auf ihn übergegangene For-

---

genkonvolut 1), der Deutschen Bank 24 AG, der Dresdner Bank AG, der Deutschen Kreditbank AG, der Berlin- Hannoverschen Hypothekenbank AG (Berlin Hyp), der Bayerischen Hypo- und Vereinsbank AG und der RHEINHYP Rheinische Hypothekenbank AG enthalten.

38 In diesem Sinne ist auch die Formulierung im Bürgschaftsvertrag der Volksbank Leipzig eG aus dem Jahr 2001 zu verstehen, die besagt, dass sich *„die Bank verpflichtet ... , sofern nicht eine Abrede des Sicherungsgebers mit der Bank entgegensteht, die nicht akzessorischen Rechte auf den Bürgen zu übertragen."* Eine ähnliche Formulierung ist auch in den Bürgschaftsverträgen aus dem Jahr 2001 der DZ Bank AG, der Deutschen Apotheker- und Ärztebank eG Düsseldorf und des Deutschen Genossenschafts-Verlages eG (DG Verlag) enthalten.

39 Reinicke/Tiedtke, NJW 1981, 2145 (2148), dies., WM 1987, 485 (489) lehnen die hier nicht weiter auszuführende Auffassung ab, der Regelung des § 774 I 3 BGB würde die Bedeutung einer Einrede zukommen, indem sie auf das pragmatische Argument verweisen, dass ein Richter anderenfalls in einem Prozess gezwungen wäre, gegen den säumigen Schuldner ein Versäumnisurteil zu erlassen, wenn der klagende Bürge Tatsachen vortragen sollte, aus denen sich ergebe, dass ihm kein Rückgriffsanspruch zustehe. Diese Auffassung vermag aber nur im Ergebnis zu überzeugen, weil dieses Argument auch in allen anderen Einwendungsfällen zutrifft. Nachvollziehbarer ist es hingegen, auf den Wortlaut des § 774 I 3 BGB abzustellen, der nicht von einer Einrede, sondern statt dessen von einer Einwendung *„spricht"*.

derung nur im Umfang der Verpflichtung aus dem Innenverhältnis geltend machen dürfe oder ob statt dessen die Hauptforderung, soweit der Bürge vom Hauptschuldner keinen Ersatz verlangen kann, untergeht. Es stellt sich also folgende Frage: Findet der gesetzliche Forderungsübergang gemäß § 774 I 1 BGB auch dann statt, wenn dem Bürgen gegen den Hauptschuldner kein Anspruch aus dem Innenverhältnis zusteht?

1. REINICKE/TIEDTKE vertreten wie die ältere **RECHTSPRECHUNG**[40] die Ansicht, dass die Außenforderung ausschließlich die Aufgabe habe, die Innenforderung zu sichern, mit der Folge, dass diese nicht auf den Bürgen übergehen kann, soweit diesem kein Anspruch aus dem Innenverhältnis gegenüber dem Hauptschuldner zusteht.[41] Beide begründen ihre Auffassung damit, dass beim Vorliegen einer Einwendung die Hauptforderung untergeht und deshalb nicht übergehen kann. § 774 I 3 BGB habe somit nur die Aufgabe, der Beweislast[42] Rechnung zu tragen, was auch daraus folge, dass der Gesetzgeber dieselbe Terminologie wie bei § 404 BGB verwendet habe.[43]

2. Die überwiegende **LITERATURAUFFASSUNG** und der **BGH**[44] meinen hingegen zu Recht, dass die Außenforderung mit einer Einwendung behaftet auf

---

40 Vgl. RG, Urteil vom 17.03.1936 – VII 207/35 (LG Ravensburg, OLG Stuttgart), RGZ 150, 371 (374); LG Bamberg, Urteil vom 29.05.1987 – 3 S 11/87, NJW 1988, 1219 (1219).

41 Vgl. Reinicke, DB 1967, 847 (849); Tiedtke, WM 1976, 174 (176 f.); Reinicke/Tiedtke, Rdnr. 300; dies., NJW 1981, 2145 (2147 f.); dies., WM 1987, 485 (488 ff.).

42 Reinicke/Tiedtke, Rdnr. 301 tragen in diesem Zusammenhang vor, dass es sich bei dem Theorienstreit nicht um ein Sachproblem handelt, sondern hingegen um eine Frage der Darstellung. *„Beide Ansichten sind richtig; sie widersprechen einander nicht. Wählt man die Formulierung, die Forderung erlösche, so muß man allerdings beachten, daß der Bürge, der gegen den Hauptschuldner vorgeht, nicht darzulegen braucht, er habe einen Regreßanspruch aus dem Innenverhältnis; es ist Sache des Hauptschuldners, zu behaupten und notfalls zu beweisen, daß dem Bürgen kein derartiger Anspruch zusteht.“*

43 Reinicke/Tiedtke, Rdnr. 303 meinen, dass dem Bürgen entweder zwei Forderungen zustehen, daher die Forderung aus dem Innenverhältnis und die übergegangene Außenforderung, soweit diese nicht durch einen Erlass untergegangen sei, oder eben gar keine.

44 Vgl. RG, Urteil vom 23.05.1914 – VI 180/14 (LG Düsseldorf, OLG Düsseldorf), RGZ 85, 72 (76); BGH, Urteil vom 14.07.1966 – VIII ZR 229/64 (LG Hamburg, OLG Hamburg), BGHZ 46, 14 (15 ff.) = NJW 1966, 1912 (1912 f.) = WM 1966, 830 (830 f.); BGH, Urteil vom 18.03.1970 – VIII ZR 228/67 (Hamburg), WM 1970, 751 (752); BGH, Urteil vom 26.04.1976 – VIII ZR 290/74 (Bremen), WM 1976, 687 (689); BGH, Urteil vom 27.03.1981 – V ZR 202/79 (LG Mönchengladbach, OLG Düsseldorf), BGHZ 80, 228 (231) = WM 1981, 691 (692); OLG Hamm, Beschluss vom 25.01.1989 – 29 W 49/88, NJW-RR 1989, 624 (624); BGH, Urteil vom 20.02.1992 – IX ZR 225/91 (Köln),

den Bürgen übergeht. Zwar tragen REINICKE/TIEDTKE zutreffend vor, dass allein die Existenz einer Einwendung[45] dazu führt, dass die Hauptforderung untergeht.[46] Aus dem eindeutigen Wortlaut des § 774 I 1 BGB *„geht ... über"* und des darauf Bezug nehmenden § 774 I 3 BGB *(„Einwendungen ... bleiben unberührt")* geht dies aber nicht hervor. Die Hauptforderung soll statt dessen unabhängig vom Vorliegen eines Rückgriffsrechts aus dem Innenverhältnis gemäß § 774 I 1 BGB kraft Gesetzes auf den zahlenden Bürgen übergehen.[47] Für diese Sichtweise spricht auch der Umstand, dass wegen des gesetzlichen Forderungsüberganges Gewissheit darüber besteht, wer durch die Befriedigung des Gläubigers Inhaber der Hauptforderung geworden ist. Nach REINICKE/TIEDTKE bestünde hingegen ein *„Schwebezustand"*, ob die Hauptforderung durch die Bürgschaftszahlungen über- oder untergegangen ist, was sich zwar ausschließlich nach dem Innenverhältnis, letztlich aber nach dem Vortrag des Hauptschuldners richten würde.

Durch § 774 I 1 BGB soll dem Bürgen somit auch für den Fall, dass seine Rückgriffsansprüche aus dem Innenverhältnis unklar oder überhaupt nicht vorliegen, eine klare Anspruchsgrundlage gegeben sein.[48] Anderenfalls dürfte man dem Bürgen aus der gemäß § 774 I 1 BGB übergegangenen Hauptforderung grundsätzlich nur die Rechte zubilligen, die ihm aus dem Innenverhältnis zum Hauptschuldner zustehen, und müsste ihm alle über den Ersatzanspruch hinausgehenden Rechte versagen. Wie HORN zu Recht ausführt, hätte die cessio legis dann für den Bürgen neben dem Übergang der Nebenrechte keine Bedeutung.[49]

Darüber hinaus ist noch folgendes zu beachten: Zwar statuiert die Regelung des § 774 I 3 BGB einen Vorrang des Rechtsverhältnisses zwischen dem Bürgen und dem Hauptschuldner, daraus folgt aber nicht, dass alle Unklarheiten dieses Rechtsverhältnisses zu Lasten des Bürgen gehen. Dem Hauptschuldner obliegt

---

WM 1992, 908 (908); OLG Stuttgart, Urteil vom 17.12.1993 – 2 U 86/93 (rechtskräftig), ZIP 1994, 200 (202).

45 Brox, Rdnr. 665 erläutert die Wirkung der Einwendung in dem Sinne, dass die Einrede den Anspruch bestehen lässt und diesen nur hemmt. *„Die Einwendung führt dagegen zum Nichtbestehen des Anspruchs, indem sie dessen Entstehung hindert oder den entstandenen Anspruch vernichtet."*

46 Die Einwendung ist als anspruchsvernichtender Umstand im Prozess auch von Amts wegen zu berücksichtigen, während die Einrede ausdrücklich vorgebracht werden muss. Insoweit sei ebenfalls auf Brox, Rdnr. 662 verwiesen.

47 Vgl. Palandt/Sprau, BGB, § 774 Rdnr. 11.

48 Vgl. Wissmann, Rdnr. 92.

49 Vgl. Staudinger/Horn, BGB, § 774 Rdnr. 6b), der davon spricht, dass die cessio legis dann *„sinnlos"* wäre. Die Bedeutung des § 774 I 1 BGB bestehe aber auch darin, dass sie dem Bürgen einen höheren Ersatzanspruch vermitteln könne, als er im Innenverhältnis zu fordern berechtigt wäre.

es hingegen, mit dem Bürgen zu vereinbaren, unter welchen Voraussetzungen dieser die auf ihn im Wege der cessio legis übergehende Hauptforderung geltend machen kann. Immerhin trägt der Hauptschuldner auch die Darlegungs- und Beweislast für alle Einwendungen aus dem Innenverhältnis.[50] Solange eine solche Vereinbarung nicht vorliegt, kann der Bürge grundsätzlich die auf ihn übergegangene Hauptforderung gegenüber dem Hauptschuldner geltend machen. In diesem Fall kann der Hauptschuldner eben auch nicht darlegen und beweisen, dass der Bürge hierzu nicht berechtigt ist, weil das Innenverhältnis dies nicht regelt.[51]

III. Der Zinsanspruch des Bürgen

Die mit § 774 I 3 BGB und speziell mit der zu überprüfenden Bürgschaftsklausel im Zusammenhang stehende Frage ist auch, ob der Bürge durch den gesetzlichen Forderungsübergang auch die ursprünglich dem Gläubiger gegenüber dem Hauptschuldner zustehenden vertraglichen Zinsen – insbesondere die künftig fällig werdenden Zinsen im vertraglich festgelegten Umfang - erhält. Dies kann sich für den Bürgen dann als vorteilhaft erweisen, wenn der Gläubiger mit dem Hauptschuldner höhere Zinsen vereinbart hat, als der Bürge selbst vereinbaren konnte.

1. Das **RG**[52] sah die dem Gläubiger gegenüber dem Hauptschuldner zustehenden (künftig fällig werdenden) erhöhten Zinsen nicht von der cessio legis erfasst. Alles andere wäre *„ganz unhaltbar"*, weil nach der Ansicht des RG die Forderung des Gläubigers gegenüber dem Hauptschuldner nur in der Höhe auf den zahlenden Bürgen übergehen könne, in der er tatsächlich befriedigt worden sei.[53]

---

50 Vgl. Palandt/Sprau, BGB, § 774 Rdnr. 11.

51 Staudinger/Horn, BGB, § 774 Rdnr. 40 wählt in diesem Zusammenhang zutreffend die Formulierung, dass der Bürge die übergegangene Hauptforderung auch geltend machen könne, „*soweit sie den Umfang des im Innenverhältnis zugestandenen Erstattungsanspruchs übersteigt, solange dies nicht im Innenverhältnis ausdrücklich oder konkludent ausgeschlossen ist; Unklarheiten gehen zu Lasten des Hauptschuldners.*"

52 Vgl. RG, Urteil vom 12.05.1905 – VI 3/05 (LG Halberstadt, OLG Naumburg a.S.), RGZ 61, 343 (347).

53 Das RG führt in diesem Zusammenhang aus, dass im § 774 I BGB nicht bestimmt sei, „*dass auf den zahlenden Bürgen auch der Anspruch auf diejenigen Zinsen übergehe, die der Gläubiger in Zukunft vom Hauptschuldner zu fordern haben würde, wenn er eben*

2. Der **BGH**[54] vertritt hingegen die Ansicht, dass der Bürge durch die cessio legis auch die erhöhten Zinsen des Gläubigers gegenüber dem Hauptschuldner erhält, soweit diese erst nach der Legalzession entstehen. Zwar ergebe sich aus den §§ 412, 401 BGB nicht, dass auch die Zinsen auf den erfüllenden Bürgen übergehen, es sei aber vielmehr eine Frage der Auslegung des Bürgschaftsvertrages, ob sich *„im Einzelfall die Abtretung"*[55] auch auf die Zinsansprüche, die nicht zwingend hiervon erfasst sein müssen, erstrecke. Der BGH erachtet es als unbillig, wenn dem Gläubiger trotz seiner vollständigen Befriedigung weiterhin der Zinsanspruch gegenüber dem Hauptschuldner zustehen, oder wenn dieser Zinsanspruch durch die cessio legis untergehen würde. Der Bürge erhalte demnach durch den gesetzlichen Forderungsübergang auch den (künftig fällig werdenden) erhöhten Zinsanspruch des Gläubigers, weil anderenfalls durch den Rechtserwerb aus einer verzinslichen eine unverzinsliche Forderung werden würde. Nach der Sichtweise des RG wäre lediglich der Hauptschuldner privilegiert, wenn dieser bei einer hohen Zinsvereinbarung mit dem Gläubiger den Bürgen durch eine energische Zahlungsverweigerung zwingen könnte, dessen Bürgschaftsschuld mit der Konsequenz des Untergangs des Zinsanspruches erfüllen zu müssen und dem Bürgen anschließend gemäß §§ 412, 404 BGB alle Einwendungen und Einreden entgegensetzen dürfte.
Die überwiegende LITERATURAUFFASSUNG[56] ist dieser Sichtweise gefolgt.

3. REINICKE[57] meint hingegen, dass die Forderung des Gläubigers gegenüber dem Hauptschuldner nur dann mit den künftig entstehenden Vertragszinsen auf den Bürgen übergeht, soweit sein vertraglicher oder gesetzlicher Anspruch aus

---

nicht befriedigt worden wäre; sondern nur soweit der Bürge den Gläubiger befriedigt hat, geht dessen Forderung auf ihn über."

54 Vgl. BGH, Urteil vom 18.05.1961 – VII ZR 39/60 (LG Fulda, OLG Frankfurt), BGHZ 35, 172 (172 ff.); BGH, Urteil vom 11.07.1973 – VIII ZR 178/72 (Berlin), WM 1975, 100 (102).

55 Der BGH, Urteil vom 18.05.1961 – VII ZR 39/60 (LG Fulda, OLG Frankfurt), BGHZ 35, 172 (173) führte in diesem Zusammenhang folgendes aus. *„Allerdings gehören Zinsansprüche nicht zu den Nebenrechten im Sinne des § 401 BGB. Vielmehr kann die Hauptforderung ohne die Zinsansprüche abgetreten werden, und es ist eine Frage der Auslegung, ob im Einzelfall die Abtretung sich auch auf die Zinsansprüche erstreckt. In der Regel wird aber eine Abtretung dahin auszulegen sein, daß die Ansprüche auf die künftigen Zinsen auf den neuen Gläubiger mitübergehen .... "*

56 Vgl. Palandt/Sprau, BGB, § 774 Rdnr. 9; Jauernig/Stadler, BGB, § 774 Rdnr. 5; MK/Habersack, BGB, § 774 Rdnrn. 9, 18; Staudinger/Horn, BGB, § 774 Rdnr. 15.

57 Vgl. Reinicke, DB 1967, 847 (847 ff.); Wagenknecht, S. 49 f. stimmt dieser Interpretation ausdrücklich zu.

dem Innenverhältnis verzinslich sei. Soweit dies nicht der Fall sei, erlösche der mit der Außenforderung verbundene Zinsanspruch.
REINICKE begründet seine Auffassung damit, dass die Außenforderung nur die Aufgabe habe, die Innenforderung zu sichern und somit ein Akzessorium der Innenforderung sei. Dieser Vorrang des Innenverhältnisses folge aus § 774 I 3 BGB.[58]
Für die Begründung des Zinsüberganges kann nach der Ansicht von REINICKE weder auf den Rechtsgedanken der §§ 412, 401 BGB abgestellt werden, weil dieser nur die Rechte erfassen will, die ausschließlich die Aufgabe haben, die Hauptforderung zu sichern, noch auf die §§ 412, 404 BGB Bezug genommen werden, die gerade nicht verhindern, dass sich die Rechtsstellung des Hauptschuldners verbessert.

4. STELLUNGNAHME

Der Bürge erwirbt durch den gesetzlichen Forderungsübergang sowohl die Hauptforderung mit den bereits fälligen Zinsen als auch den dem Gläubiger gegenüber dem Hauptschuldner zustehenden Anspruch auf Leistung der künftig fällig werdenden Zinsen im vertraglich festgelegten Umfang. Dieser Übergang erfolgt zwar nicht über § 774 I 1 BGB, gleichwohl ist nach dem Sinn dieser Vorschrift ein Übergang des Zinsanspruches, der mit dem übergehenden Hauptanspruch vertraglich eng verbunden ist, anzunehmen.[59]
Die Auffassung des RG vermag nicht zu überzeugen, weil diese Sichtweise zwingend dazu führt, dass die Zinsforderung untergeht.[60] Wie bei den nicht akzessorischen Sicherungsrechten muss auch für den Zinsanspruch die Sicherungsabrede zwischen dem Gläubiger und dem Bürgen maßgebend berücksichtigt werden. Das erkennbare Sicherungsinteresse des Gläubigers entfällt aber bei seiner vollständigen Befriedigung durch den Bürgen, so dass der Bürge darauf vertrauen darf, dass ihm alle mit der Forderung zusammenhängenden Rechte übertragen werden. Dies gilt sowohl für die bereits fälligen als auch für die künftig fällig werdenden Zinsen im vertraglich festgelegten Umfang zwischen

---

58 Reinicke begründet seine Auffassung, dass die Innenforderung die Frage beantworte, ob der Bürge den Schuldner in Anspruch nehmen könne, mit zahlreichen Beispielen. Ist nach seiner Ansicht die Außenforderung mit Einwendungen oder Einreden behaftet, so brauche dies die Innenforderung nicht zu berühren. Bestehen aber Einwendungen oder Einreden gegenüber der Innenforderung, so könne der Schuldner diese nach der Befriedigung des Gläubigers durch den Bürgen auch gegenüber der Außenforderung geltend machen.

59 Vgl. Staudinger/Horn, BGB, § 774 Rdnr. 15.

60 Zwar ist es auch rechtlich möglich, dass der Gläubiger trotz seiner vollständigen Befriedigung die gesamte Zinsforderung eigenständig behält, dieses Ergebnis wird aber allgemein als ungerecht empfunden.

dem Gläubiger und dem Hauptschuldner. Zwar handelt es sich bei den Zinsen nicht um einen die Forderung sichernden Anspruch, sondern lediglich um ein Nebenrecht, aber auch dieser Gesichtspunkt steht einer Übertragungsverpflichtung des Gläubigers nicht entgegen. Wie bereits im Rahmen des § 774 I 3 BGB ausgeführt, stehen dem Bürgen wegen seiner Außenforderung nicht nur dieselben Rechte zur Verfügung wie nach seinem Innenverhältnis, sondern der Bürgschaftsvertrag kann die Außenforderung über das konkrete Innenverhältnis hinaus wirksam erweitern. Selbst für den Fall, dass es an einer solchen Regelung fehlt, ist wiederum der Bürgschaftsvertrag in diesem Sinne auszulegen.

Der Bürge wird somit durch den gesetzlichen Forderungsübergang neuer Gläubiger der von ihm ursprünglich gesicherten Hauptforderung, mit der Folge, dass er insoweit die Rechtsposition des (ursprünglichen) Gläubigers - auch bezüglich der mit dem Hauptschuldner vereinbarten Zinsen - übernimmt. Der Hauptschuldner könnte aber nunmehr dem Bürgen entgegenhalten, ihm aus dem Innenverhältnis nur zu einem geringeren Zinssatz verpflichtet zu sein. Diese Sichtweise scheint auf Grund der Wertung des § 774 I 3 BGB, dass das Rechtsverhältnis zwischen dem Bürgen und dem Hauptschuldner den Vorrang genießt, auf den ersten Blick überzeugend. Allerdings ist für diese Rechtsfolge wiederum erforderlich, dass der Hauptschuldner mit dem Bürgen ausdrücklich oder konkludent den Umfang seiner Inanspruchnahme vereinbart hat. Soweit die Vertragsparteien in diesem Sinne geregelt haben, dass der Bürge nur Ansprüche gegen den Hauptschuldner auf der Basis des zwischen ihnen bestehenden Rechtsverhältnisses geltend machen kann, so ist der Bürge (lediglich) berechtigt, den in diesem Vertragsverhältnis vereinbarten Zinssatz zu fordern. Solange es hingegen an einer solchen Vereinbarung fehlt, kann der Bürge auch den im Wege der cessio legis auf ihn übergegangenen weitergehenden Zinsanspruch für die Hauptforderung gegenüber dem Hauptschuldner geltend machen, da etwaige Unklarheiten zu Lasten des Hauptschuldners gehen.[61]

Diese Rechtslage folgt nicht nur aus der Eigenständigkeit der Ansprüche aus dem Außen- und Innenverhältnis, sondern vor allem daraus, dass anderenfalls der Hauptschuldner tatsächlich begünstigt würde, wenn vor seiner primären Inanspruchnahme der aus persönlichen Gründen haftende Bürge zahlen müsste. Dies wäre, wie der BGH zu Recht ausführt, unbillig.

Warum sollte dem Bürgen auch nicht ein meist nur sehr geringer Anreiz für seine Bürgschaftszahlung gewährt werden? Den Hauptschuldner kann dieser Zinsanspruch nicht belasten. Wäre er seiner originären Zahlungsverpflichtung nach-

---

[61] Vgl. Staudinger/Horn, BGB, § 774 Rdnr. 40.

gekommen, hätte er selbstverständlich auch die mit dem Gläubiger vereinbarten Zinsen bezahlen müssen.
Die Ansicht von REINICKE kann hingegen wegen des zu Grunde gelegten *„Akzessoriums"* der Außenforderung von der Innenforderung nicht überzeugen. Der Regelung des § 774 I 3 BGB kann eben gerade nicht entnommen werden, dass der Bürge über seinen *„selbstständigen"* Zessionsregress nicht mehr Rechte herleiten kann als über seinen Anspruch aus dem Innenverhältnis mit dem Hauptschuldner.
Im Rahmen dieser Anspruchsprüfung ist aber entgegen der Auffassung des BGH[62] ergänzend festzuhalten, dass dem Bürgen durch seine Bürgschaftszahlungen auch ohne die Voraussetzungen eines Verzuges ein Zinsanspruch gegenüber dem Hauptschuldner zusteht, und zwar gemäß §§ 670, 256, 246 BGB i.H.v. 4 % sowie gemäß § 352 HGB i.H.v. 5 % ab dem Zeitpunkt seiner Aufwendungen. Hierauf muss sich der Bürge aber nicht beschränken, wenn der Gläubiger gegenüber dem Hauptschuldner einen höheren Zinssatz zu fordern berechtigt war.[63] Der Bürge kann nunmehr diesen Zinssatz wegen des gesetzlichen Forderungsüberganges gegenüber dem Hauptschuldner geltend machen.
Hatte der Hauptschuldner bei der Aufnahme des Darlehens ein Disagio[64] gezahlt, um einen niedrigeren Zins zu erhalten, der bei vorzeitiger Tilgung des Darlehens zeitanteilig an ihn zurückgewährt worden wäre, so steht dieser Anspruch gegenüber dem Gläubiger dem zahlenden Bürgen zu.[65]

IV. Die Rechtsfolgen zwischen Gläubiger und Bürgen während des Insolvenzverfahrens über das Vermögen des Hauptschuldners und danach

Für den Bürgen besteht nach dem Zeitpunkt seiner Bürgschaftszahlung auf Grund seiner materiell-rechtlichen Forderungsinhaberschaft die Möglichkeit,

---

62 Vgl. BGH, Urteil vom 18.05.1961 – VII ZR 39/60 (LG Fulda, OLG Frankfurt), BGHZ 35, 172 (174 f.).

63 A.A. MK/Habersack, BGB, § 774 Rdnr. 18.

64 Ein Disagio ist ein im Vorhinein durch den Kreditgeber von der Darlehenssumme abgezogener Betrag. Der Kreditgeber gleicht dadurch niedrigere Zinsen während der Laufzeit des Kredits aus oder deckt einen entstandenen Verwaltungsaufwand ab. Der Darlehensnehmer kann regelmäßig bei vorzeitiger Beendigung des Darlehens eine anteilige Rückerstattung des Disagios nach den Grundsätzen der ungerechtfertigten Bereicherung verlangen. Insoweit sei auf BGH, Urteil vom 29.05.1990 – XI ZR 231/89 (Hamm), NJW 1990, 2250 (2250 ff.) verwiesen.

65 Vgl. Staudinger/Horn, BGB, § 774 Rdnr. 15; Palandt/Sprau, BGB, § 774 Rdnr. 9; Jauernig/Stadler, BGB, § 774 Rdnr. 5.

mit dem Gläubiger bei der Durchsetzung seiner Ansprüche gegenüber dem Hauptschuldner in Konkurrenz zu treten.
Ob der Gläubiger hierbei durch die bestehenden gesetzlichen Regelungen geschützt ist, soll anhand der unterschiedlichen Rechtswirkungen aufgezeigt werden, die bei den Zahlungen des Bürgen an ihn im Zeitpunkt vor und nach der Eröffnung eines Insolvenzverfahrens über das Vermögen des Hauptschuldners entstehen. Nur soweit der Gläubiger nicht durch die Bürgschaftsvorschriften in einem umfassenden Maße vor der Konkurrenz des Bürgen geschützt ist, wird er bestrebt sein, sich durch Individual- oder Formularverträge zu sichern. Daher soll im Folgenden zunächst die Notwendigkeit der von den Kreditinstituten verwendeten Bürgschaftsklausel dargestellt werden.

1. Die Zahlungen vor der Eröffnung des Insolvenzverfahrens

Der Bürge, der an den Gläubiger vor der Eröffnung eines Insolvenzverfahrens über das Vermögen des Hauptschuldners Zahlungen zur Erfüllung seiner Bürgschaftsverpflichtung leistet, kann dies in drei zu unterscheidenden Konstellationen erbringen.

a) Vollständige Befriedigung

Der Bürge erwirbt durch eine vollständige Befriedigung der gesicherten Forderung des Gläubigers gegenüber dem Hauptschuldner im Wege des gesetzlichen Forderungsüberganges die alleinige Forderungsinhaberschaft. Dies hat zur Folge, dass er gemäß § 38 InsO bei der späteren Durchführung eines Insolvenzverfahrens als Insolvenzgläubiger zu qualifizieren ist und diesen Anspruch als unbedingte Insolvenzforderung zur Insolvenztabelle anmelden kann.
Für den in diesem Sinne vollständig befriedigten Gläubiger, der keine weiteren Forderungen gegenüber dem Hauptschuldner innehat, besteht grundsätzlich kein Bedürfnis, den gesetzlichen Forderungsübergang aufzuschieben.
Dies könnte allerdings in zwei Fallkonstellationen anders zu beurteilen sein:

aa) Dem Gläubiger stehen gegen den Hauptschuldner noch andere gesicherte bzw. ungesicherte Forderungen zu

Soweit der Bürge die gesicherte Forderung vollständig befriedigt, dem Gläubiger aber dennoch gegenüber dem Hauptschuldner weitere Forderungen zustehen, könnte der durch die Zahlungen entstandene Zessionsregress des Bürgen die Rechtsstellung des Gläubigers bei der Realisierung seiner weiteren

gesicherten sowie ungesicherten Forderungen aus den anderen Rechtsverhältnissen mit dem Hauptschuldner beeinträchtigen.
Möglicherweise könnte deshalb das in § 774 I 2 BGB verankerte Gläubigervorrecht, das den Grundsatz des *„nemo subrogat contra se“* zum Ausdruck bringt, erweiternd in der Weise interpretiert werden, dass sich dieses Prinzip nicht nur auf die einzelne gesicherte Forderung, sondern auch auf alle dem Gläubiger gegenüber dem Hauptschuldner zustehenden Forderungen bezieht, und somit die Position des Gläubigers vollumfänglich nicht geschmälert werden darf. Eine solche Interpretation würde dazu führen, dass der Gläubiger nahezu umfassend vor der Konkurrenz des Bürgen geschützt wäre.
Die Regelung des § 774 I 2 BGB sieht inhaltlich vor: *„Der Übergang kann nicht zum Nachteile des Gläubigers geltend gemacht werden.“* Der Sinn dieser Regelung besteht darin, dass der zum Teil befriedigte Gläubiger nicht schlechter stehen soll, als wenn er die vom Bürgen erhaltene Zahlung unmittelbar vom Hauptschuldner empfangen hätte. Für diesen Fall wäre die Hauptforderung teilweise durch Erfüllung gemäß § 362 I BGB untergegangen, mit der Folge, dass sich der Gläubiger nicht der Konkurrenz des Bürgen ausgesetzt sähe. Soweit aber statt des Hauptschuldners der subsidiär haftende Bürge an den Gläubiger die Teilzahlungen leistet, ordnet § 774 I 1 BGB nicht den Untergang, sondern den anteiligen Übergang der Hauptforderung zum Zwecke der Schadloshaltung des Bürgen an. Der Bürge erhält durch diesen gesetzlichen Forderungsübergang nicht nur anteilig die Hauptforderung des Gläubigers gegenüber dem Hauptschuldner, sondern auch die akzessorischen Nebenrechte gemäß §§ 412, 401 BGB. Diese Rechtsfolge darf aber nach dem Willen des Gesetzgebers nicht dazu führen, dass der Gläubiger und der Bürge als gleichberechtigte Forderungsinhaber zu qualifizieren sind, sondern der Vorrang gebührt dem Gläubiger.[66]
Die Vertreter des gemeinen Rechts[67] argumentierten tatsächlich in der eingangs beschriebenen Weise, dass die Rechtsposition des Gläubigers vollumfänglich nicht geschmälert werden dürfe. Dagegen argumentierte beispielsweise Zeitlmann[68] in seiner Anmerkung über das Urteil des RG vom 11.11.1916[69], dass wegen des Vergleiches zu § 772 II 2 BGB erwiesen sei, dass § 774 I 2 BGB folgendes bestimme: *„der Gläubiger soll gegen Nachteil in seiner G e s a m t position geschützt werden, nicht nur in seiner Eigenschaft als Berechtigter aus der e i n e n (ver-*

66 Vgl. Palandt/Sprau, BGB, § 774 Rdnr. 12.
67 Zeitlmann, SeuffBl. 74 (1909), 6 (6 ff.) stellt den Meinungsstreit und insbesondere die gesamten Vertreter des gemeinen Rechts umfassend dar, auf dessen Ausführungen an dieser Stelle ergänzend verwiesen sei.
68 Vgl. Zeitlmann, JW 1917, 844 (845).
69 Vgl. RG, Urteil vom 11.11.1916 – V 220/16 (Nürnberg), JW 1917, 811 (811 f.).

bürgten und abgelösten) Forderung."[70] Anderenfalls hätte der Gesetzgeber § 774 I 2 BGB wie folgt formuliert:

„Befriedigt der Bürge den Gläubiger nur teilweise, so kann der Übergang nicht zum Nachteile des dem Gläubiger verbleibenden Restbetrages der Forderung geltend gemacht werden."[71]

Das RG stellte hingegen in seiner Grundsatzentscheidung vom 13.02.1911[72] in Abweichung zum gemeinen Recht folgendes klar:

„Gläubiger kann man nur sein hinsichtlich einer bestimmten Forderung; nur die bestimmte Forderung auf der einen, die ihr entsprechende Verbindlichkeit auf der anderen Seite knüpfen das Band zwischen Gläubiger und Schuldner. ... ; auf andere Forderungen desselben Gläubigers gegen denselben Schuldner erstreckt sich das Vorrecht des Gläubigers nicht, und er wird im Sinne des § 774 I 2 BGB durch die Geltendmachung des auf den bezahlenden Bürgen übergegangenen Forderungsrechtes nicht benachteiligt, wenn er dadurch lediglich an der Befriedigung anderer Forderungen gegen denselben Schuldner gehindert ist".

Dieser vom RG aufgestellte Grundsatz kann als das *„Prinzip der Forderungsindividualität*"[73] bezeichnet werden.

Zwar hat das RG diese Entscheidung im Anschluss an die Grundsätze des gemeinen Rechts als zu weitgehend beanstandet[74], diese Zweifel aber bereits in der Entscheidung vom 17.06.1914[75] wieder aufgegeben, in der es heißt: *„jedenfalls aber hat es dem Gesetzgeber des BGB fern gelegen, den Grundsatz nemo subrogat contra se in dem weiten Umfange, wie er im gemeinen Rechte anerkannt war, Geltung zu ver-*

---

[70] Gegen die Ausführungen von Zeitlmann spricht sich insbesondere Stillschweig in JW 1917, 845 (845 f.) aus. Er argumentiert dahingehend, dass die verschiedenen Vorschriften, nach denen der Forderungsübergang nicht zum Nachteil des Gläubigers geltend gemacht werden dürfe, nichts darüber enthalten, *„ob sie ihren Schutz - bei teilweisem Übergang - nur dem Gläubiger der verbleibenden Restforderung, oder ob sie ihn auch einer anderen selbständigen Forderung des nämlichen Gläubigers gewähren wollen. Diese Unterscheidung trifft auch die Sache nicht; es kommt vielmehr nur darauf an und nur dahin darf die Frage formuliert werden, ob es zu einem Nachteil für den Gläubiger führen würde, wenn der Bürge ... die gesetzlich auf ihn übergegangene Forderung ohne Rücksicht auf eine andere Forderung des nämlichen Gläubigers und mit dem Rang vor ihr geltend zu machen befugt wäre. ... Mit dem erörterten Problem hat dieser Fall aber nichts zu tun.*"

[71] Vgl. Zeitlmann, SeuffBl. 74 (1909), 77 (78).

[72] Vgl. RG, Urteil vom 13.12.1911 - VI. 679/09 (LG Schneidemühl, OLG Posen), RGZ 76, 195 (198).

[73] Vgl. Wissmann, Rdnr. 86.

[74] Vgl. RG, Urteil vom 02.04.1913 – V 504/12 (LG III Berlin, KG Berlin), RGZ 82, 133 (135 ff.).

[75] Vgl. RG, Urteil vom 17.06.1914 – V 45/14 (Köln), WarnRspr. 1914, Nr. 275 (S. 397). *„Der Bürge dürfe das Befriedigungsrecht hinsichtlich der Forderung, auf die sich die Bürgschaft beziehe, nicht verkümmern, auf andere Forderungen desselben Gläubigers gegen den denselben Schuldner erstrecke sich aber das Vorrecht des Gläubigers nicht, und der Gläubiger werde im Sinne des Gesetzes durch Geltendmachung des Forderungsübergangs nicht benachteiligt, wenn er dadurch lediglich an der Befriedigung anderer Forderungen gegen denselben Gläubiger gehindert werde.*"

schaffen. Die Berufung auf jenen Grundsatz muß zum mindestens da versagen, wo der wegen der einen Forderung befriedigte Gläubiger noch andere Forderungen an denselben Schuldner hat, die auf ganz anderem Rechtsverhältnisse beruhen oder mit der abgelösten Forderung nicht einmal in einem rechtlichen Zusammenhange stehen.“

Diese Betrachtungsweise mündete in die Entscheidung des RG vom 21.03. 1932[76], in der die heute vorwiegend vertretene Sichtweise[77] zur Interpretation des Gläubigervorrechts in dem folgenden Sinne aufgeführt ist: *„Der Nachteil, vor dem der Gläubiger bewahrt werden soll, ist kein allgemeiner wirtschaftlicher Nachteil, sondern es handelt sich darum, daß der Eintritt des Bürgen die Rechtsstellung des Gläubigers nicht rechtlich beeinträchtige, zu deren Verstärkung die Bürgschaft diente“.*

Da sich das Gläubigervorrecht demnach nur auf die einzelne gesicherte Forderung bezieht[78], die allerdings vom Bürgen vollständig befriedigt worden ist, ist der Gläubiger bei der Realisierung seiner weiteren gesicherten sowie ungesicherten Forderungen nicht durch § 774 I 2 BGB geschützt, so dass er in diesem praxisrelevanten Fall mit der Konkurrenz des Bürgen konfrontiert ist.

Der Gläubiger wird deshalb bestrebt sein sich zu sichern.

bb) Der Gläubiger hat für mehrere Forderungen mehrere Sicherungsgeber

Ein Sicherungsbedürfnis könnte sich für den Gläubiger auch in folgender Konstellation ergeben:

(1.) Der **BGH**[79] hatte in seiner Entscheidung vom 11.01.1990 den Fall zu entscheiden, dass dem Gläubiger als Sicherheit für zwei Forderungen gegenüber dem Hauptschuldner eine von diesem bestellte Grundschuld für beide Forderungen und eine Bürgschaft für lediglich eine Forderung zur Verfügung standen. Nachdem der Bürge in Anspruch genommen worden ist, verlangte er vom Gläubiger, dass ihm der Teil der Grundschuld abgetreten wird, der die nunmehr getilgte Forderung sichert.

Der BGH löste das entstandene Konkurrenzverhältnis gemäß § 774 I 2 BGB zugunsten des Gläubigers. Hiernach gelte das Gläubigervorrecht *„nicht nur für die*

76 Vgl. RG, Urteil vom 21.03.1932 - VIII 11/32 (LG Rostock, OLG Rostock), RGZ 136, 40 (44).

77 Vgl. Simeon/David, S. 580; MK/Habersack, BGB, § 774 Rdnr. 11; Palandt/Sprau, BGB, § 774 Rdnr. 12; RGRK/Mormann, BGB, § 774 Rdnr. 4.

78 In diesem Sinne auch Dernburg, S. 405.

79 Vgl. BGH, Urteil vom 11.01.1990 – IX ZR 58/89 (LG Frankfurt, OLG Frankfurt), BGHZ 110, 41 (41 ff.) = NJW 1990, 903 (903 ff.) = ZIP 1990, 222, (222 f.) = DB 1990, 1962 (1962 f.) = JuS 1990, 581 (581 f.) = EWIR § 774 BGB 1/90, 247 (247 f.) = JA 1990, 201 (201 ff.) = JR 1991, 193 (193 ff.) mit Anmerkung von Rehbein.

Hauptforderung selbst, sondern auch für die nach §§ 412, 401 BGB übergehenden und für die entsprechend diesen Vorschriften zu übertragenden Nebenrechte. ... Dabei spielt es keine Rolle, ob das Nebenrecht nur die verbürgte Forderung oder daneben auch eine andere Forderung des Gläubigers sichert. ... Ausschlaggebend ist allein, dass es sich bei den nachrangigen Grundschulden um andere selbständige Vermögensrechte ... handelt."[80]

(2.) STELLUNGNAHME

Die Entscheidung des BGH vermag nicht zu überzeugen. Zwar beabsichtigt der BGH nicht ausdrücklich zu den Grundsätzen des gemeinen Rechts[81] zurückzukehren, er leugnet aber mittelbar das vom RG[82] dargelegte „*Prinzip der Forderungsindividualität*".

Nach einer sich am Wortlaut orientierenden Auslegung folgt, dass sich § 774 I 1 BGB mit der Formulierung „*Forderung*" auf die maßgebende Hauptforderung bezieht, die den Anknüpfungspunkt für die cessio legis darstellt. Die Vorschriften der §§ 412, 401 BGB haben hingegen ausschließlich die Funktion, dass sich dieser gesetzliche Forderungsübergang auch auf die Neben- und Vorzugsrechte erstreckt, die den Zessionsregress des Bürgen sichern. Dies gilt auf Grund des Wesens eines akzessorischen Sicherungsrechtes nur insoweit, als dass diese Nebenrechte mit der übergegangenen Forderung selbst „*verbunden*" sind, so dass beide Rechte im Zeitpunkt des „*Übergangs*" eine auf dem Bestand der Hauptforderung basierende untrennbare „*Schicksalsgemeinschaft*" bilden. Das in § 774 I 2 BGB statuierte Gläubigervorrecht bezieht sich deshalb auf die causa der cessio legis, nämlich auf die konkrete Hauptforderung.

Die Auffassung des BGH überzeugt auch nicht nach einer sich am Sinn und Zweck des Gläubigervorrechts orientierenden Auslegung.

Das von § 774 I 2 BGB verfolgte Ziel ist es, den Gläubiger durch den Forderungsübergang nicht schlechter zu stellen, als wenn der Hauptschuldner selbst bezahlt und die Forderung erfüllt hätte. Für diesen Fall wäre die Hauptforderung untergegangen und würde sowohl für das akzessorische Nebenrecht als auch nach der Sicherungsabrede für das nicht akzessorische Sicherungsrecht keinen tauglichen Anknüpfungspunkt mehr bilden.

---

80 Vgl. BGH, Urteil vom 11.01.1990 – IX ZR 58/89 (LG Frankfurt, OLG Frankfurt), BGHZ 110, 41 (44 ff.) = NJW 1990, 903 (904) = ZIP 1990, 222, (222) = DB 1990, 1962 (1962) = JuS 1990, 581 (582) = EWIR § 774 BGB 1/90, 247 (247) = JA 1990, 201 (202) = JR 1991, 193 (195) mit Anmerkung von Rehbein, der dieser Entscheidung zustimmt; BGH, Urteil vom 09.01.2003 – IX ZR 353/99 (Frankfurt), NJW 2003, 1036 (1037); Palandt/Sprau, BGB, § 774 Rdnr. 12; Jauernig/Stadler, BGB, § 774 Rdnr. 5.

81 Siehe dazu oben, Teil 2, 1. Abschnitt, B), IV., 1., a), aa).

82 Vgl. RG, Urteil vom 13.12.1911 - VI. 679/09 (LG Schneidemühl, OLG Posen), RGZ 76, 195 (198).

Hieraus folgt, dass der (ursprüngliche) Gläubiger ausschließlich wegen der Hauptforderung, die den Rechtsgrund für die vom Sicherungsnehmer gewährte Kreditsicherheit bildet, gegenüber dem neuen Gläubiger für schutzwürdiger erachtet wird. Gerade deshalb soll auch der Übergang der Forderung nicht zum Nachteil des (ursprünglichen) Gläubigers geltend gemacht werden.
Der BGH ist hingegen bestrebt, die Reichweite des § 774 I 2 BGB in einem erweiternden Sinne zu interpretieren, ohne den (ursprünglichen) Gläubiger über das Gläubigervorrecht umfassend schützen zu wollen.
Entgegen dem vom BGH zu Grunde gelegten Gesetzesverständnis kann es auf die Selbstständigkeit der Nebenrechte nicht ankommen, von denen § 774 I 2 BGB nicht spricht, sondern lediglich auf die zu Grunde liegende Hauptforderung. Ansonsten könnte der intelligente Gläubiger in dem von REINICKE/ TIEDTKE[83] gebildeten Beispielsfall den Anwendungsbereich des § 774 I 2 BGB zu seinem Vorteil erweitern. Der Gläubiger bräuchte nur nach der Übernahme der Bürgschaft für eine auch durch eine Grundschuld gesicherte Forderung und vor dem Zeitpunkt der Zahlungen des Bürgen mit dem Hauptschuldner vereinbaren, dass die von ihm gewährte Grundschuld auch seine zu diesem Zeitpunkt bestehenden anderen Forderungen sichert und somit vereiteln, dass der Bürge nach seiner Zahlung auf die Grundschuld zugreifen kann.
Die Argumentation des BGH ist demnach wegen des *„Prinzips der Forderungsindividualität"* abzulehnen, so dass für den Fall, dass unverbürgte und verbürgte Forderungen durch dasselbe Sicherungsrecht gesichert sind, der Bürge wegen der verbürgten Forderung und der Befriedigung des Gläubigers auch in gleicher Weise wie der Gläubiger an dem Sicherungsrecht *„berechtigt"* ist. Da somit § 774 I 2 BGB nicht anwendbar ist[84], hat der Gläubiger die Konkurrenz des Bürgen zu dulden. Auch in dieser Fallkonstellation wird der Gläubiger bestrebt sein sich zu sichern.

b) Teilweise Befriedigung

Für den Fall, dass der Bürge den Gläubiger nur teilweise befriedigt, findet ausweislich des klaren Wortlauts des § 774 I 1 BGB *„soweit"* in dieser Höhe der gesetzliche Forderungsübergang statt, wobei der anteilige Rechtsübergang gemäß § 774 I 2 BGB nicht zum Nachteil des Gläubigers geltend gemacht werden

83 Vgl. Reinicke/Tiedtke, DB 1990, 1953 (1956).
84 Vgl. Reinicke/Tiedtke, DB 1990, 1953 (1955 ff.); Rehbein, JR 1991, 195 (195 ff.); Horn, Rdnr. 607.

darf.[85] In dieser Konstellation findet der Grundsatz des *„nemo subrogat contra se"*[86] seinen klassischen Anwendungsbereich. Der Bürge tritt hinter den ursprünglichen Gläubiger bis zur vollständigen Befriedigung seiner gesicherten Forderung zurück. Hierbei ist unbeachtlich, ob sich der Bürge für die ganze Schuld verbürgt hatte und nur einen Teilbetrag bezahlt hat, oder ob er sich hingegen nur für einen Teilbetrag verbürgt hatte und diesen Betrag ganz oder nur teilweise bezahlt hat.[87] [88]

Außerhalb eines Insolvenzverfahrens über das Vermögen des Hauptschuldners ist der Gläubiger demnach wegen seiner gesicherten Forderung ausreichend vor den Teilzahlungen des Bürgen durch die Vorschrift des § 774 I 2 BGB geschützt. Für den Gläubiger könnte aber dann ein Sicherungsbedürfnis bestehen, wenn nach dem Zeitpunkt der Bürgschaftszahlungen ein Insolvenzverfahren eröffnet wird. Hierbei gelten die folgenden Grundsätze:

aa) Die Rechtsfolgen während des Insolvenzverfahrens

Bereits das RG[89] stellte in seiner Entscheidung vom 29.12.1913 die bis heute maßgebende Auffassung dar, dass das in § 774 I 2 BGB verankerte Gläubigervorrecht im Insolvenzverfahren über das Vermögen des Hauptschuldners nicht zur Anwendung kommen kann. Das Gericht führte die folgenden grundsätzlichen Erwägungen aus:

„Der Vorschrift des § 774 BGB ... (Grundsatz des „nemo subrogat contra se") ... kann nicht die Tragweite beigemessen werden, dass dadurch ... der Eintretende bei Konkurrenz mit dem ursprünglichen Gläubiger diesem schlechthin und überall weichen müsste, von seinem Befriedigungsrecht keinen Gebrauch machen dürfte. ... Die vollendete Rechtstatsache des Forderungsübergangs auf den Bürgen darf im Konkursverfahren nicht unberücksichtigt bleiben. ... So würden einerseits der Bürge um seine volle Dividende geschädigt, andererseits würden

---

85 Dieser Vorrang stelle nach dem Urteil des BGH vom 07.11.1978 - VI ZR 86/77 (Frankfurt), NJW 1979, 271 (271) einen allgemeinen Rechtsgrundsatz dar und sei im BGB in den Normen der §§ 268 III 2, 426 II 2, 1143 I 2, 1150, 1164 I 2, 1176, 1225 II 2, 1249 S. 2, 1607 II 3, 1709 II 2 verankert.

86 Vgl. RG, Urteil vom 29.12.1913 - VI 443/13 (LG Heilbronn, OLG Stuttgart), RGZ 83, 401 (404).

87 Vgl. RG, Urteil vom 13.12.1911 - VI 679/09 (LG Schneidemühl, OLG Posen), RGZ 76, 195 (198).

88 Als unbeachtlich muss die Überlegung beurteilt werden, ob bei Teilzahlungen des persönlich haftenden Bürgen die Regelung des § 266 BGB eingreift. Dies ergibt sich daraus, dass der Bürge in der Regel erst nach einer entsprechenden Aufforderung des Gläubigers den begehrten Teilbetrag bezahlen wird und in diesem Fall § 266 BGB nicht zur Anwendung kommt. Insoweit sei auf Palandt/Heinrichs, BGB, § 266 Rdnr. 11 verwiesen.

89 Vgl. RG, Urteil vom 29.12.1913 - VI 443/13 (LG Heilbronn, OLG Stuttgart), RGZ 83, 401 (401 ff.).

die übrigen Gläubiger eine Bereicherung erfahren, die sie im Konkursverfahren nicht beanspruchen können. ... Für das Konkursverfahren kommt es auf die objektivrechtliche Beschaffenheit der Restforderung des Gläubigers im Zeitpunkt der Konkurseröffnung an.“

Dieser in § 3 KO für das Konkursverfahren verankerte Grundsatz gilt auch gemäß § 38 InsO für das Insolvenzverfahren.
Der zahlende Bürge erfüllt die Voraussetzung der Forderungsinhaberschaft, soweit er den Gläubiger vor der Eröffnung des Insolvenzverfahrens über das Vermögen des Hauptschuldners teilweise befriedigt. Seinen hierdurch entstehenden Zessionsregress kann er, ohne auf die Interessen des Gläubigers Rücksicht zu nehmen, als unbedingte Insolvenzforderung zur Insolvenztabelle anmelden, weil der Grundsatz des *„nemo subrogat contra se“* während des Insolvenzverfahrens nicht einschlägig ist.
Wie das RG[90] ausdrücklich betonte, kommt der Bestimmung des § 774 I 2 BGB *„möglicherweise“* nur die Bedeutung zu, dass der Gläubiger vom Bürgen denjenigen Teil seiner Dividende herausverlangen kann, die dem Gläubiger zugekommen wäre, wenn der Bürge nicht am Insolvenzverfahren[91] teilgenommen hätte. Nach diesem Verständnis kommt dem Gläubigervorrecht in diesem Verfahrensabschnitt keine Schutz-, sondern lediglich eine Kompensationsfunktion zu. Während des Insolvenzverfahrens ist der Gläubiger demnach nicht durch das Gläubigervorrecht geschützt. Er hat die Konkurrenz des Bürgen zu dulden und wird deshalb bestrebt sein sich zu sichern.[92]

bb) Die Rechtsfolgen nach dem Ende des Insolvenzverfahrens: Der Ausgleichsanspruch des Gläubigers gegen den Bürgen

„Möglicherweise“ steht dem Gläubiger gegenüber dem ausgleichsberechtigten Bürgen nach dem Abschluss des Insolvenzverfahrens wegen des in diesem Verfahrensabschnittes unanwendbaren § 774 I 2 BGB ein Ausgleichsanspruch auf

---

90 Vgl. RG, Urteil vom 29.12.1913 - VI 443/13 (LG Heilbronn, OLG Stuttgart) RGZ 83, 401 (406); auch der BGH hat diese *„Möglichkeit“* in seinem Urteil vom 30.10.1984 - IX ZR 92/83 (LG Rottweil, OLG Stuttgart), BGHZ 92, 374 (380) = WM 1984, 1630 (1631) = ZIP 1985, 18 (20) = DB 1985, 274 (274) = NJW 1985, 614 (615) angedeutet.

91 Das RG spricht in seiner Entscheidung selbstverständlich vom Konkursverfahren.

92 Gerade deshalb ist auch die Auffassung von Planck, BGB, § 774 Nr. 5 abzulehnen, der davon ausgeht, dass der Bürge nur dann die teilweise auf ihn übergegangene Forderung des Gläubigers im *„Konkurs“* des Hauptschuldners anmelden dürfe, *„wenn und soweit durch die Konkursdividende der Rest der Forderung des Gläubigers gedeckt wird.“* Eine solche Sichtweise ist nach dem heutigen Verständnis des Gläubigervorrechts abzulehnen.

„Auskehr" der erlangten Insolvenzdividende zu. Dies könnte zur Folge haben, dass der Gläubiger insoweit durch die gesetzlichen Vorschriften geschützt wäre.

(1.) Die **RECHTSPRECHUNG** hat einen Ausgleichsanspruch bisher noch nicht ausdrücklich anerkannt, sondern nur die Möglichkeit beschrieben, dass ein solcher Anspruch in Betracht kommen könnte.[93]

(2.) Die überwiegende **LITERATURAUFFASSUNG**[94] erkennt hingegen aus dem Wesen des § 774 I 2 BGB einen Ausgleichsanspruch explizit an. Hiernach kommen nach dem Abschluss des Insolvenzverfahrens die Spezialregelungen der Insolvenzordnung nicht mehr zum Tragen, so dass durch den nunmehr anwendbaren § 774 I 2 BGB der Grundsatz des *„nemo subrogat contra se"* wieder auflebe. Der Gläubiger sei rechtlich so zu stellen, als ob, statt des Bürgen, der Hauptschuldner vor der Eröffnung des Insolvenzverfahrens den Teilbetrag bezahlt hätte. Für diesen Fall wäre die Forderung nicht auf den Bürgen im Wege der cessio legis übergegangen, sondern erloschen, so dass auch die Gesamtheit der Insolvenzforderungen in der Höhe des vom Bürgen gezahlten Betrages geringer und dementsprechend die Insolvenzdividende höher ausgefallen wäre. Diese Differenz müsse der Bürge dem Gläubiger außerhalb des Insolvenzverfahrens ersetzen.
In der Literatur ist allerdings die Höhe der Ausgleichsforderung umstritten.

(a) SELB[95] vertritt die Ansicht, dass der Bürge verpflichtet sei, dem Gläubiger bis zu dessen vollständiger Befriedigung den gesamten Betrag herauszugeben, den er im Insolvenzverfahren erhalten habe.

---

93 Vgl. KG, Beschluss vom 04.02.1910 – XV ZS., OLGE 20 (1910 I.), 297 (298); RG, Urteil vom 29.12.1913 – VI 443/13 (LG Heilbronn, OLG Stuttgart), RGZ 83, 401 (406); BGH, Urteil vom 30.10.1984 - IX ZR 92/83 (LG Rottweil, OLG Stuttgart), BGHZ 92, 374 (380) = WM 1984, 1630 (1631) = ZIP 1985, 18 (20) = DB 1985, 274 (274) = NJW 1985, 614 (615).

94 Vgl. Loewenwarter, BGB, § 774; Palandt/Sprau, BGB, § 774 Rdnr. 12; Soergel/Mühl, BGB, § 774 Rdnr. 7; RGRK/Mormann, BGB, 774 Rdnr. 4; Wissmann, Rdnrn. 273 ff.; Becker-Eberhard, S. 706; Reinicke/Tiedtke, DB 1985, 957 (958); dies., Rdnr. 386 verneinen hingegen heute einen Ausgleichsanspruch.

95 Vgl. Staudinger/Selb, BGB, § 268 Rdnr. 14 (13. Bearbeitung); diesen Grundsatz teilt auch Staudinger/Bittner, BGB, § 268 Rdnr. 24 in der im Jahre 2001 erfolgten Neubearbeitung des Staudingers, in dem sie meint, dass die richtige Lösung sei, *„daß der am Verfahren zu beteiligende Ablösende die erlangte Befriedigung im Insolvenzverfahren soweit an den Restgläubiger abzuführen hätte, bis dieser voll befriedigt wäre."*

(b) Nach **WISSMANN**[96] gewährt der auf der Grundlage des § 774 I 2 BGB entwickelte Ausgleichsanspruch dem Gläubiger lediglich einen Anspruch in der Höhe, in der die Insolvenzdividende durch die Teilnahme des Bürgen gemindert worden sei. Da wegen der Besonderheiten des Insolvenzverfahrens das Gläubigervorrecht in diesem Verfahrensabschnitt nicht zur Anwendung komme, müsse sich der nach dem Abschluss des Insolvenzverfahrens wieder aufgelebte *„Unterlassungsanspruch"*, der durch die bereits an den Bürgen geleisteten Zahlungen aus der Insolvenzmasse nicht mehr realisierbar sei, in einen Zahlungsanspruch umwandeln. Soweit dieser *„Unterlassungsanspruch"* dem Gläubiger keinen umfassenden Schutz gewähre, könne der Inhalt des nach dem Abschluss des Insolvenzverfahrens zu realisierenden Zahlungsanspruches auch nicht so weit gehen, dass der Gläubiger vom Bürgen die gesamte Insolvenzdividende erhalte.

(c) Nach einer anderen Auffassung in der **LITERATUR**[97] stehe dem Gläubiger gegen den Bürgen kein Ausgleichsanspruch zu, weil ihm, sofern der Bürge im Insolvenzverfahren seine Ersatzforderung aus dem Grundverhältnis anmelden würde, kein Nachteil entstehen könne. Dies ergebe sich daraus, dass das Gläubigervorrecht in diesem Verfahrensabschnitt nicht anwendbar sei. LEONHARD[98] führt in diesem Sinne aus: *„durch diesen wird der Gläubiger also nicht geschädigt."*

(3.) STELLUNGNAHME

Die einen Ausgleichsanspruch bestätigenden Auffassungen überzeugen nicht. Dem Gläubiger kann gegenüber dem Bürgen nach der Beendigung des Insolvenzverfahrens kein Ausgleichsanspruch zustehen, wobei sich dieses Ergebnis aus einer Wertung der dem Bürgen zustehenden Regressmöglichkeiten ergibt. Maßgebend ist, dass dem Bürgen gegenüber dem Hauptschuldner neben dem Zessionsregress meist auch ein Anspruch aus dem Innenverhältnis zusteht, dem wegen der Wertung des § 774 I 3 BGB der Vorrang gebührt, und bei dem vor allem das Gläubigervorrecht gemäß § 774 I 2 BGB nicht zur Anwendung kommt.[99] Dem Bürgen steht zudem ein Wahlrecht zu, ob er gegen den Hauptschuldner auf der Grundlage des Zessionsregresses oder des Innenregresses vorgeht, wobei er üblicherweise beide Regressmöglichkeiten miteinander verbinden wird, aber nur einmal befriedigt werden darf.

---

96 Vgl. Wissmann, Rdnrn. 281 ff.
97 Vgl. Leonhard, S. 335 f.; Wagenknecht, S. 92 ff.; Reinicke/Tiedtke, Rdnr. 386.
98 Vgl. Leonhard, S. 335 f.
99 Vgl. Palandt/Sprau, BGB, § 774 Rdnr. 2.

Soweit der Bürge seinen Anspruch aus dem Innenverhältnis gegenüber dem Hauptschuldner geltend macht, würde sich der Bürge durch seine Teilnahme am Insolvenzverfahren auf einen Anspruch berufen, bei dem das Gläubigervorrecht nicht zur Anwendung kommt. Wegen der beschränkten Anwendbarkeit des Gläubigervorrechts im Rahmen des Zessionsregresses folgt, dass die Rechtsposition des Gläubigers bei einer Inanspruchnahme des Hauptschuldners im Wege des Innenregresses nicht beeinträchtigt werden kann. Dem Gläubiger kann deshalb auch kein Ausgleichsanspruch zustehen.
Etwas anderes ergibt sich auch nicht, wenn der Bürge neben dem Innenregress auch alternativ den Zessionsregress geltend macht, weil beide Regressmöglichkeiten nahezu kongruent auf denselben Forderungsbetrag ausgerichtet sind und sich aus diesem Grunde nicht die Insolvenzdividende des Gläubigers verringern[100] kann.
Insoweit ist auch die Wertung des Gesetzgebers heranzuziehen, der trotz der Tatsache, dass die Spezialregelungen der Insolvenzordnung das für den Zessionsregress anwendbare Gläubigervorrecht verdrängen, keinen Ausgleichsanspruch explizit verankert hat. Es hätte an ihm gelegen, entweder in der Insolvenzordnung oder im Bürgerlichen Gesetzbuch einen Ausgleichsanspruch zu statuieren. Der Gesetzgeber hat sich hingegen *„ausschließlich"* für die Privilegierung des Gläubigers im Rahmen der §§ 43 f. InsO entschieden, deren Tatbestandsvoraussetzungen wegen der vor dem Zeitpunkt der Eröffnung des Insolvenzverfahrens erfolgten Bürgschaftszahlungen nicht einschlägig sind. Es ist kein Grund ersichtlich, diese Ausnahmeregelungen zu erweitern oder durch die Interpretation eines Ausgleichsanspruches zu harmonisieren.
Somit gilt, dass dem Gläubiger kein Ausgleichsanspruch gegenüber dem Bürgen nach dem Abschluss des Insolvenzverfahrens zustehen kann. Der Gläubiger muss demnach bestrebt sein, sich vor der Konkurrenz des Bürgen im Insolvenzverfahren zu sichern. Dieses Sicherungsbedürfnis besteht auch dann, wenn dem Gläubiger tatsächlich ein Ausgleichsanspruch zustehen sollte, er aber entgegen der Auffassung von SELB nicht den gesamten Betrag vom Bürgen herausverlangen kann, dessen er zu seiner vollständigen Befriedigung bedarf. Er muss deshalb bestrebt sein, die Teilnahme des Bürgen am Insolvenzverfahren vollständig zu verhindern, um auf die Vermögenswerte des Hauptschuldners ungehindert zugreifen zu können. Dies entspricht seinem erkennbaren Interesse.

---

[100] Vgl. Reinicke/Tiedtke, Rdnr. 386, die noch in DB 1985, 957 (958) einen Ausgleichsanspruch bejahten.

c) Keine Befriedigung

Soweit der Bürge an den Gläubiger noch keine Zahlungen geleistet hat, kann er mangels einer Befriedigung des Gläubigers auch nicht im Wege der cessio legis dessen Forderung gegenüber dem Hauptschuldner erwerben.
Der Gläubiger könnte in dieser Konstellation nur dann mit der Konkurrenz des Bürgen konfrontiert sein, wenn sich der Bürge trotz der noch nicht erfolgten Zahlungen dennoch am Insolvenzverfahren beteiligen dürfte.
Für den Bürgen kommt hierfür der Zessionsregress gegenüber dem Hauptschuldner in Gestalt der cessio legis in Betracht, der im Zeitpunkt der Befriedigung des Gläubigers entstehen wird.
Die RECHTSPRECHUNG[101] sah in diesem *„Anspruch"* früher eine aufschiebend bedingte Konkursforderung. Die Insolvenzordnung hat an der Qualität dieses *„Anspruches"* nichts geändert, auch wenn es den Begriff der aufschiebend bedingten Insolvenzforderung nur noch teilweise in einigen gesetzlichen Regelungen wie den §§ 77 III Nr. 1, 95 I und 191 InsO voraussetzt, ohne ihn wie in § 67 KO unter einem eigenen Paragraphen zu erfassen.
Eine aufschiebend bedingte Insolvenzforderung kann im Rahmen eines Insolvenzverfahrens angemeldet werden. Dieser anerkannte Grundsatz erfährt durch § 44 InsO eine Ausnahme[102], der inhaltlich wie folgt formuliert ist:

„Der Gesamtschuldner und der Bürge können die Forderung, die sie durch eine Befriedigung des Gläubigers künftig gegen den Schuldner erwerben könnten, im Insolvenzverfahren nur noch dann geltend machen, wenn der Gläubiger seine Forderung nicht geltend macht."

Dieser Regelungskomplex war bereits in der Konkursordnung ohne eine gesetzliche Verankerung anerkannt[103] und in § 33 der Vergleichsordnung[104] und in § 86 II der Preußischen Konkursordnung normiert.[105]

---

101 Vgl. RG, Urteil vom 27.11.1903 – VII 278/03 (LG Bochum, OLG Hamm), RGZ 58, 11 (11 f.); RG, Urteil vom 16.11.1905 – IV. 250/1905, RG Gruchot 50, 1117 (1121); LG Hagen, Urteil vom 18.05.1961 – 1 S 43/61, NJW 1961, 1680 (1680).

102 Vgl. HK/Eickmann, InsO, § 44 Rdnr. 1.

103 Vgl. BGH, Urteil vom 20.03.1958 – II ZR 2/57 (LG Braunschweig, OLG Braunschweig), BGHZ 27, 51 (54); OLG Nürnberg, Urteil vom 15.10.1963 – 3 U 27/62, BB 1964, 237 (237); BGH, Urteil vom 21.12.1970 – VIII ZR 50/69 (LG Bielefeld, OLG Hamm), BGHZ 55, 117 (120); BGH, Urteil vom 19.12.1996 – IX ZR 18/96 (OLG Hamburg), BGH ZIP 1997, 372 (373).

104 Vergleichsordnung vom 26.02.1935 (RGBl. I S. 321), die durch Art. 2 Nr. 1 des Einführungsgesetzes zur Insolvenzordnung (EGInsO) vom 05.10.1994 (BGBl. I S. 2913) mit Wirkung zum 01.01.1999 aufgehoben worden ist.

105 Die Regelung des § 86 II der Preußischen Konkursordnung besagte, dass *„Mitschuldner und Bürgen des Gemeinschuldners ... insoweit, als die Forderung noch unbezahlt ist, keinen Anspruch auf Ersatz der von ihnen für den Gemeinschuldner auf die Forderung künftig zu leistenden Zahlungen liquidieren"* können.

Die Regelung des § 44 InsO hält sich strikt an die entscheidenden Vorgaben der Grundsatzentscheidung der VEREINIGTEN ZIVILSENATE des RG[106] vom 15.02.1886, in der die damalige Rechtsprechung geändert[107] und das bis heute anerkannte[108] *„Verbot der Doppelanmeldung"*[109] verankert worden ist. Dieses Prinzip besagt, dass die Insolvenzmasse nicht zwei Gläubiger nebeneinander befriedigen kann, von denen der Schuldner außerhalb des Insolvenzverfahrens nur den einen oder den anderen zu befriedigen hätte.[110] Hieraus folgt, dass es dem Bürgen verwehrt ist, sich neben dem Gläubiger der Hauptforderung am Insolvenzverfahren des Hauptschuldners zu beteiligen.

aa) Die Regelung des § 44 InsO beeinträchtigt den Bürgen allerdings gravierend im Rahmen des Restschuldbefreiungsverfahrens, an dem er wegen dieser Ausnahmevorschrift nicht teilnehmen darf. Durch die Restschuldbefreiung wird der Bürge nachteilig in seiner Rechtsposition betroffen, weil er nach dem Abschluss des Restschuldbefreiungsverfahrens nicht mehr gegen den Hauptschuldner auf der Grundlage des Zessions- und Innenregresses vorgehen kann (§ 301 II 2 InsO). Dies folgt aus der Inanspruchnahme des Hauptschuldners

---

106 Vgl. RG, Urteil vom 15.02.1886 – II 183/85 (LG Neuburg a.D., OLG Augsburg), RGZ 14, 172 (172 ff.).

107 Vgl. RG, Urteil vom 29.10.1881 – 591/81 (LG Königsberg, OLG Königsberg), RGZ 7, 80 (80 ff.); RG, Urteil vom 18.03.1885 – 1. Sen (Hamburg), RG, SeuffArch. Bd. 41 (1886), Nr. 82 (S. 125 ff.).

108 Vgl. RG, Urteil vom 24.04.1883 – II 567/82 (LG Leipzig, OLG Dresden), RGZ 9, 75 (78); RG, Urteil vom 15.02.1886 – II 183/85 (LG Neuburg a.D., OLG Augsburg), RGZ 14, 172 (175); RG, Urteil vom 17.11.1893 – II 178/93 (LG Aachen, OLG Köln), RGZ 32, 84 (87); RG, Urteil vom 14.12.1895 – I 364/95 (LG Bremen, OLG Naumburg), RGZ 37, 1 (3); RG, Urteil vom 08.10.1898 – I 282/98 (LG Hamburg, OLG Hamburg), RGZ 42, 35 (38 f.); RG, Urteil vom 14.12.1909 – II 528/09 (LG Offenburg, OLG Karlsruhe), RGZ 72, 285 (290); RG, Urteil vom 29.12.1913 - VI. 443/13 (LG Heilbronn, OLG Stuttgart), RGZ 83, 401 (402); RG, Urteil vom Urteil vom 12.05.1914 – II 692/13 (LG I Berlin, KG Berlin), RGZ 85, 53 (57); OLG Nürnberg, Urteil vom 15.10.1963 – 3 U 27/62, BB 1964, 237 (237).

109 Vgl. Smid, InsO, § 44 Rdnr. 1; in diesem Sinne auch Braun/Bäuerle, InsO, § 44 Rdnr. 1; Wimmer/Schumacher, InsO, § 44 Rdnr. 1.

110 Das RG, Urteil vom 15.02.1886 – II 183/85 (LG Neuburg a.D., OLG Augsburg), RGZ 14, 172 (175) wies darauf hin, dass der Hauptschuldner außerhalb des Konkurses nicht in die Lage kommen würde, *„für die nämliche Forderung zugleich beiden Zahlung leisten zu müssen; ... die Schuld ist daher für ihn eine einheitliche, möge die Regressforderung auf einem selbständigen Rechtsgrunde beruhen oder nicht. ... Der Umstand, dass gegen den Hauptschuldner der Konkurs eröffnet ist, kann dieses Verhältnis nicht wesentlich umgestalten; er kann nicht bewirken, dass der Konkursmasse gegenüber eine Forderung sich vervielfältige, die Schuld, welche vorher nur eine einheitliche war, nun eine mehrfache werde und die Verpflichtungen der Konkursmasse sich infolgedessen erhöhen."*

durch den Gläubiger. **SMID**[111] schlägt deshalb vor, § 44 InsO verfassungskonform in der Weise auszulegen, dass diese Vorschrift nicht die Teilnahme des Bürgen am Insolvenzverfahren, sondern nur die Berücksichtigung seiner Forderung bei der Quotenbildung verhindere.[112]

bb) STELLUNGNAHME

Auch wenn die Vorschrift des § 44 InsO durch eine unleugbare Härte geprägt ist, so darf nicht verkannt werden, dass selbst die Auffassung von SMID zu einer formellen Teilnahme des Bürgen am Insolvenzverfahren führen würde. WISSMANN weist zu Recht darauf hin, dass dem Bürgen wegen dieser formellen Position ein volles Stimmrecht zustehe und auch dieser Umstand durch die Regelung des § 44 InsO verhindert werden sollte.

Der Bürge ist demnach bei einer Teilnahme des Gläubigers am Insolvenzverfahren wegen des eine Ausnahme nicht zulassenden Wortlauts der Regelung des § 44 InsO und trotz der Tatsache, dass der Bürge auf Grund seiner persönlichen Haftung besonders schutzwürdig ist, nicht berechtigt, sich an diesem Verfahren zu beteiligen. Der Gläubiger ist somit wegen der Regelung des § 44 InsO hinreichend geschützt und wird nicht bestrebt sein, sich auch in dieser Fallkonstellation zusätzlich vor der Konkurrenz des Bürgen zu sichern.

Soweit sich der Gläubiger allerdings nicht am Insolvenzverfahren beteiligt, ist der Bürge nicht daran gehindert, seine Forderung als aufschiebend bedingte Insolvenzforderung zur Insolvenztabelle anzumelden. Dies folgt letztlich wiederum aus dem *„Verbot der Doppelanmeldung“*, das nur dann einschlägig sein kann, wenn tatsächlich mehrere Forderungen durch mehrere Gläubiger angemeldet werden sollen. An diesen Voraussetzungen fehlt es aber, wenn sich der Gläubiger nicht am Insolvenzverfahren beteiligen will, wozu er auch nicht verpflichtet ist.

111 Vgl. Smid, InsO, § 44 InsO Rdnr. 2.

112 Wissmann, Rdnrn. 191 ff. argumentierte im Rahmen der Anwendbarkeit der Konkursordnung in einer ähnlichen Weise, in der er zwischen der Gefahr der doppelten Zahlung aus der Konkursmasse und der doppelten Anmeldung zur Konkurstabelle differenzierte. Er billigte deshalb dem Bürgen das Recht zu, seine bedingte Rückgriffsforderung zur Konkurstabelle anzumelden, wobei ihm wegen der formell doppelten Berücksichtigung kein volles Stimmrecht zustehen sollte. Im Rahmen der Insolvenzordnung hat er diese Ansicht aber wegen des Wortlauts des § 44 InsO aufgegeben.

2. Die Zahlungen nach der Eröffnung des Insolvenzverfahrens

Der Bürge, der dem Gläubiger nach der Eröffnung eines Insolvenzverfahrens über das Vermögen des Hauptschuldners Zahlungen zur Erfüllung seiner Bürgschaftsverpflichtung leistet, kann dies in vier zu unterscheidenden Konstellationen erbringen.

a) Vollständige Befriedigung

Der Bürge, der den Gläubiger nach der Eröffnung des Insolvenzverfahrens vollständig befriedigt, kann die im Wege der cessio legis auf ihn übergehende Forderung des Gläubigers gegenüber dem Hauptschuldner wegen des nicht eingreifenden § 43 InsO[113] [114] als unbedingte Insolvenzforderung zur Insolvenztabelle anmelden. Dieser *„Anspruch"* ist als Insolvenzforderung anmeldefähig, weil dessen Voraussetzung, nämlich der aufschiebend bedingte Erwerb durch den Bürgen, bereits zur Zeit der Eröffnung des Insolvenzverfahrens vorlag. Der in diesem Sinne vollständig befriedigte Gläubiger bedarf keiner weiteren Sicherung.

b) Teilweise Befriedigung des Gläubigers durch den Bürgen, der seine Bürgenschuld teilweise erfüllt

Soweit der Bürge seine Verpflichtung erst nach der Eröffnung des Insolvenzverfahrens teilweise erfüllt, geht zwar wiederum in der Höhe seiner Zahlungen die Forderung des Gläubigers gegenüber dem Hauptschuldner auf ihn über, der Gläubiger ist aber wegen § 43 InsO nicht daran gehindert, bis zu seiner voll-

[113] § 43 InsO ist auf das Verhältnis zwischen dem Hauptschuldner und dem selbstschuldnerischen Bürgen anwendbar, weil beide Personen nebeneinander für dieselbe Leistung auf das Ganze haften. Beispielhaft sei auf das Urteil des BGH vom 22.01.1969 - VIII ZR 24/67 (Stuttgart), NJW 1969, 796 (796) = WM 1969, 245 (246) zu § 68 KO verwiesen. Hierbei ist zu beachten, dass dieser Grundsatz auch während des Insolvenzverfahrens über das Vermögen des Hauptschuldners für den Bürgen gilt, dem die Einrede der Vorausklage gemäß § 771 BGB zusteht, weil die Einrede gemäß § 773 I Nr. 3 BGB in diesem Verfahrensabschnitt ausgeschlossen ist. § 43 InsO stellt demnach eine Schutzvorschrift zugunsten des ursprünglichen Gläubigers dar, die ihm gestattet, seine Forderung wegen des *„Grundsatzes der Doppelberücksichtigung"* bis zu seiner vollen Befriedigung im Insolvenzverfahren seiner Schuldner geltend zu machen und zwar in der Höhe des *„Berücksichtigungsbetrages"*, daher in der zur Zeit der Eröffnung des Insolvenzverfahrens bestehenden Höhe. Hierauf verweist Kuhn/Uhlenbruck, KO, § 68 Rdnr. 1.

[114] Vgl. BGH, Urteil vom 09.05.1963 – II ZR 124/61 (LG Wiesbaden, OLG Frankfurt), BGHZ 39, 319 (327).

ständigen Befriedigung denjenigen Forderungsbetrag geltend zu machen, den er zur Zeit der Eröffnung des Insolvenzverfahrens zu beanspruchen hatte. Der *„Berücksichtigungsbetrag"* bleibt deshalb unverändert.[115] Wegen § 44 InsO ist der Bürge auch daran gehindert, seinen Zessionsregress gegenüber dem Hauptschuldner zur Insolvenztabelle anzumelden[116], soweit der Gläubiger am Insolvenzverfahren teilnimmt.[117] Der Gläubiger ist während dieses Verfahrensabschnittes vor diesen Teilzahlungen des Bürgen hinreichend geschützt und muss deshalb auch nicht bemüht sein, sich zusätzlich zu sichern.

c) Teilweise Befriedigung des Gläubigers durch den Bürgen, der seine Bürgenschuld vollständig erfüllt[118]

Für den Fall, dass der Bürge den Gläubiger nur teilweise befriedigt, aber seine Bürgenschuld vollständig erfüllt, vertraten früher wiederholt die Gerichte und die Vertreter in der Literatur die Auffassung, dass der Anwendungsbereich des § 68 KO a.F. (§ 43 InsO) eröffnet sei, mit der Folge, dass der Bürge seinen Zessionsregress nicht zur Konkurstabelle[119] anmelden dürfe.

aa) Das **OLG KARLSRUHE**[120] bejahte in diesem Sinne die Anwendbarkeit des § 68 KO a.F., in dem es die gesetzliche Formulierung *„seiner vollen Befriedigung"* vom Standpunkt des Gläubigers aus interpretierte. Hiernach lag eine *„Vollbefriedigung"* erst bei der Erfüllung der gesamten Forderung des Gläubigers, nicht bereits bei der vollständigen Erfüllung der Verbindlichkeiten einzelner

---

115 Vgl. BGH, Urteil vom 22.01.1969 - VIII ZR 24/67 (Stuttgart), NJW 1969, 796 (796 f.) = WM 1969, 245 (246) zu § 68 KO; Mentzel/ Kuhn, KO, § 68 Rdnr. 5.

116 Vgl. BGH, Urteil vom 20.03.1958 – II ZR 2/57 (LG Braunschweig, OLG Braunschweig), BGHZ 27, 51 (54); BGH, Urteil vom 22.01.1969 - VIII ZR 24/67 (Stuttgart), NJW 1969, 796 (797) = WM 1969, 245 (246) zu § 68 KO; BGH, Urteil vom 21.12.1970 – VIII ZR 50/69 (LG Bielefeld, OLG Hamm), BGHZ 55, 117 (120); Kuhn, WM 1971, 1038 (1046); Kuhn/Uhlenbruck, KO, § 68 Rdnr. 5b.

117 Dies gilt auch dann, wenn es sich bei dem Zessionsregress des Bürgen nicht um eine *„zukünftige"* Forderung i.S.d. § 44 InsO handelt, weil der Bürge durch seine Zahlungen in dieser Höhe bereits als materiell-rechtlicher Forderungsinhaber zu qualifizieren ist.

118 Zu diesem Problembereich ausführlich Hahn, S. 264 ff., insbesondere S. 560 ff., 622 sowie nochmals 650.

119 Selbstverständlich wird im Rahmen der Insolvenzordnung von der Insolvenztabelle gesprochen.

120 Vgl. OLG Karlsruhe, Urteil vom 18.12.1957 - 1 U 92/57, MDR 1958, 345 (346); auch das RG, Urteil vom 10.11.1882 – Rep. II. 353/82, RGZ 8, 290 (291 ff.) bejahte in dieser Fallkonstellation den Anwendungsbereich des § 61 KO.

Mitschuldner vor, die sich nur für einen Teil der Gesamtforderung verpflichtet hatten.

bb) Ähnlich wie das OLG KARSRUHE argumentierte auch **DEMPEWOLF**[121], der die Frage, ob es im Rahmen des § 68 KO a.F. auf die Vollerfüllung der Forderung des Gläubigers oder auf die Vollerfüllung der Teilbürgschaft ankomme, im Sinne der vollständigen Gläubigerbefriedigung beantwortete. Anderenfalls müssten die Zahlungen während des Konkursverfahrens anders zu behandeln sein als entsprechende Zahlungen nach Abschluss dieses Verfahrens. Zudem würde die Verneinung des Anwendungsbereiches des § 68 KO a.F. den Konkursverwaltern eine Prüfungs-, Nachforschungs- und Überwachungsverpflichtung aufbürden, denen sie – nach seiner Auffassung - praktisch nicht nachkommen könnten.

cc) KÜNNE[122], der sich maßgebend von den Entscheidungen des KAMMERGERICHTS (KG) vom 24.04.1912[123] und des RG vom 30.11.1937[124] leiten ließ, argumentierte in der Weise, dass § 32 VglO a.F. und § 68 KO a.F. reine Zweckmäßigkeitsvorschriften seien und es diese Zweckmäßigkeit gebiete, Teilzahlungen von dieser Vorschrift zu erfassen.[125]

dd) WISSMANN[126] bejaht hingegen in dieser Konstellation mit anderen Vertretern in der Literatur[127] den Anwendungsbereich des § 43 InsO, weil es dem Wesen der Vorschrift entspreche, für die Existenz und die Höhe einer Gläubigerforderung auf den Zeitpunkt der Eröffnung des Insolvenzverfahrens - unabhängig von den Teilzahlungen anderer Mitverpflichteter - abzustellen.[128] Die Vorschrift des § 43 InsO sei eine insolvenzrechtliche Folge im Sinne der Besserstellung des Gläubigers gegenüber den anderen Mithaftenden, wie sie materiell-

---

121 Vgl. Dempewolf, NJW 1961, 1341 (1341 ff.).
122 Vgl. Künne, KTS 1957, 58 (58 ff.).
123 Vgl. KG, Urteil vom 24.04.1912 – VII ZS., OlGE 25 (1912 II.), 335 (335).
124 Vgl. RG, Urteil vom 30.11.1937 – VII 127/37 (LG Rostock, OLG Rostock), RGZ 156, 271 (278).
125 Vgl. Künne, KTS 1957, 58 (60).
126 Vgl. Wissmann, Rdnr. 69.
127 Vgl. Uhlenbruck, InsO, § 43 Rdnr. 2 m.w.N.; Smid, InsO, § 43 Rdnr. 12; MK/Lwowski/Bitter, InsO, § 43 Rdnrn. 30 ff., die darauf hinweisen, dass der Fall der Teilmithaftung weder vom Wortlaut des § 43 InsO vorgegeben sei noch in der Sache überzeugen könne, weil die Forderung gegenüber beiden Schuldnern eine einheitliche bleibe und sich insbesondere der Teilbürge am Insolvenzverfahren beteiligen könne, obwohl der Forderungsübergang nicht zum Nachteil des Gläubigers geltend gemacht werden könne.

rechtlich durch den Grundsatz des *„nemo subrogat contra se"* zum Ausdruck komme.[129]

ee) Der **BGH** vertritt hingegen in ständiger Rechtsprechung[130], dass der beschriebene Anwendungsfall bereits nach dem Gesetzeszweck nicht von der Ausnahmevorschrift des § 68 KO a.F. erfasst sein könne, weil sich der durch den Bürgen teilweise befriedigte Gläubiger mit seiner restlichen Forderung nicht im Fall der anschließenden Eröffnung des Konkursverfahrens über das Vermögen des zahlenden Teilbürgen an diesem Verfahren beteiligen könne, weil dieser seine Bürgenschuld vollständig erfüllt habe. In dieser Konstellation bestehe demnach auch nicht die ansonsten im Rahmen des § 68 KO a.F. vorhandene Gefahr, dass sich der Gläubiger bei mehreren Sicherungsgebern die in dem einen Konkurs über das Vermögen des einen Sicherungsgebers erhaltene Konkursquote in dem anderen Konkurs über das Vermögen des anderen Sicherungsgebers anrechnen lassen müsse, mit der Folge, dass der Gläubiger wegen der Berücksichtigung der erhaltenen Konkursquote nicht vollständig befriedigt werden könne.
Der Gläubiger sei daher verpflichtet, seine zur Konkurstabelle angemeldete Forderung um den vom Bürgen empfangenen Betrag zu ermäßigen, weil in der Höhe des ihm noch zustehenden Restbetrages keine Gesamthaftung bestehe. Der Teilbürge sei hingegen berechtigt, seinen Zessionsregress zur Konkurstabelle anzumelden, weil es ihm die beim Gläubiger vorgenommene Kürzung der Hauptforderung gestatte, seine Forderung neben der restlichen Forderung des Gläubigers zu berücksichtigen. Insoweit würde in dieser Vorgehensweise kein Verstoß gegen das *„Verbot der Doppelanmeldung"* vorliegen. Sowohl die RECHTSPRECHUNG[131] als auch der überwiegende Teil des SCHRIFTTUMS sind dem BGH in seiner Interpretation gefolgt.[132] Eine Entscheidung des BGH im Rahmen des inhaltsgleichen § 43 InsO liegt noch nicht vor.

---

128 Dieses Prinzip beschrieb bereits Hofmann in BB 1964, 1398 (1399).

129 Vgl. Wissmann, Rdnr. 71

130 Vgl. BGH, Urteil vom 09.05.1960 - II ZR 95/58 (Neustadt/Weinstr.), NJW 1960, 1295 (1296) = WM 1960, 720 (721); BGH, Urteil vom 22. 01.1969 - VIII ZR 24/67 (Stuttgart), NJW 1969, 796 (796 f.) = WM 1969, 245 (246); BGH, Urteil vom 19.12. 1996 - IX ZR 18/96 (Hamburg), NJW 1997, 1014 (1014 f.) = ZIP 1997, 372 (373).

131 Vgl. OLG Köln, Urteil vom 26.01.1989 - 1 U 97/88, JZ 1990, 343 (345) = WM 1989, 1883 (1887) = NJW-RR 1989, 1266 (1267).

132 Vgl. Hess, KO, § 68 Rdnr. 13; Hess/Weis/Wienberg/Weis, InsO, § 44 Rdnr. 12; Schmidt/Kilger, KO, § 68 Nr. 6; Kuhn/Uhlenbruck, KO, § 68 Rdnr. 1a; Klett, S. 164 ff.; Braun/Bäuerle, InsO, § 43 Rdnr. 7; FK/Schumacher, InsO, § 43 Rdnr. 6; HK/Eickmann, InsO, § 43 Rdnr. 7 m.w.N.

ff) STELLUNGNAHME

Die den Anwendungsbereich des § 68 KO a.F. (§ 43 InsO) für einschlägig erachtenden Auffassungen überzeugen nicht.

Gegen die mit Praktikabilitätsgesichtspunkten argumentierenden Ansichten des OLG KARLSRUHE und von DEMPEWOLF sprechen der Sinn und Zweck des § 68 KO a.F. (§ 43 InsO), dass nicht der Verwalter, sondern statt dessen der Gläubiger davor geschützt werden soll, dass Teilzahlungen der gemeinsam Verpflichteten dazu führen, dass sich der Gläubiger diese Zahlungen in einem späteren Insolvenzverfahren über das Vermögen eines Verpflichteten anrechnen lassen muss und deshalb seine Insolvenzquote verringert wird. § 43 InsO ist für den Gläubiger wegen der teilweisen Nichtberücksichtigung von Zahlungen eine formelle Schutznorm und nicht, wie KÜNNE meint, eine *„bloße"* Zweckmäßigkeitsvorschrift.

Gegen die Sichtweise von WISSMANN muss eingewendet werden, dass er sich bei seiner gläubigerfreundlichen Interpretation auf gesetzliche Vorschriften und Entscheidungen beruft, die intensiv durch das gemeine Recht geprägt waren und in denen der von ihm verankerte Grundsatz des *„nemo subrogat contra se"* noch in einem umfassenderen Maße interpretiert worden ist. Insoweit erscheint es auch nicht als ungewöhnlich, dass nach seiner Auffassung die Gläubigerinteressen in § 68 KO a.F. (§ 43 InsO) grundsätzlich den höheren Schutz genießen.

Als wesentliche Regelungsbeschränkung im Rahmen des § 68 KO a.F. (§ 43 InsO) ist hingegen die gesetzliche Formulierung *„mehrere für dieselbe Leistung auf das Ganze haften"* zu verstehen, durch die deutlich zum Ausdruck kommt, dass nur in der Höhe der vorliegenden Gesamthaftung die *„volle Befriedigung"* des Gläubigers relevant ist. Diese Interpretation entspricht auch dem Sinn des § 68 KO a.F. (§ 43 InsO) als formeller Schutzvorschrift.

Wie KUHN[133] nämlich zu Recht ausführt, würde anderenfalls der Teilbürge, der seiner Teilverpflichtung voll nachgekommen ist, so behandelt werden wie ein Bürge, der seine Verpflichtung nur teilweise erfüllt hat. Gerade wegen dieses Hinweises überzeugt die Argumentation des BGH. Der Gläubiger ist demnach nicht durch die Regelung des § 68 KO a.F. (§ 43 InsO) vor den vollständig erfüllenden Teilzahlungen des Bürgen geschützt. Auch in dieser Konstellation muss der Gläubiger deshalb bestrebt sein sich adäquat zu sichern.

---

[133] Vgl. Kuhn, KTS 1957, 68 (69).

d) Keine Befriedigung

Soweit der Bürge auch während des Insolvenzverfahrens an den Gläubiger keine Zahlungen leistet, entspricht die materiell-rechtliche Forderungsinhaberschaft des Gläubigers der von ihm angemeldeten Forderung. Seine (zukünftige) Forderung kann der Bürge wegen § 44 InsO nicht als aufschiebend bedingte Insolvenzforderung anmelden. Dies wäre nur dann anders zu beurteilen, wenn sich der Gläubiger nicht am Insolvenzverfahren beteiligt.
Der Gläubiger ist somit hinreichend geschützt und bedarf in dieser Fallkonstellation keiner weiteren Sicherung.

C) Zusammenfassung

Die verschiedenen Konstellationen haben gezeigt, dass sich der Gläubiger teilweise der Konkurrenz des Bürgen ausgesetzt sieht und nicht ausreichend durch die gesetzlichen Regelungen des § 774 I 2 BGB und des § 43 InsO geschützt ist.
Es konnte dabei festgestellt werden, dass der Gläubiger nicht nur außerhalb, sondern vor allem auch während eines Insolvenzverfahrens über das Vermögen des Hauptschuldners eines weitergehenden Schutzes bedarf.
Für den Gläubiger besteht ein zu bejahendes Sicherungsbedürfnis in den Fällen, in denen:

- der Bürge vor der Eröffnung eines Insolvenzverfahrens über das Vermögen des Hauptschuldners die gesicherte Forderung vollständig erfüllt, dem Gläubiger aber noch weitere gesicherte sowie ungesicherte Forderungen gegenüber dem Hauptschuldner zustehen.

- ihm für mehrere Forderungen sowohl ein einheitliches Sicherungsrecht als auch für lediglich eine Forderung eine Bürgschaft zur Verfügung stehen.

- der Bürge ihn zwar vor der Eröffnung eines Insolvenzverfahrens über das Vermögen des Hauptschuldners teilweise befriedigt, dieser sich aber dennoch an dem - nach den Zahlungen eröffneten - Insolvenzverfahren beteiligen kann, weil das Gläubigervorrecht gemäß § 774 I 2 BGB während des Insolvenzverfahrens nicht einschlägig ist und der Bürge dadurch des Gläubigers Insolvenzdividende mindern kann, die er auch nicht außerhalb des Insolvenzverfahrens wieder ersetzt erhält.

- ihm während des Insolvenzverfahrens über das Vermögen des Hauptschuldners ein Teilbürge zwar seine gesicherte Forderung teilweise, aber dessen Bürgenschuld vollständig erfüllt, weil für diesen Fall die Regelung des § 43 InsO nicht zur Anwendung kommt.

Da der Gläubiger in diesen Konstellationen mit der Konkurrenz des Bürgen konfrontiert ist, besteht für ihn ein legitimes Interesse und gleichzeitig eine nachvollziehbare Notwendigkeit, den für den Zessionsregress des Bürgen notwendigen gesetzlichen Forderungsübergang aufzuschieben.

2. ABSCHNITT: DER INNENREGRESS

Die für den Gläubiger im Rahmen des Zessionsregresses herausgearbeitete Notwendigkeit des Hinausschiebens des gesetzlichen Forderungsüberganges und des Gebrauches einer hinreichenden Sicherungsmöglichkeit könnte sich für ihn auch wegen des Innenverhältnisses zwischen dem Bürgen und dem Hauptschuldner ergeben.

Der Bürge verpflichtet sich in der Regel auf Grund eines Auftrages oder einer entgeltlichen Geschäftsbesorgung dem Hauptschuldner gegenüber, für dessen Zahlungsverpflichtungen gegenüber dem Gläubiger eine Bürgschaft zu übernehmen. Macht der Bürge in diesem Zusammenhang zum Zwecke der Ausführung des Auftrages Aufwendungen, die er nach den Umständen für erforderlich halten darf, so ist ihm der Hauptschuldner zum Ersatz verpflichtet (§ 670 BGB). Dieser Aufwendungsersatzanspruch entsteht demnach originär und erst mit der Zahlung des Bürgschaftsbetrages an den Gläubiger.

Aus diesem Anspruch ergibt sich weder ein Übergang der akzessorischen Sicherheiten gemäß §§ 412, 401 BGB, noch kann der Bürge gegenüber dem Hauptschuldner einen Anspruch auf Übertragung der nicht akzessorischen Sicherheiten geltend machen.

Soweit allerdings ein Auftragsverhältnis nicht besteht, kann dem Bürgen gemäß §§ 677, 683 S. 1, 670 BGB ein Aufwendungsersatzanspruch aus berechtigter, bzw. gemäß §§ 677, 683 S. 1, 684 S. 1 BGB ein Herausgabeanspruch aus unberechtigter Geschäftsführung ohne Auftrag zustehen[134], wobei dieser Anwendungsfall in der Praxis eher die Ausnahme darstellen dürfte.

Diese Ansprüche aus dem Innenverhältnis stellen den Innenregress des Bürgen gegenüber dem Hauptschuldner dar.

---

[134] Ohne eine Genehmigung ist der Bürge gemäß § 684 S. 1 BGB auf einen Anspruch aus einer ungerechtfertigten Bereicherung verwiesen.

Ausnahmsweise liegen diese Voraussetzungen aber nicht vor, wenn die Parteien einen Schenkungsvertrag abgeschlossen haben oder sich der Bürge lediglich auf Grund einer Beziehung zum Gläubiger diesem gegenüber verbürgt hat. Soweit der Bürge im Innenverhältnis selbst zur Zahlung verpflichtet sein sollte, schließt das nicht nur seinen Innenregress, sondern - im Ergebnis - auch seinen Zessionsregress aus. Diese Rechtsfolge ergibt sich aus § 774 I 3 BGB.[135]
Soweit der Bürge an den Gläubiger Geldzahlungen leistet und diese nach den Grundsätzen eines *„objektiven Maßstabes bei Berücksichtigung eines subjektiven Einschlages“*[136] für erforderlich halten durfte, ist er berechtigt, sich beim Hauptschuldner auf Grund seines Anspruches aus dem Innenverhältnis schadlos zu halten und gleichzeitig in Konkurrenz zum Gläubiger zu treten. Für das zu untersuchende Sicherungsbedürfnis des Gläubigers müssen deshalb wiederum die Rechtswirkungen untersucht werden, die bei den entsprechenden Zahlungen des Bürgen vor und nach der Eröffnung eines Insolvenzverfahrens über das Vermögen des Hauptschuldners eintreten (§ 38 InsO).

A) Die Rechtsfolgen zwischen dem Hauptschuldner und dem Bürgen während des Insolvenzverfahrens und danach, im Gefolge von Zahlungen des Bürgen an den Gläubiger

I. Die Zahlungen vor der Eröffnung des Insolvenzverfahrens

1. Vollständige Befriedigung

Wenn der Bürge die dem Gläubiger zustehende und von ihm gesicherte Forderung erfüllt, kann er, soweit kein Ausschlussgrund vorliegt, sofort vom Hauptschuldner auf Grund seines zu diesem Zeitpunkt entstehenden Innenregresses Ersatz verlangen.
Für den Gläubiger besteht in dieser Konstellation kein Sicherungsbedürfnis, es sei denn, ihm stehen gegen den Hauptschuldner noch weitere ungesicherte Forderungen zu. Eine damit korrespondierende Konkurrenz hat der Gläubiger zu dulden.

135 Siehe dazu oben, Teil 2, 1. Abschnitt, B), II.
136 Vgl. Palandt/Sprau, BGB, § 670 Rdnr. 4.

2. Teilweise Befriedigung

An den Gläubiger geleistete Teilzahlungen, die der Bürge für erforderlich halten darf, begründen unmittelbar in der Höhe der Zahlungen den dem Bürgen gegenüber dem Hauptschuldner zustehenden Anspruch aus dem Innenverhältnis.

Soweit der Bürge den Zessionsregress gegenüber dem Hauptschuldner geltend macht, ist der Gläubiger wegen der Regelung des § 774 I 2 BGB nicht mit der Konkurrenz des Bürgen konfrontiert. Fraglich ist deshalb, ob das den Gläubiger privilegierende Gläubigervorrecht auch im Rahmen des Innenregresses zum Tragen kommt.

Bei den dem Bürgen zustehenden Regressmöglichkeiten handelt es sich um *„zwei verschiedene Ansprüche"*[137], zwischen denen der Bürge die Wahl hat. Dies hat zur Folge, dass der Bürge entscheidet, auf welcher Grundlage er gegenüber dem Hauptschuldner vorgeht. Auf Grund der Verschiedenartigkeit der Regressmöglichkeiten sowie der systematischen Stellung des Gläubigervorrechts im Achtzehnten Titel des BGB kann sich das im § 774 I 2 BGB verankerte Prinzip des *„nemo subrogat contra se"* nur auf den Zessionsregress gemäß § 774 I 1 BGB beziehen.[138] Diese Wertung ist auch konsequent, weil sich der Vorrang des Gläu-

---

[137] Siehe dazu oben, Teil 2, 1. Abschnitt, B), IV., 1., b), bb), (4.).

[138] Vgl. Kiesow, KuT 1937, 139 (140); Palandt/Sprau, BGB, § 774 Rdnr. 2; Staudinger/Horn, BGB, § 774 Rdnr. 4; RGRK/Mormann, BGB, § 774 Rdnr. 5. Knütel, JR 1985, 6 (6) verweist darauf, dass, soweit die Vorschriften des § 774 BGB und des § 670 BGB nur einen einheitlichen, aus beiden Vorschriften gleichermaßen erwachsenden Anspruch begründen würden, dem Bürgen der Anspruch aus § 670 BGB so lange zu versagen sei, bis der über § 774 BGB zu erlangende Anspruch nicht geltend gemacht werden könne. Die Regelung des § 774 I 2 BGB müsse demnach auch für beide Ansprüche gelten. Dies ließe sich aber nach Knütel *„schwerlich durchhalten"*. Selb, § 7 V 3; Staudinger/Selb, BGB, § 268 Rdnr. 15 (13. Bearbeitung) stellt hingegen primär auf das Schutzbedürfnis des Gläubigers ab, indem er meint, *„der Grundgedanke der Bestimmung des § 268 III 2 BGB (und des § 774 I 2 BGB) reicht ... über die Konkurrenz auf Grund der teilweisen Legalzession hinaus. Auch insoweit erweist sich die gesetzliche Regelung als höchst unvollkommen. Diese Bestimmung schließt nämlich nicht aus, dass der Ablösende auf Grund seiner internen Beziehung zum Restgläubiger Rückgriff erhebt. ... Wenn der Satz „nemo subrogat contra se" also einem gerechten Prinzip entspricht, der Ablösende dürfe mit der anderen Hand nicht wieder nehmen, was er dem Gläubiger zur Ablöse mit der einen gegeben habe, so ist dieses Prinzip über die Subrogation hinaus auf jede Durchsetzungskonkurrenz anzuwenden, auch auf die aus dem internen Verhältnis zum Schuldner."* Diese Sichtweise teilt Staudinger/Bittner, BGB, § 268 Rdnrn. 24 ff. in der im Jahre 2001 erfolgten Neubearbeitung des Staudingers nicht mehr. Während eines Insolvenzverfahrens ist der dargestellte Theorienstreit allerdings unbeachtlich, weil der Grundsatz des *„nemo subrogat contra se"* wegen den Besonderheiten des Insolvenzverfahrens nicht zur Anwendung kommt. Siehe dazu oben, Teil 2, 1. Abschnitt, B), IV., 1., b), aa).

bigers bereits nach der gesetzlichen Intention nur auf die teilweise abgelöste Forderung und die aus ihr entstandenen Sekundäransprüche (z.B. Schadensersatzansprüche, Zinsen, Kosten) beschränkt und insbesondere andere selbstständige Forderungen nicht erfasst. Die insoweit festzustellende Beschränkung des Gläubigervorrechts im Rahmen des Zessionsregresses folgt demnach aus dem Grundsatz, dass der Gläubiger durch den Forderungsübergang nicht schlechter gestellt werden darf, als wenn der Hauptschuldner die Forderung erfüllt hätte. Für diesen Fall würde nicht nur die Hauptforderung in der Höhe der Zahlung untergehen, sondern der Bürge könnte bereits dem Grunde nach keinen Innenregress gegenüber dem Hauptschuldner, auf den sich das Gläubigervorrecht erstrecken würde, geltend machen, weil er eben noch keine Zahlungen an den Gläubiger geleistet hat. Für eine analoge Anwendung des Grundsatzes des *„nemo subrogat contra se"* im Rahmen des Innenregresses fehlt es hingegen an einer planwidrigen Regelungslücke, so dass sich der Anwendungsbereich des § 774 I 2 BGB ausschließlich auf den Zessionsregress beschränkt.

Wegen der somit festgestellten Unanwendbarkeit des § 774 I 2 BGB im Rahmen des Innenregresses sieht sich der Gläubiger bei der weiteren Realisierung seines Restanspruches der Konkurrenz des Bürgen ausgesetzt. Insbesondere könnte der Bürge diesen Anspruch aus dem Innenverhältnis in dem Insolvenzverfahren über das Vermögen des Hauptschuldners als unbedingte Insolvenzforderung zur Insolvenztabelle anmelden und wäre nach dem Abschluss des Insolvenzverfahrens - selbst nach der einen Ausgleichsanspruch bejahenden Auffassung[139] - nicht zur Herausgabe der Insolvenzdividende verpflichtet, weil das Gläubigervorrecht eben im Rahmen dieses Anspruches nicht zum Tragen kommt.

Für den Gläubiger besteht deshalb in dieser Fallkonstellation ein erhebliches Sicherungsinteresse.[140]

---

[139] Siehe dazu oben, Teil 2, 1. Abschnitt, B), IV., 1., b), bb), (2.).

[140] Zwar weist Breutigam/Blersch/Goetsch/Breutigam, InsO, § 44 Rdnr. 2 darauf hin, dass § 44 InsO alle Forderungen erfasse, die dem leistenden Bürgen gegen den Schuldner aus der Befriedigung des Hauptgläubigers zustehen können, also sowohl solche nach den Regelungen des Innenverhältnisses als auch die wegen § 774 BGB übergegangenen Ansprüche. Er fügt aber zu Recht hinzu, dass dies bei Teilleistungen des Bürgen vor der Eröffnung des Insolvenzverfahrens anders zu beurteilen sei.

3. Keine Befriedigung

Soweit der Bürge den Gläubiger nicht befriedigt, ergeben sich keine Unterschiede zwischen den verschiedenen Regressmöglichkeiten des Bürgen. Der Bürge kann mangels Aufwendungen nicht außerhalb des Insolvenzverfahrens einen Aufwendungsersatzanspruch geltend machen. Ihm verbleibt nur die Möglichkeit, diesen Anspruch nach der Eröffnung des Insolvenzverfahrens als aufschiebend bedingte Insolvenzforderung[141] zur Insolvenztabelle anzumelden, soweit sich der Gläubiger an diesem Verfahren nicht beteiligt. Der Gläubiger ist demnach hinreichend gesichert.
Ein Sicherungsbedürfnis könnte sich für den Gläubiger nur wegen des dem Bürgen zustehenden Befreiungsanspruches gemäß § 775 I Nr. 1 BGB ergeben. Fraglich ist deshalb, ob der Gläubiger in dieser Konstellation eines weitergehenden Schutzes bedarf.

a) Der Befreiungsanspruch gemäß § 775 I Nr. 1 BGB

Dem Bürgen steht neben dem Anspruch aus dem Innenverhältnis auch unter gewissen Voraussetzungen[142] ein Befreiungsanspruch gegenüber dem Hauptschuldner gemäß § 775 I Nr. 1 BGB[143] zu, der im Vorfeld der Befriedigung des Gläubigers zur Anwendung kommt und insbesondere die gesetzlichen Regelungen der §§ 669, 670, 671 BGB ändert. Dieser Anspruch ist durch die Besonder-

---

141 Die Anmeldefähigkeit des Innenregresses als aufschiebend bedingte Forderung i.S.d. § 67 KO bejahten beispielsweise RG, Urteil vom 27.11.1903 – VII 278/03 (LG Bochum, OLG Hamm), RGZ 58, 11 (11 f.); RG, Urteil vom 16.11.1905 – IV. 250/1905, RG Gruchot 50, 1117 (1121); LG Hagen, Urteil vom 18.05.1961 – 1 S 43/61, NJW 1961, 1680 (1680); grundlegend hierzu auch Henneberg, LZ 1911, 268 (271); ebenso Kiesow, KuT 1937, 139 (140).

142 Im Rahmen dieser Arbeit ist es nicht erforderlich, auf die allgemeinen Voraussetzungen des Befreiungsanspruches einzugehen. Für das Sicherungsinteresse des Gläubigers ist statt dessen maßgebend, ob sich der Bürge mit diesem Anspruch auch neben dem Gläubiger am Insolvenzverfahren beteiligen kann und hierdurch seine Insolvenzdividende verringert wird.

143 Nach Palandt/Heinrichs, BGB, § 321 Rdnr. 5 ist als wesentliche Verschlechterung der Vermögensverhältnisse des Bürgen die Eröffnung des Insolvenzverfahrens über sein Vermögen anerkannt. Hierauf verweisen auch Hadding/Schneider, Teil II, Rdnr. 543 für den Befreiungsanspruch des Bürgen nach dem Recht der Kreditsicherheiten in den Vereinigten Staaten von Amerika und Maier, S. 160 für den Befreiungsanspruch des Bürgen nach den süddeutschen und schweizerischen Gesetzesbüchern.

heiten des Bürgschaftsrechts als Sonderregelung ausgestaltet.[144] Da die Vermögensbeeinträchtigung des Bürgen in dem Zeitpunkt, in dem er an den Gläubiger noch keine Zahlungen geleistet hat, nur in der tatsächlichen Belastung mit einer Verbindlichkeit und nicht in den Aufwendungen eigener Mittel besteht, kann der Hauptschuldner durch diesen Befreiungsanspruch nur verpflichtet werden, das Vermögen des Bürgen als Befreiungsgläubiger von diesem *„Passivum"* zu entlasten. Der Bürge ist hingegen nicht berechtigt, den Hauptschuldner zu verpflichten, Zahlungen an ihn zu leisten.[145] Dem in Anspruch genommenen Hauptschuldner steht somit ein Wahlrecht zu, ob er die verbürgte Forderung tilgt oder den Gläubiger zum Verzicht auf die Bürgschaft bewegt. Vollstreckungsrechtlich erzwingbar ist allein die Zahlung des Hauptschuldners an den Gläubiger und die Sicherheitsleistung zugunsten des Bürgen (§ 775 II BGB).

b) Die Anmeldefähigkeit des Befreiungsanspruches im Insolvenzverfahren des Hauptschuldners

Soweit ein Insolvenzverfahren über das Vermögen des Hauptschuldners eröffnet wird, stellt sich die Frage, ob der Bürge diesen Anspruch möglicherweise als unbedingte Insolvenzforderung zur Insolvenztabelle anmelden kann.
Im Rahmen dieser Fragestellung war früher anerkannt, dass sich der Befreiungsanspruch in einen Zahlungsanspruch umwandeln kann, falls die Zahlungsunfähigkeit des Hauptschuldners und die Inanspruchnahme des Bürgen feststand.[146] Diese Voraussetzungen lagen vor, wenn der Zugriff auf den Bürgen *„außer Zweifel"*[147] gegeben war, wobei eine Zahlungsaufforderung des Gläubigers an den Bürgen nicht ausreichte. Der BGH ist dieser Sichtweise nicht gefolgt.[148]

---

[144] Vgl. Reinicke/Tiedtke, Rdnr. 336; MK/Habersack, BGB, § 775 Rdnr. 1; Palandt/Sprau, BGB, § 775 Rdnr. 1; Wissmann, Rdnr. 222; Park, S. 61 weist darauf hin, dass § 775 BGB keine abschließende Regelung der möglichen Befreiungsansprüche darstelle, sondern auch erweitert oder abbedungen werden könne; in diesem Sinne auch Lepach, S. 11.

[145] Vgl. Gursky, KTS 1973, 27 (28); Geißler, JuS, 1988, 452 (454); Kretschmer, NJW 1962, 141 (141); Wissmann, Rdnr. 222.

[146] Vgl. RG, Urteil vom 02.12.1911 – V 266/11 (LG Elbing, OLG Marienwerder), RGZ 78, 26 (34).

[147] Vgl. RG, Urteil vom 12.01.1934 – II 190/33 (LG Karlruhe, OLG Karlsruhe), RGZ 143, 192 (194).

[148] Vgl. BGH, Urteil vom 14.01.1999 – IX ZR 208/97 (Berlin), BGHZ 140, 270 (272 ff.) = NJW 1999, 1182 (1183 f.) = WM 1999, 378 (379 f.); BGH, Urteil vom 16.03.2000 – IX ZR 10/99 (Köln), WM 2000, 910 (911) = NJW 2000, 1643 (1643 f.); in diesem Sinne auch Fischer, WM 2001, 1093 (1099). Der BGH hatte bereits vor diesen Entscheidungen stets eine Aufrechnung des Befreiungsanspruches gegen einen Zahlungsanspruch wegen der Ungleichartigkeit der Ansprüche abgelehnt. Insoweit sei verwiesen auf BGH, Urteil

Nach seiner Ansicht bestehe für eine solche *„vorzeitige Umwandlung"*[149] kein Bedürfnis, weil der Gläubiger noch keine Zahlungen des Bürgen erhalten habe[150] und ein Zahlungsanspruch erst bei einer *„Befriedigung"* des Gläubigers entstehen könne. Zusätzlich weist der BGH darauf hin, dass der Hauptschuldner zu diesem Zeitpunkt noch nicht von seiner Schuld gegenüber dem Gläubiger befreit sei und dem Bürgen auch kein Vorschussanspruch gegen den Hauptschuldner zustehen könne, weil die Vorschrift des § 669 BGB durch § 775 ausgeschlossen sei.

Der Befreiungsanspruch wird nach der Sichtweise des BGH[151] in der Einzelzwangsvollstreckung als vertretbare Handlung angesehen und über § 887 ZPO realisiert. Dieser Anspruch wird demnach in der Insolvenz des Hauptschuldners in der Höhe des Geldbetrages des Kostenaufwandes angemeldet, den eine Vornahme der Handlung durch einen Dritten verursachen würde, wobei der Anspruch stets nur durch eine Zahlung an den Gläubiger zu erfüllen ist (§ 45 InsO).[152] Die überwiegende LITERATURAUFFASSUNG[153] bejaht somit, dass der

---

vom 22.01.1954 – I ZR 34/53 (Berlin), BGHZ 12, 136 (144) = NJW 1954, 795 (795 f.); BGH, Urteil vom 19.06.1957 – IV ZR 214/56 (Stuttgart), BGHZ 25, 1 (6) = NJW 1957, 1514 (1514 f.); BGH, Urteil vom 22.02.1967 – IV ZR 331/65 (Hamm), BGHZ 47, 157 (166) = NJW 1967, 1275 (1278); BGH, Urteil vom 28.06.1983 – VI ZR 285/81 (Celle), NJW 1983, 2438 (2438 f.) = WM 1983, 1085 (1086); BGH, Urteil vom 02.04.1987 – IX ZR 68/86 (Celle), WM 1987, 725 (726); BGH, Urteil vom 09.10.1991 – XII ZR 2/90 (München), NJW 1992, 114 (115) = WM 1992, 201 (203); BGH Urteil vom 20.11.1995 – II ZR 209/94 (Frankfurt), NJW 1996, 1051 (1052) = WM 1996, 201 (203); BGH, Urteil vom 14.01.1999 – IX ZR 208/97 (Berlin), NJW 1999, 1182 (1184); in diesem Sinne auch BGH, Urteil vom 19.11.1998 – IX ZR 284/97 (Berlin), WM 35 (37).

149 Vgl. BGH, Urteil vom 14.01.1999 – IX ZR 208/97 (Berlin), NJW 1999, 1182 (1184).

150 Der BGH wies in seinem Urteil vom 14.01.1999 – IX ZR 208/97 (Berlin), NJW 1999, 1182 (1184) ausdrücklich darauf hin, dass die Zahlungsfähigkeit des Bürgen noch keine Gewähr dafür biete, *„daß die Leistung durch den Bürgen tatsächlich erfolgt"*.

151 Vgl. BGH, Urteil vom 19.06.1957 – IV ZR 214/56 (Stuttgart), NJW 1957, 1514 (1515); BGH, Urteil vom 28.06.1983 – VI ZR 285/81 (Celle), NJW 1983, 2438 (2439).

152 Vgl. MK/Lwowski/Bitter, InsO, § 45 Rdnr. 8; ausführlich auch Uhlenbruck, InsO, § 45 Rdnr. 3 m.w.N. zu dem Theorienstreit, ob Befreiungsansprüche gegen den Hauptschuldner von der Regelung des § 45 InsO erfasst sein können.

153 Vgl. MK/Habersack, BGB, § 775 Rdnr. 13; Wissmann, Rdnr. 234; Kilger/Schmidt, KO, § 3 Rdnr. 2d; Kuhn/Uhlenbruck, KO, § 69 Rdnr. 3d; HK/Eickmann, InsO, § 38 Rdnr. 19; MK/Ehricke, InsO, § 38 Rdnrn. 59, 63; Smid, InsO, § 38 Rdnr. 15; die Rechtsprechung hat diese Frage angedeutet in BAG, Urteil vom 30.04.1975 – 5 AZR 171/74 (Frankfurt), WM 1975, 1190 (1191) = KTS 1976, 140 (143), wobei der Befreiungsanspruch in diesem Urteil als aufschiebend bedingter Zahlungsanspruch bezeichnet wird; in diesem Sinne auch BGH, Urteil vom 16.09.1993 – IX ZR 255/92 (OLG Hamburg), ZIP 1993, 1656 (1658) in der Fallkonstellation der Umwandlung des Befreiungsanspruches in einen Zahlungsanspruch beim Gläubigerkonkurs. Im Rahmen dieser Arbeit ist es nicht erforderlich, die gegenteilig vertretene Literaturauffassung, nach der der Befreiungsanspruch nicht zur

Befreiungsanspruch als unbedingte Insolvenzforderung zur Insolvenztabelle angemeldet werden könne.
Hierbei ist aber folgendes zu beachten: Der Befreiungsanspruch ist inhaltlich - weil er auf Zahlung an den Gläubiger gerichtet ist - nicht anders zu qualifizieren, als wenn sich der Gläubiger selbst am Insolvenzverfahren beteiligen würde. Wegen des *„Verbots der Doppelanmeldung"* ist es dem Bürgen deshalb nicht nur versagt, sich neben dem Gläubiger am Insolvenzverfahren zu beteiligen, sondern er darf darüber hinaus auch nur für den Fall, in dem der Gläubiger seine Forderung nicht zur Insolvenztabelle anmeldet, entweder seinen auf Zahlung an den Gläubiger gerichteten Befreiungsanspruch als unbedingte Insolvenzforderung oder seine auf Zahlung an sich ausgestalteten Regressansprüche als aufschiebend bedingte Insolvenzforderungen geltend machen. Diese differenzierte Sichtweise folgt aus der Regelung des § 44 InsO. Wegen der Vorschrift des § 44 InsO sieht sich der Gläubiger auch wegen des Befreiungsanspruches keiner zusätzlichen Konkurrenz des Bürgen ausgesetzt. Er ist somit auch in dieser Konstellation hinreichend geschützt und wird nicht bestrebt sein sich zusätzlich zu sichern.

II. Die Zahlungen nach der Eröffnung des Insolvenzverfahrens

Soweit der Bürge nach der Eröffnung eines Insolvenzverfahrens Zahlungen an den Gläubiger leistet, ist die Rechtslage im Rahmen des Innenregresses mit der des Zessionsregresses vergleichbar. Die drei zu unterscheidenden Fallkonstellationen stellen sich wie folgt dar:

- Bei einer vollständigen Erfüllung der gesicherten Forderung des Gläubigers kann der ausgleichsberechtigte Bürge seinen Anspruch aus dem Innenverhältnis als unbedingte Insolvenzforderung zur Insolvenztabelle anmelden. Dieser Anspruch ist auch als Insolvenzforderung anmeldefähig[154], weil dessen Vorausset-

---

Insolvenztabelle angemeldet werden könne, darzustellen, weil die Beantwortung dieser Frage für das hier maßgebende Sicherungsbedürfnis des Gläubigers nicht relevant ist. Der Gläubiger ist selbst bei einer zu bejahenden Anmeldefähigkeit des Befreiungsanspruches nicht mit der Konkurrenz des Bürgen konfrontiert, so dass er in der Konstellation, in der der Bürge nicht berechtigt ist, seinen Befreiungsanspruch zur Insolvenztabelle anzumelden, ohnehin hinreichend geschützt ist.

154 Vgl. Braun/Bäuerle, InsO, § 43 Rdnr. 10, der hierzu folgendes ausführt. *„Befriedigt allerdings der Mithaftende den Gläubiger vollumfänglich, so erlischt die Forderung, eine Verfahrensteilnahme des Gläubigers ist nicht mehr möglich; in diesen Fällen kann der Mithaftende mit der ggf. auf ihn übergegangenen Forderung am Insolvenzverfahren teilnehmen."* In diesem Sinne auch Uhlenbruck, InsO, § 43 Rdnr. 5. *„Ist die Forderung be-*

zung, nämlich der aufschiebend bedingte Erwerb durch den Bürgen, bereits zum Zeitpunkt der Eröffnung des Insolvenzverfahrens vorlag.

- Soweit der Bürge lediglich Teilzahlungen an den Gläubiger leistet, kann er seinen Innenregress erst dann zur Insolvenztabelle anmelden, wenn der Gläubiger vollständig befriedigt ist, bzw. er seine als Teilbürgschaft ausgestaltete Bürgschaftsschuld vollständig erfüllt hat (§§ 43 f. InsO). Für diesen Fall kann der Bürge seinen Anspruch aus dem Innenverhältnis auch während des Insolvenzverfahrens über das Vermögen des Hauptschuldners zur Insolvenztabelle anmelden, weil dieser Anspruch bereits im Zeitpunkt des Beginns des Insolvenzverfahrens unter der Bedingung der Zahlungen des Bürgen bestand.

- Soweit der Bürge an den Gläubiger noch keine Zahlungen geleistet hat, kann er seinen *„zukünftigen"* Anspruch aus dem Innenverhältnis wegen der Regelung des § 44 InsO nicht als aufschiebend bedingte Insolvenzforderung anmelden, wenn sich der Gläubiger am Insolvenzverfahren beteiligt. Etwas anderes ergibt sich auch nicht aus seinem ihm zustehenden Befreiungsanspruch gemäß § 775 I Nr. 1 BGB, der auf Zahlung an den Gläubiger gerichtet ist, weil dieser Anspruch inhaltlich nicht anders zu qualifizieren ist, als wenn sich der Gläubiger selbst am Insolvenzverfahren beteiligen würde.

B) Das Konkurrenzverhältnis zwischen dem Zessionsregress und dem Anspruch aus dem Innenverhältnis

Auf Grund der Tatsache, dass dem Bürgen gegen den Hauptschuldner verschiedene Regressmöglichkeiten zustehen, stellt sich die Frage, welcher *„Anspruch"* für den Bürgen der günstigere ist und in welchem Verhältnis der Zessionsregress und der Innenregress zueinander stehen. Diese Grundsätze wird der Gläubiger bei der Ausgestaltung seiner Sicherungsmöglichkeiten beachten, weil seine Schutzbedürftigkeit unmittelbar durch dieses Konkurrenzverhältnis beeinflusst wird.

---

reits zur Tabelle festgestellt worden, so kann der Tabelleneintrag gemäß § 727 ZPO auf den Bürgen als neuen Gläubiger (§ 774 Abs. 1 BGB) umgeschrieben werden. Hat eine Forderungsprüfung noch nicht stattgefunden, kann der Bürge seinerseits die Forderung anmelden und nimmt nicht nur an der Prüfung, sondern auch an der Verteilung teil."

I. Die Unterschiede

• Der Zessionsregress hat für den Bürgen den Vorteil, dass ihm hierfür als Sicherheit auch die gemäß §§ 412, 401 BGB übergehenden Neben- und Vorzugsrechte dienen. Darüber hinaus kann sich aus einer Auslegung des Bürgschaftsvertrages ergeben, dass dem Bürgen zusätzlich als Sicherheit ein schuldrechtlicher Anspruch gegenüber dem Gläubiger auf Übertragung der nicht akzessorischen Nebenrechte zur Verfügung steht.[155] [156] Als für den Bürgen nachteilig stellt sich hingegen die Verjährungsregelung dar, die bereits mit der Fälligkeit der gesicherten Hauptforderung beginnt, so dass die bis zum Zeitpunkt des gesetzlichen Forderungsüberganges verstrichene Verjährungsfrist anzurechnen ist und die Hauptforderung im ungünstigsten Fall bereits verjährt sein kann.
Der Hauptschuldner kann sich gegen seine Inanspruchnahme in der Weise verteidigen, dass er dem neuen Gläubiger nicht nur gemäß §§ 412, 404 BGB die Einwendungen und Einreden entgegensetzt, die im Zeitpunkt des Forderungsüberganges gegen den Gläubiger begründet waren, sondern er kann sich darüber hinaus auch auf die gemäß § 774 I 3 BGB zwischen ihm und dem Bürgen bestehenden Einwendungen und Einreden aus dem Innenverhältnis stützen.

• Der Innenregress wird hingegen nicht durch die übergehenden und zu übertragenden Nebenrechte gesichert, weil die Regelungen der §§ 412, 401 BGB nicht anwendbar sind.
Für den Bürgen ist dieser Anspruch vorteilhaft, weil nicht nur die Verjährungsfrist erst ab dem Zeitpunkt der Befriedigung des Gläubigers und deshalb erst gemäß § 199 I Nr. 1 BGB (§ 198 S. 1 BGB a.F.) mit der Entstehung des Aufwendungsersatzanspruches beginnt, sondern er zusätzlich bestimmte Aufwendungen (z.B. Prozesskosten, Zinsen für Aufwendungen) nur über den Anspruch aus dem Innenverhältnis gemäß §§ 670, 683, 256 BGB erhält.[157] Die Regelung des § 774 I 2 BGB kommt im Rahmen des Innenregresses nicht zur Anwen-

---

[155] Siehe dazu oben, Teil 2, 1. Abschnitt, B), I., 2.

[156] Nach Staudinger/Horn, BGB, § 774 Rdnr. 4; MK/Habersack, BGB, § 774 Rdnr. 17; RGRK/Mormann, BGB, § 774 Rdnr. 6 trägt der Bürge in einem Rechtsstreit gegen den Hauptschuldner bei der Geltendmachung seines Zessionsregresses nicht nur die Darlegungslast für den Bestand des Rechtsverhältnisses mit dem Hauptschuldner, sondern auch für die Voraussetzungen des Bürgschaftsvertrages und für die Befriedigung des Gläubigers.

[157] Vgl. RG, Urteil vom 01.06.1915 – II 118/15 (Breslau), RG WarnRspr. 1915, Nr. 278 (S. 432); RG, Urteil vom 03.05.1926 – IV 673/25 (LG I Berlin, KG Berlin), RGZ 113, 318 (319 f.); RG, Urteil vom 03.12.1934 – VI 266/34 (LG Frankfurt, OLG Frankfurt), RGZ 146, 67 (69 ff.); in diesem Sinne auch umfassend Wurzer, Gruchot 53 (1909), 48 (51 f.).

dung[158], weshalb der Gläubiger durch jede Teilleistung des Bürgen außerhalb eines Insolvenzverfahrens über das Vermögen des Hauptschuldners mit der Konkurrenz des Bürgen konfrontiert ist. Allein aus diesem Gesichtspunkt folgt ein erhebliches Sicherungsbedürfnis für den Gläubiger.

II. Das Verhältnis zueinander

Im Verhältnis zwischen dem Zessions- und dem Innenregress besteht ein Vorrang des Rechtsverhältnisses zwischen dem Bürgen und dem Hauptschuldner. Diese Sichtweise hat der BGH wegen des dem Hauptschuldner gemäß § 774 I 3 BGB zustehenden Rechts, die im Innenverhältnis gegen den Bürgen bestehenden Einreden und Einwendungen auch der nach § 774 I 1 BGB übergehenden Hauptforderung entgegensetzen zu dürfen, statuiert.[159] Demnach soll das Innenverhältnis für die Regressmöglichkeiten des Bürgen maßgebend sein, mit der Folge, dass auch von einem *„Vorrang"* gesprochen werden könne. Dies basiert auf der Tatsache, dass bei einer zu verneinenden cessio legis dennoch ein Anspruch aus dem Innenverhältnis gegeben sein kann. HERRMANN[160] bildet hierfür den sehr anschaulichen Fall, dass der Bürge irrtümlich an den Gläubiger leistet, obwohl seine Bürgschaftsverpflichtung infolge des Erlöschens der Hauptschuld nicht mehr besteht, er aber dennoch seine Leistung für erforderlich halten durfte.

Trotz dieses Vorranges des Innenverhältnisses darf nicht geschlussfolgert werden, dass der gesetzliche Forderungsübergang wegen § 774 I 3 BGB nicht über das Innenverhältnis hinausgehen kann und sich lediglich in den gemäß §§ 412, 401 BGB übergehenden Nebenrechten *„erschöpft"*. Wie HORN[161] zutreffend ausführt, steht dem Bürgen beispielsweise erst durch den Zessionsregress der erhöhte Zinsanspruch aus der übergegangenen Hauptforderung zu[162], so dass der Anspruchsinhalt über den des Innenregresses hinausgehen kann. Beide Regressmöglichkeiten stehen in der Weise in einer Anspruchskonkurrenz, dass der Bürge entscheiden kann, welchen Anspruch er geltend macht.[163] Er kann auch beide Ansprüche verbinden, aber nur einmal Befriedigung verlangen.[164]

---

158 Siehe dazu oben, Teil 2, 2. Abschnitt, A), I., 2.

159 Vgl. BGH, Urteil vom 18.03.1970 – VIII ZR 228/67 (Hamburg), WM 1970, 751 (752).

160 Vgl. Erman/Herrmann, BGB, § 774 Rdnr. 12.

161 Vgl. Staudinger/Horn, BGB, § 774 Rdnr. 6.

162 Siehe dazu oben, Teil 2, 1. Abschnitt, B), III.

163 Vgl. RG, Urteil vom 17.10.1904 – VI 587/03 (LG Leipzig, OLG Dresden), RGZ 59, 207 (209); RG, Urteil vom 12.06.1918 – 66/18 (Frankfurt), Das Recht 1918 (22), Nr. 1527; RG, Urteil vom 14.10.1929 – 332/29 (Hamburg), Das Recht 1929 (33), Nr. 2364; RG,

C) Zusammenfassung

Die Untersuchungen des Innenregresses haben ergeben, dass die Rechtslage fast vollständig mit der des Zessionsregresses übereinstimmt. Der entscheidende Unterschied besteht darin, dass im Rahmen des Anspruches aus dem Innenverhältnis das Gläubigervorrecht gemäß § 774 I 2 BGB nicht zur Anwendung kommt und der Gläubiger deshalb durch jede Teilzahlung des Bürgen außerhalb des Insolvenzverfahrens über das Vermögen des Hauptschuldners mit der Konkurrenz des Bürgen konfrontiert ist.
Hinzu kommt, dass dem Bürgen ein Wahlrecht zusteht, auf welchen *„Anspruch"* er sein Begehren gegenüber dem Hauptschuldner stützt. Er wird diese Entscheidung insbesondere von den Umständen des Einzelfalles abhängig machen, weil seine Regressmöglichkeiten inhaltlich verschieden ausgestaltet sind. Dieses Wahlrecht begründet sogleich die Notwendigkeit für den Gläubiger, sich nicht nur vor der Geltendmachung des Zessionsregresses, sondern vor allem auch vor dem Innenregress des Bürgen gegenüber dem Hauptschuldner zu schützen. Für ihn ist dieser Schutz gerade bei der Realisierung seiner weiteren Ansprüche gegenüber dem Hauptschuldner wichtig, um nicht der Konkurrenz des Bürgen ausgesetzt zu sein.

3. ABSCHNITT: DIE RÜCKGRIFFSANSPRÜCHE DES BÜRGEN GEGENÜBER DEN ANDEREN (AUSGLEICHSVERPFLICHTETEN) SICHERUNGSGEBERN

Teilweise werden dem Gläubiger als Sicherheit für seine Forderung gegenüber dem Hauptschuldner mehrere Sicherungsgeber zur Verfügung stehen. Insoweit stellt sich die Frage, ob der Gläubiger wegen der durch die Bürgschaftszahlungen entstehenden Rückgriffsansprüche des Bürgen gegenüber diesen Sicherungsgebern in seiner Rechtsposition beeinträchtigt werden kann, und ob deshalb für ihn auch in dieser Fallkonstellation eine Notwendigkeit besteht sich zu sichern. Diese Fragestellung bewirkt, dass wiederum die mit den Bürgschafts-

---

Urteil vom 03.12.1934 – VI 266 /34 (LG Frankfurt, OLG Frankfurt), RGZ 146, 67 (69); OLG Köln, Urteil vom 26.01.1989 – 1 U 97/88, JZ 1990, 343 (344) = WM 1989, 1883 (1886) = NJW-RR 1989, 1266 (1267).

164 Vgl. Staudinger/Horn, BGB, § 774 Rdnr. 5; Palandt/Sprau, BGB, § 774 Rdnr. 4; BGH, Urteil vom 13.05.1964 – VIII ZR 244/62, WM 64, 849 (850); OLG Köln, Urteil vom 26.01.1989 – 1 U 97/88, JZ 1990, 343 (344) = WM 1989, 1883 (1886) = NJW-RR 1989, 1266 (1267).

zahlungen korrespondierenden Rechtswirkungen dargestellt werden müssen, um das Sicherungsinteresse des Gläubigers vollumfänglich zu erfassen.

A) Die Rückgriffsansprüche bei einer Mitbürgschaft

Wie bereits in der Vorbetrachtung[165] dargestellt, kann der Mitbürge für den Fall seiner Zahlungen an den Gläubiger die auf ihn im Wege der cessio legis übergehende Hauptforderung gegenüber dem Hauptschuldner (§ 774 I 1 BGB) sowie die ebenfalls mit der Hauptforderung gemäß §§ 774 II, 769, 426 II 1 BGB übergehende und für diese bestellte Bürgschaftsforderung gegenüber dem anderen Mitbürgen geltend machen, die aber gemäß § 426 I BGB auf den von ihm im Innenverhältnis zu tragenden Anteil beschränkt ist. Zusätzlich steht ihm gegenüber dem anderen Mitbürgen noch ein selbstständiger Ausgleichsanspruch gemäß §§ 774 II, 769, 426 I BGB zu, der inhaltlich durch die Begründung der Mitbürgschaft auf Befreiung und nach der Befriedigung des Gläubigers auf einen Ausgleich des Geleisteten gerichtet ist.[166] Dem Mitbürgen kommt im Rahmen seiner Rückgriffsansprüche ein Wahlrecht zu.[167]

I. Vollständige Befriedigung

Soweit der Mitbürge den Gläubiger vollständig befriedigt, kann er unmittelbar bei dem anderen Mitbürgen Rückgriff nehmen, allerdings beschränkt durch die Höhe seines Ausgleichsanspruches. Er ist zudem berechtigt, diesen Forderungsbetrag nach der Eröffnung eines Insolvenzverfahrens über das Vermögen des ausgleichsverpflichteten Mitbürgen als unbedingte Insolvenzforderung[168] zur Insolvenztabelle anzumelden. Soweit sich die Mitbürgen mit unterschiedlichen Höchstbeträgen verbürgt haben, deren Gesamtsumme die Hauptforderung übersteigt, richtet sich der Ausgleichsanspruch des zahlenden Mitbürgen ausschließlich nach dem Verhältnis ihrer Höchstbeträge zueinander.[169]
Der vollständig befriedigte Gläubiger wird demnach nur dann bestrebt sein, sich weitreichender vor den Rückgriffsansprüchen des Bürgen zu sichern, wenn ihm

[165] Siehe dazu oben, Teil 1.
[166] Vgl. Palandt/Heinrichs, BGB, 426 Rdnr. 5.
[167] Siehe dazu oben, Teil 1.
[168] Vgl. Kuhn/Uhlenbruck, KO, § 68 Rdnr. 3c; HK/Eickmann, InsO, § 43 Rdnr. 7; Hess, KO, § 68 Rdnr. 4; Hess/Weis/Wienberg/Weis, InsO, § 43 Rdnr. 10; Breutigam/Blersch/Goetsch/Breutigam, InsO, § 43 Rdnr. 3; Schmidt/Kilger, KO, § 68 Nr. 3; Smid, InsO, § 43 Rdnr. 3.
[169] Vgl. Glöckner, ZIP 99, 821 (824 ff.).

gegen den ausgleichsverpflichteten Mitbürgen noch weitere gesicherte bzw. ungesicherte Forderungen zustehen, die er wegen der durch die Bürgschaftszahlungen entstehenden Konkurrenz nur erschwert realisieren könnte. Dies folgt wiederum daraus, dass der Gläubiger und der ausgleichsberechtigte Mitbürge als zwei auf gleicher Ebene stehende Forderungsinhaber zu bewerten sind. Auf Grund dieser Tatsache wird der Gläubiger versuchen sich zu schützen.

II. Teilweise Befriedigung

1. Die Rechtslage vor der Eröffnung eines Insolvenzverfahrens über das Vermögen des ausgleichsverpflichteten Mitbürgen

Soweit der Bürge den Gläubiger teilweise befriedigt, geht nicht nur gemäß § 774 I 1 BGB in der Höhe der Zahlung die Hauptforderung, sondern auch gemäß §§ 774 II, 769, 426 II 1 BGB anteilig die Bürgschaftsforderung des Gläubigers gegenüber dem anderen Mitbürgen in dem Umfang über, in dem der zahlende Mitbürge nach dem Innenverhältnis für die von ihm geleistete Zahlung Rückgriff nehmen kann (§ 426 I BGB).
Nach der Auffassung des BGH[170] darf der anteilig zahlende Mitbürge, soweit dies nicht anders vereinbart[171] ist, auch dann bei dem anderen Mitbürgen Rückgriff nehmen, wenn *„noch nicht feststeht, in welcher Höhe die Bürgschaften endgültig beansprucht werden“*[172] und seine Teilzahlung nicht über die von ihm bei voller Inanspruchnahme aus der Bürgschaft intern zu tragenden Quote hinausgeht.[173] Diese Sichtweise folgt letztlich aus der Erkenntnis, dass es dem Wesen der

---

170 Vgl. BGH, Urteil vom 21.02.1957 – VII ZR 216/56 (LG Oldenburg, OLG Oldenburg), BGHZ 23, 361 (363 ff.); BGH, Urteil vom 17.03.1982 – VIII ZR 30/81 (Oldenburg), NJW 1982, 2306 (2306).

171 Der BGH hat in seinem Urteil vom 13.01.2000 – IX ZR 11/99 (Düsseldorf), NJW 2000, 1034 (1035) festgestellt, dass sich *„eine vom Regelfall der §§ 769, 426 I BGB abweichende Gestaltung des Innenverhältnisses ... aus einer Vereinbarung unter den Mitbürgen, einem sonstigen aus ihrer Rechtsbeziehung folgenden Grunde oder auch aus der Natur der Sache ergeben“* könne.

172 Vgl. BGH, Urteil vom 15.05.1986 – IX ZR 96/85 (München), BGH NJW 1986, 3131 (3132); in diesem Sinne auch BGH, Urteil vom 21.02.1957 – VII ZR 216/56 (LG Oldenburg, OLG Oldenburg), BGHZ 23, 361 (363 ff.); BGH, Urteil vom 13.01.2000 – IX ZR 11/99 (Düsseldorf), NJW 2000, 1034 (1035).

173 Vgl. BGH, Urteil vom 21.02.1957 – VII ZR 216/56 (LG Oldenburg, OLG Oldenburg), BGHZ 23, 361 (364) = NJW 1957, 747 (747); BGH, Urteil vom 15.05.1986 – IX ZR 96/85 (München), BGH NJW 1986, 3131 (3132); BGH, Urteil vom 04.06.1987 – IX ZR 31/86, NJW 1987, 3126 (3128); BGH, Urteil vom 13.01.2000 – IX ZR 11/99 (Düsseldorf), NJW 2000, 1034 (1035).

Bürgschaft entspricht, dass die jeweiligen Mitbürgen nur *„haften"*.[174] Diese Grundsätze kommen nur dann nicht zum Tragen, wenn aus tatsächlichen Gesichtspunkten ungewiss ist, ob die jeweiligen Mitbürgen weitere Zahlungen leisten müssen.[175] Soweit allerdings feststeht, dass auch andere Mitbürgen vom Gläubiger in Anspruch genommen werden, beispielsweise deshalb, weil der Hauptschuldner zahlungsunfähig ist, darf der zahlende Mitbürge seinen Ausgleichsanspruch erst dann gegenüber dem anderen Mitbürgen realisieren, wenn er tatsächlich an den Gläubiger einen höheren Betrag geleistet hat, als er im Innenverhältnis der Mitbürgen zueinander zu tragen verpflichtet ist.[176] Sein Ausgleichsanspruch gegenüber dem anderen Mitbürgen ist dann nur auf den seine Quote übersteigenden Anteil seiner Leistung an den Gläubiger gerichtet.
Der Mitbürge realisiert seine Ausgleichsansprüche wie folgt:
Der zahlende Mitbürge kann vor der Eröffnung eines Insolvenzverfahrens über das Vermögen des anderen Mitbürgen seinen übergegangenen Bürgschaftsanspruch nur erschwert gegenüber dem anderen Mitbürgen durchsetzen, weil der noch forderungsberechtigte Gläubiger in Bezug auf seinen Restanspruch hinreichend durch das Gläubigervorrecht gemäß §§ 774 II, 769, 426 II 2 BGB geschützt ist.
Dem zahlenden Mitbürgen bleibt es allerdings unbenommen, seinen selbstständigen Ausgleichsanspruch gegenüber dem anderen Mitbürgen gemäß §§ 774 II, 769, 426 I BGB geltend zu machen, auf den sich das Gläubigervorrecht bekanntlich nicht bezieht.[177] Soweit nach den Teilzahlungen des ausgleichsberechtigten Mitbürgen ein Insolvenzverfahren über das Vermögen des ausgleichsver-

---

174 Palandt/Heinrichs, BGB, Einl. v. § 241 Rdnrn. 10 f. beschreibt den Unterschied zwischen *„Schuld"* und *„Haftung"*. *„Erfüllt der Schuldner die ihm obliegende Leistungspflicht (Schuld) nicht, kann der Gläubiger die Forderung durch Klage und Zwangsvollstreckung erzwingen. In der zwangsweisen Durchsetzung verwirklicht sich die zur Schuld hinzutretende Haftung. Haftung bedeutet das Unterworfensein des Schuldnervermögens unter den Vollstreckungszugriff des Gläubigers."* Allerdings sei bei der Haftung des Bürgen vielfach von einem Verpflichtetsein die Rede. *„Haften"* bedeute demnach *„schulden"*. Gerade deshalb weist auch Weber, § 3 III 1 darauf hin, dass beide Begriffe in diesem Zusammenhang nicht streng getrennt gebraucht werden. *„Wenn daher von der Haftung des Bürgen die Rede ist, meint man damit sein Einstehenmüssen für die übernommene Verbindlichkeit, also seine Schuld. Weil er schuldet, haftet der Bürge mit seinem Vermögen."*

175 Vgl. BGH, Urteil vom 15.05.1986 - IX ZR 96/85 (München), BGH NJW 1986, 3131 (3132).

176 Vgl. BGH, Urteil vom 21.02.1957 – VII ZR 216/56 (LG Oldenburg, OLG Oldenburg), BGHZ 23, 361 (365); BGH, Urteil vom 17.03.1982 – VIII ZR 30/81 (LG Osnabrück, OLG Osnabrück), BGHZ 83, 206 (208 ff.).

177 Die Rechtslage entspricht der Situation im Rahmen des dem Bürgen zustehenden Anspruches aus dem Innenverhältnis gegenüber dem Hauptschuldner. Siehe dazu oben, Teil 2, 2. Abschnitt, A).

pflichteten Mitbürgen eröffnet wird, ist er berechtigt, sowohl seinen Ausgleichsanspruch gemäß §§ 774 II, 769, 426 I BGB als auch den übergegangenen Bürgschaftsanspruch gegenüber dem ausgleichsverpflichteten Mitbürgen als unbedingte Insolvenzforderung zur Insolvenztabelle anzumelden, weil in diesem Verfahrensabschnitt das Gläubigervorrecht nicht eingreift. Die Forderungsanmeldung stellt sich für den zahlenden Mitbürgen auch als äußerst sinnvoll dar, weil er insbesondere nach dem Abschluss des Insolvenzverfahrens dem Gläubiger nicht die erhaltene Insolvenzdividende herausgeben muss. Im Insolvenzverfahren wäre es ihm nämlich möglich, lediglich seinen nicht durch das Gläubigervorrecht beschränkten selbstständigen Ausgleichsanspruch geltend zu machen, wodurch sich die Quote des Gläubigers nicht gemindert hätte.[178]
Der Gläubiger sieht sich deshalb der Konkurrenz des zahlenden Mitbürgen ausgesetzt und ist wiederum nicht ausreichend durch die gesetzlichen Vorschriften geschützt. Dieser Fall beschreibt demnach eine neue Variante, weshalb sich der Gläubiger vor der Konkurrenz des zahlenden Mitbürgen sichern muss.

2. Die Rechtslage nach der Eröffnung eines Insolvenzverfahrens über das Vermögen des ausgleichsverpflichteten Mitbürgen

Soweit der zahlende Mitbürge den Gläubiger nach der Eröffnung eines Insolvenzverfahrens über das Vermögen des anderen Mitbürgen teilweise befriedigt, ist der Gläubiger bei seiner Teilnahme am Insolvenzverfahren[179] durch die Regelung des § 43 InsO hinreichend geschützt. Der *„Berücksichtigungsbetrag"* bleibt bis zur Vollbefriedigung des Gläubigers unverändert, wobei der zahlende Mitbürge seine Rückgriffsansprüche wegen der Regelung des § 44 InsO nicht als aufschiebend bedingte Insolvenzforderungen anmelden darf.
Diese Rechtslage verändert sich, soweit der zahlende Mitbürge den am Insolvenzverfahren teilnehmenden Gläubiger teilweise befriedigt, aber seine Bürgschaftsverpflichtung vollständig erfüllt, weil dann die Schutzvorschrift des § 43

---

178 Der Gläubiger hat demnach gegen den zahlenden Bürgen keinen Ausgleichsanspruch sowohl nach Abschluss eines Insolvenzverfahrens über das Vermögen des Hauptschuldners als auch nach Abschluss eines Insolvenzverfahrens über das Vermögen des ausgleichsverpflichteten Bürgen.

179 Die Art der Teilnahme des Gläubigers am Insolvenzverfahren des ausgleichsverpflichteten Bürgen variiert danach, ob dem Bürgen die Einrede der Vorausklage zusteht. Soweit dies der Fall ist, kann der Gläubiger die Bürgschaftsforderung nur als aufschiebend bedingte Insolvenzforderung geltend machen, nämlich bedingt durch den Ausfall beim Hauptschuldner und nur in dieser Höhe. Soweit dem Bürgen die Einrede nicht zusteht, kann der Gläubiger die ganze ihm zur Zeit der Insolvenzeröffnung noch zustehende Forderung anmelden. Hierauf verweist zu Recht Kuhn/Uhlenbruck, KO, § 68 Rdnrn. 4 ff.

InsO nicht einschlägig ist.[180] Der zahlende Mitbürge ist hiernach berechtigt, seinen Rückgriffsanspruch als unbedingte Insolvenzforderung zur Insolvenztabelle anzumelden, weil dieser Anspruch im Zeitpunkt der Eröffnung des Insolvenzverfahrens als aufschiebend bedingte Insolvenzforderung bestand.
Gerade weil der Gläubiger auch in diesem Fall nicht geschützt ist, wird er bestrebt sein sich zu sichern.

III. Keine Befriedigung

Soweit der Mitbürge noch keine Zahlungen geleistet hat, steht ihm gegen den anderen Mitbürgen kein Zahlungsanspruch, sondern nur gemäß §§ 774 II, 769, 426 I BGB ein Befreiungsanspruch zu.
Nach der Eröffnung des Insolvenzverfahrens über das Vermögen des anderen Mitbürgen entspricht die materiell-rechtliche Forderungsinhaberschaft des Gläubigers der von ihm angemeldeten Forderung. Seine Rückgriffsansprüche, deren Erwerb durch seine Zahlungen aufschiebend bedingt sind, kann der Mitbürge wegen der Forderungsanmeldung des Gläubigers nicht zur Insolvenztabelle anmelden (§ 44 InsO). Auch in Bezug auf seinen ihm zustehenden Befreiungsanspruch ergeben sich keine Unterschiede zu der im Rahmen des Insolvenzverfahrens über das Vermögen des Hauptschuldners dargestellten Rechtslage.[181] Der Gläubiger ist demnach in dieser Fallkonstellation nicht mit der Konkurrenz des Mitbürgen konfrontiert.

B) Die Rückgriffsansprüche bei einem Zusammentreffen einer Bürgschaft mit Grundpfandrechten

Soweit dem Gläubiger als Sicherheiten für seine Forderung gegenüber dem Hauptschuldner eine Bürgschaft und ein Grundpfandrecht zur Seite stehen, könnte bezüglich der Rückgriffsansprüche zwischen den Sicherungsgebern die gleiche Rechtslage zu konstatieren sein wie bei der Mitbürgschaft. Dies setzt voraus, dass auch in dieser Konstellation die Regeln über die Ausgleichspflichten von Gesamtschuldnern herangezogen werden können. Für den Gläubiger ist die Beantwortung dieser Frage deshalb relevant, weil sich hiernach die Höhe der Rückgriffsansprüche der Sicherungsgeber und gleichzeitig sein eigenes Schutz- und Sicherungsbedürfnis beurteilt.

---

180 Siehe dazu oben, Teil 2, 1. Abschnitt, B), IV., 2., c), ff).
181 Siehe dazu oben, Teil 2, 2. Abschnitt, A), I., 3.

Die Auswirkungen der Zahlungen der verschiedenen Sicherungsgeber werden mangels einer gesetzlichen Regelung unter dem Stichwort des *„Wettlaufs der Sicherungsgeber"*[182] diskutiert. Dieser Theorienstreit hat Auswirkungen auf die zu untersuchende Bürgschaftsklausel. Dies ergibt sich daraus, dass die Reichweite des Regelungsgehaltes der Bürgschaftsklausel nur dann plausibel darstellbar ist, wenn auch die Rückgriffsansprüche des Bürgen in ihrer Gesamtheit gebührend berücksichtigt und erfasst sind.

Dem *„Wettlauf der Sicherungsgeber"* liegt folgende Problematik zu Grunde:

Soweit dem Gläubiger beispielsweise als Sicherheiten für seine Forderung gegenüber dem Hauptschuldner neben einer Bürgschaft auch eine Hypothek zur Verfügung stehen, gehen im Falle der Bürgschaftszahlungen gemäß § 774 I 1 BGB die Hauptforderung gegenüber dem Hauptschuldner und gemäß §§ 774 I 1, 412, 401 BGB die akzessorischen Sicherungsrechte kraft Gesetzes, daher in diesem Fall die Hypothek, auf den Bürgen über, so dass er in die Lage versetzt wird, beim Grundstückseigentümer gemäß § 1147 BGB vollständigen Rückgriff zu nehmen. Würde statt des Bürgen der vom Hauptschuldner verschiedene Grundstückseigentümer an den Gläubiger zahlen, träte auf Grund der Regelung des § 1143 I 1 BGB[183] die gleiche Rechtslage zugunsten des Hypothekenschuldners ein[184], so dass jeweils der zuerst in Anspruch Genommene bei dem anderen Sicherungsgeber Rückgriff nehmen könnte, während der andere Sicherungsgeber auf seinen unsicheren Anspruch gegenüber dem Hauptschuldner verwiesen wäre.

Dieses fragwürdige Ergebnis stellt sich - etwas anders - auch in dem Fall dar, wenn dem Gläubiger als Sicherheiten für seine Forderung gegenüber dem Hauptschuldner eine Bürgschaft und eine nicht vom Hauptschuldner bestellte Grundschuld zur Verfügung stehen. Zahlt in diesem Fall der Grundschuldbesteller auf die Grundschuld, geht die Hauptforderung nicht kraft Gesetzes auf ihn über. Die Grundschuld ist nicht akzessorisch.[185] Ohne den Übergang der Hauptforderung können auch die Rechte aus der Bürgschaft nicht übergehen (§§ 412, 401 I BGB). Insbesondere ist auch eine entsprechende Anwendung des § 1143 I 1 BGB ausgeschlossen, weil diese Vorschrift auf der Verbindung von

---

182 Vgl. Larenz/Canaris, § 60 IV.

183 Für den Verpfänder beweglicher Sachen ergibt sich diese Rechtslage aus der Regelung des § 1225 S. 1 BGB.

184 Der Hypothekenschuldner könnte in diesem Fall wegen § 1143 I 1 BGB gegenüber dem Hauptschuldner aus der übergegangenen Hauptforderung vorgehen. Gleichzeitig würde die für die Hauptforderung bestellte Bürgschaft gemäß §§ 1143 I 1, 412, 401 BGB auf ihn übergehen, so dass er beim Bürgen gemäß § 765 I BGB Rückgriff nehmen könnte.

185 Vgl. Palandt/Bassenge, BGB, § 1191 Rdnr. 14.

Hypothek und Forderung beruht (§ 1192 I BGB)[186] Würde statt des Grundschuldbestellers der Bürge zahlen, geht zwar gemäß § 774 I 1 BGB in der Höhe der Bürgschaftszahlungen die Hauptforderung gegenüber dem Hauptschuldner auf den Bürgen über, nicht jedoch gemäß §§ 774 I 1, 412, 401 BGB die nicht akzessorische Grundschuld. Für den Gläubiger besteht auch nicht aus einer (ergänzenden) Auslegung des Bürgschaftsvertrages eine schuldrechtliche Verpflichtung (aus dem Sicherungsverhältnis zum Bürgen), diesem die Grundschuld zu übertragen.[187] Folglich könnte in dieser Fallkonstellation der jeweils zuerst in Anspruch Genommene nicht bei dem anderen Sicherungsgeber Rückgriff nehmen.

Da das Ausgleichsverhältnis zwischen dem Bürgen und dem dinglichen Sicherungsgeber nicht ausdrücklich gesetzlich geregelt ist, stellt sich die Frage, wie die dargestellten Fälle gelöst werden können. Dies ist auch deshalb notwendig, um die beschriebenen Zufallsergebnisse zu vermeiden.

I. Nach der Auffassung des **BGH**[188] führe eine solche Rechtslage zu zufälligen Ergebnissen. Es entspreche statt dessen der Billigkeit, dass sämtliche Sicherungsgeber, außer beim Bestehen einer besonderen Vereinbarung zwischen ihnen oder zwischen einem von ihnen und dem Sicherungsnehmer, im Innenverhältnis auf der gleichen Stufe stehen. Ein in diesem Sinne zu interpretierendes

---

186 Vgl. RG, Urteil vom 17.03.1936 – VII 207/35 (LG Ravensburg, OLG Stuttgart), RGZ 150, 371 (374); BGH, Urteil vom 14.07.1988 – V ZR 308/86 (LG Heidelberg, OLG Karlsruhe), BGHZ 105, 154 (157).

187 Siehe dazu oben, Teil 2, 1. Abschnitt, B), I., 2.

188 In seiner Grundsatzentscheidung führte der BGH in seinem Urteil vom 29.06.1989 – IX ZR 175/88 (LG Gießen, OLG Frankfurt), BGHZ 108, 179 (182 ff.) = WM 1989, 1205 (1206 ff.) = ZIP 1989, 1044 (1045 f.) aus, dass sich aus den Motiven zu dem Entwurf des BGB nicht ergebe, *„dass der Gesetzgeber den Besteller einer Grundschuld, der nicht persönlicher Schuldner ist, ohne Regressmöglichkeit gegen Mitsicherer lassen wollte. ... Denn ungeachtet des unterschiedlichen Inhalts der Verträge, insbesondere der vielfältigen Sicherungsmittel, die vereinbart werden können, verfolgen sämtliche Sicherungsgeber, die gleichrangige Sicherheiten gewähren, den gemeinsamen Zweck, die Hauptschuld des Gläubigers zu sichern. Dies ist die innere Rechtfertigung dafür, ihnen beim Fehlen anderweitiger Vereinbarungen gegenseitige Ausgleichsansprüche ... zuzubilligen.“* In diesem Sinne auch BGH, Urteil vom 09.10.1990 – XI ZR 200/89 (Nürnberg), WM 1990, 1956 (1957); BGH, Urteil vom 20.12.1990 – IX ZR 268/89 (Hamburg), WM 1991, 399 (400) = NJW-RR 1991, 499 (500); BGH, Urteil vom 16.01.1991 – IV ZR 263/89 (München), NJW-RR 1991, 682 (683); BGH, Urteil vom 24.09.1992 – IX ZR 195/91 (Karlsruhe), NJW 1992, 3228 (3229) = JR 1993, 322 (323 f.); AG Rosenheim, Urteil vom 29.10.1999 – 12 C 2044/99, NJW-RR 2000, 863 (863); der BGH brauchte den Theorienstreit hingegen in seinem Urteil vom 05.03.2002 – XI ZR 184/01 (OLG Hamm), ZIP 2002, 656 (656 ff.) nicht zu entscheiden.

wechselseitiges Ausgleichsverhältnis führe dazu, dass den Sicherungsgebern jeweils untereinander entsprechend der Vorschrift des § 426 BGB[189] ein Ausgleichsanspruch zustehe, der inhaltlich über § 242 BGB aus den schuldrechtlichen Sicherungsverträgen zwischen dem Gläubiger und den Sicherungsgebern hergeleitet wird. Dieses Ergebnis wird unter anderem mit den §§ 1143 I 2, 1225 S. 2 BGB begründet, die auf § 774 BGB und somit auf den Bürgenregress verweisen, wodurch zum Ausdruck komme, dass das Gesetz den Hypotheken- und Verpfänderregress auf der einen, und den Bürgenregress auf der anderen Seite als gleichwertig ansehe.

Die überwiegende **LITERATURAUFFASSUNG**[190] bestätigt die Sichtweise des BGH, wobei für dieses Ergebnis entweder die Regeln über die Mitbürgschaft entsprechend §§ 774 II, 769, 426 BGB angewendet werden oder auf die Vorschrift des § 426 BGB entsprechend zurückgegriffen wird.[191]

---

189 Eine entsprechende Anwendung des § 426 BGB folgt daraus, dass die verschiedenen Sicherungsgeber keine *„echten"* Gesamtschuldner sind.

190 Vgl. Becker-Eberhard, S. 569 ff.; Palandt/Sprau, BGB, § 774 Rdnr. 13; Jauernig/Stadler, BGB, § 774 Rdnr. 12; MK/Habersack, BGB, § 774 Rdnrn. 29 f. m.w.N.; Kommentar zum BGB/Reich, BGB, § 774 Rdnr. 5; Erman/Herrmann, BGB, § 774 Rdnr. 15; Medicus, Bürgerliches Recht, Rdnr. 941; Weber, § 3 IV 3; Finger, BB 1974, 1416 (1420 ff.); Bayer/Wandt, JuS 1987, 271 (274); dies., ZIP 1989, 1047 (1047); Steinbach/Lang, WM 1987, 1237 (1244); Sitzmann, BB 1991, 1809 (1811 ff.); Ehlscheid, BB 1992, 1290 (1292 ff.); Lüke, JR 1993, 324 (325 f.); Paulus, JuS 1995, 186 (190); Reischl, JuS 1998, 318 (321); Kerbein, JA 1999, 377 (379 ff.). In der Literatur wird teilweise auch noch die *„Prioritätslösung"* vertreten. Die Vertreter dieses Lösungsansatzes, beispielsweise Mertens/Schröder, Jura 1992, 305 (310), argumentieren dahingehend, dass es sich zeige, *dass das Gesetz (bei der nicht akzessorischen Sicherung ergänzt durch eine interessengerechte Auslegung des Sicherungsvertrages) beim Zusammentreffen eines Bürgen mit einem dinglichen Sicherungsgeber durchgängig das Prioritätsprinzip verwirklicht. Der den Gläubiger befriedigende Sicherungsgeber kann bei dem anderen Sicherungsgeber vollen Regress nehmen.*" Kerbein, JA 1999, 377 (379 ff.) weist allerdings zu Recht darauf hin, dass es der Gläubiger in dieser Konstellation durch sein Wahlrecht in der Hand hätte, welcher Sicherungsgeber endgültig hafte. Der Gläubiger wäre als *„Herr des Innenverhältnisses"* zu qualifizieren; eine Sichtweise, die dem Gerechtigkeitsgefühl offensichtlich nicht entspreche.

191 Ohne dies vertiefen zu wollen, sei ergänzend darauf hinzuweisen, dass in der Literatur auch noch die *„Theorie des gänzlichen Ausschlusses des Ausgleichsanspruches"* vertreten wird. Becker, NJW 1971, 2151 (2151 ff.) meint, dass Ausgleichsansprüche zwischen den verschiedenen Sicherungsgebern nur dann gegeben seien, wenn sie auf gesetzlichen Regelungen basieren. Dies sei allerdings beim *„Wettlauf der Sicherungsgeber"* nicht der Fall. Zudem sei auch die Gesamthypothek (§ 1173 BGB) regresslos ausgestaltet. Kerbein, JA 1999, 377 (379 ff.) weist wiederum zutreffend darauf hin, dass es sich sowohl bei der Gesamthypothek um eine Ausnahmevorschrift handele als auch die von Becker geforderte Regresslosigkeit wegen der Zahlungsmoral der Sicherungsgeber kontraproduktiv sei. Im Übrigen müsste der zuerst Zahlende die Insolvenz des Hauptschuldners allein tragen.

II. Die Vertreter der **THEORIE DER BEVORZUGUNG DES BÜRGEN**[192] verweisen demgegenüber darauf, dass der Bürge gegenüber dem Besteller einer dinglichen Sicherheit privilegiert werden müsse, weil er die Bürgschaft aus altruistischen Gründen übernommen habe. Insbesondere hafte er nicht nur wie bei den Grundpfandrechten mit dem belasteten Grundstück, sondern statt dessen mit seinem gesamten Vermögen und darüber hinaus wegen § 771 BGB subsidiär. Der Bürge könne sich im Gegensatz zu den dinglichen Sicherungsgebern gemäß § 223 I BGB a.F. (§ 216 I BGB) auf die Verjährung der gesicherten Forderung berufen und sei zusätzlich durch die §§ 768, 770, 776 BGB besonders geschützt. Hieraus folge, dass der Bürge keinem Ausgleichsanspruch ausgesetzt sei, und im Falle seiner Inanspruchnahme von den anderen dinglichen Sicherungsgebern einen vollen Ausgleich verlangen könne.[193]

III. STELLUNGNAHME

Eine interessengerechte und mit dem Gesetz im Einklang stehende Lösung kann nur durch eine Zusammenführung des Bürgen und der dinglichen Sicherungsgeber zu einer Ausgleichsgemeinschaft entsprechend § 426 BGB erreicht werden. Jeder auf gleicher Stufe stehende Sicherungsgeber kann somit jeweils anteilig bei dem anderen Sicherungsgeber Regress nehmen.[194] Dabei hat der BGH[195] bereits in seiner Entscheidung vom 24.09.1992 ausgeführt, dass *„es sich bei der Bürgschaft und sonstigen Sicherungsrechten, insbesondere Grundschulden, nach dem Gesetz um gleichstufige Sicherungsmittel handelt.“*

Sämtliche Sicherungsgeber verfolgen das Ziel, dem Gläubiger für seine Hauptforderung eine Sicherheit zu gewähren. Angesichts dieses gemeinsamen Zieles kann es nicht richtig sein, einem Sicherungsgeber das gesamte Insolvenzrisiko des Hauptschuldners aufzubürden, weil er sich - nach der beschriebenen gesetzlichen Lage - nicht bei dem anderen Sicherungsgeber schadlos halten kann. Dieses Risiko müssen hingegen die verschiedenen Sicherungsgeber gemeinsam

---

[192] Vgl. Reinicke/Tiedtke, Rdnrn. 1111 ff.; Tiedtke, BB 1984, 19 (20 f.); ders., WM 1990, 1270 (1273); Baur/Stürner, § 38 IX 3a, § 55 B III 4a.

[193] Vgl. RGRK/Mormann, BGB, § 774 Rdnr. 8.

[194] Becker-Eberhard, S. 572 m.w.N. trägt hierzu vor, *„daß zwischen mehreren gleich- oder auch verschiedenartigen Interzedenten für dieselbe Schuld jedenfalls nicht ohne weiteres eine Gesamtschuldnerschaft angenommen werden kann,“* weshalb die Gesamtschuldregeln nicht unmittelbar, sondern analog anwendbar seien; in diesem Sinne auch Bayer/Wandt, JuS 1987, 271 (274), die zutreffend feststellen: *„Denn entscheidend ist allein, daß es grundsätzlich möglich ist, den hinter § 426 I stehenden allgemeinen Rechtsgedanken einer anteiligen Haftung zwischen mehreren auf gleicher Stufe stehenden Sicherungsgeber analog anzuwenden.“*

[195] Vgl. BGH, Urteil vom 24.09.1992 – IX ZR 195/91 (Karlsruhe), NJW 1992, 3228 (3229).

tragen. Anderenfalls wäre die Inanspruchnahme eines Sicherungsgebers sowohl von Zufälligkeiten als auch von der Willkür des Gläubigers abhängig. Gerade deshalb muss auch - wie es der BGH getan hat - eine Ausgleichspflicht der verschiedenen Sicherungsgeber über § 242 BGB aus den schuldrechtlichen Sicherungsverträgen zwischen dem Gläubiger und den Sicherungsgebern hergeleitet werden. Letztlich entspricht diese Lösung dem *„Grundsatz der ausgleichenden Gerechtigkeit"*.[196]
Insbesondere ist auch der Bürge im Rahmen dieser *„Ausgleichsgemeinschaft der Sicherungsgeber"* zum anteiligen Ausgleich verpflichtet. Hierbei ist zu berücksichtigen, dass auch die dinglichen Sicherheiten auf Rechtsgrundlagen beruhen, die, ähnlich wie die Vorschriften der schuldrechtlichen Bürgschaft, von wirtschaftlichen Zielrichtungen geprägt sind. Soweit der Bürge über die §§ 768, 770 BGB geschützt ist, kann sich der Hypothekenschuldner in gleicher Weise auf § 1137 I BGB berufen. Insbesondere kann die THEORIE DER BEVORZUGUNG DES BÜRGEN nicht durch den Verweis auf § 771 BGB überzeugen, weil der Bürge in der Regel auf diese Einrede verzichtet oder ihm diese im Fall des § 349 S. 1 HGB ohnehin nicht zusteht.[197]
Dem Hinweis auf die Privilegierung des Bürgen durch § 776 BGB kann entgegnet werden, dass der Bürge nach dieser Regelung nur insoweit *„befreit"* wird, als er im Falle seiner Zahlungen an den Gläubiger von den anderen Sicherungsgebern Ersatz verlangen könnte, aber diese Rückgriffsmöglichkeit gerade umstritten ist. HERRMANN[198] weist zu Recht darauf hin, dass die Befreiung des Bürgen nur aus einem bestimmten, vom Gesetz nicht gebilligten Verhalten des Gläubigers im Verhältnis zum Bürgen erfolge. Die stärkere Gefährdung des Bürgen entspreche seinem vertragstypischen Risiko und berechtige ihn hingegen nicht zur Abwälzung des gesamten Risikos auf den dinglichen Sicherungsgeber. GIESEN[199] führt des Weiteren an, dass die Regelung des § 776 BGB nur im Innenverhältnis zum Gläubiger eingreife und hierdurch nicht beabsichtigt sei, eine Aussage über das Verhältnis zu einem *„Dritten"* zu treffen. Folglich wird über § 776 BGB auch nur das Außenverhältnis zwischen dem Bürgen und dem Gläubiger geregelt, was auch REINICKE/TIEDTKE zugestehen.[200] Die zuletzt Genannten meinen aber, dass sich aus § 776 BGB eine besondere *„Fürsorge"* des Gläubigers gegenüber dem Bürgen ergebe. Hierauf kann es aber letztlich nicht ankommen, weil die Regelung des § 776 BGB für den Ausgleich zwi-

---

196 Vgl. Bayer/Wandt, JuS 1987, 271 (274).
197 Vgl. Bayer/Wandt, JuS 1987, 271 (273).
198 Vgl. Erman/Herrmann, BGB, § 774 Rdnr. 15.
199 Vgl. Giesen, Jura 1997, 122 (129).
200 Vgl. Reinicke/Tiedtke, Rdnr. 1120.

schen den Sicherungsgebern nicht einschlägig ist. Diese kommt nämlich nur dann zum Tragen, wenn der Gläubiger eine Sicherheit aufgibt, ohne befriedigt zu sein und nicht, wenn er statt dessen die Sicherheit verwertet und eine Befriedigung erlangt.[201] Im Übrigen weisen MERTENS/SCHRÖDER[202] auch darauf hin, dass die mit § 776 BGB begründete Privilegierung des Bürgen im Verhältnis zu einem Grundschuldbesteller auch deshalb nicht möglich sei, weil diese Vorschrift eine Regressmöglichkeit nach den §§ 774 I 1, 412, 401 BGB voraussetze, die aber bei einer Grundschuld mangels Akzessorietät nicht bestehen könne.

Für die THEORIE DER BEVORZUGUNG DES BÜRGEN spricht hingegen die im Verhältnis zu den dinglichen Sicherungsgebern vorliegende unbeschränkte persönliche Haftung des Bürgen. Gegen eine Ausgleichsverpflichtung des Bürgen könnte auch die regresslose Ausgestaltung der Gesamthypothek gemäß § 1173 BGB sprechen, die nur das dingliche Recht betrifft und über § 1192 I BGB auch für die Grundschuld gilt. Bei den Vorschriften über die Gesamthypothek handelt es sich aber um Ausnahmeregelungen, die nicht auf andere Fälle ausgedehnt werden können.

Auch wenn für die Auffassung von TIEDTKE tatsächlich die Privilegierung des Bürgen im Rahmen des § 223 I BGB a.F. (§ 216 I BGB) spricht, kann hieraus kein allgemeiner Grundsatz in dem Sinne aufgestellt werden, dass der Bürge durch diese Vorschrift allen anderen Sicherungsgebern im Range vorzugehen habe. Die besondere Gefährdung des Bürgen ist schon durch die Schutzbestimmungen des BGB kompensiert.[203] Eine weitergehende Privilegierung ist hingegen nicht ersichtlich.

Es ist somit festzustellen, dass jeder Sicherungsgeber, von der Möglichkeit besonderer Abreden abgesehen, bei entsprechenden Zahlungen an den Gläubiger von den anderen Sicherungsgebern entsprechend der Vorschrift des § 426 BGB einen Ausgleich im Innenverhältnis nach Kopfteilen[204] verlangen kann, jedoch nur insoweit, wie sich die beiden Sicherungsrechte decken. Das Gesamtschuldverhältnis muss dabei nicht über die §§ 774 II, 769 BGB konstruiert werden, deren Regelungsgehalt sich auf das Verhältnis der Mitbürgen bezieht. Durch diese Ausgleichsverpflichtung wird ein *„Wettlauf der Sicherungsgeber"* vermieden. Allerdings sind die Sicherungsgeber untereinander nur in der Form zum Aus-

---

201 Auf dieses Argument weisen zu Recht Mertens/Schröder, Jura 1992, 305 (306) hin.

202 Vgl. Mertens/Schröder, Jura 1992, 305 (306).

203 Vgl. Kerbein, JA 1999, 377 (380).

204 Vgl. Palandt/Bassenge, BGB, § 1143 Rdnr. 5; Bayer/Wandt, JuS 1987, 271 (274); a.A. Kerbein, JA 1999, 377 (380 f.) m.w.N.

gleich verpflichtet, in der sie vorher dem Gläubiger gegenüber hafteten.[205] Denn auch bei entsprechender Anwendung des § 426 BGB ist zu berücksichtigen, dass der Grundschuldbesteller nicht schuldet, sondern lediglich haftet.[206] Der Bürge, der seinerseits zur Zahlung verpflichtet wäre, erhält demnach über die Ausgleichsvorschriften gegenüber dem Grundschuldbesteller keinen Zahlungsanspruch, sondern ihm wird *„nur"* der Zugriff auf die Grundschuld eröffnet (§§ 1192 I, 1147 BGB).
Wegen der Anwendbarkeit der Vorschriften über die Ausgleichspflichten von Gesamtschuldnern kann bezüglich der Rechtslagen, die nach den entsprechenden Zahlungen bzw. der noch nicht erfolgten Zahlungen der verschiedenen Sicherungsgeber entstehen, auf die Ausführungen zur Mitbürgschaft verwiesen werden.[207] Immerhin haften die Mitbürgen gemäß § 769 BGB ebenfalls als Gesamtschuldner. Der Gläubiger wird auch deshalb bestrebt sein, sich vor der Konkurrenz des Bürgen zu sichern.

C) Zusammenfassung

Die Rechtslage im Rahmen der Rückgriffsansprüche des Bürgen gegenüber den anderen (ausgleichsverpflichteten) Sicherungsgebern hat gezeigt, dass der Gläubiger bei der Realisierung seiner Forderungen in gleicher Weise mit der Konkurrenz des Bürgen konfrontiert ist, als wenn er statt dessen gegen den Hauptschuldner vorgeht.
Gerade deshalb konnten wiederum die dargestellten Unterschiede bei den verschiedenen Rückgriffsansprüchen des ausgleichsberechtigten Mitbürgen entsprechend der Höhe und des Zeitpunktes seiner Zahlungen vor bzw. nach der Eröffnung eines Insolvenzverfahrens über das Vermögen des ausgleichsverpflichteten Sicherungsgebers festgestellt werden. Dies folgte wieder daraus, dass der in § 426 II 2 BGB verankerte Grundsatz des *„nemo subrogat contra se"* nicht umfassend anwendbar ist. Für den Bürgen ist es hierbei unbeachtlich, ob es sich bei dem ausgleichsverpflichteten Sicherungsgeber um einen Mitbürgen oder einen anderen Sicherungsgeber handelt, weil der Ausgleich im Innenverhältnis über die Vorschriften eines Gesamtschuldverhältnisses - zumindest in entsprechender Anwendung[208] - abzuwickeln ist.

---

205 So ausdrücklich Becker-Eberhard, S. 572 m.w.N.

206 Vgl. Bayer/Wandt, JuS 1987, 271 (274).

207 Eine Ausgleichspflicht zwischen den verschiedenen Sicherungsgebern findet aber - anders als bei der Mitbürgschaft - erst dann statt, wenn der jeweilige Sicherungsgeber an den Gläubiger mehr bezahlt hat, als er im Innenverhältnis zu tragen verpflichtet ist.

208 Siehe dazu oben, Teil 2, 3. Abschnitt, B).

4. ABSCHNITT: DIE NOTWENDIGKEIT DER BÜRGSCHAFTSKLAUSEL FÜR DIE KREDITINSTITUTE (ZUSAMMENFASSUNG)

Soweit der Bürge an den Gläubiger auf Grund seines Bürgschaftsvertrages Zahlungen leistet, kann er in der Höhe seiner Zahlungen sowohl beim Hauptschuldner als auch bei den anderen (ausgleichsverpflichteten) Sicherungsgebern Rückgriff nehmen. Hierdurch ist der Gläubiger sowohl bei der Realisierung seiner ihm noch zustehenden Restforderung als auch bei der Durchsetzung seiner zusätzlichen Forderungen gegenüber dem Hauptschuldner sowie gegenüber den anderen Sicherungsgebern mit der Konkurrenz des Bürgen konfrontiert, weil er insbesondere durch sein Gläubigervorrecht nicht umfassend geschützt ist.
Für den Gläubiger ist diese Konkurrenz nachteilig, weil für ihn immer die Gefahr besteht, dass entweder der Hauptschuldner oder der andere (ausgleichsverpflichtete) Sicherungsgeber durch die Zahlungen an den ausgleichsberechtigten Bürgen in die Insolvenz geraten könnte. Dadurch würden seine noch offenen Forderungen nicht im vollen Umfang beglichen, obwohl er den Bürgen (eigentlich) als Sicherheit zur Verstärkung seiner Forderung(en) gegenüber dem Hauptschuldner und naturgemäß nicht als zusätzlichen Konkurrenten bestellt hat. Hinzu kommt, dass der Gläubiger auch im Insolvenzverfahren über das Vermögen des Hauptschuldners und der anderen (ausgleichsverpflichteten) Sicherungsgeber durch die Teilnahme des ausgleichsberechtigten Bürgen eine geringere Insolvenzdividende erhält, dessen Differenz er außerhalb des Insolvenzverfahrens nicht vom Bürgen ersetzt bekommt.
Auf Grund dieser seine Rechtsposition beeinträchtigenden Konkurrenz des Bürgen wird der Gläubiger bestrebt sein, entweder durch die inhaltliche Ausgestaltung der Bürgschaftsverträge oder seiner Allgemeinen Geschäftsbedingungen die Regressmöglichkeiten des Bürgen gegenüber dem Hauptschuldner und die Rückgriffsansprüche gegenüber den anderen (ausgleichsverpflichteten) Sicherungsgebern bis zu seiner vollständigen Befriedigung hinauszuschieben. Anderenfalls müsste er befürchten, mit einem Teil seiner Forderungen auszufallen. Dieses grundsätzliche Sicherungsbedürfnis des Gläubigers ist durchaus nachvollziehbar.

TEIL 3: DIE FORMULARPRAXIS DER KREDITINSTITUTE

1. ABSCHNITT: DIE HISTORISCHE ENTWICKLUNG DER BÜRGSCHAFTSKLAUSEL

Auf Grund der beschriebenen Rechtslage haben die Kreditinstitute in dem vergangenen Jahrhundert versucht, ihre Bürgschaftsverträge in dem Sinne zu gestalten, dass diese ihrem Sicherungsbedürfnis am effektivsten entsprechen.
Das OLG HAMBURG[209] hatte in seiner Entscheidung vom 23.10.1911 die in einem Bürgschaftsvertrag enthaltene Regelung, *„dass irgendwelche Rechte der Bank erst dann auf den Bürgen übergehen sollten, nachdem die Bank für ihre gesamten Ansprüche an den Hauptschuldner befriedigt sei“* [210], als vielfach übliche Bestimmung bezeichnet.[211]
In dieser Entscheidung stellte das OLG HAMBURG fest, dass es dahingestellt bleiben könne, welche Bedeutung dieser Bestimmung zukomme, weil dem Bürgen - unabhängig von diesem Regelungskomplex - gegenüber dem Hauptschuldner ein Anspruch aus dem Innenverhältnis gemäß § 670 BGB zustehe.
Auch wenn NÖLDEKE[212] in seiner Anmerkung zu dieser Entscheidung einen Ersatzanspruch für nicht gegeben erachtete, so hätte die Argumentation des OLG HAMBURG zumindest Anknüpfungspunkt für die Erkenntnis sein müssen, dass die Bürgschaftsklausel wegen der Möglichkeit des Innenregresses des Bürgen dem Sicherungsbedürfnis der Kreditinstitute nicht mehr gerecht werden konnte. Diese Sichtweise ist zu dieser Zeit aber nicht diskutiert worden.
In den folgenden Jahren blieb die Bürgschaftsklausel trotz der Entscheidung des OLG HAMBURG bestehen. So hatte beispielsweise das RG am 21.03.1932[213] die folgende Regelung in einem Bürgschaftsvertrag zu untersuchen gehabt:
„Ich verpflichte mich hierdurch, falls ich ... die Reichskasse aus dieser Bürgschaft ganz oder teilweise befriedigt habe, mich der mit der Forderung der Reichskasse auf mich übergehenden Vorrechte nicht zum Nachteile der Reichskasse zu bedienen. Insbesondere verpflichte ich mich für den Fall der Eröffnung des Konkursverfahrens über das Vermögen der Firma ..., das für meine Forderung an der Konkursmasse etwa zur Feststellung gelangende Vorrecht aus § 61 Nr. 2 der Konkursordnung erst dann geltend zu machen, wenn die Reichskasse wegen

---

209 Vgl. OLG Hamburg, Urteil vom 23.10.1911 - Bf. I 71/11, LZ 1912 Sp. 410 Nr. 4.

210 Der Inhalt dieser Bürgschaftsklausel war auch Gegenstand der Entscheidungen des RG vom 02.07.1917 - XI 151/17, LZ 1918 Sp. 206 Nr. 4 und vom 04.03.1937 - VI 371/36 (OLG Hamm), SeuffArch. Bd. 91 (Heft 8) Nr. 100.

211 Schäfer, S. 164 spricht davon, dass diese Bürgschaftsklausel in der Folgezeit aus den Bürgschaftsverträgen verschwand.

212 Vgl. Nöldeke, LZ 1912 Sp. 410 Nr. 4.

213 Vgl. RG, Urteil vom 21.03.1932 - VIII 11/32 (LG Rostock, OLG Rostock), RGZ 136, 40 (40 ff.).

des im Konkurse angemeldeten Teiles ihrer Abgabenforderung voll befriedigt worden ist, oder alles, was ich auf Grund des auf mich übergegangenen Vorrechts vor der vollen Befriedigung der Reichskasse erhalte, bis zur gänzlichen Tilgung der aufgeschobenen Abgabeforderung an die Reichskasse herauszuzahlen.“

In dieser Entscheidung wies das RG darauf hin, dass die untersuchte Bürgschaftsurkunde den Anwendungsbereich des § 774 I 2 BGB skizziere und keine darüber hinausgehende Regelungskomponente aufweise. Insbesondere stellte das Gericht klar, dass sich der Grundsatz des *„nemo subrogat contra se“* nur auf die einzelne gesicherte Hauptforderung beziehe und somit das Gläubigervorrecht anders als im gemeinen Recht zu interpretieren sei.[214] Soweit sich demnach der Inhalt der Bürgschaftsurkunde ausschließlich an der gesetzlichen Fassung des Gläubigervorrechts orientiere, sei der Gläubiger nicht davor geschützt, *„daß der Bürge ihm, sei es auch bei anderen Forderungen als der verbürgten, durch Ausübung des Rückgriffs die Befriedigung verkümmern könne.“*

Die Entscheidung des RG vom 21.03.1932 hätte somit wegen der Interpretation des Gläubigervorrechts ebenfalls Anknüpfungspunkt für die Erkenntnis sein müssen, dass die Kreditinstitute durch ihre Formularpraxis nicht mehr umfassend gesichert sind. Eine Änderung der Kautelarpraxis erfolgte allerdings zu diesem Zeitpunkt noch nicht.

Auch im Jahre 1937 verwendeten die Kreditinstitute noch eine Bürgschaftsklausel, wie sie der Entscheidung des OLG HAMBURG vorlag.

Dies wird aus den folgenden Gründen der Entscheidung des RG vom 04.03. 1937[215] ersichtlich:

„Eine gleich oder ähnlich lautende Bestimmung findet sich häufig in den Bürgschaftsvordrucken der Banken.“

In der Entscheidung vom 17.12.1959[216] hatte der BGH hingegen einen Bürgschaftsvertrag zu untersuchen, der inhaltlich wie folgt ausgestaltet war:

„Die Bürgschaft bleibt bis zur vollen Befriedigung der ... Bank bestehen, ... Die Rechte der ... Bank gehen erst dann auf uns über, nachdem diese wegen ihrer sämtlichen Ansprüche vollständig befriedigt ist. ... .“

In diesem Bürgschaftsvertrag hat das Kreditinstitut für den Fall der Zahlungen des Bürgen einen Aufschub der Befriedigungswirkung statuiert, weshalb der gesetzliche Forderungsübergang erst dann stattfindet, wenn das Kreditinstitut

---

214 Vgl. RG, Urteil vom 21.03.1932 - VIII 11/32 (LG Rostock, OLG Rostock), RGZ 136, 40 (42 ff.). Das Gericht führte hierzu aus, dass die Berufung auf jenen Grundsatz zumindest da versagen müsse, *„wo der wegen einer Forderung befriedigte Gläubiger noch andere Forderungen an denselben Schuldner habe, die auf einem ganz anderen Rechtsverhältnisse beruhten oder mit der abgelösten Forderung nicht einmal in einem rechtlichen Zusammenhang ständen.“*

215 Vgl. RG, Urteil vom 04.03.1937 - VI 371/36 (OLG Hamm), SeuffArch. Bd. 91 (Heft 8) Nr. 100.

216 Vgl. BGH, Urteil vom 17.12.1959 - VII ZR 194/58, WM 1960, 371 (371 ff.).

vollständig befriedigt ist. Der Bürgschaftsvertrag enthält somit eine wesentliche Regelung, die für das Sicherungsinteresse des Kreditinstitutes relevant ist. Für den Fall der Bürgschaftszahlungen soll nicht nur das sich auf die einzelne Forderung beschränkende Gläubigervorrecht erweitert werden, sondern es soll hingegen solange keine cessio legis stattfinden, bis das Kreditinstitut vollständig befriedigt ist. Allerdings geht der Inhalt des Bürgschaftsvertrages nicht über die Regelung hinaus, die der Entscheidung des OLG HAMBURG zu Grunde lag. Dort hatte das Gericht aber festgestellt, dass dem Bürgen - unabhängig von diesem Regelungskomplex - noch ein Anspruch aus dem Innenverhältnis zustehe.
Im Jahre 1969 enthielt die 18. Auflage des Bankgeschäftlichen Formularbuches eine mit einer Sicherheitsregelung ausgestaltete Bürgschaftsklausel, die inhaltlich wie folgt formuliert war:
„Bis dahin gelten die Zahlungen des Bürgen als Sicherheitsleistung." [217]
Von diesem Zeitpunkt an enthielten die meisten Bürgschaftsverträge der Kreditinstitute diese - mit zum Teil unterschiedlichen Nuancen ausgestaltete - Bürgschaftsklausel.
Zur Überprüfung der Kautelarpraxis der Kreditinstitute war es erforderlich, im Jahr 2001 alle vierundfünfzig in Leipzig ansässigen Kreditinstitute anzuschreiben und die mit der Bürgschaftsklausel versehenen älteren und aktuellen Bürgschaftsformulare[218] zusenden zu lassen.
Insgesamt fünfundzwanzig Kreditinstitute sowie der Bundesverband deutscher Banken und der Deutsche Genossenschafts-Verlag eG beantworteten die Anfrage.
Die untersuchte Bürgschaftsklausel, die inhaltlich zum Teil unterschiedlich ausgestaltet ist, wurde im Jahr 2001 in Leipzig nur noch von sechs Kreditinsti-

---

217 Bei Schütz, S. 437 war im Jahre 1969 die folgende Bürgschaftsklausel abgedruckt. *„Ihre Ansprüche gegen den Hauptschuldner sollen weder ganz noch teilweise auf mich/uns als Bürgen übergehen, bevor Sie nicht wegen Ihrer sämtlichen obengenannten Ansprüche vollständig befriedigt sind. Bis dahin gelten meine/unsere Zahlungen als Sicherheitsleistung für meine/unsere Bürgschaftsschuld. Sie sind jedoch berechtigt, sich jederzeit aus den gezahlten Beträgen zu befriedigen."* Die weitere Formulierung innerhalb dieses Abschnittes - *„Sicherheiten, die Ihnen vom Hauptschuldner oder von dritter Seite bestellt worden sind, haben Sie gegebenenfalls nur insoweit auf mich/uns zu übertragen, als der Sicherungsgeber mir/uns seinen Anspruch gegen Sie auf Rückübertragung der Sicherheiten abgetreten oder sich mit der Übertragung auf mich/uns ausdrücklich einverstanden erklärt hat. Das gilt nicht für Sicherheiten, die kraft Gesetzes auf mich/uns übergehen"* - hatte eine Klarstellungsfunktion, an welche Person die Sicherheiten nach der Erfüllung der gesicherten Forderung zu übertragen sind.

218 Die zugesandten Bürgschaftsformulare lagen dem Verfasser zur Überprüfung vor, sind dieser Arbeit jedoch – mit Ausnahme der im Formular-Anhang im Anlagenkonvolut 1 aufgelisteten Bürgschaftsformulare der BHF-Bank – nicht beigefügt.

tuten verwendet. Hierbei handelt es sich um die Stadt- und Kreissparkasse Leipzig, die Volksbank Leipzig eG, die Deutsche Hypothekenbank Frankfurt-Hamburg AG (Deutsche Hyp), die Deutsche Zentral-Genossenschaftsbank (DZ Bank AG), die Deutsche Apotheker- und Ärztebank sowie die WTB Westdeutsche Kreditbank GmbH & Co. KG.

Auch der Deutsche Genossenschafts-Verlag eG und der Deutsche Sparkassen- und Giroverband gebrauchten im Jahr 2001 noch die Bürgschaftsklausel.

Vier der angeschriebenen Kreditinstitute beriefen sich auf ihr Bankgeheimnis[219] und lehnten eine Auskunft ab, zwei andere Kreditinstitute hingegen teilten mit, dass die Bürgschaftsklausel nicht verwendet wird, wobei sie allerdings ihre aktuellen Bürgschaftsformulare nicht zusenden durften.

Bei vier weiteren Kreditinstituten handelte es sich um Hypotheken- und Wertpapierabwicklungsbanken, die nur individuelle Verträge abschließen und keine Bürgschaftsformulare verwenden, sowie um die Landeszentralbank in den Freistaaten Sachsen und Thüringen, die als Hauptverwaltung der Deutschen Bundesbank nur öffentliche Aufgaben wahrnimmt.

Für die weitere Arbeit waren hingegen die Zusendungen der Bürgschaftsformulare der Commerzbank AG, der BHF-Bank AG[220] und des Bankhauses Reuschel & Co. gewinnbringend, die auch ältere Bürgschaftsformulare zur Verfügung stellten, die teilweise sogar die historische Entwicklung der Bürgschaftsklausel skizzieren. Ebenso hilfreich war die Bereitstellung der Bürgschaftsformulare der Deutschen Bank 24 AG, der Dresdner Bank AG, der DKB Deutschen Kreditbank AG, der Berlin-Hannoverschen Hypothekenbank AG, der Baden-Württembergischen Bank AG, der Citibank Privatkunden AG, der Bayerischen Hypo- und Vereinsbank AG und der RHEINHYP Rheinische Hypothekenbank AG, die weitestgehend seit 1993 die Bürgschaftsklausel nicht mehr verwenden und statt dessen heute größtenteils eine andere Klausel[221] gebrauchen.

---

219 Inwieweit das Bankgeheimnis der Allgemeinen Hypothekenbank Rheinboden AG und der Allbank Allgemeine Privatkundenbank AG durch die Zusendung eines unausgefüllten Bürgschaftsformulares überhaupt beeinträchtigt sein kann, bleibt der *„besonderen"* Rechtsauffassung der jeweiligen Sachbearbeiter vorbehalten.

220 Die Bürgschaftsformulare der BHF-Bank AG befinden sich im Formular-Anhang im Anlagenkonvolut 1.

221 Ein Beispiel für eine solche von den Kreditinstituten verwendete Bürgschaftsklausel befindet sich im Bürgschaftsformular der BHF-Bank (im Formular-Anhang im Anlagenkonvolut 1). *„(1) Vor vollständiger Erfüllung der Bürgschaftsschuld hat der Bürge keinen Anspruch auf Übertragung von Sicherheiten, die der Bank zur Sicherung der verbürgten Ansprüche bestellt worden sind. (2) Soweit Sicherheiten kraft Gesetzes auf den Bürgen übergehen (z.B. Pfandrechte), bleibt es jedoch bei der gesetzlichen Regelung. Wenn die Ansprüche der Bank den oben genannten Höchstbetrag übersteigen und die*

Auch der Bundesverband deutscher Banken gebraucht heute nicht mehr die Bürgschaftsklausel.

Der Grund für die zum Teil unterschiedliche Handhabung im Gebrauch der Bürgschaftsklausel liegt darin, dass die jeweiligen Kreditinstitute die gebräuchlichen Bürgschaftsformulare entweder von ihren Verbänden[222] oder Verlagen beziehen, die in ihren Mustervordrucken teilweise noch die zu untersuchende Bürgschaftsklausel enthalten, teilweise hingegen bereits eine andere Bürgschaftsklausel vorsehen.[223]

---

kraft Gesetzes auf den Bürgen übergehenden Sicherheiten auch zur Sicherung des nicht verbürgten Teils der Ansprüche dienen, so steht hierfür der Bank gegenüber dem Bürgen ein vorrangiges Befriedigungsrecht zu. (3) Hat der Bürge seine Bürgschaftsschuld vollständig erfüllt und hat die Bank nach den Sicherungsvereinbarungen Sicherheiten freizugeben, so wird sie Sicherheiten, die ihr vom Hauptschuldner bestellt worden sind - gegebenenfalls anteilig - auf den Bürgen übertragen; Sicherheiten, die von Dritten bestellt worden sind, wird die Bank an den jeweiligen Sicherungsgeber zurückübertragen, falls mit diesem nichts anderes vereinbart worden ist. (4) Etwaige Ansprüche des Bürgen gegen andere Sicherungsgeber auf Ausgleich und Übertragung von Sicherheiten werden durch die vorstehenden Regelungen nicht berührt." Lediglich die Citibank Privatkunden AG hat auf diese Bürgschaftsklausel verzichtet und unter der Rubrik: „*Verrechnung von Zahlungseingängen*" die nachfolgende Bürgschaftsklausel statuiert: „*Erlöse aus der Verwertung von Sicherheiten darf Citibank zunächst auf alle Forderungen, die den verbürgten Höchstbetrag übersteigen oder aus anderen Kontoverbindungen mit einem oder allen Hauptschuldnern bestehen, verrechnen, soweit nicht diese Sicherheiten nicht ausdrücklich zur Unterlegung der Bürgschaft bestellt worden waren. Das gleiche gilt für Zahlungen des/der Hauptschuldner selbst.*" Diese Bürgschaftsklausel befindet sich zusätzlich in den Bürgschaftsvordrucken der anderen Kreditinstitute.

222 Bei den erwähnten Verbänden handelt es sich um den Bundesverband der Deutschen Volksbanken und Raiffeisenbanken e.V., den Bundesverband deutscher Banken e.V., den Deutschen Sparkassen- und Giroverband e.V., den Ostdeutschen Sparkassen- und Giroverband und den Verband deutscher Hypothekenbanken e.V.

223 Dass die Kreditinstitute stets nur die Mustervordrucke ihrer Verbände oder Verlage verwenden, kann an folgenden Beispielen belegt werden. Der Bank-Verlag Köln verwendet seit dem Jahr 1993 nicht mehr die Bürgschaftsklausel in seinem Mustervordruck. Diese Änderung haben die Kreditinstitute, die ihre Mustervordrucke vom Bank-Verlag Köln beziehen, übernommen.

- So gebrauchte die BHF-Bank die Bürgschaftsklausel noch in ihrem Bürgschaftsvordruck vom 26.02.1992. Dagegen sah der Bürgschaftsvordruck vom 11.10.1993 (im Formular-Anhang im Anlagenkonvolut 1) die Bürgschaftsklausel nicht mehr vor.
- Auch das Bankhaus Reuschel & Co. verwendete bis Anfang der 90er Jahre die Bürgschaftsklausel in ihrem Bürgschaftsvordruck K1 - 5874 HF, dagegen wird die Bürgschaftsklausel in den Bürgschaftsvordrucken K 205 und 206 - 0697PC Kasbuans nicht mehr gebraucht.
- Als weiterer Beleg sind auch die Bürgschaftsformulare der Commerzbank AG zu nennen, die in ihrem Mustervordruck 45/00/23 HD 1192 in der Fassung vom September 1987 die Bürgschaftsklausel erwähnen, im Bürgschaftsvordruck 45/00/23 HD 0898 in der Fassung vom April 1998 hierauf hingegen verzichten.

Hierbei konnte festgestellt werden, dass alle Kreditinstitute, die die Bürgschaftsformulare des Bundesverbandes der Deutschen Volksbanken und Raiffeisenbanken e.V., des Deutschen Sparkassen- und Giroverbandes e.V. sowie des Ostdeutschen Sparkassen- und Giroverbandes als Arbeitsgrundlage verwenden, noch die Bürgschaftsklausel gebrauchen.
Diejenigen Kreditinstitute hingegen, die die Bürgschaftsformulare über den Bundesverband deutscher Banken e.V. bestellen, verwenden die zu überprüfende Bürgschaftsklausel nicht mehr.
Der BUNDESVERBAND DEUTSCHER BANKEN hat im Rahmen der am 01.01.1993 realisierten Überarbeitung der Allgemeinen Geschäftsbedingungen seine gesamten Bürgschaftsformulare einer kritischen Durchsicht unterzogen und diese nicht nur auf ihre Verständlichkeit, Transparenz, Vollständigkeit und ihren Informationsgehalt überprüft, sondern vor allem danach untersucht, ob diese den Anforderungen eines strenger ausgelegten AGB-Gesetzes a.F. (§§ 305 ff. BGB) standhalten würden.[224]
Der BUNDESVERBAND DEUTSCHER BANKEN hat auf dieser Basis die zu untersuchende Bürgschaftsklausel ersatzlos gestrichen, aber deutlich darauf hingewiesen, dass die von ihm praktizierte Vertragsgestaltung von der Rechtsprechung noch nicht beanstandet worden sei.
Als Begründung für die Streichung der Bürgschaftsklausel trugen Vertreter des Verbandes vor, dass in der Literatur gegen die Bürgschaftsklausel teilweise vorgebracht worden sei, dass sie für den Bürgen selbst von Interesse sein könnte, der auf diese Weise möglicherweise einen Teil seiner Zahlungen zurückerlange, soweit die Kreditinstitute später andere Sicherheiten verwerten, deren Verwertungserlös zur Befriedigung der jeweiligen Forderungen ausreichen. Für diese Fälle, in denen ein solches Interesse des Bürgen im Vordergrund stehe, sei es unmöglich, im Einzelfall eine sachgerechte individuelle Vereinbarung zugunsten des Kreditinstitutes zu treffen.[225]
Als Hauptargument[226] für die inhaltliche Änderung der Bürgschaftsklausel ist aber vorgetragen worden, dass durch die ursprünglichen Bürgschaftsformulare eine Sicherheitsleistung als formularmäßige Regelform eingeführt worden sei, durch die der Bank *„die Absicht unterstellt werden könnte, mit dieser Klausel dem Bürgen seine gesetzlichen Rechte abzuschneiden, die durch seine Zahlung ausgelöst werden."*

---

224 Vgl. Weber, Die Bank 1997, 353 (353).

225 Der Formularvordruck 42.140 (09/93a) des Bank-Verlages Köln beinhaltet die wesentlichen Argumente der redaktionellen Anpassung der Höchstbetragsbürgschaft mit *„engem"* Sicherungszweck.

226 Die wesentlichen Argumente sind im Formularvordruck 42.140 (09/93a) des Bank-Verlages Köln aufgeführt.

Diese Ausführungen belegen, dass die Statuierung einer *„Sicherheitsleistung"* als nicht unproblematisch bewertet werden kann. Anderenfalls hätte der BUNDESVERBAND DEUTSCHER BANKEN nicht die vom BGH für zulässig erklärte und insbesondere die nach der Auffassung der Rechtsprechung mit dem AGB-Gesetz im Einklang stehende Bürgschaftsklausel geändert.
Telefonische Anfragen bei den die Bürgschaftsklausel gebrauchenden Bankverbänden haben allerdings ergeben, dass diese zukünftig nicht beabsichtigen, ihre praktizierte Vertragsgestaltung zu ändern und eine neue Bürgschaftsregelung einzuführen, die inhaltlich mit der des BUNDESVERBANDES DEUTSCHER BANKEN kongruent ist. Der Grund für diese Haltung liegt darin, dass die Rechtsprechung an der Wirksamkeit der Bürgschaftsklausel keine grundsätzlichen Bedenken geäußert hat. Insoweit ist es durchaus nachvollziehbar, dass sich einzelne Bankverbände nach dem im Öffentlichen Recht anerkannten Grundsatz des *„bekannt und bewährt"* verhalten, weil jede Modifizierung immer mit rechtlichen Bedenken verbunden ist.
Eine Änderung der Bürgschaftsformulare wäre aber dann notwendig, wenn die Bürgschaftsklausel nicht der Inhaltskontrolle der §§ 305 ff. BGB (AGB-Gesetz a.F.) entsprechen würde. Ob dies der Fall ist, wird Gegenstand dieser Arbeit sein.

2. ABSCHNITT: DIE DURCH DIE VERWENDUNG DER BÜRGSCHAFSKLAUSEL BESTEHENDE RECHTSLAGE

Bevor die Bürgschaftsklausel nach den Vorschriften der §§ 305 ff. BGB (AGB-Gesetz a.F.) überprüft wird, soll zunächst die Rechtslage dargestellt werden, die besteht, wenn das Kreditinstitut die Bürgschaftszahlungen als *„Sicherheitsleistungen"* entgegennimmt. Auf Grund der mit der Bürgschaftsklausel korrespondierenden Begrenzung der Rechtsstellung des Bürgen bedarf die Klausel der Form des § 766 S. 1 BGB.[227]
Im Rahmen dieser Ausführungen müssen nicht nur die Auswirkungen der Bürgschaftsklausel auf den Zessions- und Innenregress des Bürgen gegenüber dem Hauptschuldner, sondern auch die Auswirkungen auf die Rückgriffsansprüche des Bürgen gegenüber den anderen (ausgleichsverpflichteten) Sicherungsgebern untersucht werden. Bei dieser Darstellung ist wiederum zu berücksichtigen, dass auch ein Insolvenzverfahren über das Vermögen des Hauptschuldners sowie der anderen (ausgleichsverpflichteten) Sicherungsgeber eröffnet werden

[227] Vgl. RGRK/Mormann, BGB, § 774 Rdnr. 2; MK/Habersack, BGB, § 774 Rdnr. 5.

kann. In diesem Stadium müssen die Situationen unterschieden werden, in denen sich der Gläubiger an diesem Verfahren beteiligt oder nicht.

A) Der Zessionsregress des Bürgen

I. Die allgemeinen Wirkungen der Bürgschaftsklausel[228]

Die Bürgschaftsklausel verfolgt das Ziel, dass das Kreditinstitut die Bürgschaftszahlungen nicht mit Erfüllungswirkung entgegennehmen muss, mit der Folge, dass es dadurch so gestellt wird, als ob der Bürge noch keine Zahlungen geleistet hätte. Dies wird erreicht, indem die Zahlungen des Bürgen als *„Sicherheitsleistungen"* dienen. Durch diese Kautelarpraxis wird das Kreditinstitut vor allen Risiken geschützt, denen es ansonsten durch die Zahlungen des Bürgen ausgesetzt wäre. Insbesondere ist das Kreditinstitut wegen des Aufschubes der Befriedigungswirkung nicht mit der Konkurrenz des Bürgen konfrontiert.[229] Denn während des so genannten *„Schwebezustandes"* können weder die Hauptforderung gemäß § 774 I 1 BGB noch die für die Hauptforderung bestellten Sicherheiten auf den Bürgen übergehen. Soweit sich das Kreditinstitut hingegen aus den zur Verfügung gestellten Sicherheitszahlungen befriedigt, entsteht unmittelbar in der Höhe des *„tatsächlichen Zugriffs"* der Zessionsregress und - spätestens zu diesem Zeitpunkt - der Anspruch aus dem Innenverhältnis des Bürgen gegenüber dem Hauptschuldner. Solange sich das Kreditinstitut hingegen nicht aus den Sicherheitszahlungen befriedigt, wird es weiterhin so gestellt, als ob es noch keine Bürgschaftszahlungen erhalten hätte.

II. Die Sicherheitsleistungen des Bürgen

Falls das Kreditinstitut die Bürgschaftszahlungen als Sicherheitsleistungen entgegennehmen will, stellen sich die Fragen, ab wann der Bürge zur Zahlung verpflichtet ist, wie das Kreditinstitut diese Sicherheitsleistungen zu verbuchen hat und insbesondere, bis zu welchem Zeitpunkt die Bürgschaftszahlungen als Sicherheitsleistungen dienen.

---

[228] Siehe dazu oben, Teil 1.
[229] Siehe dazu oben, Teil 1.

1. Der Zeitpunkt der Zahlungsverpflichtung des Bürgen

Die Bürgschaftsformulare der Kreditinstitute lassen offen, ab wann der Bürge verpflichtet ist, seine Bürgschaftszahlungen an den Gläubiger zu leisten. Grundsätzlich bestimmt sich die Fälligkeit der Bürgschaftsverpflichtung nach den allgemeinen Grundsätzen zur Qualifizierung der Leistungszeit (§ 271 BGB). Dabei orientiert sich die Fälligkeit der Bürgschaftsverpflichtung wegen des Grundsatzes der Akzessorietät an der Fälligkeit der zu sichernden Hauptforderung.[230] Fraglich ist in diesem Zusammenhang aber, ob die Kreditinstitute durch ihre Allgemeinen Geschäftsbedingungen berechtigt sein können, den Bürgen auch schon vor dem Zeitpunkt der Bürgschaftsverpflichtung in Anspruch zu nehmen. Der BGH[231] hat diese Frage zu Recht stets verneint, weil eine solche Wertung signifikant dem *„Leitbild der Bürgschaft“* widersprechen würde. Soweit die Kreditinstitute dennoch in ihren Formularverträgen eine Bürgschaftsklausel mit diesem Inhalt oder mit der Verpflichtung des Bürgen verankern sollten, ein Pfandrecht an seinen *„Vermögensgegenständen“* zur Sicherung seiner noch nicht fälligen Bürgschaftsschuld zu bestellen, so ist dieser Formularpraxis die Anerkennung zu versagen.[232]

2. Die Entgegennahme der Bürgschaftszahlungen durch das Kreditinstitut

Soweit der Bürge vom Kreditinstitut in Anspruch genommen wird und Zahlungen leistet, ist wegen des Regelungskomplexes der Bürgschaftsklausel fraglich, wie das Kreditinstitut diese Leistungen entgegennehmen muss, damit der Sicherheitencharakter der Bürgschaftszahlungen gewahrt bleibt.

---

230 Vgl. Krings, ZBB 1992, 326 (332).

231 Der BGH hat beispielsweise in seinem Urteil vom 25.09.1990 – XI ZR 142/89 (OLG Düsseldorf), NJW 1991, 100 (100) = WM 1990, 1910 (1911) ausgeführt, dass der Bürge durch sein Bürgschaftsversprechen persönlich die Hauptschuld sichere und erst dann Mittel aufzuwenden habe, wenn er aus der Bürgschaft in Anspruch genommen werde, also wenn seine Bürgschaftsschuld fällig sei.

232 Nach dem Urteil des BGH vom 10.11.1988 – III ZR 215/87 (OLG Stuttgart), WM 1989, 129 (131) = NJW 1989, 1284 (1285) brauche der Bürge nicht einmal vor dem Zeitpunkt der Fälligkeit seiner Bürgschaftsverpflichtung den Zugriff des Kreditinstitutes auf sein Kontoguthaben als Pfandobjekt zu dulden. Die AGB-Banken seien insoweit auf den Bürgen nicht anwendbar. Dieser Sichtweise stimmen Palandt/Heinrichs, BGB, § 307 Rdnr. 94; Soergel/Stein, AGBG, § 9 Rdnr. 67 zu.

a) Die in der Praxis übliche Vorgehensweise

Die Kreditinstitute, die noch die Bürgschaftsklausel gebrauchen, verrechnen die Zahlungen des Bürgen unmittelbar mit der gesicherten Hauptforderung, wobei eine so genannte *„Zwischenlagerung"* auf einem separat angelegten Konto des Bürgen nicht mehr stattfindet. Diese heute in der Praxis übliche Vorgehensweise bestätigten am 17.10.2001 Herr Gärtner für die Deutsche Hypothekenbank Frankfurt-Hamburg AG (Deutsche Hyp)[233], am 22.10.2001 Frau Petra Datko für die Stadt- und Kreissparkasse Leipzig[234], am 24.10.2001 ein Mitarbeiter der Rechtsabteilung für die Deutsche Apotheker- und Ärztebank[235] und am 13.12.2001 sowie am 11.04.2002 telefonisch Herr Betriebswirt (FH) Sylvio Anton für die Volksbank Leipzig eG.

Diese Handhabung könnte möglicherweise den *„Vorgaben"* der Bürgschaftsklausel widersprechen, nach der die Zahlungen des Bürgen als Sicherheitsleistungen dienen. Es stellt sich deshalb die Frage, zu welchem Zeitpunkt eine Erfüllung der Bürgenschuld nach dem Regelungsgehalt der Bürgschaftsklausel eintritt. Hiermit im Zusammenhang steht die weitere Frage, ob das Kreditinstitut die Zahlungen des Bürgen auch unmittelbar mit der gesicherten Hauptforderung verrechnen und diese dennoch als Sicherheitsleistungen behandeln kann.

aa) Die Erfüllung der Bürgenschuld

§ 362 I BGB regelt, dass ein Schuldverhältnis dann erlischt, *„wenn die geschuldete Leistung an den Gläubiger bewirkt wird."*

Eine Erfüllungswirkung tritt nach der *„Theorie der realen Leistungsbewirkung"*[236] bereits dann ein, wenn der Leistungserfolg vorliegt, wobei es eines zusätzlichen Erfüllungsvertrages nicht bedarf.

Die Bürgschaftsklausel räumt dem Kreditinstitut im Satz drei das Recht ein, sich jederzeit aus den Sicherheitszahlungen des Bürgen zu befriedigen. Das Kreditinstitut kann hierdurch nach seinem Ermessen darüber befinden, ob die

---

233 Das Mitteilungsschreiben der Deutschen Hypothekenbank Frankfurt-Hamburg AG (Deutsche Hyp) befindet sich im Formular-Anhang in der Anlage 2.

234 Das Mitteilungsschreiben der Stadt- und Kreissparkasse Leipzig befindet sich im Formular-Anhang in der Anlage 3.

235 Das Mitteilungsschreiben der Deutschen Apotheker- und Ärztebank befindet sich im Formular-Anhang in der Anlage 4.

236 Vgl. LG Hamburg, Urteil vom 17.02.1983 – 2 S 17/82, NJW 1983, 1860 (1860); BGH, Urteil vom 03.12.1990 – II ZR 215/89 (OLG Köln), NJW 1991, 1294 (1295); BGH, Urteil vom 22.06.1992 – II ZR 30/91 (OLG Frankfurt), NJW 1992, 2698 (2699).

Erfüllungswirkung eintritt. Zwei Möglichkeiten bieten sich für diese Konstruktion der Bürgschaftsklausel an.
Zum einen wäre es möglich, dass es für den Eintritt der Befriedigungswirkung wegen des Inhalts der Bürgschaftsklausel eines Erfüllungsvertrages bedarf. Ein solcher Vertrag könnte nach der Intention der Bürgschaftsklausel dann zu Stande kommen, wenn der Bürge durch seine Zahlungen an das Kreditinstitut ein Angebot auf Abschluss eines Erfüllungsvertrages abgibt und das Kreditinstitut dieses Angebot durch seinen tatsächlichen Zugriff auf die Sicherheitszahlungen annimmt.
Eines solchen Erfüllungsvertrages bedarf es aber nach den gesetzlichen Vorschriften mit Recht nicht. Die Regelung des § 362 I BGB knüpft eben nicht an einen Erfüllungsvertrag, sondern nur an ein tatsächliches *„Bewirken der Leistung"* an. Lediglich § 364 I BGB setzt für den Sonderfall einer Leistung an Erfüllungs Statt einen Vertrag zwischen dem Schuldner und dem Gläubiger voraus, so dass sich aus dem Umkehrschluss ergibt, dass es für den Grundfall der Erfüllung gerade keines Vertrages bedarf. Gegen eine vertragliche Einigung spricht auch das systematische Argument des § 366 I BGB, durch den eine einseitige Tilgungsbestimmung des Schuldners für die Erfüllungswirkung genügt. Hiernach erlischt die Schuld auch dann, wenn der Gläubiger beabsichtigt, diese anders zu verrechnen, so dass die Regelung des § 366 BGB entbehrlich wäre, wenn die Erfüllung eine Einigung zwischen dem Gläubiger und dem Schuldner voraussetzen würde.[237] Diese Variante der Erfüllungswirkung scheidet deshalb aus.
Zum anderen wäre es möglich, die Konstruktion der Bürgschaftsklausel auch so zu verstehen, dass dem Kreditinstitut ein Gestaltungs- oder Optionsrecht dergestalt zusteht, dass es durch einseitige Erklärung bestimmen kann, dass sich die zunächst als Sicherheitsleistung geltende Leistung zur Erfüllungsleistung wandeln soll. Diese Interpretation harmonisiert auch mit Satz drei der Bürgschaftsklausel, der folgendes regelt: *„Die Bank ist jedoch berechtigt, sich jederzeit aus von dem Bürgen gezahlten Beträgen zu befriedigen."*
Somit soll es ausschließlich auf den Willen des Kreditinstitutes ankommen, ob den Sicherheitszahlungen des Bürgen eine Erfüllungswirkung zukommt oder nicht. Auch dieser Gesichtspunkt spricht gegen die Annahme eines Erfüllungsvertrages. Dem Kreditinstitut soll demnach durch den Regelungsgehalt der Bürgschaftsklausel ein Gestaltungs- oder Optionsrecht zustehen. Eine Erfüllung der Bürgenschuld tritt deshalb erst dann ein, wenn der Bürge seine Zahlungen teilweise oder vollständig geleistet hat und das Kreditinstitut zusätzlich diese

---

[237] Vgl. Palandt/Heinrichs, BGB, § 362 Rdnr. 5.

Bürgschaftszahlungen teilweise oder vollständig durch Ausübung seines Gestaltungs- oder Optionsrechtes mit Erfüllungswirkung annimmt.

bb) Die Verrechnung der Bürgschaftszahlungen mit der gesicherten Hauptforderung

(1.) Der **BGH**[238] hat in seinem Urteil vom 30.10.1984 die Auffassung vertreten, dass die Bürgschaftszahlungen auch unmittelbar mit der Hauptforderung verrechnet werden können und dennoch der Sicherungscharakter gewahrt bleibe, weil es sich bei der Verrechnung nur um einen *„sparkasseninternen Vorgang"* handele und maßgebend der Inhalt der Bürgschaftsklausel berücksichtigt werden müsse, nach der vor dem Zeitpunkt der vollständigen Befriedigung des Kreditinstitutes stets eine Sicherheitsleistung vorliege.

(2.) STELLUNGNAHME

Die Auffassung des BGH überzeugt weder aus interpretatorischen noch aus dogmatischen Gesichtspunkten. Die Banken und Sparkassen sind hingegen zur Wahrung des Wesens einer *„Sicherheitsleistung"* verpflichtet, die Zahlungen des Bürgen auf einem separaten Konto zu verbuchen. Soweit das Kreditinstitut die Bürgschaftszahlungen statt dessen mit der gesicherten Hauptforderung verrechnet, dienen diese Zahlungen nicht als Sicherheitsleistungen, mit der Folge, dass insoweit eine Befriedigung des Kreditinstitutes eintritt.

Diese Wertung ergibt sich aus dem Rechtsgedanken des Satzes drei der Bürgschaftsklausel, nach der das Kreditinstitut berechtigt ist, sich jederzeit aus den von dem Bürgen gezahlten Beträgen zu befriedigen. Aus dem Charakter dieses Gestaltungs- oder Optionsrechtes folgt aber, dass die Zahlungen des Bürgen unterscheidbar und getrennt von der Hauptforderung verbucht werden müssen, weil das Kreditinstitut nur auf diese Weise zu erkennen geben kann, dass es den Zahlungen noch keine erfüllende Wirkung zukommen lassen will. Letztlich kommt es darauf an, ob die sofortige Verrechnung des Kreditinstitutes tatsächlich als Option für eine sofortige Erfüllung zu verstehen ist. Für eine Ausübung des Gestaltungs- oder Optionsrechtes spricht, dass das Kreditinstitut durch die Verrechnung selbst zum Ausdruck bringt, dass sich die gesicherte Hauptforderung verringern soll. Dies ist aber nur möglich, wenn das Kreditinstitut die Bürgschaftszahlungen mit Erfüllungswirkung entgegennimmt. Darüber hinaus

[238] Vgl. BGH, Urteil vom 30.10.1984 - IX ZR 92/83 (LG Rottweil, OLG Stuttgart), BGHZ 92, 374 (384 f.) = WM 1984, 1630 (1632) = ZIP 1985, 18 (22) = DB 1985, 274 (275) = NJW 1985, 614 (616) = MDR 1985, 317 (317).

kann auch ein objektiver Dritter in der Position des Bürgen diese Verrechnung nur so verstehen, dass sich das Kreditinstitut aus den zur Verfügung gestellten Sicherheitszahlungen befriedigen will. Anderenfalls hätte es diese Zahlungen auf einem separaten Konto verbucht, um sie dem Bürgen wieder zurückerstatten zu können, soweit sie nicht zur vollständigen Befriedigung benötigt werden.
Auf der anderen Seite ließe sich das Gestaltungs- oder Optionsrecht des Kreditinstitutes auch wie folgt konstruieren: Die Zahlungen des Bürgen gelten, gleich wie sie verbucht werden, so lange als Sicherheitsleistungen, wie das Kreditinstitut nicht durch Erklärung gegenüber dem Bürgen für Erfüllung optiert hat. Nach dieser Sichtweise käme es - auf den ersten Blick - nicht auf den Buchungsvorgang als solchen, sondern statt dessen auf eine ausdrückliche[239] oder konkludente Erklärung[240] des Kreditinstitutes gegenüber dem Bürgen an. Soweit das Kreditinstitut dem Bürgen nicht ausdrücklich mitteilt, dass es sich aus seinen Zahlungen befriedigt hat, könnte wiederum in der Verrechnung der Bürgschaftszahlungen mit der gesicherten Hauptforderung eine konkludente Erklärung gegenüber dem Bürgen gesehen werden, dass es seine Zahlungen mit Befriedigungswirkung entgegengenommen hat. Bei einem konkludenten Verhalten findet das Gewollte nicht unmittelbar in einer Erklärung seinen Ausdruck, der Erklärende nimmt vielmehr Handlungen vor, die mittelbar einen Schluss auf einen bestimmten Rechtsfolgewillen zulassen.[241] Dies soll insbesondere dann der Fall sein, wenn der Erklärende ein Rechtsgeschäft durch Handlungen bestätigt, die einen Bestätigungswillen erkennen lassen.[242] Aber genau dies ist bei einer Verrechnung der Bürgschaftszahlungen mit der gesicherten Hauptforderung der Fall. Wie sollte der Bürge denn diese Verrechnung anders verstehen, als dass sich das Kreditinstitut aus seinen Bürgschaftszahlungen befriedigt hat.

---

[239] Reinicke/Tiedtke, JZ 1990, 327 (330) besprechen das Urteil des OLG Köln vom 26.01.1989, in dem die Beteiligten vereinbaren, dass die Zahlung des Bürgen die Bürgschaftsforderung tilgen und nicht lediglich sichern soll. In diesem Fall bleibe es bei den gesetzlichen Vorschriften.

[240] Der BGH hat in seinem Urteil vom 23.10.1986 - IX ZR 203/85 (OLG Stuttgart), NJW 1987, 374 (376) = WM 1986, 1550 (1551) = JZ 1987, 520 (521 f.) offengelassen, wie das Kreditinstitut die *„Umwandlung"* der Sicherheitszahlungen in eine Erfüllungszahlung vorzunehmen habe. Das Gericht hat in diesem Zusammenhang lediglich allgemein ausgeführt: *„Hat die Sparkasse zu erkennen gegeben, daß sie sich aus der gezahlten Bürgschaftssumme wegen ihrer Bürgschaftsforderung befriedigt hat, die Leistung des Kl. also nicht mehr als Sicherheit betrachtet, steht die in Nr. 7 des Bürgschaftsvertrages mit dem Kl. vereinbarte Klausel einem Übergang des Anspruchs gegen die Hauptschuldnerin nach § 774 I BGB und der Bürgschaftsforderung gegen den Bekl. nach §§ 412, 401 BGB in der durch §§ 774 II, 426 I 1 BGB bestimmten Höhe nicht mehr entgegen."*

[241] Vgl. Palandt/Heinrichs, BGB, Einf. v. § 116 Rdnr. 6.

[242] Vgl. Palandt/Heinrichs, BGB, Einf. v. § 116 Rdnr. 6.

Auch das OLG Stuttgart hat als Berufungsgericht in diesem Zusammenhang festgestellt, dass das Verbuchen der Zahlungen des Bürgen auf dem Konto des Hauptschuldners und die gleichzeitige Behandlung der Bürgschaftszahlungen als Sicherheitsleistungen nicht möglich sei.[243] Diese Verbuchung sei hingegen als eine zum Schadensersatz führende Sorgfaltspflichtverletzung des Kreditinstitutes zu bewerten. Denn *„bis zur Verwertung der anderen vom Hauptschuldner gestellten Sicherheiten sei nicht zu übersehen gewesen, ob und inwieweit sich die Beklagte aus dem Vermögen des Hauptschuldners befriedigen könne oder auf die zunächst ebenfalls nur als Sicherheit dienende Bürgenleistung zugreifen müsse."* Da solche Zahlungen nach dem Verlust des Stornorechts des Kreditinstitutes unmittelbar zu einem Rechtsinhaberwechsel führen, können sie dem Bürgen nicht unmittelbar nach dem Wegfall des Sicherungszwecks zurückgewährt werden.
Somit hat auch das OLG Stuttgart, obwohl es sich gegen die Möglichkeit der Verrechnung der Bürgschaftszahlungen mit der Hauptforderung ausgesprochen hat, anerkannt, dass sich die Befriedigung der Hauptforderung und die gleichzeitige Behandlung der Bürgschaftszahlungen als Sicherheitsleistungen gegenseitig ausschließen.
Die Verrechnung der Bürgschaftszahlungen mit der gesicherten Hauptforderung stellt somit eine Option für die Erfüllung dar. Nach der Auffassung des BGH wäre es den Banken und Sparkassen hingegen möglich, im Nachhinein die durch die Verrechnung der Bürgenleistung bereits bewirkte Befriedigung der Hauptforderung wieder *„aufzuheben"*. Dem Bürgen kann es aber nicht gleichgültig sein, wie die Banken und Sparkassen seine erhaltenen Leistungen verbuchen, weil dieser Buchungsvorgang die gerade nicht *„vorbehaltlos getroffene Vereinbarung"* ändern kann.
Soweit das Kreditinstitut demnach die Bürgschaftszahlungen nicht mit Erfüllungswirkung entgegennehmen will, darf es die Zahlungen des Bürgen nicht unmittelbar mit der zu sichernden Hauptforderung verrechnen, weil für den Bürgen erkennbar sein muss, ob den Zahlungen bereits eine Befriedigungswirkung zukommt oder nicht.

---

243 Die Entscheidung des OLG Stuttgart ist als Berufungsurteil auszugsweise in der Entscheidung des BGH vom 30.10.1984 - IX ZR 92/83 (LG Rottweil, OLG Stuttgart), BGHZ 92, 374 (376 f.) = WM 1984, 1630 (1630) = ZIP 1985, 18 (19) = NJW 1985, 614 (614) dargestellt, in der es ausdrücklich heißt: *„Diese Vertragsbestimmung, mit der die Beklagte zu ihrem Vorteil von § 774 BGB abgewichen sei, müsse sie auch gegen sich gelten lassen. Kraft der Vereinbarung sei sie verpflichtet gewesen, die Bürgenleistungen nicht dem Konto des Hauptschuldners, das der Disposition des Konkursverwalters unterlegen habe, sondern einem seiner Verfügung entzogenen Sicherheitenerlöskonto gutzuschreiben, wie es bankmäßiger Übung entspreche."*

Falls das Kreditinstitut hingegen sein Gestaltungs- oder Optionsrecht durch eine Verrechnung der Bürgschaftszahlungen mit der gesicherten Hauptforderung ausübt, können die Bürgschaftszahlungen insoweit nicht (mehr) als Sicherheitsleistungen dienen. Statt dessen tritt auch dann eine Erfüllung gemäß § 362 I BGB ein, wenn das Kreditinstitut noch nicht wegen seiner gesamten Forderung(en) gegenüber dem Hauptschuldner vollständig befriedigt ist. Dies hat ebenfalls zur Folge, dass in der Höhe der Verrechnung sowohl der Zessions- und Innenregress des Bürgen gegenüber dem Hauptschuldner als auch die Rückgriffsansprüche des Bürgen gegenüber den anderen (ausgleichsverpflichteten) Sicherungsgebern entstehen. Diese Rechtsfolge steht auch nicht im Widerspruch zum Regelungsgehalt der Bürgschaftsklausel. Diese regelt eben nur den Fall von echten *„Sicherheitsleistungen"*, die aber bei einer Verrechnung der Bürgschaftszahlungen mit der Hauptforderung nicht vorliegen können.

b) Die theoretisch mögliche Vorgehensweise

Soweit die Zahlungen des Bürgen nicht mit der gesicherten Hauptforderung verrechnet werden können, um den Sicherheitencharakter nicht zu gefährden, stellt sich die Frage, wie das Kreditinstitut diese Zahlungen anzulegen hat. Das als Berufungsgericht zuständige OLG STUTTGART führte in diesem Zusammenhang aus, dass die Zahlungen des Bürgen nicht sofort mit der gesicherten Forderung verrechnet, sondern statt dessen auf einem so genannten *„Sicherheitenerlöskonto"*[244] gutgeschrieben werden, wie es (damals)[245] der bankmäßigen Übung entsprach.[246] WAGENKNECHT[247] bezeichnet ein solches *„Sicherheitenerlöskonto"* als Bürgschaftsdeckungskonto. *„Bei dem Bürgschaftsdeckungskonto handelt es sich sodann um ein Unterkonto zum laufenden Konto des Bürgen, das erforderlichenfalls in diesem Zusammenhang erst eingerichtet wird. Die dort angesammelten Zahlungen des Bürgen werden erst dann dem debitorischen Kreditkonto gutgebracht, wenn damit die volle Forderung der Bank ausgeglichen werden kann."*

---

244 Vgl. BuB/Wagenknecht, Band 2, Rdnr. 4/1124.

245 Die zurzeit noch die Bürgschaftsklausel gebrauchenden Kreditinstitute verrechnen die Bürgschaftszahlungen unmittelbar mit der gesicherten Hauptforderung. Die Bürgschaftszahlungen werden heute nicht mehr auf einem so genannten *„Sicherheitenerlöskonto"* angelegt. Siehe dazu oben, Teil 3, 2. Abschnitt, A), II., 2., a).

246 Vgl. BGH, Urteil vom 30.10.1984 - IX ZR 92/83 (LG Rottweil, OLG Stuttgart), BGHZ 92, 374 (377, 384 f.) = WM 1984, 1630 (1630, 1632) = ZIP 1985, 18 (19, 22) = DB 1985, 274 (275) = NJW 1985, 614 (614, 616) = MDR 1985, 317 (317).

247 Vgl. BuB/Wagenknecht, Band 2, Rdnrn. 4/1124 ff.

Durch eine solche Anlageform wird der Verwertungserlös zeitweilig als so genannte *„Barsicherheit"* behandelt.[248] Wegen des Sicherheitencharakters der Bürgschaftszahlungen stehen die Zahlungen des Bürgen aber unter der auflösenden Bedingung, dass das Kreditinstitut auf diese Beträge nur solange zugreifen darf, bis es nicht wegen der Hauptforderung anderweitig befriedigt worden ist. Soweit das Kreditinstitut demnach nicht auf die vom Bürgen gezahlten Sicherheitsleistungen zugreifen muss, weil es bereits anderweitig wegen seiner gesamten Ansprüche gegenüber dem Hauptschuldner vollständig befriedigt ist, folgt aus der dauernden Abhängigkeit der Bürgschaftsschuld von der Hauptschuld (Akzessorietät)[249], dass die Bürgschaftsschuld erlischt. In diesem Fall steht dem Bürgen gegenüber dem Kreditinstitut ein Anspruch auf Rückgewähr seiner Sicherheitsleistungen zu. Auch wenn die Bürgschaftsklausel einen solchen Anspruch nicht explizit vorsieht, so kann sie dennoch dahingehend ausgelegt werden, dass der Bürge seine Sicherheitszahlungen wieder zurückerhält, sofern das Kreditinstitut diese Leistungen nicht (mehr) benötigt. Die Erfüllung dieses schuldrechtlichen Rückgewähranspruches ist von keinen weiteren - nicht mit der Bürgschaftsschuld im Zusammenhang stehenden - Bedingungen abhängig. Dem Bürgen steht somit gegenüber dem Kreditinstitut ein aufschiebend bedingter Rückgewähranspruch der von ihm geleisteten Sicherheitszahlungen zu. Sobald das Kreditinstitut diese Sicherheitszahlungen vom Bürgen erhält, entsteht an dem Rückgewähranspruch des Bürgen ein Pfandrecht an eigener Schuld. Die RECHTSPRECHUNG[250] als auch die LITERATUR[251] haben dieses so genannte *„pignus indebiti"* stets als zulässig beurteilt. Dieses Pfandrecht des Kreditinstitutes an eigener Schuld an dem gezahlten Bürgschaftsbetrag sichert ausschließlich

---

248 Vgl. Lwowski, Rdnr. 283.

249 Vgl. Palandt/Sprau, BGB, § 765 Rdnr. 28.

250 Das RG bewertete in seinem Urteil vom 22.02.1927 – II 342/26 (LG Königsberg, OLG Königsberg), RGZ 116, 198 (207) ein solches Pfandrecht als zulässig, indem es bereits im Jahre 1927 feststellte *„daß der Schuldner (der Beklagte) zur Sicherung seiner Schuld (der Ansprüche der Klägerin gegen ihn) eine ihm gegen seinen Gläubiger zustehende Gegenforderung verpfänden kann (pignus debiti), ist anerkannten Rechtens."* In diesem Sinne auch RG, Urteil vom 07.03.1904 – VI 511/03 (LG Ansbach, OLG Nürnberg), RGZ 57, 358 (363 f.); BGH, Urteil vom 20.12.1955 – I ZR 171/53, WM 1956, 217 (218); OLG Bremen, Urteil vom 22.06.1973 – 1 U 40/73 [a], WM 1973, 1228 (1229 f.); BGH, Urteil vom 09.06.1983 – III ZR 105/82 (OLG München), NJW 1983, 2701 (2702) = BB 1983, 1880 (1880); BGH, Urteil vom 29.11.1984 – IX ZR 44/84 (LG Düsseldorf, OLG Düsseldorf), BGHZ 93, 71 (76); BGH, Urteil vom 25.04.1988 – II ZR 17/87 (OLG Köln), NJW 1988, 3260 (3262).

251 Vgl. Becker-Eberhard, S. 713; Baumbach/Hopt, AGB-Banken, Nr. 14 Rdnr. 7; Wolf/Horn/Lindacher/Horn, AGBG, § 23 Rdnr. 736; Wagenknecht, S. 251; Klett, S. 178; Gößmann/Wagner-Wieduwilt/Weber/Gößmann, AGB-Banken, Nr. 14 Rdnr. 1/393.

die Bürgschaftsforderung des Kreditinstitutes gegenüber dem Bürgen. BECKER-EBERHARD weist zu Recht darauf hin, dass sich *„das am Erlös fortbestehende Sicherungsverhältnis ... auf eine bereits fällige Forderung"* bezieht, *„so daß das Sicherungsrecht von vornherein ausübungsreif ist."*[252]
Dieses Pfandrecht ist für das Kreditinstitut deshalb sinnvoll, weil es die Zahlungen des Bürgen nicht mit Erfüllungswirkung annehmen muss, sondern statt dessen jederzeit berechtigt ist, sich *„aus von dem Bürgen gezahlten Beträgen zu befriedigen."* Dem Kreditinstitut wird somit durch die Bürgschaftsklausel das Recht gewährt - obwohl es bereits die (gesamten) Bürgschaftszahlungen erhalten hat - sich so behandeln zu lassen, als ob es noch keine Zahlungen erhalten hat - eine offengestanden äußerst privilegierende Rechtslage für das Kreditinstitut.

aa) Der Sicherungszweck des Pfandrechts

Das *„pignus indebiti"* an den vom Bürgen geleisteten Zahlungen sichert ausschließlich die Bürgschaftsforderung des Kreditinstitutes gegenüber dem Bürgen. Soweit der Bürge also noch keine Bürgschaftszahlungen an das Kreditinstitut geleistet hat, kann auch das *„pignus indebiti"* noch nicht entstehen.
Soweit der Bürge aber *„Kunde"*[253] des Kreditinstitutes ist und die Allgemeinen Geschäftsbedingungen der Banken (AGB-Banken) bzw. der Sparkassen (AGB-Spark) wirksam in den Bürgschaftsvertrag einbezogen worden sind[254], stellt sich die Frage, ob dem Kreditinstitut ein Pfandrecht an sonstigen Vermögensrechten des Bürgen zustehen kann, das auch die Bürgschaftsforderung sichert. Hierbei sind drei Fallkonstellationen zu unterscheiden:

• Solange die Bürgschaftsverpflichtung noch nicht fällig ist, wird der Bürge an das Kreditinstitut noch keine Bürgschaftszahlungen geleistet haben. Falls der

[252] Becker-Eberhard, S. 713 führt darüber hinaus noch aus, dass es atypisch sei, *„daß in dem am Erlös fortgesetzten Sicherungsverhältnis bereits „Stoffgleichheit" zwischen gesicherter Leistung und sicherndem Gegenstand besteht; beide beziehen sich auf einen Geldbetrag und es bedarf keiner Umsetzung des sichernden Gegenstandes mehr, den Gläubiger mit seiner Hilfe zu befriedigen."*

[253] Sowohl die Allgemeinen Geschäftsbedingungen der Banken (AGB-Banken) in der Fassung vom 01.04.2002 als auch die Allgemeinen Geschäftsbedingungen der Sparkassen (AGB-Spark) in der Fassung vom 01.04.2002 sprechen in ihrem Geltungsbereich von dem *„Kunden"*. Nach Baumbach/Hopt, AGB-Banken, Nr. 1 Rdnr. 4 ist Kunde jeder, *„der mit der Bank in rechtsgeschäftlichen Kontakt tritt, auch zum ersten Mal, auch nur einmal, ..."*

[254] Ausführlich zu diesen Voraussetzungen Baumbach/Hopt, AGB-Banken, Nr. 1 Rdnrn. 1 ff.; Schwintowski/Schäfer, § 2 Rdnrn. 5 f.; Canaris, Rdnrn. 2532 ff.

Bürge aber bei dem Kreditinstitut ein Kontoguthaben besitzen sollte, ist fraglich, ob dem Kreditinstitut an dem Auszahlungsanspruch des Bürgen ein Pfandrecht gemäß Nr. 14 I 2 AGB-Banken (Nr. 21 I 3 AGB-Spark) zusteht, das die (noch nicht fällige) Bürgschaftsforderung sichert. Der BGH[255] hat dies in seiner Entscheidung vom 25.09.1990 zu Recht abgelehnt und folgendes ausgeführt: *„Einer Bank steht daher ein Pfandrecht gemäß Nr. 19 Abs. 2 AGB-Banken am Guthaben des Bürgen vor Fälligkeit der Bürgschaft nicht zu. ... Wie der Bank vor Fälligkeit der Bürgschaftsschuld kein Pfandrecht nach Nr. 19 Abs. 2 AGB-Banken am Kundenguthaben zusteht, so kann sie vor Fälligkeit der Bürgschaftsschuld auch ... keine Rechte herleiten."* Diese Auffassung kann sich vor allem auf den Wortlaut der Nr. 14 II 2 AGB-Banken stützen, der besagt: *„so sichert das Pfandrecht die aus der Haftungsübernahme folgende Schuld jedoch erst ab ihrer Fälligkeit"*. Auch Nr. 21 III 3 AGB-Spark spricht davon, dass Ansprüche gegen Kunden aus übernommenen Bürgschaften *„erst ab deren Fälligkeit gesichert"* werden.[256] Dem Kreditinstitut kann demnach auch kein Pfandrecht vor der Fälligkeit der Bürgenschuld zustehen.[257]

• Soweit die Bürgschaftsverpflichtung hingegen fällig ist, entsteht an dem Auszahlungsanspruch des Bürgen wegen seines Kontoguthabens ein Pfandrecht gemäß Nr. 14 I 2 AGB-Banken (Nr. 21 I 3 AGB-Spark), das die Bürgschaftsforderung des Kreditinstitutes sichert.[258] Daneben sichert dieses Pfandrecht auch

---

255 Vgl. BGH, Urteil vom 25.09.1990 – XI ZR 142/89 (OLG Düsseldorf), NJW 1991, 100 (100) = WM 1990, 1910 (1911).

256 In der Literatur wird zu dieser Frage zum Teil eine andere Auffassung vertreten. Nach BuB/Gößmann, Band 1, Rdnr. 1/402 erwerbe die Bank ein Pfandrecht am Kontoguthaben des Bürgen bereits mit der Kontoeröffnung, wobei der Sicherungszweck die Bürgschaftsforderung *„nur aufschiebend bedingt durch deren Fälligkeit erfasst"*. Auch BuB/Wagenknecht, Band 2, Rdnr. 4/1132 argumentiert in diesem Sinne. Er meint, dass *„bis zu diesem Zeitpunkt ... der Bürge über seine dem Pfandrecht unterliegenden Vermögenswerte verfügen"* kann, *„ohne daß ihn die Bank daran unter Hinweis auf die Bürgschaft hindern könnte. ... Es liegt insoweit kein Pfandrecht vor, das erst mit der Fälligkeit des Bürgschaftsanspruchs entsteht, sondern lediglich eine schuldrechtliche Zugriffssperre."*

257 Ebenfalls Baumbach/Hopt, AGB-Banken, Nr. 14 Rdnr. 9, der meint, *„also kein Pfandrecht vor Fälligkeit der Bürgenschuld."*

258 Nr. 14 II AGB-Banken erfasst vielfältige Ansprüche. *„Das Pfandrecht dient der Sicherung aller bestehenden, künftigen und bedingten Ansprüche, die der Bank mit ihren sämtlichen in- und ausländischen Geschäftsstellen aus der bankmäßigen Geschäftsverbindung gegen den Kunden zustehen. Hat der Kunde gegenüber der Bank eine Haftung für Verbindlichkeiten eines anderen Kunden der Bank übernommen (zum Beispiel als Bürge), so sichert das Pfandrecht die aus der Haftungsübernahme folgende Schuld jedoch erst ab ihrer Fälligkeit."*

noch die in Nr. 14 II AGB-Banken (Nr. 21 III AGB-Spark) genannten Ansprüche des Kreditinstitutes.[259]

• Falls die Bürgschaftsverpflichtung fällig ist und der Bürge deshalb seine Zahlungen vollständig an das Kreditinstitut leistet, entsteht das eingangs bereits dargestellte *„pignus indebiti"* an dem gezahlten Bürgschaftsbetrag. Dieses sichert ausschließlich die Bürgschaftsforderung des Kreditinstitutes gegenüber dem Bürgen. Kommt der Bürge hingegen nur teilweise seiner Zahlungsverpflichtung nach, entsteht zwar wiederum das *„pignus indebiti"* an diesem teilweise gezahlten Bürgschaftsbetrag, das ausschließlich die Bürgschaftsforderung des Kreditinstitutes sichert. Darüber hinaus steht dem Kreditinstitut aber noch ein Pfandrecht gemäß Nr. 14 I 2 AGB-Banken (Nr. 21 I 3 AGB-Spark) an dem Auszahlungsanspruch des Bürgen wegen seines Kontoguthabens zu, das die in Nr. 14 II AGB-Banken (Nr. 21 III AGB-Spark) genannten Ansprüche und somit auch die Bürgschaftsforderung des Kreditinstitutes gegenüber dem Bürgen sichert.

bb) Das Erlöschen des Pfandrechts

Das Pfandrecht der Banken und Sparkassen endet wegen seines akzessorischen Charakters, wenn die zu sichernde Bürgschaftsforderung nicht mehr besteht. Dieser Zeitpunkt wird in den Bürgschaftsformularen unterschiedlich bestimmt.
Ältere Bürgschaftsklauseln sahen den Sicherungszweck der Bürgschaft so lange als gegeben an, *„bis sie (Bank) wegen Ihrer sämtlichen Ansprüche an den Hauptschuldner vollständig befriedigt sind"*[260] oder *„bis die Bank wegen ihrer sämtlichen Ansprüche gegen den Hauptschuldner, die im Zeitpunkt der vollständigen Erfüllung der Bürgschaftsschuld bestehen, befriedigt ist."*[261]
Die heute gebräuchlichen mit der Bürgschaftsklausel versehenen Bürgschaftsformulare verzichten hingegen auf den Zusatz *„die im Zeitpunkt der vollständigen Erfüllung der Bürgschaftsschuld bestehen"* und verlangen statt dessen wegen der Anlassrechtsprechung des BGH[262] entweder *„wenn das Kreditinstitut wegen aller seiner unter Nr. 1 genannten Ansprüche gegen den Hauptschuldner volle Befriedigung erlangt*

---

[259] Nach BuB/Wagenknecht, Band 2, Rdnr. 4/1132 entfällt hingegen mit der Fälligkeit der Bürgschaftsverpflichtung die schuldrechtliche Zugriffssperre, mit der Folge, dass das Kreditinstitut auf die Vermögenswerte des Bürgen zugreifen darf.

[260] Das Bankhaus Reuschel & Co. gebrauchte diese Formulierung in seinen Bürgschaftsformularen Anfang der 90er Jahre.

[261] Diese Formulierung verwendeten früher die BHF-Bank (im Formular-Anhang im Anlagenkonvolut 1) und die Commerzbank AG in ihren Bürgschaftsverträgen.

[262] Siehe dazu oben, Teil 2, 1. Abschnitt, A).

hat"[263] oder *„bis zur vollständigen Befriedigung der Bank wegen ihrer durch die Bürgschaft besicherten Ansprüche."*[264]
Bis zu diesem Zeitpunkt *„gelten"*[265] oder *„dienen"*[266] die Zahlungen als Sicherheit, wobei mit der Befriedigungswirkung der Banken und Sparkassen nicht nur die Bürgschaftsverpflichtung, sondern unmittelbar[267] und zeitgleich auch das Pfandrecht erlischt. Diese Rechtsfolge ergibt sich aus § 1252 BGB. In diesem Fall steht dem Bürgen gegenüber dem Kreditinstitut ein Anspruch auf Rückgewähr seiner Sicherheitsleistungen zu.[268]

cc) Die Verzinsungsverpflichtung der Kreditinstitute

Soweit nach der Bürgschaftsklausel die Zahlungen des Bürgen als *„Sicherheitsleistungen"* zu qualifizieren sind, stellt sich die Frage, ob die Banken und Sparkassen verpflichtet sind, die erhaltenen Zahlungen auf dem Sicherheitenerlöskonto zu verzinsen.
Grundsätzlich entspricht es nicht dem Interesse eines Kreditinstitutes, die als Verstärkung dienende Kreditsicherheit zusätzlich zu verzinsen. Hinzu kommt, dass die Kreditinstitute durch den Satz drei der Bürgschaftsklausel berechtigt sind, jederzeit auf die entsprechenden Sicherheitszahlungen des Bürgen zuzugreifen. Bereits aus diesem Gesichtspunkt kann sich für die Banken und Sparkassen keine Verpflichtung ergeben, die Zahlungen des Bürgen über einen längeren Zeitraum anzulegen, weil für diesen Fall dann auch die Kündigungsfristen einzuhalten wären. Die Zahlungen des Bürgen können deshalb nur wie täglich fällige Gelder auf dem Sicherheitenerlöskonto angelegt werden. Für täglich fällige Gelder werden zurzeit keine Zinsen gewährt. Dies bestätigte am 13.12.2001 Herr Betriebswirt (FH) Sylvio Anton für die Volksbank Leipzig eG,

---

263 Die Sparkasse Leipzig verwendete im Jahr 2001 diese Formulierung in ihren Bürgschaftsformularen.

264 Diese Formulierung wurde im Jahr 2001 in den Bürgschaftsformularen der Volksbank Leipzig eG, der DZ Bank AG, der Deutschen Apotheker- und Ärztebank und der WTB Westdt. Kreditbank GmbH & Co. KG verwendet.

265 Die Sparkasse Leipzig gebrauchte im Jahr 2001 diese Bezeichnung in ihren Bürgschaftsformularen.

266 Die Volksbank Leipzig eG verwendete im Jahr 2001 diese Wendung in ihren Bürgschaftsformularen.

267 Die Volksbank Leipzig eG verwendete im Jahr 2001 die nachfolgende Klausel im Rahmen nicht akzessorischer Sicherheiten in einem Sicherungsübereignungsvertrag: *„2.14 Ist der Sicherungsgeber nicht zugleich Schuldner der persönlichen Forderung der Bank, so dienen seine Zahlungen oder Erlöse aus der Verwertung der Sicherungsgegenstände bis zur vollständigen Befriedigung der Bank als Sicherheitsleistung."*

268 Siehe dazu oben, Teil 3, 2. Abschnitt, A), II., 2., b).

der hinzufügte, dass ein solches - in der Praxis[269] nicht übliches - Sicherheitenerlöskonto wie ein normales Girokonto eingerichtet werden würde, für das wegen der täglichen Zugriffsmöglichkeit keine Zinsverpflichtung existiere.

c) Zusammenfassung

Die Anwendung der Bürgschaftsklausel in der Praxis hat gezeigt, dass diejenigen Kreditinstitute, die noch die Bürgschaftsklausel in ihren Formularverträgen verwenden, von diesem Regelungskomplex auf Grund ihrer Anlagepraxis tatsächlich keinen Gebrauch mehr machen. Soweit der Bürge entsprechend seiner Bürgschaftsverpflichtung an das Kreditinstitut Zahlungen leistet, werden diese - anders als es die Bürgschaftsklausel vorsieht - unmittelbar mit der gesicherten Hauptforderung verrechnet, so dass weder ein Aufschub der Befriedigungswirkung noch ein Aufschub des gesetzlichen Forderungsüberganges stattfindet. Herr Betriebswirt (FH) Sylvio Anton bestätigte am 13.12.2001 für die Volksbank Leipzig eG, dass die Bank durch diese Handhabung auch den sofortigen gesetzlichen Forderungsübergang gemäß § 774 I 1 BGB und die sonstigen Regressansprüche des Bürgen gegen den Hauptschuldner akzeptiert. Insoweit spielt die Begründung eines *„pignus indebiti"* in der Praxis keine Rolle mehr, weil die Kreditinstitute die Bürgschaftszahlungen nicht mehr als Sicherheitsleistungen entgegennehmen. In der Konsequenz bedeutet dies aber auch, dass die Kreditinstitute in der Praxis ihre eigenen Formularverträge - zumindest soweit es um die zu untersuchende Bürgschaftsklausel geht - vereiteln.
Da eine Bürgschaftsklausel aber natürlich nicht dadurch der Inhaltskontrolle standhält, weil von ihrem Regelungsgehalt in der Praxis kein Gebrauch gemacht wird, ist im Folgenden hypothetisch die mit der Bürgschaftsklausel angestrebte Rechtslage zu überprüfen. Denn auch wenn heute in der Praxis auf die Bürgschaftsklausel nicht mehr zurückgegriffen wird, so heißt dies nicht, dass sich die Kreditinstitute in der Zukunft ebenso verhalten.

III. Das Insolvenzverfahren über das Vermögen des Hauptschuldners

Der Gläubiger hat die Zahlungen des Bürgen zur Wahrung des Charakters einer Sicherheitsleistung auf einem Sicherheitenerlöskonto anzulegen. Für den Bürgen ist es auf Grund dieser Tatsache wichtig zu wissen, ob er sich trotz seiner Sicherheitsleistungen dennoch an dem Insolvenzverfahren über das Vermögen

[269] Siehe dazu oben, Teil 3, 2. Abschnitt, A), II., 2., a).

des Hauptschuldners beteiligen kann. Wegen des durch die Bürgschaftsklausel hinausgeschobenen Zeitpunktes der Befriedigungswirkung ist die Rechtslage trotz der bereits erbrachten Zahlungen des Bürgen so zu werten, als ob der Gläubiger tatsächlich noch nicht befriedigt worden wäre.

1. Die Teilnahme des Gläubigers am Insolvenzverfahren

Wird über das Vermögen des Hauptschuldners ein Insolvenzverfahren eröffnet, kann der Bürge seinen Zessionsregress gegenüber dem Hauptschuldner nicht als aufschiebend bedingte Insolvenzforderung zur Insolvenztabelle anmelden, falls der Gläubiger seine in ihrem rechtlichen Bestand ungeminderte Hauptforderung zur Insolvenztabelle anmeldet. Dies ergibt sich aus § 44 InsO.

2. Keine Teilnahme des Gläubigers am Insolvenzverfahren

a) Die Anmeldung des Zessionsregresses zur Insolvenztabelle

Meldet der Gläubiger seine Hauptforderung nicht zur Insolvenztabelle an, wozu er auch nicht verpflichtet ist, kann statt dessen der Bürge wegen § 44 InsO den Zessionsregress als aufschiebend bedinge Insolvenzforderung zur Insolvenztabelle anmelden.

b) Die Möglichkeit der Bedingungsfiktion gemäß § 162 I BGB

Fraglich ist allerdings, inwieweit der Bürge in dieser Konstellation tatsächlich nur eine aufschiebend bedingte Insolvenzforderung[270] anmelden darf oder ob es ihm nicht statt dessen möglich sein muss, eine unbedingte Insolvenzforderung zur Insolvenztabelle anzumelden.

---

[270] Eine aufschiebend bedingte Insolvenzforderung ist in dieser Eigenschaft zur Insolvenztabelle anzumelden und gewährt dem Inhaber ein volles Stimmrecht. Der Inhaber erhält nicht die Insolvenzdividende, sondern nur eine Sicherung. Dies bedeutet, dass die auf seine Forderung entfallende Insolvenzdividende bei der Abschlagsverteilung zurückbehalten und bei der Schlussverteilung hinterlegt wird. Fällt die Bedingung aus, so wird der zurückbehaltene Betrag frei und bei der Schlussverteilung oder bei einer Nachtragsverteilung auf die anderen Insolvenzgläubiger verteilt. Insoweit sei auf Kuhn/Uhlenbruck, KO, § 67 Rdnr. 5 verwiesen.

Diese Sichtweise ist lediglich von KLETT[271] für den Anspruch des Bürgen aus dem Innenverhältnis diskutiert worden. Im Rahmen des Zessionsregresses fehlen hingegen Ausführungen in der Literatur.
Ausgangspunkt der Überlegung ist, dass der Bürge, der zwar seinen bürgschaftsrechtlichen Verpflichtungen vollständig nachgekommen ist, hierdurch aber nicht die gesamte Forderung des Gläubigers gegenüber dem Hauptschuldner erfüllt, auf Grund der Bürgschaftsklausel so behandelt wird, als hätte er noch keine Zahlungen an den Gläubiger geleistet. Dies gilt auch, wenn die Restforderung des Gläubigers gegenüber dem Hauptschuldner nur noch in geringer Höhe besteht.
In dieser Konstellation stellt sich die Frage, ob der Gläubiger durch den Aufschub der Befriedigungswirkung nicht treuwidrig[272] handelt, wenn er nicht von seinem Optionsrecht gemäß Satz drei der Bürgschaftsklausel Gebrauch macht und somit nicht die Bürgschaftszahlungen zu seiner Befriedigung einsetzt, sich aber trotzdem nicht am Insolvenzverfahren über das Vermögen des Hauptschuldners beteiligt.
Ein rechtsmissbräuchliches Verhalten könnte insbesondere darin liegen, dass der Gläubiger auf der einen Seite durch den Aufschub der Befriedigungswirkung den Forderungsübergang auf den Bürgen auf unbestimmte Zeit vereitelt und sich auf der anderen Seite nicht um die Durchsetzung seiner weiteren Forderungen gegenüber dem Hauptschuldner bemüht, weil ihm beispielsweise eine Beitreibung aussichtslos erscheint oder der Restbetrag nunmehr geringfügig ist.[273]
Bei dem durch die Bürgschaftsklausel bewirkten Hinausschieben des gesetzlichen Forderungsüberganges handelt es sich um eine aufschiebende und zugleich auflösende Bedingung. Wie SCHÄFER[274] zu Recht ausführt, verlieren die Zahlungen des Bürgen mit der vollen Befriedigung des Gläubigers den Charakter als Sicherheitsleistung (auflösende Bedingung) und werden zur Erfüllungsleistung (aufschiebende Bedingung).
Wegen der beschriebenen *„Untätigkeit“* des Kreditinstitutes könnte aber der Forderungsübergang nach dem Rechtsgedanken des § 162 I BGB im Wege einer Fiktion des Bedingungseintritts stattfinden. Dies hätte zur Folge, dass der Bürge wegen der damit korrespondierenden materiell-rechtlichen Forderungs-

271 Vgl. Klett, S. 170 ff.
272 So ausdrücklich Daut, ZIP 1980, 1077 (1079).
273 Daut weist auf beide Punkte in seiner Mitteilung der Gründe des Urteils des OLG Celle vom 02.10.1980 - 7 U 34/80, ZIP 1980, 1077 (1079) hin. In diesem Sinne auch Lwowski, Rdnr. 401.
274 Vgl. Schäfer, S. 162.

inhaberschaft eine unbedingte Insolvenzforderung zur Insolvenztabelle anmelden könnte.
Zwar hat der Gesetzgeber keine allgemeine Diligenzpflicht des Gläubigers bei der Beitreibung seiner Forderungen gegenüber dem Hauptschuldner statuiert, weil er davon ausging, dass sich der Bürge im Falle der Passivität des sich auf die Bürgschaft verlassenden Gläubigers dadurch helfen könne, dass er den Gläubiger durch die Zahlung des Bürgschaftsbetrages befriedigt und dessen Rechte gegen den Hauptschuldner erwirbt.[275] Wegen des Inhalts der Bürgschaftsklausel kann der Bürge aber nicht die den Motiven des Gesetzgebers zu Grunde liegende Befreiung erlangen und kann auch bei einer Nichtteilnahme des Gläubigers am Insolvenzverfahren lediglich eine aufschiebend bedingte Insolvenzforderung zur Insolvenztabelle anmelden.
Die Rechtsfolgen des § 162 BGB greifen aber erst dann ein, wenn feststeht, dass eine Verhinderung durch das treuwidrige Verhalten der benachteiligten Partei verursacht worden ist.[276] Eine Verhinderung ist hiernach immer dann gegeben, wenn infolge eines Verhaltens die Bedingung nicht mehr eintreten kann (so genannte *„Kausalität des treuwidrigen Parteiverhaltens“*[277]), wobei eine bloße Erschwerung des Eintritts der Bedingung nicht genügt.[278]
Nach dem Inhalt der Bürgschaftsklausel haben die Banken und Sparkassen das Recht, die Zahlungen des Bürgen so lange als Sicherheitsleistung zu behandeln, bis sie vollständig befriedigt sind. Somit liegt in dem Unterlassen *„der Freigabe der Bürgschaftszahlungen“* nur das Gebrauchen einer vereinbarten Rechtsposition, die nicht automatisch zur endgültigen Bedingungsvereitelung, sondern nur zu einem zeitlichen Hinausschieben der *„Eintrittswirkungen“* führt. Wie das RG in seiner Entscheidung vom 17.06.1907 ausgeführt hat, soll die Fiktion des Eintritts der Bedingung dann nicht eingreifen, wenn der bedingt Verpflichtete nichts weiter getan hat, *„als daß er in einer für den Gegner ungünstigen Richtung auf die Chancen der Bedingung einwirkt.“*[279] WOLF[280] weist darauf hin, dass § 162 BGB dann ausnahmsweise anwendbar sei, wenn feststehe, dass der Bedingungsein-

---

275 Vgl. Klett, S. 205.

276 Vgl. Soergel/Wolf, BGB, § 162 Rdnr. 11; Kommentar zum BGB/Ott, BGB, § 162 Rdnr. 5; Palandt/ Heinrichs, BGB, § 162 Rdnr. 3; Erman/Armbrüster, BGB, § 162 Rdnr. 5; MK/Westermann, BGB, § 162 Rdnr. 15; Staudinger/Bork, BGB, § 162 Rdnr. 6; RGRK/Steffen, BGB, § 162 Rdnr. 2.

277 Vgl. MK/Westermann, BGB, § 162 Rdnr. 11.

278 Vgl. RG, Urteil vom 17.06.1907 – I 495/06 (LG Hamburg, OLG Hamburg), RGZ 66, 222 (226).

279 Vgl. RG, Urteil vom 17.06.1907 – I 495/06 (LG Hamburg, OLG Hamburg), RGZ 66, 222 (226).

280 Vgl. Soergel/Wolf, BGB, § 162 Rdnr. 12.

tritt um eine bestimmte Zeit verzögert werde und dieses Verhalten bei Würdigung von Anlass, Zweck und Beweggrund als treuwidrig zu qualifizieren sei.
Bei der Beantwortung der Frage muss maßgebend berücksichtigt werden, dass der Gesetzgeber keine Verpflichtung statuiert hat, dass sich der Gläubiger, um Rechtspositionen Dritter zu schützen, zwingend an einem Insolvenzverfahren beteiligen muss. Der Gläubiger kann sich statt dessen gegen eine Beteiligung am Insolvenzverfahren entschieden haben, weil er nur geringe Chancen sieht, dass seine Forderung ausgeglichen wird. Zudem braucht er sich auch nicht auf ein bekanntes Risiko einzulassen, weil ihm gerade für diesen Fall von einem Dritten eine Sicherheit in der Form einer Bürgschaft gewährt worden ist, die er *„gewinnbringender"* realisieren kann. Sein rechtlich zulässiges Verhalten[281] verstößt somit nicht gegen die Grundsätze von Treu und Glauben[282], wobei es auch unbeachtlich ist, welchen Geldbetrag der Bürge bereits an den Gläubiger als Sicherheit geleistet hat.
Ein Ausweg aus dieser für den Bürgen unbefriedigenden Lösung kann nur im Rahmen der Inhaltskontrolle der Bürgschaftsklausel gefunden werden. Denn wie WESTERMANN zu Recht feststellt, ist § 162 BGB keinesfalls ein Instrument, *„erwünschte Ergebnisse, wie sie bei einem anderen tatsächlichen Ablauf entstanden wären, durch Ergänzung des Sachverhalts herzustellen."*[283]

---

[281] Brox, Rdnr. 493 verweist in einem inhaltlich anders gelagerten Fall darauf, dass ein Verstoß gegen Treu und Glauben dann nicht vorliege, wenn eine Partei den Eintritt der Bedingung bewusst verhindere, der Eintritt der Bedingung aber nach der Parteivereinbarung vom freien Willen dieser Partei abhängen soll. Brox weist in diesem Zusammenhang auf die hohen Anforderungen des § 162 BGB hin und stellt fest, dass der Anwendungsbereich des § 162 BGB auch bei der Verfolgung egoistischer Motive nicht zwingend einschlägig sei. In diesem Sinne auch RGRK/Steffen, BGB, § 162 Rdnr. 2; Soergel/Wolf, BGB, § 162 Rdnr. 6.

[282] Der BGH hatte in seinem Urteil vom 07.02.1966 – VIII ZR 40/64, DB 1966, 537 (537) = WM 1966, 317 (317) den Fall zu entscheiden, dass der Gläubiger den Hauptschuldner veranlasste, die Schuld nicht zu bezahlen, um den Bürgschaftsfall herbeizuführen. Hier sei dem Bürgen in Bezug auf seine Bürgschaftsforderung über den Rechtsgedanken des § 162 BGB die Einrede der Arglist zugebilligt worden. Der BGH bestätigte diese Sichtweise in seinem Urteil vom 20.03.1968 – VIII ZR 153/65, DB 1968, 1443 (1443). Der entscheidende Aspekt in den dem BGH zu Grunde liegenden Fällen lag darin, dass der Gläubiger aktiv seinen Rechtskreis überschritt, um auf den Willen eines Beteiligten in einer zu missbilligenden Art einzuwirken und nicht lediglich von einer ihm zustehenden Rechtsposition Gebrauch zu machen.

[283] Vgl. MK/Westermann, BGB, § 162 Rdnr. 18.

Eine missbräuchliche Regressverhinderung darf in diesem Fall nicht über eine Fiktion des Bedingungseintritts gemäß § 162 BGB herbeigeführt, sondern muss über einen Schadensersatzanspruch des Bürgen ausgeglichen werden.[284]
Der Bürge kann daher keine unbedingte, sondern *„nur"* eine aufschiebend bedingte Insolvenzforderung zur Insolvenztabelle anmelden.

B) Der Innenregress

Soweit die Zahlungen des Bürgen nach der Bürgschaftsklausel als Sicherheitsleistungen anzusehen sind, stellt sich die Frage, ob dieser Regelungskomplex auch Auswirkungen auf den Anspruch des Bürgen gegenüber dem Hauptschuldner aus dem Innenverhältnis hat.

I. Das **OLG HAMBURG**[285] hatte in der bereits mehrfach erwähnten Entscheidung vom 23.10.1911 ausgeführt, dass dem Bürgen ein Anspruch aus dem Innenverhältnis gegenüber dem Hauptschuldner auch dann zustehe, wenn die Voraussetzungen des Zessionsregresses mangels einer endgültigen Befriedigung des Gläubigers noch nicht vorliegen. Der Bürge könne somit seine Forderung in der Höhe des von ihm gezahlten Betrages im Konkursverfahren über das Vermögen des Hauptschuldners anmelden, auch wenn der Gläubiger seinerseits von diesem Recht Gebrauch mache. Zwar lag der Entscheidung des OLG HAMBURG nicht die Bürgschaftsklausel zu Grunde, nach der die Zahlungen als Sicherheitsleistungen zu beurteilen sind, entscheidend sind aber die Ausführungen des Gerichts zum Zeitpunkt der Anspruchsentstehung.

II. Der **BGH**[286] führte hingegen in der Grundsatzentscheidung vom 30.10.1984 zum Verständnis der Bürgschaftsklausel aus, dass dem Bürgen vor dem Zeitpunkt der endgültigen Befriedigung des Gläubigers weder ein Zessions- noch ein Innenregress gegenüber dem Hauptschuldner zustehe, wobei das Gericht den Anspruch aus dem Innenverhältnis mit der Formulierung ausschloss, dass der Bürge mit einer Regressforderung aus eigenem Recht nicht am Konkurs des Hauptschuldners teilnehmen könne. Der BGH meinte hiermit nicht, dass der Bürge diesen Anspruch außerhalb des Konkursverfahrens geltend machen kön-

---

284 Vgl. Ulmer/Brandner/Hensen/Brandner, Anh. §§ 9-11 Rdnr. 263; Staudinger/Bork, BGB, § 162 Rdnr. 15; Kommentar zum BGB/Ott, BGB, § 162 Rdnr. 5.

285 Vgl. OLG Hamburg, Urteil vom 23.10.1911 - Bf. I 71/11, LZ 1912 Sp. 410 Nr. 4.

286 Vgl. BGH, Urteil vom 30.10.1984 - IX ZR 92/83 (LG Rottweil, OLG Stuttgart), BGHZ 92, 374 (381 f.) = WM 1984, 1630 (1631 f.) = ZIP 1985, 18 (21) = DB 1985, 274 (275) = NJW 1985, 614 (615) = MDR 1985, 317 (317) = EWIR 1985, 85 (85 f.).

ne und lediglich im Konkursverfahren an der Geltendmachung dieses Anspruches wegen des Verbots der Doppelbelastung der Konkursmasse gehindert sei. Dies wird dadurch deutlich, dass das Gericht den Anspruch des Bürgen gegenüber dem Hauptschuldner auf Befreiung von der Belastung durch die Sicherheitsleistung tatsächlich in der so beschriebenen Weise interpretiert.[287]
Die LITERATUR ist der Auffassung des BGH überwiegend gefolgt.[288]

III. Das **LG KÖLN**[289] hatte für die Beantwortung dieser Frage den Fall zu beurteilen, dass der Bürge zwar an den Gläubiger seinen gesamten Bürgschaftsbetrag bezahlt, aber schon vor dem Zeitpunkt der endgültigen Befriedigung des Gläubigers seinen Aufwendungsersatzanspruch klageweise gegenüber dem Hauptschuldner geltend gemacht hat. Die Besonderheit dieses Falles lag darin, dass der Gläubiger den Bürgen nach der Zahlung des Bürgschaftsbetrages mitteilte, dass er ihn aus der Bürgschaft entlassen und gegen ihn keine weiteren Forderungen geltend machen wird, so dass durch den Zugriff des Gläubigers auf die Zahlungen des Bürgen eigentlich gar keine Sicherheitsleistungen mehr vorlagen.[290] Auch wenn das LG KÖLN diesen entscheidenden Gesichtspunkt verkannte, so waren dennoch die zusätzlich aufgeführten Entscheidungsgründe des Gerichts bedeutend.
Das LG KÖLN meinte nämlich, dass der Bürge bereits durch die *„bloße"* Zahlung seines Bürgschaftsbetrages *„Aufwendungen"* i.S.d. § 670 BGB erbracht habe, weil es für das Vorliegen dieses Tatbestandsmerkmales nicht erforderlich sei, dass seine Zahlungen auch zur Tilgung der Hauptschuld führen. Etwas anderes würde sich auch nicht daraus ergeben, dass die Zahlungen des Bürgen als Sicherheitsleistungen zu qualifizieren seien, weil es nicht der Aufgabe des Bürgen im Verhältnis zum Hauptschuldner entspreche, die Hauptforderung zu erfüllen, sondern statt dessen dem Gläubiger eine Sicherheit zu gewähren. Anders sei die Rechtslage hingegen im Konkurs des Hauptschuldners, weil ein Aufwendungs-

---

287 Insoweit entspricht diese Entscheidung dem Urteil des BGH vom 19.01.1983 - VIII ZR 315/81 (LG Düsseldorf, OLG Düsseldorf), BGHZ 86, 267 (272) = NJW 1983, 1111 (1112) = WM 1983, 210 (211) = JZ 1983, 446 (447) = ZIP 1983, 278 (279) = DB 1983, 873 (874) = JR 1983, 243 (245), in dem dargelegt ist, *„daß sich ... aus dem Innenverhältnis zwischen dem Hauptschuldner und dem Bürgen für diesen kein von § 774 BGB unabhängiger, sofortiger Ausgleichsanspruch ergibt, ..."*

288 Nöldeke, LZ 1912 Sp. 410 Nr. 4 spricht sich gegen das Urteil des OLG Hamburg, Urteil vom 23.10.1911 - Bf. I 71/11 – aus. In diesem Sinne auch Palandt/Sprau, BGB, § 774 Rdnr. 7; Schreiner, S. 141; Schäfer, S. 164 f; Bülow, Rdnrn. 925, 948.

289 Vgl. LG Köln, Urteil vom 30.06.1988 - 15 O 690/87, BB 1988, 1488 (1488).

290 Vgl. Reinicke/Tiedtke, JZ 1990, 327 (329 f.).

ersatzanspruch ansonsten zu einer unzulässigen Doppelbelastung der Konkursmasse führen würde.

IV. Das als Berufungsinstanz zuständige **OLG KÖLN**[291] teilte hingegen nur im Ergebnis die Entscheidung des LG KÖLN, weil es zwar dem Bürgen einen Aufwendungsersatzanspruch zuerkannte, diesen aber hilfsweise mit der Unklarheitenregelung des § 5 AGBG a.F. (§ 305 c II BGB) begründete. Die Entscheidung lässt erkennen, dass eine Sicherheitsleistung, die sich auch eindeutig auf den Innenregress beziehe, dieselben Wirkungen wie im Rahmen des Zessionsregresses entfalten müsse. Anders als das LG KÖLN begründete das Gericht die vorliegende Einschränkung mit den im Zusammenhang zu betrachtenden gesetzlichen Vorschriften und den daraus folgenden Grundsätzen.[292]

V. REINICKE/TIEDTKE[293] billigen dem Bürgen keinen Anspruch aus dem Innenverhältnis zu, weil dessen Aufwendungen nicht in der Befriedigung, sondern in der bloßen Sicherung des Gläubigers bestehen. Der Bürge könne seine Zahlungen auch nicht für erforderlich halten, weil dem Hauptschuldner an einer Sicherung der Bürgschaftsforderung nicht gelegen sei und er anderenfalls Gefahr laufen würde, doppelt, nämlich durch den Gläubiger, dessen Forderung durch die Bürgschaftsklausel ungemindert fortbestehe, sowie durch den Bürgen in Anspruch genommen zu werden. Während eines Insolvenzverfahrens über das Vermögen des Hauptschuldners folge dieses Ergebnis aus dem Verbot der Doppelanmeldung.
Andere LITERATURVERTRETER[294] bejahen hingegen einen Aufwendungsersatzanspruch.

---

291 Vgl. OLG Köln, Urteil vom 26.01.1989 - 1 U 97/88, JZ 1990, 343 (343 ff.) = WM 1989, 1883 (1883 ff.) = NJW-RR 1989, 1266 (1266 ff.).

292 Vgl. OLG Köln, Urteil vom 26.01.1989 - 1 U 97/88, JZ 1990, 343 (346) = WM 1989, 1883 (1888) = NJW-RR 1989, 1266 (1268).

293 Vgl. Reinicke/Tiedtke, JZ 1990, 327 (327 ff.).

294 Vgl. Rehbein, FS W. Werner, S. 723; Lwowski, Rdnr. 256; Soergel/Stein, AGBG, § 9 Rdnr. 67; Rehbein, JR 1983, 245 (246) meint hingegen, dass, soweit der Bürgschaftsübernahme ein Geschäftsbesorgungsvertrag zu Grunde liege, „*so würde der Aufwendungsersatzanspruch nach §§ 675, 670 BGB demgegenüber bereits in dem Zeitpunkt entstehen, in dem die Aufwendungen tatsächlich gemacht worden sind, daher mit Zahlung durch den Bürgen.*" Becker, S. 78 verweist darauf, dass die Bürgschaftsklausel die Verfügungsbefugnis des Bürgen wegen § 137 BGB nicht ausschließen könne und somit eine schuldrechtliche Verpflichtung des Bürgen begründe, von der Regressmöglichkeit keinen für das Kreditinstitut nachteiligen Gebrauch zu machen. Der Bürge sei somit trotz der Klausel berechtigt, seinen Anspruch aus dem Innenverhältnis in einem Insolvenzverfahren über das Vermögen des Hauptschuldners anzumelden, müsste aber, weil er gegen die

VI. KNÜTEL[295] behandelt den Anspruch aus dem Innenverhältnis in der Weise, dass der Bürge im Urkundenprozess an den Gläubiger wegen eines Vorbehaltsurteils zahlt, aber trotz des noch anhängigen Nachverfahrens bereits auf den Hauptschuldner zugreift. Die Vergleichbarkeit der Rechtslagen ergibt sich daraus, dass sowohl in dem von KNÜTEL beschriebenen Fall als auch in der Konstellation, dass die Zahlungen des Bürgen nur als Sicherheit gelten, es zu keiner vollständigen Befriedigung des Gläubigers kommt. KNÜTEL weist darauf hin, dass der Hauptschuldner deshalb das Risiko der doppelten Inanspruchnahme tragen müsse, weil es für den Aufwendungsersatzanspruch nicht darauf ankommen könne, dass die Aufwendungen *„erfolgreich"* seien. Für die Erstattungsfähigkeit komme es lediglich auf den subjektiven Maßstab des Bürgen an, ob dieser die Zahlungen für erforderlich halten durfte. Zudem gelte der Grundsatz, dass, soweit sich der dem Bürgen zustehende Befreiungsanspruch[296] nach § 775 I Nr. 4 BGB schon vor der Bezahlung durch den Bürgen in einen Zahlungsanspruch umwandeln könne, dies erst recht ab dem Zeitpunkt der Zahlungen des Bürgen gelten müsse. Vorausgesetzt werde lediglich, dass die Zahlungen des Bürgen überhaupt geeignet seien, den Hauptschuldner gegenüber dem Gläubiger zu befreien und dass er gemäß § 667 BGB dem Hauptschuldner seine Ansprüche gegenüber dem Gläubiger abtrete.

VII. BECKER-EBERHARD[297] bejaht einen Anspruch des Interzedenten gegenüber dem Hauptschuldner bereits in dem Zeitpunkt, in dem dieser seine Zahlungen in erfüllungstauglicher Weise an den Gläubiger erbringe, weil er hierdurch seine Verpflichtung, den Gläubiger sicherzustellen, erfüllt habe und es nicht zu seinen Aufgaben gehöre, den Gläubiger zu befriedigen. Der Bürge habe dem Gläubiger durch die Sicherheitsleistung die Möglichkeit verschafft, sich zu befriedigen, indem er eine entsprechende Selbstverpflichtung übernahm und Bestandteile seines Vermögens dem Zugriff des Gläubigers reservierte. Diese so dem Gläubiger eröffnete Zugriffsmöglichkeit begründe sogleich seinen Aufwendungsersatzanspruch.
Während eines Insolvenzverfahrens über das Vermögen des Hauptschuldners könne dieser Anspruch allerdings wegen des Verbots der Doppelanmeldung nicht zur Insolvenztabelle angemeldet werden.

Verpflichtung mit dem Gläubiger verstoßen habe, diesem den Mehrbetrag ersetzen, durch den seine Insolvenzdividende durch die Teilnahme des Bürgen geringer ausgefallen sei.

295 Vgl. Knütel, JR 1985, 6 (6 ff.).

296 Siehe dazu oben, Teil 2, 2. Abschnitt, A), I., 3., b).

VIII. STELLUNGNAHME

Bei der Frage, ob dem Bürgen bereits vor der vollständigen Befriedigung des Gläubigers ein Anspruch aus dem Innenverhältnis gegenüber dem Hauptschuldner zustehe, müssen drei Fallkonstellationen unterschieden werden. Hierbei ist sowohl die Rechtslage vor als auch nach der Eröffnung eines Insolvenzverfahrens über das Vermögen des Hauptschuldners zu untersuchen, wobei bei der letzten Konstellation danach differenziert werden muss, ob sich der Gläubiger an diesem Verfahren beteiligt oder nicht.

1. Vor der Eröffnung eines Insolvenzverfahrens über das Vermögen des Hauptschuldners

a) Der Zeitpunkt des Aufwendungsersatzanspruches

Der Bürge, der dem Gläubiger Geldzahlungen als Sicherheit leistet, erbringt hierdurch gleichzeitig *„Aufwendungen“*[298] für den Hauptschuldner. Zwar führen die Zahlungen wegen der Bürgschaftsklausel nicht zu einer endgültigen Befriedigung des Gläubigers, hierauf kann es aber auch nicht ankommen. Denn ein Aufwendungsersatzanspruch besteht ohne Rücksicht darauf, ob die Tätigkeit des Beauftragten den durch den Auftrag bezweckten Erfolg hatte oder nicht, weshalb auch der Auftraggeber das Risiko einer *„unverschuldet erfolglosen Aufwendung“* trägt.[299] Der Innenregress entsteht nach dem Sinn und Zweck des § 670 BGB in dem Zeitpunkt, in dem der Beauftragte freiwillig oder auf Weisung des Hauptschuldners Vermögensopfer erbringt, die er für erforderlich halten darf. Nach dem so genannten *„objektiven Maßstab mit subjektiven Einschlag“* sind hierfür zwar nicht alle, aber eben auch nicht nur die nutzbringenden Vermögensopfer erstattungsfähig.[300] Der BGH[301] hat in seiner Entscheidung vom 19.09.1985 be-

---

297 Vgl. Becker-Eberhard, S. 710 f.

298 Siehe dazu oben, Teil 2, 2. Abschnitt, A).

299 Vgl. Staudinger/Wittmann, BGB, § 670 Rdnr. 2.

300 Vgl. BGH, Urteil vom 12.07.1993 – II ZR 203/93 (München), NJW-RR 1994, 87 (87); nach Palandt/Sprau, BGB, § 670 Rdnr. 4 habe der Beauftragte nach seinem *„verständigen Ermessen“* auf Grund einer sorgfältigen Prüfung bei Berücksichtigung aller Umstände über die Notwendigkeit der Aufwendungen zu entscheiden, wobei er sich im Interesse des Auftraggebers danach zu orientieren habe, ob und inwieweit die Aufwendungen angemessen seien und in einem vernünftigen Verhältnis zum angestrebten Erfolg stehen.

301 Vgl. BGH, Urteil vom 19.09.1985 – III ZR 214/83 (LG Hamburg, OLG Hamburg), BGHZ 95, 350 (388).

stätigt[302], dass die Beurteilung des Beauftragten, seine Aufwendung sei notwendig, bei objektiv fehlender Notwendigkeit nur dann gerechtfertigt sei, *„wenn er seine Entscheidung nach sorgfältiger, den Umständen des Falles nach gebotener Prüfung"* treffe. Auf dieser Grundlage hat der BGH[303] auch in seiner Entscheidung vom 12.07.1993 einer Marktgemeinde einen Anspruch auf Ersatz von Planungsaufwendungen aus einem von mehreren Grundstückseigentümern gemeinsam betriebenen Bauvorhaben zuerkannt, die später wegen des Grundstücksverkaufs eines Beteiligten nutzlos geworden sind.

Entgegen der Ansicht von REINICKE/TIEDTKE darf der Bürge seine Sicherheitszahlungen trotz der Bürgschaftsklausel und der fehlenden Befriedigung des Gläubigers für erforderlich halten. Dies begründet sich damit, dass der Bürge – in den meisten Fällen - seine Verpflichtung nur deshalb übernommen hat, damit der Gläubiger dem Hauptschuldner einen Kredit gewährt. Die Sicherheit des Bürgen diente zwar als Befriedigungsmittel, hauptsächlich aber als Haftungsmasse für eine weitere Zugriffsmöglichkeit[304] des Gläubigers. Auf Grund dieser Option, eine zusätzliche liquide Haftungsmasse als *„Sicherheit"* zur Verfügung gestellt zu bekommen, hat der Gläubiger den Kredit an den Hauptschuldner ausgezahlt. Wenn der Bürge nicht bloß *„abstrakt"* sein Vermögen bereit stellt, sondern sogar konkret Vermögenswerte an den Gläubiger leistet, auf die er trotz seines auf Rückzahlung gerichteten Anspruches nun nicht mehr ohne weiteres zugreifen kann, weil nämlich das Kreditinstitut ein Pfandrecht an dem Anspruch erwirbt, dann muss er sich schon wegen der tatsächlich gegebenen Zugriffsmöglichkeit des Gläubigers beim Hauptschuldner schadlos halten können. Denn dieser hat den Kredit erhalten, weil er dem Gläubiger eine *„Sicherheit"* gestellt hat, auch wenn die Sicherheitsleistung im Ergebnis nichts anderes als ein Befriedigungsmittel darstellt. Der Bürge hat sich somit an die *„Absprache"* mit dem Hauptschuldner gehalten, indem er sich gegenüber dem Kreditinstitut unter Verwendung der ihm präsentierten Bürgschaftsformulare verbürgt und zur Erfüllung seiner Bürgschaftsforderung Zahlungen geleistet hat. Verabredungsgemäß geleistete Zahlungen kann der Bürge aber für erforderlich halten.

Hinzu kommt auch, dass der Bürge wegen des Satzes drei der Bürgschaftsklausel nicht beeinflussen kann, ob und vor allem zu welchem Zeitpunkt der Gläubiger auf die Sicherheitszahlungen zugreift. Zumindest hätten die Zahlungen

---

302 In diesem Sinne bereits RG, Urteil vom 13.11.1935 – V 99/35 (LG Köln, OLG Köln), RGZ 149, 205 (207).

303 Vgl. BGH, Urteil vom 12.07.1993 – II ZR 203/93 (München), NJW-RR 1994, 87 (87).

304 Vgl. Becker-Eberhard, S. 711.

des Bürgen bei sofortiger Ausübung des Gestaltungs- oder Optionsrechtes zur Befriedigung des Gläubigers führen können. Für die Qualität einer Aufwendung muss es deshalb genügen, dass dem Gläubiger tatsächlich eine echte Befriedigungsmöglichkeit gewährt worden ist, auch wenn er die *„Sicherheitszahlungen"* anders verwendet. Würde der Innenregress hingegen von einer Befriedigung des Gläubigers abhängig sein, könnte das Kreditinstitut unmittelbar durch die Ausübung seines Gestaltungs- oder Optionsrechtes Einfluss auf das Innenverhältnis nehmen. Hierbei ist aber nicht recht nachvollziehbar, weshalb der Bürge, obwohl er doch genau das getan hat, wozu ihn der Hauptschuldner beauftragt hat, nun noch zusätzlich vom *„Wohlwollen"* des nicht am Auftragsverhältnis beteiligten Kreditinstitutes abhängig sein soll.
Gerade deshalb vermögen die Ausführungen des BGH nicht zu überzeugen, der die beiden Regressmöglichkeiten des Bürgen nur bei einer *„Befriedigung des Gläubigers"* für gegeben erachtet und bezüglich der inhaltlich unterschiedlich ausgestalteten Tatbestandsmerkmale *„Aufwendung"* und *„Befriedigung"* nicht ausreichend differenziert.
Der Argumentation eines Aufwendungsersatzanspruches könnte aber nunmehr entgegengesetzt werden, dass nicht der Hauptschuldner, sondern der Bürge mit dem Gläubiger vereinbart hat, dass seine Zahlungen als Sicherheiten dienen sollen und der Bürge deshalb möglicherweise gegen das Verbot des widersprüchlichen Verhaltens verstößt, wenn er sich bereits vor dem Zeitpunkt der Befriedigung an den Hauptschuldner wendet. Ein widersprüchliches Verhalten (venire contra factum proprium) gemäß § 242 BGB liegt insbesondere dann vor, wenn für den anderen Teil ein Vertrauenstatbestand geschaffen worden ist oder wenn andere besondere Umstände die Rechtsausübung als treuwidrig erscheinen lassen, wobei ein Verschulden nicht erforderlich ist.[305]
Eine solche Sichtweise würde aber verkennen, dass der Bürge sich nur so verhält, wie er sich im Innenverhältnis zum Hauptschuldners verpflichtet hat. Der Hauptschuldner *„ordert"* zwar nicht ausdrücklich, dass der Bürge sich auf der Grundlage der *„Sicherheitenerlösklausel"* verbürgt. Er *„ordert"* aber zumindest eine Bürgschaft, mit der sich das Kreditinstitut zufrieden gibt. Dies ist aber nun einmal nur eine Bürgschaft, die die Klausel enthält. Dem Bürgen wird es in der Praxis nicht gelingen, auf den Inhalt der bereits von den Bankverbänden vorformulierten Bürgschaftsformulare, die die meisten Kreditinstitute als Mustervordrucke verwenden, Einfluss zu nehmen. Die telefonischen Anfragen bei den Kreditinstituten, die bereits wegen der Verwendung der Bürgschaftsklausel angeschrieben worden sind, haben ergeben, dass *„unter keinen Umständen"* eine Än-

---

305 Vgl. Palandt/Heinrichs, BGB, § 242 Rdnr. 55.

derung des Bürgschaftsvordruckes akzeptiert wird und der Hauptschuldner ansonsten einen anderen Sicherungsgeber bereitstellen müsste, für den *„selbstverständlich"* die aktuellen Vordrucke maßgebend seien.[306] Beauftragt der Hauptschuldner somit einen Dritten, sich gegenüber dem Gläubiger mittels dessen für ihn verbindlichen Mustervordrucke zu verbürgen, so muss er sich auch den Inhalt des Bürgschaftsvertrages auf das entscheidende Innenverhältnis anrechnen lassen. Der Hauptschuldner kann dem Bürgen somit nicht entgegenhalten, dass dessen Zahlungen nicht zur Befriedigung des Gläubigers führten. Entscheidend ist nur, dass der Bürge tatsächlich Zahlungen an den Gläubiger geleistet hat, die er - auch wegen der *„Order"* des Hauptschuldners - für erforderlich halten durfte. Denn der Hauptschuldner hat den Bürgen gebeten, sich gegenüber dem Gläubiger zu verbürgen und (notfalls) Zahlungen an diesen zu leisten. Allein dies begründet seinen Aufwendungsersatzanspruch gegenüber dem Hauptschuldner. Nochmals: Das Risiko unverschuldet erfolgloser Aufwendungen trägt nicht der Bürge, sondern der Hauptschuldner als Auftraggeber.
Insoweit unterscheidet sich also der Aufwendungsersatzanspruch des Bürgen, der mit dem Zeitpunkt seiner Inanspruchnahme und Zahlung an den Gläubiger entsteht, sogar von dem des beauftragten Verpfänders, der einen Aufwendungsersatzanspruch[307] gegenüber dem Schuldner erst nach der Verwertung des Pfandrechts durch den Gläubiger geltend machen kann (§ 1225 BGB), falls keine anderweitigen Absprachen im Innenverhältnis zwischen dem Verpfänder und dem Hauptschuldner vorliegen. KLETT[308] kommt bezüglich dieses Vergleiches zu einem anderen Ergebnis, indem er die Anlagepraxis der Kreditinstitute heranzieht. Diese Sichtweise überzeugt nicht.
Zwar können die Bürgschaftszahlungen durch die Kreditinstitute auf einem *„Sicherheitenerlöskonto"* verbucht und als *„pignus indebiti"* behandelt werden, doch kann sich diese Anlageform nicht auf den Aufwendungsersatzanspruch auswirken, weil zum einen diese Anlageform als Pfandrecht nicht zwingend ist[309] und zum anderen der Hauptschuldner den Bürgen nicht gebeten hat, dem Gläubiger ein Pfandrecht, sondern ausschließlich eine Bürgschaft zu gewähren. Das Kreditinstitut hätte es anderenfalls in der Hand, nicht über Verträge, sondern durch das bloße Verbuchen der Bürgschaftszahlungen die Ansprüche des Bürgen

306 Telefonische Mitteilung des Filialleiters der Volksbank Leipzig eG (Filiale Leipzig Grünau-Allee Center), Herrn Betriebswirt (FH) Sylvio Anton, am 11.04.2002.
307 Vgl. Wagenknecht, S. 252.
308 Vgl. Klett, S. 178 f.
309 Die Zahlungen des Bürgen werden in der Praxis trotz der Bürgschaftsklausel unmittelbar mit der fälligen Hauptforderung verrechnet. Siehe dazu oben, Teil 3, 2. Abschnitt, A), II., 2., a).

zeitweilig auszuschließen und demnach auf das Innenverhältnis zwischen dem Bürgen und dem Hauptschuldner Einfluss nehmen zu können.

Für die Frage des Aufwendungsersatzanspruches spielt es somit auch keine Rolle, dass die die Bürgschaftsklausel gebrauchenden Banken und Sparkassen trotz der ihnen eröffneten theoretischen Möglichkeit, die Zahlungen des Bürgen als Sicherheitsleistungen zu behandeln, diese dennoch unmittelbar mit der fälligen Hauptforderung verrechnen, so dass sowohl keine *„Zwischenlagerung"* der Geldeingänge stattfindet als auch kein *„pignus indebiti"* vorliegen kann.[310] Der Anspruch aus dem Innenverhältnis ist von dem Verhalten des Gläubigers unabhängig.

Der Aufwendungsersatzanspruch kann allerdings vor der Befriedigung des Gläubigers nicht mit dem Befreiungsanspruch des Bürgen gemäß § 775 I Nr. 1 BGB begründet werden, der sich nach der Auffassung des RG in einen Zahlungsanspruch umwandeln kann[311], weil sich in der Regel vor der Eröffnung eines Insolvenzverfahrens die Vermögensverhältnisse des Hauptschuldners noch nicht wesentlich verschlechtert haben.[312] Auch ist es nicht möglich, den Aufwendungsersatzanspruch mit dem Befreiungsanspruch gemäß § 257 BGB zu untermauern, weil dieser gerade den thematisierten Anspruch dem Grunde nach voraussetzt. Ebenfalls kann zu diesem Zeitpunkt nicht auf den Rechtsgedanken des § 162 BGB abgestellt werden, weil der Gläubiger den Anspruch des Bürgen mangels Untätigkeit nicht vereitelt und zusätzlich die Voraussetzungen nicht vorliegen können.[313] Der Aufwendungsersatzanspruch aus dem Innenverhältnis ergibt sich hingegen in der Regel aus einem Auftragsverhältnis zwischen dem Bürgen und dem Hauptschuldner.

Dieser Innenregress des Bürgen gegenüber dem Hauptschuldner ist auch vor dem Zeitpunkt der vollständigen Befriedigung des Gläubigers nicht etwa wegen der Interpretation des BGH ausgeschlossen, nach der es sich bei der cessio legis gemäß § 774 I 1 BGB und dem Anspruch aus dem Innenverhältnis gemäß § 670 BGB um einen einheitlichen, aus beiden Vorschriften gleichermaßen erwachsenden *„Rückgriffsanspruch"* handeln würde. Dies folgt letztlich daraus, dass der Bürge wegen der partiellen Verschiedenartigkeit der Regressmöglichkeiten entscheiden kann, ob er den Zessionsregress oder statt dessen den Innenregress geltend macht und das Innenverhältnis den Vorrang genießt.[314]

---

[310] Siehe dazu oben, Teil 3, 2. Abschnitt, A), II., 2., a).

[311] Siehe dazu oben, Teil 2, 2. Abschnitt, A), I., 3.,b).

[312] Palandt/Sprau, BGB, § 775 Rdnr. 2 verweist in diesem Zusammenhang auf Palandt/Heinrichs, BGB, § 321 Rdnr. 5.

[313] Siehe dazu oben, Teil 3, 2. Abschnitt, A), III., 2., b).

[314] Siehe dazu oben, Teil 2, 2. Abschnitt, B), II.

Der Anspruch aus dem Innenverhältnis entsteht somit bereits in dem Zeitpunkt, in dem der Bürge seine Zahlungen an den Gläubiger erbringt, auch wenn diese wegen der Bürgschaftsklausel nicht zur vollständigen Befriedigung des Gläubigers führen können. Einer vollständigen Befriedigung des Gläubigers bedarf es deshalb nicht, weil der Innenregress nur an eine *„Aufwendung"* anknüpft, die ihrerseits keine Befriedigung voraussetzt. Folglich können der Innenregress auf der einen Seite und der Zessionsregress auf der anderen Seite zu jeweils unterschiedlichen Zeitpunkten entstehen. Dies bedeutet aber auch, dass der Inhalt der Bürgschaftsklausel den Innenregress des Bürgen gegenüber dem Hauptschuldner nicht ausschließen kann. Denn *„bloße"* Sicherheitszahlungen an den Gläubiger – die der Bürge im Zusammenhang mit dem Auftrag leistet und für erforderlich halten darf - stellen auch Aufwendungen dar. Für eine andere Interpretation hätte es einer konkreteren Regelung im Rahmen der Bürgschaftsklausel bedurft.

b) Vertrag zugunsten eines Dritten

Soweit der Anspruch des Bürgen aus dem Innenverhältnis demnach unmittelbar im Zeitpunkt seiner Zahlungen an den Gläubiger entsteht, ergibt sich ein weiteres Problem. Kann der Hauptschuldner kraft des Bürgschaftsvertrages zugunsten Dritter eine Einrede gegenüber dem Bürgen erheben, nach der die Zahlungen des Bürgen bis zur vollständigen Befriedigung des Gläubigers als Sicherheiten zu qualifizieren sind? Diese Frage ist deshalb relevant, weil der Hauptschuldner anderenfalls der möglichen Gefahr ausgesetzt wäre, doppelt, nämlich mangels einer vollständigen Befriedigung vom Gläubiger und wegen des *„vorverlagerten"* Aufwendungsersatzanspruches, vom Bürgen in Anspruch genommen zu werden.

Anerkannt ist hierbei, dass dem Hauptschuldner durch einen Vertrag zugunsten eines Dritten jede zulässige Leistung zugewendet werden kann. Gegenstand des Drittrechts kann insbesondere die Verpflichtung sein, dass eine gegen den Hauptschuldner bestehende Forderung so lange nicht geltend gemacht werden kann, bis das Kreditinstitut *„vollständig befriedigt"* ist. Aus einem derartigen *„pactum de non petendo"* erwächst dem Hauptschuldner unter den vereinbarten Voraussetzungen eine Einrede[315] gegen den Innenregress des Bürgen. Diese Einrede

[315] Vgl. RG, Urteil vom 27.01.1930 – VI 267/29 (LG I Berlin, KG Berlin), RGZ 127, 126 (128); RG Urteil vom 05.07.1935 – II 340/34 (LG Berlin, KG Berlin), RGZ 148, 257 (263); BGH, Urteil vom 03.04.1963 – VIII ZR 119/62, WM 1963, 559 (559 f.); wie MK/Gottwald, BGB, § 328 Rdnr. 22 ausführt, *„geht es nicht darum, dem Dritten einen selbständigen Unterlassungsanspruch zuzuwenden. Es handelt sich vielmehr um einen konstruktiven Ausweg, im Ergebnis zu einem von der Rechtsordnung nicht anerkannten*

würde ausschließlich im Rahmen des Anspruches des Bürgen aus dem Innenverhältnis relevant werden, weil der Zessionsregress erst im Zeitpunkt der Befriedigung des Gläubigers entsteht.
Ob tatsächlich der Bürgschaftsvertrag als Vertrag zugunsten Dritter angesehen werden kann, ist bisher in der Rechtsprechung nur partiell angesprochen worden.
Das RG[316] führte lediglich in seiner Entscheidung vom 02.07.1917 zu der zu untersuchenden Bürgschaftsklausel aus, dass das OLG als Vorinstanz *„anscheinend"* einen Vertrag zugunsten der Hauptschuldnerin angenommen habe. Nähere Ausführungen erfolgten aber nicht.

Auch KLETT[317] verweist in seiner Stellungnahme nur auf das Urteil des BGH[318] vom 03.04.1963, in der das Gericht die folgende Bürgschaftsklausel untersuchte:

„Der Bürge verpflichtet sich, nur nach vorheriger Zustimmung der Genossenschaft gegen den Schuldner den Befreiungsanspruch nach § 775 BGB geltend zu machen."

Der BGH hatte in dieser Konstellation einen Vertrag zugunsten des Hauptschuldners angenommen.[319]
KLETT bedient sich für die Ablehnung des Vertrages zugunsten eines Dritten der Argumentation der Vorinstanz, des OLG Nürnberg[320], indem er ausführt, dass die Bürgschaftsklausel schon immer im Interesse der Bank verankert gewesen sei und es zudem im Bankgewerbe eine der BGH-Entscheidung vom 03.04.1963 zu Grunde gelegte Bürgschaftsklausel nicht gebe.
Diese Argumente vermögen nicht zu überzeugen.[321]

Erlass oder Verzicht zugunsten Dritter zu gelangen, wenn die Verpflichtung zeitlich unbegrenzt ist. Ein derartiger Unterlassungsanspruch ist nicht selbständig einklagbar, er löst bei seiner Verletzung nur die Einrede aus. ... Aus alledem zeigt sich der Verfügungscharakter des pactum de non petendo."

316 Vgl. RG, Urteil vom 02.07.1917 - XI 151/17, LZ 1918 Sp. 206 Nr. 4.

317 Vgl. Klett, S. 172 f.

318 Vgl. BGH, Urteil vom 03.04.1963 – VIII ZR 119/62, WM 1963, 559 (559 f.).

319 Insoweit setzt sich der BGH auch intensiv mit dem Urteil des OLG Nürnberg vom 08.03.1962, WM 1962, 798 (799) auseinander. Das Gericht hatte einen Vertrag zugunsten der Hauptschuldnerin abgelehnt, weil die Bürgschaftsklausel nur im Interesse der Bank abgeschlossen worden sei, ohne der Hauptschuldnerin ein unmittelbar zustehendes Recht zu vermitteln.

320 Vgl. OLG Nürnberg, Urteil vom 08.03.1962, WM 1962, 798 (798 ff.).

321 Ausgangspunkt der Überlegung, ob ein Vertrag zugunsten des Hauptschuldners vorliegt, müssen stets die allgemeinen Voraussetzungen dieses Anspruches selbst sein. Für einen solchen Anspruch ist gemäß § 328 I BGB charakteristisch, dass sich

Bereits in der gemeinrechtlichen Praxis war es anerkannt, dass einem Bürgschaftsvertrag die Qualität eines Vertrages zugunsten eines Dritten zukommen könne.[322] Das RG wie auch der BGH[323] haben diese Sichtweise mit Zustimmung des Schrifttums übernommen.[324] Diese Entscheidungen und Literaturhinweise beschäftigten sich aber nicht mit der Frage, ob ein Bürgschaftsvertrag auch zugunsten des Hauptschuldners[325] abgeschlossen werden könne. Es ist vielmehr durch eine Auslegung des Bürgschaftsvertrages zu ermitteln, ob und vor allem welches Forderungsrecht der Dritte erwirbt (§ 328 II BGB).
Echte Drittbegünstigungen werden in der Regel nicht ausdrücklich festgelegt, so dass nicht allein der Wortlaut des Bürgschaftsvertrages herangezogen werden darf, sondern vor allem der Vertragszweck, sein typischer Inhalt sowie alle Umstände des Einzelfalles (z.B. begleitende Erklärungen gegenüber einem Dritten). Maßgebend ist somit stets der erkennbare Parteiwille, der auch *„stillschweigend“* zum Ausdruck kommen kann. Es gelten demgemäß die allgemeinen Regeln über die notfalls ergänzende Auslegung von Rechtsgeschäften (§§ 133, 157 BGB). Dabei stellt der von den Parteien verfolgte Geschäftszweck ein ob-

---

- aus dem die Rechtsbeziehung prägenden Deckungsverhältnis zwischen dem Gläubiger und dem Bürgen die zu erbringende Leistung und die Person des Dritten ergibt,
- aus dem meist vertraglich ausgestalteten Valutaverhältnis zwischen dem Gläubiger und dem Hauptschuldner der originäre Rechtsgrund für die Zuwendung an den Dritten (Hauptschuldner) resultiert und
- das Vollzugsverhältnis zwischen dem Bürgen und dem Hauptschuldner nicht notwendig an ein vertragliches Verhältnis anknüpft. Insoweit sei auf Palandt/Heinrichs, BGB, Einf. v. § 328 Rdnrn. 3 ff. verwiesen.

322 Zahlreiche Nachweise der gemeinrechtlichen Praxis befinden sich bei Bayer, S. 160.

323 Vgl. BGH, Urteil vom 04.05.1984 - IX ZR 37/83 (Hamm), NJW 1984, 2088 (2088); BGH, Urteil vom 20.10.1988 - IX ZR 47/87 (München), NJW-RR 1989, 315 (317); zustimmend auch OLG Koblenz, Urteil vom 19.04.1991 - 2 U 1659/89, NJW-RR 1992, 107 (107).

324 Vgl. MK/Gottwald, BGB, § 328 Rdnr. 58; Soergel/Hadding, BGB, § 328 Rdnr. 82; Palandt/Heinrichs, BGB, § 328 Rdnr. 10; Scholz, Rdnr. 22 meint, dass Verträge zugunsten Dritter praktisch keine wesentliche Rolle spielen und von Rechts wegen gänzlich bei der Bestellung von Sachsicherheiten ausgeschlossen seien.

325 Der BGH stellte in seinem Urteil vom 28.05.1991 - IX ZR 260/90 (LG Mönchengladbach, OLG Düsseldorf), MDR 1991, 1060 (1060) fest, dass auch der Umstand, *„dass i.d.R. ein besonderes Innenverhältnis zwischen dem Bürgen und dem Hauptschuldner besteht, das Anlass für die Bürgschaft ist, ... das selbständige Bürgschaftsversprechen nicht zu einem Vertrag zugunsten eines Dritten“* macht. Aus den Entscheidungsgründen des Urteils ist aber nicht ersichtlich, ob der BGH zu diesem Ergebnis im Wege der Auslegung gemäß § 328 II BGB gekommen ist.

jektives Auslegungsmerkmal dar, wobei nicht entscheidend ist, ob sich die Parteien beim Vertragsabschluss der Tragweite ihrer Erklärungen bewusst waren.[326] GEGEN einen Vertrag zugunsten des Hauptschuldners spricht zunächst, dass der Bürgschaftsvertrag vor allem dem Gläubiger eine zusätzliche Sicherheit gewährt und deshalb primär seine Interessen berücksichtigt werden sollen. Der Bürgschaftsvertrag stellt weder einen Akt der Fürsorge für den Dritten dar noch haben der Gläubiger und der Bürge aus sonstigen Gründen ausschließlich im Interesse des Hauptschuldners miteinander kontrahiert. Des Weiteren kann auch dem Wortlaut des Bürgschaftsvertrages keine Drittbegünstigung entnommen werden. Die Bürgschaftsklausel stellt hingegen ausschließlich auf den Gläubiger ab, indem es heißt:

„Zahlungen des Bürgen dienen als Sicherheitsleistung ..., bis die Bank ... . Erst dann gehen die Ansprüche der Bank ... über. Die Bank ist jedoch berechtigt, ...“

Auch hat die Rechtsprechung einen solchen Fall, dass der Bürgschaftsvertrag auch zugunsten des Hauptschuldners abgeschlossen werden kann, noch nicht richtungsweisend entschieden, was wiederum gegen einen darauf Bezug nehmenden Parteiwillen spricht. Zudem befindet sich tatsächlich in den Bürgschaftsverträgen des Bankgewerbes keine der BGH-Entscheidung[327] vom 03.04.1963 zu Grunde gelegte Bürgschaftsklausel, so dass in dieser Judikatur möglicherweise von einem Ausnahmefall gesprochen werden muss.

FÜR einen Vertrag zugunsten des Hauptschuldners spricht zunächst der mit der Bürgschaftsklausel verfolgte Vertragszweck. Diese Regelung verfolgt ausschließlich das Ziel, die Kreditinstitute umfassend vor der Konkurrenz des Bürgen zu sichern, mit der Folge, dass der Hauptschuldner nicht *„vorzeitig“* den Ansprüchen des Bürgen ausgesetzt sein soll und dadurch das Forderungsrecht der Banken und Sparkassen vereitelt werden könnte. Die Kreditinstitute haben deshalb ein berechtigtes Interesse daran, dass sich der Hauptschuldner vor ihrer vollständigen Befriedigung gegen die *„vorzeitige“* Inanspruchnahme durch den Bürgen zur Wehr setzen kann. Dieses Interesse folgt aus dem Bestreben der

---

326 MK/Gottwald, BGB, § 328 Rdnr. 32 weist darauf hin, dass es mangels einer konkreten Vereinbarung nicht darauf ankomme, ob die Parteien den objektiven Zweck ihres Vertrages bewusst reflektiert haben. Entscheidend seien *„die Vorstellungen redlicher, mit den allgemeinen Verkehrssitten vertrauter Personen.“*; in diesem Sinne auch Staudinger/ Jagmann, BGB, § 328 Rdnrn. 55 ff.; ebenso RG, Urteil vom 10.02.1930 – VI 270/29 (LG Kassel, OLG Kassel), RGZ 127, 218 (222); BGH, Urteil vom 03.04.1963 – VIII ZR 119/62, WM 1963, 559 (559 f.); BGH, Urteil vom 10.02.1971 – VIII ZR 182/69 (LG Dortmund, OLG Hamm), BGHZ 55, 307 (309); BGH, Urteil vom 29.11.1974 – V ZR 73/73 (Frankfurt), NJW 1975, 344 (344); BGH, Urteil vom 19.10.1983 – IVa ZR 71/82 (KG), NJW 1984, 480 (481); BGH, Urteil vom 16.10.1990 – XI ZR 330/89 (Oldenburg), NJW 1991, 2209 (2209).

Kreditinstitute, dass die Haftungsmasse des Hauptschuldners nicht *„vor ihrem Zugriff“* gemindert wird. Dieses Sicherungsinteresse ist für den subsidiär haftenden Bürgen auch durch die inhaltliche Ausgestaltung der Bürgschaftsklausel bei Vertragsabschluss erkennbar.
Somit ist es unrichtig, wenn aus dem im Vordergrund stehenden Sicherungsbedürfnis der Kreditinstitute geschlussfolgert wird, dass hierdurch Dritte automatisch keine Rechte erwerben können. Die Begründung eines Abwehrrechtes zugunsten des Dritten kann nämlich gerade im Interesse des Kreditinstitutes liegen und dessen Rechtserwerb verstärken.
Maßgebend für einen Vertrag zugunsten eines Dritten ist somit der erkennbare Wille der Parteien, das Kreditinstitut bei der Realisierung seiner Hauptforderung vollumfänglich zu stärken und unmittelbar die Rechte des Sicherungsgebers einzuschränken. Auch wenn die Begründung von Rechten für den Hauptschuldner nicht das ausschließliche Ziel der Banken und Sparkassen ist, so liegt aber eine Verstärkung der Rechtsposition des Hauptschuldners in ihrem erkennbaren Interesse. Dieser Vertragszweck ist bei der Auslegung des Bürgschaftsvertrages maßgebend zu berücksichtigen.
Somit führt das von KLETT vorgetragene Argument, dass durch die Bürgschaftsklausel ausschließlich die Rechte des Kreditinstitutes berücksichtigt werden, nicht dazu, dass der Bürgschaftsvertrag nicht als ein Vertrag zugunsten Dritter ausgelegt werden kann. Denn die Gewährung einer Rechtsposition zugunsten des Hauptschuldners beeinträchtigt den Gläubiger nicht, sondern verstärkt statt dessen seine Rechte. Anderenfalls könnte der Bürge den Hauptschuldner außerhalb eines Insolvenzverfahrens und vor der vollständigen Befriedigung des Gläubigers aus dem Innenverhältnis in Anspruch nehmen, wobei der Gläubiger nicht über § 774 I 2 BGB geschützt wäre. Der Gläubiger wäre aber dann geschützt, wenn der Hauptschuldner kraft Vertrages zugunsten Dritter eine Einrede gegen seine Inanspruchnahme durch den Bürgen erheben könnte und diese Einrede auch tatsächlich erhebt.
Der Bürgschaftsvertrag wird somit *„auch“* zugunsten des Hauptschuldners abgeschlossen. Anderenfalls könnte das mit der Bürgschaftsklausel verfolgte Ziel, den Gläubiger umfassend zu sichern, vereitelt werden und der Regelungszweck der Bürgschaftsklausel leer laufen. Es ist deshalb festzustellen, dass *„das Versprechen des Bürgen ... mit der Person des Hauptschuldners als Dritten viel enger verknüpft ist, als es bei Verträgen zugunsten Dritter sonst zu sein pflegt.“*[328]

[327] Vgl. BGH, Urteil vom 03.04.1963 – VIII ZR 119/62, WM 1963, 559 (559 f.).
[328] Vgl. BGH, Urteil vom 03.04.1963 – VIII ZR 119/62, WM 1963, 559 (559 f.).

Der Bürgschaftsvertrag ist unter anderem auch wegen der Verwendung der Bürgschaftsklausel als ein Vertrag zugunsten des Hauptschuldners zu qualifizieren. Der Hauptschuldner ist auf dieser Grundlage berechtigt, dem Innenregress des Bürgen so lange eine Einrede *„entgegenzuhalten"*, bis der Gläubiger vollständig befriedigt ist. Erst dann muss der Hauptschuldner dem Bürgen seine Aufwendungen erstatten.
Selbst für den Fall, dass dem Bürgschaftsvertrag nicht die Qualität eines Vertrages zugunsten des Hauptschuldners beigemessen wird, besteht zumindest für den Hauptschuldner zur Vermeidung einer doppelten Inanspruchnahme die Möglichkeit, im Wege eines Zurückbehaltungsrechts die Erfüllung des Anspruches aus dem Innenverhältnis von der Abtretung des vom Bürgen erlangten Anspruches auf Herausgabe der vom Kreditinstitut nicht mehr benötigten Bürgenleistung abhängig zu machen.[329] Gemäß § 667 BGB hat der beauftragte Bürge dem Auftraggeber (Hauptschuldner) nämlich alles, was er zur Ausführung des Auftrags erhält und was er aus der Geschäftsbesorgung erlangt, herauszugeben. Erlangt hat der Bürge gegenüber dem Kreditinstitut einen aufschiebend bedingten Rückgewähranspruch der von ihm geleisteten Sicherheitszahlungen.[330] Da sowohl dem Bürgen als auch dem Hauptschuldner wegen der Forderungen gemäß § 670 BGB bzw. § 667 BGB ein Zurückbehaltungsrecht gemäß § 273 I BGB zustehen[331], können beide ihre geschuldete Leistung verweigern[332], bis ihnen jeweils der andere seine ihm gebührende Leistung bewirkt hat. Insoweit kann auch dem von REINICKE/TIEDTKE vorgebrachten Argument der Gefahr der doppelten Inanspruchnahme des Hauptschuldners entgegnet werden.

---

329 Vgl. Wagenknecht, S. 252 f.; a.A. Klett, S. 173.
330 Siehe dazu oben, Teil 3, 2. Abschnitt, A), II., 2., b).
331 Vgl. Palandt/Sprau, BGB, § 667 Rdnr. 9.
332 Das Zurückbehaltungsrecht gibt dem Schuldner eine aufschiebende Einrede und muss demnach ausdrücklich oder stillschweigend geltend gemacht werden. Insoweit sei auf BGH, Urteil vom 27.10.1982 – V ZR 136/81 (München), NJW 1983, 565 (565) verwiesen.

2. Nach der Eröffnung eines Insolvenzverfahrens über das Vermögen des Hauptschuldners

a) Die Teilnahme des Gläubigers am Insolvenzverfahren

Soweit der Gläubiger seine - bedingt durch den Regelungsgehalt der Bürgschaftsklausel - noch nicht vollständig befriedigte Hauptforderung zur Insolvenztabelle anmeldet, folgt aus § 44 InsO, dass es dem Bürgen entgegen der Auffassung des OLG HAMBURG[333] versagt ist, sowohl seinen *„vorverlagerten"* Anspruch aus dem Innenverhältnis als auch seinen Zessionsregress gegenüber dem Hauptschuldner zur Insolvenztabelle anzumelden, weil dies anderenfalls gegen das Verbot der Doppelanmeldung verstoßen würde.

b) Keine Teilnahme des Gläubigers am Insolvenzverfahren

Wenn der Gläubiger hingegen nicht selbst am Insolvenzverfahren teilnimmt, kann der Bürge, soweit er an den Gläubiger Zahlungen geleistet hat, auf Grund seiner materiell-rechtlichen Forderungsinhaberschaft seinen Anspruch aus dem Innenverhältnis gegenüber dem Hauptschuldner als unbedingte Insolvenzforderung zur Insolvenztabelle anmelden. Der Bürge ist nicht darauf beschränkt, lediglich eine aufschiebend bedingte Insolvenzforderung zur Insolvenztabelle anzumelden, weil sich der Bürgschaftsvertrag als ein Vertrag zugunsten eines Dritten darstellt. Dies folgt daraus, dass die Rechtskonstruktion des Vertrages zugunsten eines Dritten die materiell-rechtliche Forderungsinhaberschaft des Bürgen unberührt lässt und darüber hinaus auch ungewiss ist, ob der Hauptschuldner überhaupt kraft des Bürgschaftsvertrages zugunsten eines Dritten die Einrede erhebt.
Möglicherweise könnte der Bürge aber neben seinem Anspruch aus dem Innenverhältnis auch zusätzlich seinen ihm zustehenden Befreiungsanspruch gemäß § 775 I Nr. 1 BGB[334] als unbedingte Insolvenzforderung zur Insolvenztabelle anmelden. Dann müsste dem Bürgen zunächst auf der Grundlage seines Befreiungsanspruches ein Zahlungsanspruch gegenüber dem Hauptschuldner zustehen, den er als unbedingte Insolvenzforderung zur Insolvenztabelle anmelden könnte. Hierzu ist folgendes zu sagen:

---

333 Vgl. OLG Hamburg, Urteil vom 23.10.1911 - Bf. I 71/11, LZ 1912 Sp. 410 Nr. 4.
334 Siehe dazu oben, Teil 2, 2. Abschnitt, A), I., 3.

Das RG[335] führte in der Entscheidung vom 02.12.1911 aus, dass für den Fall, dass die Inanspruchnahme des Bürgen unabwendbar bevorstehe und eine Inanspruchnahme des Hauptschuldners durch den Gläubiger infolgedessen nicht mehr zu befürchten sei, der Bürge ausnahmsweise vom Hauptschuldner Zahlungen an sich selbst verlangen könne.[336] Das RG[337] entwickelte anschließend in der Entscheidung vom 12.01.1934 den für die Sicherheitszahlungen vergleichbaren Fall, dass der Bürge den Gläubiger durch die Bereitstellung von Sicherungsrechten so gestellt habe, als wenn er bereits bezahlt hätte *„und deshalb im Rückgriffswege gegen den Hauptschuldner vorgehen könnte. Denn dann ist sein Vermögen mit einer sofort eintreibbaren Schuld belastet.“*

Der BGH ist dieser Sichtweise nicht gefolgt.[338]

Es ist aber auch tatsächlich entgegen der Auffassung des RG kein Grund ersichtlich, weshalb das Insolvenzverfahren die Person des Leistungsempfängers verändern soll.[339] Selbst nach den vom RG aufgestellten Voraussetzungen kann sich der Befreiungsanspruch höchstens in der Form einer Zahlungsverpflichtung an den Gläubiger in einen Zahlungsanspruch umwandeln.[340] KRETSCHMER, der die Rechtsprechung des RG deshalb ablehnt, weil sie *„ohne zwingende Notwendigkeit Unordnung in eine wohlerwogene gesetzliche Regelung gebracht“*[341] habe, hat nämlich zu Recht dargelegt, dass der Hauptschuldner das für den Vorschuss erforderliche Geld auch unmittelbar dem Gläubiger überreichen und den Bürgen hierdurch befreien könne, weil es in der Konsequenz untunlich wäre, den Hauptschuldner der Gefahr auszusetzen, dass der Bürge den vorgeleisteten Geldbetrag nicht weiterleite.

Der Bürge kann somit zwar den Befreiungsanspruch gegenüber dem Hauptschuldner als unbedingte Insolvenzforderung zur Insolvenztabelle anmelden, dieser Anspruch ist aber auf eine Leistung an den Gläubiger gerichtet. Eine sol-

---

335 Vgl. RG, Urteil vom 02.12.1911 – V 266/11 (LG Elbing, OLG Marienwerder), RGZ 78, 26 (34).

336 Siehe dazu oben, Teil 2, 2. Abschnitt, A), I., 3.,b).

337 Vgl. RG, Urteil vom 12.01.1934 – II 190/33 (LG Karlsruhe, OLG Karlsruhe), RGZ 134, 192 (194).

338 Vgl. BGH, Urteil vom 14.01.1999 – IX ZR 208/97 (Berlin), BGHZ 140, 270 (272 ff.) = NJW 1999, 1182 (1183 f.) = WM 1999, 378 (379 f.); BGH, Urteil vom 16.03.2000 – IX ZR 10/99 (Köln), WM 2000, 910 (911) = NJW 2000, 1643 (1643 f.); in diesem Sinne auch Fischer, WM 2001, 1093 (1099).

339 Vgl. Wissmann, Rdnr. 234.

340 Die nach der Auffassung des RG erforderlichen Voraussetzungen der Umwandlung des Befreiungsanspruches in einen Zahlungsanspruch mussten nicht dargelegt werden, weil es im Rahmen dieses Prüfungspunktes nur auf die abstrakte Möglichkeit der Anmeldung dieser Forderung zur Insolvenztabelle ankam.

341 Vgl. Kretschmer, NJW 1962, 141 (141).

che Sichtweise ist auch konsequent, weil die Geltendmachung des Befreiungsanspruches inhaltlich nicht anders zu bewerten ist, als wenn sich der Gläubiger selbst am Insolvenzverfahren beteiligte. Für diesen Fall würde der Hauptschuldner aber seine Zahlungen stets an den Gläubiger erbringen. Hieraus folgt, dass der Bürge entweder seinen Anspruch aus dem Innenverhältnis oder seinen Befreiungsanspruch gegenüber dem Hauptschuldner als unbedingte Insolvenzforderung anmelden kann. Beide Ansprüche kann er hingegen nicht gleichzeitig zur Insolvenztabelle anmelden, weil dies anderenfalls gegen das Verbot der Doppelanmeldung verstoßen würde.

C) Die Rückgriffsansprüche des Bürgen gegenüber den anderen (ausgleichsverpflichteten) Sicherungsgebern

I. Die Rückgriffsansprüche bei einer Mitbürgschaft

Soweit die Zahlungen eines Mitbürgen entsprechend der Bürgschaftsklausel als Sicherheitsleistungen zu qualifizieren sind, ist die Rechtslage mit der vergleichbar, dass der Mitbürge an den Gläubiger noch keine Zahlungen geleistet hat.
Gemäß §§ 774 II, 769, 426 I 1 BGB kann ein Mitbürge aber bereits vor seiner Leistung an den Gläubiger die anderen Mitbürgen für den Fall der Fälligkeit der Bürgschaftsverpflichtung auf eine anteilige Mitwirkung an der Befriedigung des Gläubigers in Anspruch nehmen, um nicht auf einen späteren Ausgleich angewiesen zu sein (§ 426 II BGB). Dieser selbstständige Ausgleichsanspruch[342]

---

[342] Üblicherweise verwenden Banken und Sparkassen in ihren Bürgschaftsverträgen die Bürgschaftsklausel, die das Entstehen einer Gesamtschuldnerschaft unter mehreren Bürgen ausschließt. Auf diese Kautelarpraxis soll nur ergänzend eingegangen werden, weil die hierzu vertretenen unterschiedlichen Auffassungen in der Konsequenz zu ähnlichen Ergebnissen gelangen.

• Der BGH vertritt die Ansicht, dass der Ausschluss der gesamtschuldnerischen Haftung nicht zur Folge habe, dass ein Ausgleich zwischen den mehreren Bürgen, die sich für dieselbe Verbindlichkeit verbürgt haben, nicht stattfinde. Diese Bürgschaftsklausel beziehe sich nur auf das Außen-, nicht hingegen auf das Innenverhältnis. In diesem Sinne argumentieren beispielsweise BGH, Urteil vom 14.07.1983 - IX ZR 40/82 (LG Verden, OLG Celle), BGHZ 88, 185 (188 ff.) = NJW 1983, 2442 (2443) = WM 1983, 928 (928 f.) = ZIP 1983, 1042 (1042 f.) = MDR 1983, 931 (931) = JZ 1983, 894 (895 f.) mit Anmerkung von Reinicke/Tiedtke; BGH, Urteil vom 15.05.1986 - ZR 96/85 (München), NJW 1986, 3131 (3132); BGH, Urteil vom 23.10.1986 - IX ZR 203/85 (OLG Stuttgart), NJW 1987, 374 (375) = WM 1986, 1550 (1551) = JZ 1987, 520 (521); BGH, Urteil vom 04.06.1987 - IX ZR 31/86, NJW 1987, 3126 (3127); die Auffassung des BGH lehnt Wolf in NJW 1987, 2472 (2472 ff.) ab.

• Reinicke/Tiedtke, JZ 1983, 896 (897 f.); Tiedtke, ZIP 1986, 150 (150 f.); ders., JZ 1987, 491 (491 ff.) halten diese Bürgschaftsklausel wegen eines Verstoßes gegen § 9 gemäß §§ 774 II, 769, 426 I 1 BGB, der auf eine anteilige Mitwirkung an der Befriedigung des Gläubigers gerichtet ist, entsteht zwangsläufig nicht erst mit der Befriedigung des Gläubigers, sondern bereits mit der Entstehung des gemäß §§ 774 II, 769 BGB angeordneten Gesamtschuldverhältnisses.[343] Dieser Anspruch ist inhaltlich auf Befreiung von dem Teil der Verpflichtung gerichtet, den der andere Mitbürge im Innenverhältnis zu tragen hat, und durch Zahlung an den Gläubiger, nicht hingegen an den anderen Mitbürgen, zu erfüllen (so genannter *„Befreiungsanspruch“*).[344] Erst nach der Befriedigung des Gläubigers hat der ausgleichsberechtigte Mitbürge gegenüber dem anderen Mitbürgen einen an ihn zu erfüllenden Zahlungsanspruch (so genannter *„Anspruch auf Ausgleich des Geleisteten“*).[345] Beide Ansprüche sind vom selbstständigen Ausgleichsanspruch gemäß § 426 I BGB erfasst, sie entstehen aber zu jeweils unterschiedlichen Zeitpunkten. Daneben geht auch noch gemäß §§ 774 II, 769, 426 II 1 BGB für den Fall der Befriedigung des Gläubigers die Gläubigerforderung gegenüber dem anderen (ausgleichsverpflichteten) Mitbürgen auf den ausgleichsberechtigten Mitbürgen über, wobei dieser Übergang nach dem Prinzip des *„nemo subrogat contra se“* nicht zum Nachteil des Gläubigers geltend gemacht werden kann (§ 426 II 2 BGB).

Fraglich ist in diesem Zusammenhang, ob dem Mitbürgen auch dann ein Anspruch auf einen anteiligen Ausgleich des an den Gläubiger geleisteten Geldbetrages zusteht, wenn er den Gläubiger nur deshalb nicht vollständig befriedigen konnte, weil er nach dem Inhalt der Bürgschaftsklausel lediglich Sicherheitszahlungen geleistet hat. In concreto ist deshalb der Frage nachzugehen, ob dem zahlenden Mitbürgen wegen des Regelungsgehaltes der Bürgschaftsklausel bereits vor der vollständigen Befriedigung des Gläubigers ein Zahlungsanspruch gegenüber dem anderen Mitbürgen zustehen kann.

AGBG a.F. (307 BGB) für unwirksam. Für diesen Fall greifen gemäß § 6 II AGBG a.F. (306 II BGB) die gesetzlichen Vorschriften und somit über § 769 BGB die Regelungen der Gesamtschuldnerhaftung ein.
Somit bejahen sowohl der BGH als auch Reinicke/Tiedtke einen internen Ausgleichsanspruch.

343 Vgl. RG, Urteil vom 26.04.1912 – II 523/11 (LG Neuwied, OLG Frankfurt), RGZ 79, 288 (290); BGH, Urteil vom 22.10.1957 – VI ZR 231/56 (Neustadt/Wstr.), NJW 1958, 497 (497); BGH, Urteil vom 27.06.1961 – VI ZR 205/60 (LG Münster, OLG Hamm), BGHZ 35, 317 (325) = NJW 1961, 1966 (1967); BGH, Urteil vom 05.03.1981 - III ZR 115/80 (Stuttgart), NJW 1981, 1666 (1667 f.); BGH, Urteil vom 07.11.1985 – III ZR 142/84 (Celle), NJW 1986, 978 (979); BGH, Urteil vom 15.05.1986 - ZR 96/85 (München), NJW 1986, 3131 (3131 f.).

344 Vgl. Palandt/Heinrichs, BGB, § 426 Rdnr. 3.

345 Vgl. Palandt/Heinrichs, BGB, § 426 Rdnr. 5.

1. Der **BGH**[346] hatte sich nur einmal mit dieser Frage in der Entscheidung vom 23.10.1986 auseinandergesetzt, in der das Gericht darlegte, dass die Wirkung der Bürgschaftsklausel in der Regel nur das Außenverhältnis betreffe, so dass der zahlende Mitbürge (im Folgenden Mitbürge 1 genannt) bei dem anderen Mitbürgen (im Folgenden Mitbürge 2 genannt) einen Ausgleich verlangen könne, soweit nicht eine vertragliche Alleinhaftung vereinbart sei. Mangels Befriedigung des Gläubigers könne dem Mitbürgen 1 dem Grunde nach nur ein Befreiungsanspruch gegenüber dem Mitbürgen 2 zustehen, der aber wegen der bereits erbrachten Zahlungen nicht mehr zu erfüllen sei. *„Anstelle des untergegangenen Befreiungsanspruchs"* trete ein Anspruch auf Zahlung des Ausgleichsbetrages, von dem der Mitbürge 1 vom Mitbürgen 2 hätte freigestellt werden müssen. Diesen Ausgleichsbetrag dürfe der Mitbürge 1 aber nur als Sicherheitsleistung vom Mitbürgen 2 entgegennehmen. Der Mitbürge 2 erhalte hingegen gegenüber dem Mitbürgen 1 einen durch die Vollbefriedigung des Gläubigers aufschiebend bedingten Anspruch auf Rückgewähr des geleisteten Ausgleichsbetrages.

2. Im Sinne der BGH-Entscheidung kann auch die Stellungnahme von **KNÜTEL**[347] gewertet werden, der zwar ausdrücklich nur zu der Klausel Stellung nimmt, die eine Entstehung der Gesamtschuldnerschaft ausschließt, hierbei aber erwähnt, dass ein Regress unter Mitbürgen durch eine Vereinbarung mit dem Gläubiger deshalb nicht ausgeschlossen werden könne, weil Mitbürgen in einer *„Gefahrengemeinschaft"* stehen, für die der Grundsatz gelte, dass die aus der Risikoverwirklichung entstandenen Nachteile auf die Beteiligten umzulegen seien. Nach diesem Verständnis habe sich das mit der Bürgschaftsklausel verbundene Risiko, dass der Mitbürge durch seine Sicherheitsleistungen keinen Regress nehmen dürfe, verwirklicht, so dass ihm wegen der *„Gefahrengemeinschaft"* ein Ausgleichsanspruch zustehen müsse.

---

[346] Vgl. BGH, Urteil vom 23.10.1986 - IX ZR 203/85 (OLG Stuttgart), NJW 1987, 374 (374 ff.) = WM 1986, 1550 (1550 ff.) = JZ 1987, 520 (520 ff.).

[347] Vgl. Knütel, JR 1985, 6 (7 ff.). Auch Schimansky/Bunte/Lwowski/Schmitz, Band II, § 91 Rdnr. 100 bejahen einen Ausgleichsanspruch, wobei die Zahlung vom ausgleichsberechtigten Mitbürgen nur als Sicherheitsleistung entgegengenommen werden dürfe, solange auch das Kreditinstitut die Zahlungen des ausgleichsberechtigten Bürgen nicht als Erfüllung angenommen habe. Falls das Kreditinstitut die Sicherheitszahlungen des ausgleichsberechtigten Mitbürgen an ihn auskehren würde, sei er verpflichtet, den erhaltenen Ausgleichsbetrag an den ursprünglich ausgleichsverpflichteten Mitbürgen zurückzugewähren. In diesem Sinne auch Soergel/Stein, AGBG, § 9 Rdnr. 67.

3. TIEDTKE[348] lehnt hingegen einen Ausgleichsanspruch des Mitbürgen 1 in der Form einer an ihn zu zahlenden Sicherheitsleistung vor dem Zeitpunkt der Befriedigung des Gläubigers ab, weil der Mitbürge 2 anderenfalls der Gefahr ausgesetzt wäre, seine Zahlungen nicht wieder zurückzuerhalten. Es sei nämlich nicht auszuschließen, dass der insoweit verpflichtete Mitbürge 1 zahlungsunfähig werden könnte. Einen hinreichenden Schutz erlange der Mitbürge 2 auch nicht dadurch, dass er seine Zahlungen nur Zug um Zug gegen Abtretung der dem Mitbürgen 1 gegenüber dem Gläubiger zustehenden Ansprüche leiste, weil diese Ansprüche meist mit einem den Kreditinstituten zustehenden Pfandrecht belastet seien. Der Befreiungsanspruch könne sich somit erst durch eine tatsächlich erfüllende Zahlung an den Gläubiger in einen Zahlungsanspruch umwandeln, weil sich die Rechtsstellung des Mitbürgen 2 durch eine bloße Sicherheitsleistung nicht verbessere und insbesondere in den Höchstbetragsbürgschaften ansonsten die Gefahr bestehen würde, dass dieser Mitbürge wegen der weiter bestehenden vollen Zugriffsmöglichkeit des Gläubigers in einem höheren Maße in Anspruch genommen werde, als er sich tatsächlich verbürgt habe.

4. STELLUNGNAHME

Bei der Beantwortung der eingangs gestellten Frage ist zwischen dem Befreiungsanspruch und dem Anspruch auf Ausgleich des Geleisteten zu differenzieren.

a) Der Befreiungsanspruch

Der dem Mitbürgen 1 zustehende Befreiungsanspruch, der inhaltlich darauf gerichtet ist, in entsprechender Höhe an der Zahlung an den Gläubiger teilzunehmen, kann entgegen der Auffassung des BGH wegen der mit der Bürgschaftsklausel verbundenen Rechtsfolge noch erfüllt werden. Die Geltendmachung dieses Anspruches macht aber für den Mitbürgen 1 wirtschaftlich keinen Sinn, weil der Gläubiger die Zahlungen des Mitbürgen 2 wegen des Regelungsgehaltes der Bürgschaftsklausel gerade nicht mit Erfüllungswirkung annehmen muss. Er kann diese Leistung statt dessen – wie die bereits vom Mitbürgen 1 erhaltene – einstweilen als Sicherheitsleistung entgegennehmen.

---

[348] Vgl. Tiedtke, JZ 1987, 491 (493 ff.); ders., BGH EWiR § 769 BGB 1/87, 37 (37 f.).

aa) Der Untergang des Befreiungsanspruches

Unabhängig von den aufgezeigten wirtschaftlichen Überlegungen ist der Befreiungsanspruch aber wegen des Inhalts der Bürgschaftsklausel noch nicht untergegangen. Der Gläubiger hat nur vorläufig und nicht endgültig auf die Vermögenswerte des Mitbürgen 1 (Bürgschaftszahlungen) zugegriffen. Dies bedeutet, dass es nicht ausgeschlossen ist, dass der Gläubiger trotz der erhaltenen Sicherheitszahlungen des Mitbürgen 1 dennoch den Mitbürgen 2 in voller Höhe in Anspruch nimmt. Dies hätte zur Folge, dass der Mitbürge 1 die vom Gläubiger nicht mehr benötigten Sicherheitszahlungen zurückfordern könnte. Wegen dieser tatsächlich bestehenden - wenn auch unwahrscheinlichen - Möglichkeit kann nicht davon gesprochen werden, dass der dem Mitbürgen 1 zustehende Befreiungsanspruch bereits durch seine Sicherheitsleistungen *„untergegangen"* sei. Der Gläubiger hat eben *„nur"* eine Sicherheitszahlung erhalten, die wegen der Bürgschaftsklausel nicht zu seiner Befriedigung und somit zur Erfüllung des Bürgschaftsanspruches gemäß § 362 I BGB führte. Für den Mitbürgen 1 besteht demnach weiterhin ein berechtigtes Interesse, dass auch der Mitbürge 2 an den Gläubiger Zahlungen leistet, auf die der Gläubiger zugreifen könnte. Dieses Interesse ergibt sich trotz der Tatsache, dass der Gläubiger auch diese Bürgschaftszahlungen als Sicherheitsleistungen entgegennehmen kann, daraus, dass der Mitbürge 1 seine an den Gläubiger geleisteten Zahlungen zumindest anteilig zurückerhalten würde, falls der Gläubiger auf die Sicherheitszahlungen des Mitbürgen 2 zugreift. Der Befreiungsanspruch kann daher - trotz der Sicherheitszahlungen des Mitbürgen 1 - bis zum Zeitpunkt des *„tatsächlichen Zugriffs"* des Gläubigers auf die als Sicherheit erhaltenen Bürgschaftszahlungen erfüllt werden.

Diese Wertung ergibt sich im Übrigen auch aus dem Sinn und Zweck des Befreiungsanspruches.

Der Befreiungsanspruch soll nämlich gewährleisten, dass alle Mitbürgen entsprechend ihrem im Innenverhältnis zu tragenden Anteil daran mitwirken, den Gläubiger durch die Zahlung des Bürgschaftsbetrages zu befriedigen. Dementsprechend soll nicht ein Mitbürge das Risiko seiner Inanspruchnahme allein tragen, sondern dieses Risiko soll anteilig auf alle persönlich haftenden Mitbürgen übertragen werden. Dies kann nur dann anders beurteilt werden, wenn feststeht, dass ein Mitbürge tatsächlich über das Innenverhältnis hinaus vom Gläubiger in Anspruch genommen wird. Bei einer Sicherheitsleistung liegt eine solche endgültige Inanspruchnahme aber noch nicht vor. Immerhin steht dem Mitbürgen 1 gegenüber dem Gläubiger ein aufschiebend bedingter Rückgewähranspruch der von ihm geleisteten Sicherheitszahlungen zu.[349] Für den Mitbürgen 1 bedeutet dies, dass wegen des Regelungsgehaltes der Bürgschaftsklausel nicht nur die Befriedigung des Gläubigers, sondern auch der Untergang seines an den Gläubiger zu erfüllenden Befreiungsanspruches gegenüber dem Mitbürgen 2 zeitlich hinausgeschoben wird. Entgegen der Auffassung des BGH kann der Befreiungsanspruch erst im Zeitpunkt der *„Befriedigung"* des Gläubigers untergehen. Eine *„bloße"* Sicherheitszahlung erfüllt diese Voraussetzung nicht.

bb) Die Anmeldung des Befreiungsanspruches zur Insolvenztabelle

Während eines Insolvenzverfahrens über das Vermögen des Mitbürgen 2 ist der Mitbürge 1 wegen § 44 InsO nicht berechtigt, seinen Befreiungsanspruch zur Insolvenztabelle anzumelden, wenn sich der Gläubiger selbst an diesem Verfahren beteiligt. Falls der Gläubiger hingegen von einer Teilnahme am Insolvenzverfahren Abstand nimmt, steht einer Anmeldung des an den Gläubiger zu erfüllenden Befreiungsanspruches als unbedingte Insolvenzforderung nichts entgegen.[350]

b) Der Anspruch auf Ausgleich des Geleisteten

Für den Mitbürgen 1 ist dieses Ergebnis unbefriedigend. Ihm steht zwar wegen seiner an den Gläubiger geleisteten Bürgschaftszahlungen ein Befreiungsanspruch gegenüber dem Mitbürgen 2 zu, die Geltendmachung dieses Anspruches macht für ihn aber (wirtschaftlich) keinen Sinn, weil der Gläubiger die vom Mitbürgen 2 erhaltene Zahlung wiederum als Sicherheitsleistung entgegennehmen kann. Es ist deshalb der bereits eingangs gestellten Frage nachzugehen, ob dem Mitbürgen 1 auch vor der vollständigen Befriedigung des Gläubigers ein eigener Zahlungsanspruch gegenüber dem Mitbürgen 2 zusteht, der auf einen anteiligen Ausgleich des an den Gläubiger geleisteten Bürgschaftsbetrages gerichtet ist. Der BGH hat einen solchen Zahlungsanspruch dem Grunde nach in seiner Entscheidung vom 23.10.1986 bejaht. Dies vermag nicht zu überzeugen.

---

349 Siehe dazu oben, Teil 3, 2. Abschnitt, A), II., 2., b).

350 Diese Konstellation ist für das Innenverhältnis zwischen dem Bürgen und dem Hauptschuldner bereits oben unter Teil 3, 2. Abschnitt, B), VIII., 2., b) dargestellt.

aa) Anspruchsgrundlage

Für einen Zahlungsanspruch vor dem Zeitpunkt der Befriedigung des Gläubigers fehlt es an einer Anspruchsgrundlage.
Die Sichtweise des BGH würde dazu führen, dem Mitbürgen 1 einen Zahlungsanspruch in Form einer Sicherheitsleistung zuzubilligen, den das BGB nicht vorsieht. Vor der Befriedigung des Gläubigers kann der Mitbürge 1 nur verlangen, dass der Mitbürge 2 an der Befriedigung des Gläubigers mitwirkt. Der Mitbürge 2 ist in diesem Verfahrensstadium hingegen nicht verpflichtet, Ausgleichszahlungen an den Mitbürgen 1 zu leisten. Dies gilt unabhängig davon, ob diese Zahlungen endgültig in das Vermögen des Mitbürgen 1 übergehen oder nur als Sicherheit geleistet werden.
Diese Argumentation folgt aus den Regelungen der §§ 426 I 1, 426 II 1 BGB, die wegen der Verweisungsvorschriften der §§ 774 II, 769 BGB einen Zahlungsanspruch an einen Gesamtschuldner erst im Falle der Befriedigung des Gläubigers vorsehen. Zwar befindet sich die Formulierung der *„Befriedigung"* nicht ausdrücklich in § 426 I 1 BGB, dies folgt aber daraus, dass die Ausgleichungspflicht der Gesamtschuldner eine solche Wirkung nicht notwendigerweise voraussetzt. Der Ausgleichsanspruch entsteht hingegen als selbstständiger Anspruch bereits mit der Begründung der Gesamtschuld in der Form eines Befreiungsanspruches gegenüber dem anderen Gesamtschuldner und ist durch Zahlung an den Gläubiger zu erfüllen. Erst nach der Befriedigung des Gläubigers ist dieser selbstständige Anspruch auf einen Ausgleich des Geleisteten gerichtet.[351] Folglich stellt die Befriedigung des Gläubigers eine Zäsur dafür dar, ob der Mitbürge 1 verlangen kann, dass der Mitbürge 2 auf der Grundlage des Befreiungsanspruches seine Ausgleichszahlungen an den Gläubiger oder statt dessen auf der Grundlage des Anspruches auf Ausgleich des Geleisteten an ihn persönlich zu leisten hat. Einem Gesamtschuldner kann demnach nur dann ein an ihn zu erfüllender Zahlungsanspruch gegenüber dem anderen Gesamtschuldner zustehen, wenn er den Gläubiger tatsächlich befriedigt hat und somit eine Erfüllungswirkung eingetreten ist. Diese Wirkung wird aber wegen des Regelungsgehaltes der Bürgschaftsklausel zeitlich hinausgeschoben.
Dieser Argumentation steht nicht entgegen, dass nicht in § 426 I BGB, sondern nur in § 426 II 1 BGB geregelt ist, dass, *„soweit ein Gesamtschuldner den Gläubiger befriedigt"*, er *„von den übrigen Schuldnern Ausgleich verlangen"* kann. Dieser unterschiedliche Wortlaut resultiert aus der Verschiedenartigkeit der einem Gesamtschuldner zustehenden Rückgriffsmöglichkeiten.

---

[351] Vgl. Palandt/Heinrichs, BGB, § 426 Rdnrn. 3, 5.

Soweit der BGH demnach feststellt, dass dem Mitbürgen 1 trotz der fehlenden Befriedigung des Gläubigers dennoch ein Zahlungsanspruch gegenüber dem Mitbürgen 2 - wenn auch abgeschwächt in Form einer Sicherheitsleistung - zustehen soll, verkennt er die Systematik der Ausgleichungspflichten von Gesamtschuldnern. Auch eine Sicherheitsleistung setzt nämlich einen Zahlungsanspruch voraus. Hieran fehlt es aber.

bb) Die Wertungen des so genannten „Wettlaufs der Sicherungsgeber"

Etwas anderes könnte sich aber aus folgender Überlegung ergeben: Soweit bei einer Mitbürgschaft wegen des Regelungskomplexes der Bürgschaftsklausel der jeweils zuerst in Anspruch genommene Mitbürge vor der vollständigen Befriedigung des Gläubigers nur einen Befreiungsanspruch und keinen Anspruch auf Ausgleich des Geleisteten gegenüber dem anderen Mitbürgen geltend machen kann, könnte wiederum ein so genannter *„Wettlauf der Sicherungsgeber"*[352] stattfinden. Allerdings könnte nunmehr derjenige Mitbürge bevorzugt werden, der zuletzt vom Gläubiger in Anspruch genommen wird. Fraglich ist deshalb, ob in dieser Fallkonstellation eine Ausgleichsgemeinschaft in entsprechender Anwendung der §§ 774 II, 769, 426 BGB begründet werden kann, mit der Folge, dass dem Mitbürgen 1 auch für den Fall, dass der Gläubiger durch die Bürgschaftszahlungen noch nicht befriedigt worden ist, ein Zahlungsanspruch - zumindest in Form einer Sicherheitsleistung - gegenüber dem Mitbürgen 2 zusteht, der auf einen anteiligen Ausgleich des Geleisteten gerichtet ist.
Ein solcher Anspruch kann aber nicht mit der Fallgruppe des *„Wettlaufs der Sicherungsgeber"* begründet werden. Gegen eine Vergleichbarkeit der Fallgruppen spricht vor allem, dass der Gläubiger durch die Bürgschaftszahlungen nicht befriedigt wird. Denn anders als in der Fallgruppe des *„Wettlaufs der Sicherungsgeber"*[353] bestünde für den Mitbürgen 2 wegen des Regelungsgehaltes der Bürgschaftsklausel die Gefahr, doppelt, nämlich durch den Mitbürgen 1 auf der Grundlage des vom BGH konstruierten Zahlungsanspruches und durch den Gläubiger, in Anspruch genommen zu werden. Allein wegen dieser Gefahr ist eine Bejahung des dem Mitbürgen 1 zustehenden Zahlungsanspruches nicht tunlich. Der Mitbürge 2 müsste befürchten, obwohl ihm die Sicherheitszahlungen des Mitbürgen 1 wegen der fehlenden Befriedigung des Gläubigers nicht

---

352 Siehe dazu oben, Teil 2, 3. Abschnitt, B).

353 Die Fallgruppe des *„Wettlaufs der Sicherungsgeber"* und die damit zusammenhängende Notwendigkeit der Begründung einer Ausgleichsgemeinschaft der verschiedenen Sicherungsgeber ist bereits oben unter Teil 2, 3. Abschnitt, B) ausgeführt.

zugute kommen, in einem höheren Maße in Anspruch genommen zu werden, als er sich im Rahmen der Bürgschaft verpflichtet hat. Wie TIEDTKE zu Recht feststellt, würde dies insbesondere bei einer Höchstbetragsbürgschaft problematisch sein.

Im Übrigen muss folgender Gesichtspunkt berücksichtigt werden: Zwar soll der Mitbürge 2 nach der Auffassung des BGH seine Ausgleichszahlungen an den Mitbürgen 1 nur als *„Sicherheitsleistungen"* erbringen, hierdurch wird ihm aber das vollständige Insolvenzrisiko des Mitbürgen 1 aufgebürdet, mit der Folge, dass er seine Zahlungen möglicherweise nicht wieder zurückerhält. Dieses Insolvenzrisiko besteht auch deshalb, weil der Mitbürge 1 nicht verpflichtet ist, die vom Mitbürgen 2 erhaltenen Sicherheitszahlungen auf einem *„Sicherheitenerlöskonto"* anzulegen und mit einem üblichen Prozentsatz zu verzinsen. Die Entscheidung des BGH vom 23.10.1986 erschöpft sich statt dessen darin, festzustellen, dass dem Mitbürgen 2 gegenüber dem Mitbürgen 1 ein durch die Befriedigung des Gläubigers aufschiebend bedingter Anspruch auf Rückgewähr des erhaltenen Bürgschaftsbetrages zustehen soll. Allerdings werden in dieser Entscheidung die den Mitbürgen 2 interessierenden Sicherungsmaßnahmen nicht thematisiert, so dass für ihn völlig ungewiss bleibt, ob er zukünftig überhaupt seinen Anspruch gegenüber dem Mitbürgen 1 durchsetzen kann.

TIEDTKE weist in diesem Zusammenhang zu Recht darauf hin, dass dem Mitbürgen 2 auch mit einer Zug um Zug zu erfüllenden Abtretung des dem Mitbürgen 1 gegenüber dem Gläubiger zustehenden Anspruches auf Rückgewähr der Sicherheiten nicht geholfen ist, weil dieser Rückforderungsanspruch üblicherweise mit einem dem jeweiligen Kreditinstitut zustehenden Pfandrecht belastet ist.

Nach der Auffassung des BGH wäre der Mitbürge 1 somit berechtigt, die Nachteile des Bürgschaftsvertrages wegen seines *„vorzeitigen Zahlungsanspruches"* auf den Mitbürgen 2 *„abzuwälzen"*. Letztlich liefe also die Anerkennung einer Zahlungsverpflichtung darauf hinaus, dass der Mitbürge 2 wegen der Ausgleichungspflicht der Gesamtschuldner in Vorleistung treten müsste. Für diesen bestünde die Gefahr, seine Sicherheitszahlungen möglicherweise nicht mehr vom Mitbürgen 1 zurückzuerhalten, weil er nach dieser Sichtweise das gesamte Insolvenzrisiko zu tragen hätte. Ein Ausweg aus dieser Lage ergäbe sich nur dann, wenn der Mitbürge 2 berechtigt wäre, den nach der Auffassung des BGH an den Mitbürgen 1 zu zahlenden Ausgleichsbetrag zu hinterlegen. Da eine solche Vorgehensweise aber an § 372 BGB scheitert, kann dem Sicherungsbedürfnis des Mitbürgen 2 nur in der Weise entsprochen werden, dass er vor der Befriedigung des Gläubigers seine Zahlungen ausschließlich an den Gläubiger leisten muss. Dadurch wird vermieden, dass sich ein Mitbürge vor der vollständigen

Befriedigung des Gläubigers bei einem anderen Mitbürgen schadlos halten kann und das Risiko seiner Inanspruchnahme aus der Bürgschaft weiterleitet.
Die vom BGH angenommene Konstruktion eines Zahlungsanspruches in Form einer Sicherheitsleistung muss deshalb abgelehnt werden. Es fehlt bereits an der für eine entsprechende Anwendung erforderlichen planwidrigen Regelungslücke, weil dem Mitbürgen 1 bis zur vollständigen Befriedigung des Gläubigers gegenüber dem Mitbürgen 2 ein Befreiungsanspruch zusteht. Auch wenn dessen Geltendmachung nicht den vom Mitbürgen 1 erhofften Erfolg bringen wird, so darf daraus nicht geschlussfolgert werden, dass es deshalb eines Zahlungsanspruches für den Mitbürgen 1 bedarf. Die Anerkennung eines solchen Anspruches würde immer zulasten des Mitbürgen 2 gehen. Dieses Argument muss auch KNÜTEL entgegengehalten werden. Die Begründung eines Ausgleichsanspruches auf der Grundlage einer *„Gefahrengemeinschaft“* ist wegen der Bürgschaftsklausel mit dem hohen Risiko behaftet, dass alle Nachteile auf den Mitbürgen 2 abgewälzt werden können, der sich seinerseits nicht entlasten kann, soweit ihm kein weiterer Sicherungsgeber zur Verfügung steht. Vor der vollständigen Befriedigung des Gläubigers steht dem Mitbürgen 1 somit kein Zahlungsanspruch gegenüber dem Mitbürgen 2 auf einen zumindest anteiligen Ausgleich des Geleisteten zu. Die Entstehung dieses Anspruches wird durch den Regelungsgehalt der Bürgschaftsklausel zeitlich hinausgeschoben, was letztlich bei der Inhaltskontrolle der Bürgschaftsklausel berücksichtigt werden muss.

II. Die Rückgriffsansprüche bei einem Zusammentreffen einer Bürgschaft mit Grundpfandrechten

Da bei einem Zusammentreffen der verschiedenen Sicherungsgeber entsprechend § 426 BGB der Grundsatz der Gesamtschuldnerschaft[354] zum Tragen kommt, kann bezüglich der mit der Bürgschaftsklausel bestehenden Rechtslage auf die vorstehenden Ausführungen zur Mitbürgschaft[355] verwiesen werden.[356]

---

[354] Siehe dazu oben, Teil 2, 3. Abschnitt, B).

[355] Siehe dazu oben, Teil 3, 2. Abschnitt, C), I.

[356] Bei einem Zusammentreffen von verschiedenen Sicherungsgebern ist aber - anders als bei der Mitbürgschaft - zu beachten, dass ein Ausgleichsanspruch zwischen den Sicherungsgebern erst dann in Betracht kommt, wenn der eine Sicherungsgeber an den Gläubiger mehr bezahlt hat, als er im Innenverhältnis zu leisten verpflichtet ist.

D) Zusammenfassung

Die Ausführungen haben gezeigt, dass die Banken und Sparkassen durch die Verwendung der Bürgschaftsklausel tatsächlich begünstigt werden, indem wesentliche gesetzliche Regelungen zu ihren Gunsten verändert worden sind. Diese Vorteile können wie folgt zusammengefasst werden:

- Der Bürge kann wegen seiner Sicherheitszahlungen erst dann seinen Zessionsregress gegenüber dem Hauptschuldner geltend machen, wenn der Gläubiger die erhaltenen Bürgschaftszahlungen nicht mehr als Sicherheitsleistungen behandelt und diese statt dessen - wenn auch nur teilweise - mit der zu sichernden Hauptforderung verrechnet. In diesem Fall tritt die Erfüllungswirkung gemäß § 362 I BGB ein.

- Die Bürgschaftsklausel kann den Innenregress des Bürgen gegenüber dem Hauptschuldner nicht beschränken, weil die Sicherheitszahlungen des Bürgen als *„Aufwendungen"* qualifiziert werden können. Dem Bürgen wird es aber dennoch wegen des zu Stande gekommenen Vertrages zugunsten des Hauptschuldners verwehrt sein, gegen den Hauptschuldner vor dem Zeitpunkt der *„Befriedigung"* des Gläubigers vorzugehen. Widrigenfalls könnte der Hauptschuldner erfolgreich kraft Vertrages zugunsten Dritter eine Einrede gegen seine Inanspruchnahme erheben (so genanntes *„pactum de non petendo"*).

- Dem Bürgen ist es auch wegen des mit der Bürgschaftsklausel bewirkten Aufschubes der *„Befriedigung"* des Gläubigers verwehrt, unmittelbar nach seinen Sicherheitszahlungen an den Gläubiger von seinen Rückgriffsansprüchen gegenüber den anderen Mitbürgen und gegenüber den anderen (ausgleichsverpflichteten) Sicherungsgebern Gebrauch zu machen. Ihm ist es lediglich wegen seines bis zur vollständigen Befriedigung des Gläubigers hinausgeschobenen Befreiungsanspruches möglich, auch weiterhin von den verschiedenen Sicherungsgebern zu verlangen, ihre Zahlungen an den Gläubiger zu leisten. Die Geltendmachung dieses Anspruches macht für den Bürgen aber wirtschaftlich keinen Sinn, weil der Gläubiger diese Zahlungen wiederum wegen des Inhalts der Bürgschaftsklausel nicht mit Erfüllungswirkung annehmen muss.

TEIL 4: DIE ÜBERPRÜFUNG DER BÜRGSCHAFTSKLAUSEL NACH DEN VORAUSSETZUNGEN DER §§ 305 ff. BGB (AGB-GESETZ a.F.)

1. ABSCHNITT: FORMULARVERTRÄGE

Die Bürgschaftsklausel müsste im Rahmen eines Formularvertrages den strengen Anforderungen der §§ 305 ff. BGB (AGB-Gesetz a.F.) standhalten. Ob dies tatsächlich der Fall ist, soll im Folgenden untersucht werden.

A) Die allgemeinen Wirksamkeitsvoraussetzungen nach den §§ 305 ff. BGB (AGB-Gesetz a.F.)

I. Die Bürgschaftsklausel als einheitlicher oder getrennter Regelungsgehalt

Die Bürgschaftsklausel verfolgt das Ziel, den gesetzlich vorgesehenen *„Gläubigervorrang"* des § 774 I 2 BGB in einem umfassenden Maße zu erweitern, um dem Sicherungsinteresse des Gläubigers mittels eines *„einheitlichen Regelungskomplexes"* gerecht zu werden. Die verschiedenen Sätze innerhalb der Bürgschaftsklausel ergänzen sich systematisch in der Form, dass für den Zessionsregress des Bürgen eine echte *„innere"* Abhängigkeit begründet wird, indem der gesetzliche Forderungsübergang erst dann stattfinden kann, wenn der Gläubiger die Bürgschaftszahlungen nicht mehr als Sicherheitsleistungen behandelt. Diese *„Sicherheitszahlungen"* des Bürgen haben auch zur Folge, dass sein Innenregress gegenüber dem Hauptschuldner wegen des zu Stande gekommenen Vertrages zugunsten Dritter zeitweilig nicht durchsetzbar ist und seine Rückgriffsansprüche gegenüber den anderen (ausgleichsverpflichteten) Sicherungsgebern *„hinausgeschoben"* sind. Es ist daher festzustellen, dass der Bürge nicht von seinem Recht nach Satz zwei der Bürgschaftsklausel Gebrauch machen kann, ohne die Voraussetzungen des Satzes eins der Bürgschaftsklausel verwirklicht zu haben. Greift der Gläubiger hingegen auf die Sicherheitszahlungen des Bürgen zu, indem er sich aus dem ihm zur Verfügung gestellten Betrag befriedigt, führt dies automatisch dazu, dass nunmehr die gesamten *„Ansprüche"* des Bürgen gegenüber dem Hauptschuldner und gegenüber den anderen (ausgleichsverpflichteten) Sicherungsgebern entstehen bzw. im Fall des Innenregresses durchsetzbar sind. Auf Grund dieser inneren Verbundenheit der Regelungsmechanismen handelt es sich bei der Bürgschaftsklausel um ein *„einheitliches Regelungsgebilde"*, das auch einheitlich untersucht werden muss.[357]

II. Die allgemeinen Wirksamkeitsvoraussetzungen

1. Sachlicher und persönlicher Anwendungsbereich gemäß § 305 II, III BGB (§§ 1, 2 AGBG a.F.)

Die in den Bürgschaftsformularen der Kreditinstitute aufgeführte Bürgschaftsklausel unterliegt den §§ 305 ff. BGB (AGB-Gesetz a.F.), weil es sich standardisiert um einen zur wiederkehrenden Verwendung vorformulierten Vertragstext i.S.d. § 305 I 1 BGB (§ 1 I AGBG a.F.) handelt.[358] Die Bürgschaftsklausel wird in der Regel nicht von den Vertragsparteien im Einzelnen i.S.d. § 305 I 3 BGB (§ 1 II AGBG a.F.) ausgehandelt. Dies läge beispielsweise nur bei einem niedergeschriebenen Zusatz in der Form einer Vertragsergänzung vor, in dem das Kreditinstitut unzweideutig und ernsthaft seine Verhandlungsbereitschaft erklären und dieser Zusatz darüber hinaus von den Parteien ausgehandelt würde.[359] Für ein solches Aushandeln reicht aber der Hinweis auf das besondere Risiko der Bürgschaft nicht aus.

Im regulären Bankgeschäft werden diese Allgemeinen Geschäftsbedingungen auch wirksam gemäß § 305 II BGB (§ 2 AGBG a.F.) in den Bürgschaftsvertrag einbezogen. Dabei werden in der Praxis die Formalien der Einbeziehung auch gegenüber denjenigen Personen beachtet, die wegen § 305 II BGB (§ 24 AGBG a.F.) nicht für schutzwürdig erachtet werden.[360]

---

[357] Vgl. Wagenknecht, S. 255; a.A. Reinicke/Tiedtke, DB 1985, 957 (961); Schreiner, S. 134 ff., die von jeweils selbstständigen Regelungen ausgehen.

[358] Gemäß § 310 III Nr. 1 BGB (§ 24 a Nr. 1 AGBG a.F.) gilt bei Verträgen zwischen einem Unternehmer und einer natürlichen Person, dass die Allgemeinen Geschäftsbedingungen als vom Unternehmer gestellt gelten, es sei denn, dass sie durch den Verbraucher selbst in den Vertrag eingeführt worden sind.

[359] Vgl. Palandt/Heinrichs, BGB, § 305 Rdnrn. 20 ff.

[360] § 305 I Nr. 1, 2 BGB (§ 23 II Nr. 1 AGBG a.F.), der den Anwendungsbereich des § 305 II BGB (§ 2 AGBG a.F.) einschränkt, kommt bei Bürgschaftsverträgen im Allgemeinen nicht zur Anwendung.

2. Die Unklarheitenregel des § 305 c II BGB (§ 5 AGBG a.F.)

Allgemeine Geschäftsbedingungen sind objektiv[361] und damit so auszulegen, wie sie ein durchschnittlicher Vertragspartner bei verständiger Würdigung verstehen muss, wobei es auf die Verständnismöglichkeit eines Vertragspartners ohne Spezialkenntnisse ankommt.[362] Zweifel bei dieser Auslegung gehen zu Lasten des Verwenders von Allgemeinen Geschäftsbedingungen. Dies setzt aber voraus, dass die Auslegung der Allgemeinen Geschäftsbedingungen zu einem objektiv mehrdeutigen Ergebnis führt und mindestens zwei Auslegungsergebnisse rechtlich vertretbar sind.[363] Wenn die Klausel hingegen bei einer objektiven Auslegung einen eindeutigen Inhalt aufweist, ist für eine Anwendung von § 305 c II BGB (§ 5 AGBG a.F.) kein Raum.[364]
Insoweit ist fraglich, ob die Bürgschaftsklausel gemäß § 305 c II BGB (§ 5 AGBG a.F.) einen unklaren Regelungsgehalt aufweist. Dies könnte sich daraus ergeben, dass sich die Bürgschaftsklausel nicht nur auf den Zessionsregress des Bürgen gegenüber dem Hauptschuldner bezieht, sondern als *„einheitliches Regelungsgebilde"*[365] qualifiziert werden muss.

a) Das **LG KÖLN**[366] führte hierzu in seiner Entscheidung vom 30.06.1988 aus, dass die Bürgschaftsklausel, auch wenn dies von den Kreditinstituten möglicherweise anders gewollt war, inhaltlich nur den gesetzlichen Forderungsübergang auf den Bürgen, nicht hingegen die originären Ansprüche des Bürgen gegenüber dem Hauptschuldner regeln könne, weil das mit der Bürgschaftsklausel verfolgte Ziel der umfassenden Gläubigerbegünstigung nicht hinreichend deutlich werde und die insofern bestehende Unklarheit gemäß § 5 AGBG a.F. (§ 305 c II BGB) zu Lasten des Kreditinstitutes als Verwender der Allgemeinen Geschäftsbedingungen gehen müsse.

---

361 Vgl. BGH, Urteil vom 20.10.1992 – X ZR 74/91, BB 1993, 167 (168); BGH, Urteil vom 05.07.1995 – IV ZR 133/94 (Hamm), NJW-RR 1995, 1303 (1304).

362 Vgl. Thamm/Pilger, AGBG, § 5 Rdnr. 1; Wolf/Horn/Lindacher/Lindacher, AGBG, § 5 Rdnr. 5; Ulmer/Brandner/Hensen/Ulmer, AGBG, § 5 Rdnrn. 13 f.; a.A. Staudinger/Schlosser, AGBG, § 5 Rdnr. 22; Palandt/Heinrichs, BGB, § 305c Rdnr. 16.

363 Ulmer/Brandner/Hensen/Ulmer, AGBG, § 5 Rdnr. 7; Thamm/Pilger, AGBG, § 5 Rdnr. 3 weisen darauf hin, dass in einem Verbandsverfahren die *„kundenfeindlichste"* und in einem Individualprozess die *„kundenfreundlichste"* Auslegung anzuwenden sei.

364 Vgl. BGH, Urteil vom 20.10.1992 – X ZR 74/91 (Frankfurt), NJW 1993, 657 (658).

365 Siehe dazu oben, Teil 4, 1. Abschnitt, A), I.

366 Vgl. LG Köln, Urteil vom 30.06.1988 - 15 O 690/87, BB 1988 1488 (1488); diese Entscheidung im Ergebnis bestätigend OLG Köln, Urteil vom 26.01.1989 - 1 U 97/88, JZ 1990, 343 (343 ff.) = WM 1989, 1883 (1883 ff.) = NJW-RR 1989, 1266 (1266 ff.).

b) Das zuständige **OLG KÖLN**[367] als Berufungsgericht des LG KÖLN beurteilte den Regelungsgehalt der Bürgschaftsklausel als undeutlich und schwer verständlich, weil sich dessen Wirkungsmechanismen erst nach eingehender Überprüfung des Schrifttums, einschlägiger Entscheidungen des BGH, der Kommentierungen zu § 774 BGB sowie der Durchsicht spezieller Literatur zu bankrechtlichen Fragen erschließe. Zwar werden einem in bankrechtlichen Fragen kundigen Juristen der Regelungsgehalt der Wendung und die damit korrespondierenden Rechtsfolgen sofort geläufig sein, aber bereits einem nicht spezialisiert tätigen Juristen werden die Zusammenhänge nicht deutlich.[368] Deshalb bleibe der Sinn der Regelung dem üblichen Vertragspartner *„erst recht"* verschlossen[369], so dass bei mehreren konträren, aber möglichen Auslegungsregeln, die dem Verwender ungünstigere Alternative nach § 5 AGBG a.F. (§ 305 c II BGB) zu Grunde gelegt werden müsse.

c) REINICKE/TIEDTKE[370] hingegen meinen, dass die Bürgschaftsklausel auch für den juristischen Laien nur so zu verstehen sei, dass der Bürge den Hauptschuldner wegen seiner Sicherheitszahlungen vorläufig nicht in Anspruch nehmen könne, weil die Zahlungen einstweilen nur einen Sicherungscharakter haben. REINICKE/TIEDTKE vertreten deshalb die Ansicht, dass die Bürgschaftsklausel nicht gegen § 5 AGBG a.F. (§ 305 c II BGB) verstoße.

---

367 Vgl. OLG Köln, Urteil vom 26.01.1989 - 1 U 97/88, JZ 1990, 343 (343 ff.) = WM 1989, 1883 (1883 ff.) = NJW-RR 1989, 1266 (1266 ff.).

368 Das OLG Köln weist ausdrücklich darauf hin, dass die Bürgschaftsklausel offen lasse, ob die Sicherheitszahlungen dazu führen, dass dem Bürgen vor der vollständigen Befriedigung des Gläubigers kein Regressanspruch aus dem Innenverhältnis zustehen könne oder hiervon nur die möglichen Zahlungsansprüche betroffen seien. Des Weiteren lasse die Bürgschaftsklausel offen, ob sich dessen Anwendungsbereich auch auf den Befreiungsanspruch des Bürgen beziehe und insbesondere, welche Rechtslage im *„Konkurs"* gelten solle.

369 Des Weiteren weist das OLG Köln darauf hin, dass bei Formularverträgen und Allgemeinen Geschäftsbedingungen die Bürgschaftsklauseln nicht nach den Umständen des jeweiligen Einzelfalles auszulegen seien, sondern nach objektiven Maßstäben, wie die an solchen Geschäften typischerweise beteiligten Verkehrskreise sie verstehen können und müssen. In diesem objektiven Rahmen komme es nicht auf die Verständnismöglichkeiten eines in besonderer Weise rechtlich Kundigen an, sondern nur auf die eines durchschnittlichen Vertragspartners des Verwenders, der die Geschäftsbedingungen ohne spezielle Kenntnisse interpretiere.

370 Vgl. Reinicke/Tiedtke, JZ 1990, 327 (328).

d) STELLUNGNAHME

Bei der Auslegung der Bürgschaftsklausel ist nicht nur der Wortlaut und die systematische Stellung der Bürgschaftsklausel im Gesamtbedingungswerk unter Heranziehung der beiderseitigen Interessen der Parteien zu berücksichtigen, sondern vor allem der maßgebende wirtschaftliche Sinn und Zweck dieser Regelung zu beachten.[371]

Die Bürgschaftsklausel bezweckt eine weitreichende Begünstigung des Gläubigers, weil sich dieser nicht bei der Beitreibung seiner noch offenen Forderungen gegenüber dem Hauptschuldner und den anderen (ausgleichsverpflichteten) Sicherungsgebern der Konkurrenz des Bürgen ausgesetzt sehen will. Dies ist der Grund, weshalb die Zahlungen des Bürgen nur als vorläufige Leistungserbringung und somit als *„Sicherheitsleistungen"* gewertet werden, mit der Folge, dass für den Zeitraum der Sicherheitszahlungen die Ansprüche des Gläubigers gegenüber dem Hauptschuldner nicht auf den Bürgen übergehen können.

Zwar kann die Bürgschaftsklausel nicht den mit der Zahlung korrespondierenden Innenregress ausschließen[372], jedoch kann der Bürge als durchschnittlicher Vertragspartner bei einer verständigen Würdigung erkennen, dass er nicht vor der vollständigen Befriedigung des Gläubigers auf den Hauptschuldner zugreifen kann, weil ansonsten der besondere Regelungsgehalt der Bürgschaftsklausel vereitelt werden würde. Nach seinem durchaus *„laienhaften"* Verständnis wird der Bürge davon ausgehen, dass sich auch der Hauptschuldner gegen seine Inanspruchnahme verteidigen können muss[373], weil er ansonsten möglicherweise der Gefahr der *„doppelten Zahlung"*, nämlich an den Gläubiger und den Bürgen, ausgesetzt ist, auch wenn diese Befürchtungen tatsächlich unbegründet sind.[374] Der Bürge wird deshalb erkennen, dass er von dem Hauptschuldner vor der Befriedigung des Gläubigers keine Zahlungen, sondern lediglich eine Befreiung verlangen kann. Die Bürgschaftsklausel weist somit in Bezug auf den Innenregress des Bürgen einen klaren Regelungsgehalt auf.

Problematischer ist hingegen, ob die Bürgschaftsklausel so formuliert ist, dass auch der mit den Sicherheitszahlungen verbundene Aufschub der Rückgriffsansprüche des Bürgen gegenüber den anderen (ausgleichsverpflichteten) Sicherungsgebern deutlich erkennbar ist. Dies ist deshalb fraglich, weil sich die Bürgschaftsklausel mit der Formulierung: *„Erst dann gehen die Ansprüche der Bank*

---

371 Vgl. Wolf/Horn/Lindacher/Lindacher, AGBG, § 5 Rdnr. 7.

372 Siehe dazu oben, Teil 3, 2. Abschnitt, B), VIII., 1.

373 Der Hauptschuldner kann erfolgreich kraft Vertrages zugunsten Dritter eine Einrede gegen seine Inanspruchnahme durch den Bürgen erheben (so genanntes *„pactum de non petendo"*). Siehe dazu oben, Teil 3, 2. Abschnitt, B), VIII., 1., b).

374 Siehe dazu oben, Teil 3, 2. Abschnitt, B), VIII., 1., b).

gegen den Hauptschuldner auf den Bürgen über" scheinbar nur auf den Zessionsregress des Bürgen gegenüber dem Hauptschuldner bezieht. Zwei Auslegungsvarianten sind hierbei möglich.
Bei einer Auslegung dieser Bestimmung nach dem Sinn und Zweck ergibt sich, dass die mit dem gesetzlichen Forderungsübergang hinausgeschobene Befriedigungswirkung auch einen unmittelbaren Einfluss auf die ebenfalls an eine Befriedigung anknüpfenden Rückgriffsansprüche des Bürgen gegenüber den anderen (ausgleichsverpflichteten) Sicherungsgebern haben muss. Dieses Ergebnis folgt letztlich aus einer objektiven Auslegung, die sich maßgebend an dem Regelungsgehalt der Bürgschaftsklausel orientiert und dabei die im Satz eins der Bürgschaftsklausel verwendete Formulierung der *„Sicherheitsleistung"* in einem umfassenden Sinne interpretiert. Dies stellt eine für den Bürgen ungünstige Auslegung dar, weil der insoweit interpretierte Regelungsgehalt der Bürgschaftsklausel sehr weitreichend ist.
Die Bürgschaftsklausel könnte aber auch in der Weise ausgelegt werden, dass der Inhalt der Bestimmung wegen des klaren Wortlauts und der Bezugnahme auf die Person des Hauptschuldners beschränkt ist und sich deshalb nicht auf die Rückgriffsansprüche des Bürgen gegenüber den anderen (ausgleichsverpflichteten) Sicherungsgebern bezieht. Dies stellt eine für den Bürgen günstige Auslegung dar, weil der Regelungsgehalt der Bürgschaftsklausel beschränkt wäre.
Soweit also nach Ausschöpfung der in Betracht kommenden Auslegungsmethoden ein nicht behebbarer Zweifel bleibt und mindestens zwei Auslegungen rechtlich vertretbar sind, kommt der Anwendungsbereich des § 305 c II BGB (§ 5 AGBG a.F.) zum Tragen. Dieser ist wörtlich wie folgt formuliert: *„Zweifel bei der Auslegung Allgemeiner Geschäftsbedingungen gehen zu Lasten des Verwenders."*
Dies könnte darauf hindeuten, dass der Regelungsgehalt der Bürgschaftsklausel beschränkt ist, weil dies (möglicherweise) zu Lasten des Verwenders ginge. Allerdings ist ein mehrdeutiges Auslegungsergebnis nach heutigem Verständnis nach dem Grundsatz der *„kundenfeindlichen Auslegung"* zu lösen.[375] Dies bedeutet, dass von der Auslegung auszugehen ist, die zur Unwirksamkeit der Bürgschaftsklausel führt. Es muss deshalb von der für den Verwendungsgegner ungünstigsten Auslegungsvariante ausgegangen werden, weil diese am ehesten nicht der Inhaltskontrolle gemäß §§ 307 – 309 BGB (§§ 8 – 11 AGBG a.F.) entspricht. Dies kommt dem Verwendungsgegner zugute und geht gleichzeitig zu Lasten des Verwenders.

[375] Vgl. Ulmer/Brandner/Hensen/Ulmer, AGBG, § 5 Rdnrn. 30 ff.; Staudinger/Schlosser, AGBG, § 5 Rdnr. 14.

Der Grundsatz der *„kundenfreundlichen Auslegung“* war zwar für den Individualprozess lange Zeit anerkannt, jedoch war diese Auslegungsart mit dem Mangel behaftet, dass sie zur Aufrechterhaltung der Wirksamkeit einer mehrdeutigen Bürgschaftsklausel führte, obwohl sie bei einer extensiven *„kundenfeindlichen Auslegung“* nach den §§ 307 bis 309 BGB (§§ 9 bis 11 AGBG a.F.) unwirksam wäre.[376] Die überwiegende LITERATURAUFFASSUNG[377] und der BGH[378] vertreten deshalb auch die Möglichkeit einer gespaltenen Auslegung. Hierbei wird zunächst geprüft, inwieweit die mehrdeutige Bürgschaftsklausel bei einer *„kundenfeindlichen Auslegung“* nach den in den §§ 307 bis 309 BGB (§§ 9 bis 11 AGBG a.F.) gesetzten Inhaltsschranken Bestand hat. Soweit dies nicht der Fall ist, soll es trotz der Mehrdeutigkeit der Bürgschaftsklausel bei ihrer Unwirksamkeit bleiben. Nur soweit die Inhaltsschranken gewahrt sind, kann eine *„kundenfreundliche Auslegung“* relevant sein.

Da es für den Bürgen ungünstiger ist, wenn durch die Bürgschaftsklausel auch seine Rückgriffsansprüche gegenüber den anderen (ausgleichsverpflichteten) Sicherungsgebern hinausgeschoben werden, muss dieses Auslegungsergebnis auch unter Berücksichtigung des Transparenzgebotes nach der *„kundenfeindlichen Auslegung“* maßgebend sein. Dies ist auch der Grund, weshalb die dargestellten Auffassungen des LG KÖLN und des OLG KÖLN nicht überzeugen können, weil sie durch ihre *„kundenfreundliche Auslegung“* der Bürgschaftsklausel den Anwendungsbereich der Inhaltskontrolle gemäß §§ 307 bis 309 BGB (§§ 9 bis 11 AGBG a.F.) verkürzen.

Dieser so ausgelegte Regelungsgehalt der Bürgschaftsklausel ist auch für den Bürgen erkennbar. Er wird davon ausgehen, dass zunächst der Gläubiger bis zu seiner vollständigen Befriedigung die anderen (ausgleichsverpflichteten) Sicherungsgeber in Anspruch nehmen kann, bevor der Bürge seinerseits berechtigt ist, seine Rückgriffsansprüche geltend zu machen. Auch wenn der Bürge von den anderen Sicherungsgebern keine Kenntnis haben sollte, so wird er die Bürgschaftsklausel zumindest in der Weise verstehen, dass er zunächst hinter den Gläubiger *„zurücktreten“* muss. In diesem Zusammenhang wird der Bürge auch erkennen, dass die Forderungen des Gläubigers den *„Vorrang“* genießen.

---

376 Vgl. Ulmer/Brandner/Hensen/Ulmer, AGBG, § 5 Rdnr. 30.

377 Vgl. Palandt/Heinrichs, BGB, § 305c Rdnr. 20; Ulmer/Brandner/Hensen/Ulmer, AGBG, § 5 Rdnr. 31; Horn, WM 1984, 449 (451); Schlosser, ZIP 1985, 449 (457 f.).

378 Vgl. BGH, Urteil vom 11.02.1992 - XI ZR 151/91 (Hamm), NJW 1992, 1097 (1099); BGH, Urteil vom 10.05.1994 – XI ZR 65/93 (OLG Düsseldorf), NJW 1994, 1798 (1799) = ZIP 1994, 1010 (1012); OLG Schleswig, Beschluss vom 23.03.1995 – 5 W 47/94 (rechtskräftig), ZIP 1995, 759 (762); in diesem Sinne auch OLG München, Urteil vom 22.01.1997 – 7 U 4756/96, NJW-RR 1998, 393 (394).

Die Bürgschaftsklausel verstößt somit nicht gegen § 305 c II BGB (§ 5 AGBG a.F.), unabhängig davon, ob der Bürge als Privatperson oder als Kaufmann gehandelt hat.

3. Die überraschende Klausel gemäß § 305 c I BGB (§ 3 AGBG a.F.)

Die nunmehr objektiv ausgelegte Bürgschaftsklausel könnte aber mit diesem Inhalt[379] als überraschend zu qualifizieren sein. § 305 c I BGB (§ 3 AGBG a.F.) statuiert dogmatisch-konstruktiv nicht nur eine Auslegungsregel bezüglich des Umfanges der Einbeziehungsvereinbarung im Sinne einer unwiderlegbaren Vermutung, sondern eine negative gesetzliche Einbeziehungsvoraussetzung.[380] Dies ergibt sich daraus, dass die angeordnete Rechtsfolge unabhängig vom Parteiwillen eingreift.

a) Voraussetzungen

Die Wirkungen des § 305 c I BGB (§ 3 AGBG a.F.) greifen nur dann ein, wenn es sich um eine objektiv ungewöhnliche Klausel handelt, die für den Verwendungsgegner in subjektiver Hinsicht überraschend ist.[381]

aa) Die objektive Ungewöhnlichkeit der Bürgschaftsklausel

Allgemeine Geschäftsbedingungen sind dann als überraschend zu bewerten, wenn zwischen dem Vertragsinhalt und den begründeten Erwartungen des Bürgen eine deutliche Diskrepanz besteht.[382] In diesem Fall liegt ein so genannter *„Überrumpelungseffekt"*[383] vor. Entscheidendes Einbeziehungshindernis ist aber

---

379 Ulmer/Brandner/Hensen/Ulmer, AGBG, § 5 Rdnr. 3 stellen klar, dass § 5 AGBG a.F. (§ 305 c II BGB) für die Entscheidung an Bedeutung gewinne, ob der Inhalt der Allgemeinen Geschäftsbedingung als überraschend i.S.d. § 3 AGBG a.F. (§ 305 c I BGB) zu qualifizieren sei. Dies ist auch der Grund, weshalb im Rahmen dieser Arbeit § 305 c II BGB (§ 5 AGBG a.F.) vor § 305 c I BGB (§ 3 AGBG a.F.) geprüft wird.

380 Vgl. Wolf/Horn/Lindacher/Lindacher, AGBG, § 3 Rdnr. 4.

381 Vgl. Ulmer/Brandner/Hensen/Ulmer, AGBG, § 3 Rdnr. 11; Palandt/Heinrichs, BGB, § 305c Rdnrn. 3 f.

382 Vgl. Wolf/Horn/Lindacher/Lindacher, AGBG, § 3 Rdnr. 18; Staudinger/Schlosser, AGBG, § 3 Rdnr. 13; in diesem Sinne auch BGH, Urteil vom 18.05.1995 – IX ZR 108/94 (Zweibrücken), BGHZ 130, 19 (25) = NJW 1995, 2553 (2554) = WM 1995, 1397 (1399).

383 Vgl. BGH, Urteil vom 06.12.1984 – IX ZR 115/83 (Düsseldorf), NJW 1985, 848 (849) = ZIP 1985, 267 (269); BGH, Urteil vom 30.06.1995 – V ZR 184/94, BB 1995, 2186 (2186).

nicht die Unbilligkeit, sondern das Ungewöhnliche der Bürgschaftsklausel, das angesichts des jeweiligen Vertragstyps, der Umstände des Vertragsabschlusses sowie des darauf beruhenden Überraschungsmomentes auf Seiten des Bürgen[384] vorliegen, aber auch - bei entsprechender Aufklärung - entfallen kann.[385] Die Ungewöhnlichkeit einer Bürgschaftsklausel bemisst sich dabei nach dem Gesamtbild des konkreten Vertrages und nach den Erwartungen, die der redliche Verkehr typischerweise an einen standardisierten Vertragsinhalt knüpft, wobei es zwar nicht auf die Häufigkeit der tatsächlichen Verbreitung der Allgemeinen Geschäftsbedingungen[386], wohl aber auf die Erheblichkeit der Abweichung vom dispositiven Recht[387] ankommt.

(1.) Das **OLG KÖLN**[388] vertrat die Ansicht, dass, soweit durch die Bürgschaftsklausel der Innenregress des Bürgen gegenüber dem Hauptschuldner ausgeschlossen werde, die inhaltliche Regelung überraschend i.S.d. § 3 AGBG a.F. (§ 305 c I BGB) sei, weil die intendierte Rechtsfolge auch präziser formuliert werden könnte.[389]

(2.) STELLUNGNAHME

Diese Sichtweise vermag nicht zu überzeugen. Gegen einen Überraschungseffekt sprechen nicht nur die mit der Bürgschaftsklausel durch die Formulierung *„dienen als Sicherheitsleistung"* bezweckte vorläufige Zahlungsregelung, sondern vor allem die weitreichende Gläubigerbegünstigung, die bei einer *„vorzeitigen"* Regressmöglichkeit des Bürgen gegenüber dem Hauptschuldner vereitelt werden könnte. Diese Intention ist für den Bürgen aus dem Inhalt der Bürgschaftsklausel erkennbar.[390]

---

384 Staudinger/Schlosser, AGBG, § 3 Rdnr. 13; Thamm/Pilger, AGBG, § 3 Rdnr. 3 stellen auf den für die fraglichen Verträge typischerweise zu erwartenden Kundenkreis ab. Auf den intellektuellen Standard des konkreten Vertragspartners zu blicken, sei hingegen unangebracht. Das Durchschnittskundenniveau müsse im Lichte der für den Verwender erkennbaren Umstände des Vertragsabschlusses gesehen werden.

385 Vgl. Ulmer/Brandner/Hensen/Ulmer, AGBG, § 3 Rdnr. 1.

386 Vgl. Ulmer/Brandner/Hensen/Ulmer, AGBG, § 3 Rdnr. 14.

387 Vgl. BGH, Urteil vom 21.11.1991 – IX ZR 60/91 (OLG Schleswig), NJW 1992, 1234 (1235).

388 Vgl. OLG Köln, Urteil vom 26.01.1989 - 1 U 97/88, JZ 1990, 343 (343 ff.) = WM 1989, 1883 (1883 ff.) = NJW-RR 1989, 1266 (1266 ff.).

389 In diesem Sinne argumentiert auch Staudinger/Schlosser, AGBG, § 3 Rdnr. 38.

390 Vgl. Ulmer/Brandner/Hensen/Ulmer, AGBG, § 3 Rdnr. 38; Reinicke/Tiedtke, JZ 1990, 327 (328 f.).

Der Überraschungseffekt könnte sich statt dessen aus der Art der Sicherheitsleistung und dem gleichzeitigen Optionsrecht des Gläubigers auf Umwandlung der Sicherheit in eine Erfüllungszahlung ergeben. SCHREINER[391] weist darauf hin, dass es sich bei dieser Konstellation, in der die Banken und Sparkassen zwar die vom Bürgen zu erbringende Leistung zur Befriedigung ihres Bürgschaftsanspruches jederzeit fordern, der Bürge die Erfüllung seiner Bürgschaftsverbindlichkeiten aber nicht von sich aus bewirken könne, um einen abweichend von § 271 BGB vereinbarten so genannten *„verhaltenen Anspruch"* handele. Bei diesem Anspruch liegt der Zeitpunkt der Fälligkeit vor dem Zeitpunkt der Erfüllbarkeit der Forderung.[392] In diesem Sinne argumentiert auch BECKER-EBERHARD[393], der das atypische dieser Regelung darin sieht, dass *„in dem am Erlös fortgesetzten Sicherungsverhältnis bereits „Stoffgleichheit" zwischen gesicherter Leistung und sicherndem Gegenstand besteht."*

Dieser ungewöhnliche Charakter indiziert aber weder einen Überraschungs- noch einen Überrumpelungseffekt, weil diese Regelungsform zum einen nicht *„außergewöhnlich"*[394] ist und zum anderen in der Praxis auch in weiteren Fällen anerkannt ist[395], wie zum Beispiel bei dem Anspruch auf Herausgabe der Ersatzvorteile gemäß § 285 BGB (§ 281 BGB a.F.) oder bei dem Anspruch auf Rückgabe von Gegenständen aus der Verwahrung gemäß §§ 695, 696 S. 2 BGB. Der BGH hat in diesem Zusammenhang noch darauf hingewiesen, dass die insoweit gestaltete Bürgschaftsklausel bereits seit Jahrzehnten in der Vertragspraxis der Kreditinstitute in dieser Form so verwendet werde.[396] Hierbei ist aber darauf hinzuweisen, dass sich der BGH mit diesem Argument der Ansicht der überwiegenden LITERATURAUFFASSUNG[397] widersetzt, nach der es für den Überraschungseffekt nicht auf die Häufigkeit der verwendeten Bürgschaftsklausel ankommt. Als Bezugspunkt kommt demnach ausschließlich der Regelungsgehalt der Bürgschaftsklausel in Betracht, der auch in der Weite seiner Sicherung mit zahlreichen anderen Bürgschaftsklauseln vergleichbar ist, die ebenfalls stets nur die Interessen der Kreditinstitute schützen.

---

391 Vgl. Schreiner, S. 136 f.

392 Vgl. Palandt/Heinrichs, BGB, § 271 Rdnr. 1.

393 Vgl. Becker-Eberhard, S. 713.

394 Vgl. Becker-Eberhard, S. 713.

395 Vgl. Palandt/Heinrichs, BGB, § 271 Rdnr. 1.

396 Vgl. BGH, Urteil vom 30.10.1984 - IX ZR 92/83 (LG Rottweil, OLG Stuttgart), BGHZ 92, 374 (383) = WM 1984, 1630 (1632) = ZIP 1985, 18 (21) = DB 1985, 274 (275) = NJW 1985, 614 (616) = MDR 1985, 317 (317); in diesem Sinne auch Schröder, S. 217.

397 Ulmer/Brandner/Hensen/Ulmer, AGBG, § 3 Rdnr. 20 weist darauf hin, dass der Charakter des Ungewöhnlichen nicht allein auf Grund der großen Verbreitung einer Klausel oder deren Branchenüblichkeit entfalle.

Die Vorschrift des § 305 c I BGB (§ 3 AGBG a.F.) könnte aber deshalb einschlägig sein, weil die Bürgschaftsklausel wegen der mit dem Aufschub der Befriedigungswirkung verbundenen zeitweiligen Rechtlosigkeit des Bürgen zu einer erheblichen Abweichung von den gesetzlichen Vorschriften des Bürgschaftsrechts führt. Dennoch ist die Bürgschaftsklausel nicht als ungewöhnlich zu qualifizieren, weil sie für den durchschnittlichen Bürgen zu keiner unerwarteten sowie wesentlichen Änderung des Vertragscharakters führt. In der Bevölkerung ist nämlich allgemein die Auffassung verbreitet, dass Banken und Sparkassen generell durch ihre Allgemeinen Geschäftsbedingungen beabsichtigen, sich umfassend zu sichern und erheblich von den gesetzlichen Vorschriften abzuweichen. Der *„durchschnittliche“* Bürge wird deshalb die Einschränkung seiner Rechtsposition in Kauf nehmen, um eine mögliche Kreditgewährung für den Hauptschuldner nicht zu gefährden, weil es seine ungleich schwächere Verhandlungsposition bedingt, dass er auch für ihn ungünstige Bürgschaftsklauseln akzeptiert. Allerdings führt diese in der Natur der Sache liegende Ungerechtigkeit nicht dazu, dass die Bürgschaftsklausel als ungewöhnlich qualifiziert, sondern statt dessen möglicherweise nicht mehr der Inhaltskontrolle von Allgemeinen Geschäftsbedingungen gerecht werden kann. Wie ULMER[398] folgerichtig darlegt, bewirkt die gesetzliche Unterscheidung zwischen den Einbeziehungsvoraussetzungen und der Inhaltskontrolle, dass im Rahmen des § 3 AGBG a.F. (§ 305 c I BGB) nicht auf die Unbilligkeit, sondern statt dessen ausschließlich auf die Ungewöhnlichkeit und einen damit verbundenen Überraschungseffekt abgestellt wird.[399] Die Bürgschaftsklausel kann aber wegen der zu Tage tretenden negativen Erwartungshaltung nicht als ungewöhnlich und überraschend gewertet werden.

Nur am Rande sei noch erwähnt, dass sich an diesem Ergebnis auch nichts ändert, wenn der Bürge als *„Kunde“* i.S.d. AGB-Banken und der AGB-Spark zu qualifizieren ist. In diesem Fall könnte sich nämlich für den Bürgen das den Kreditinstituten zustehende Pfandrecht als überraschend darstellen. Wie bereits

---

398 Vgl. Ulmer/Brandner/Hensen/Ulmer, AGBG, § 3 Rdnr. 12.

399 In diesem Zusammenhang ist auch die Auffassung von Staudinger/Schlosser, AGBG, § 3 Rdnr. 14 zu verstehen, der ausführt, dass *„je unüblicher eine Klausel ist, umso mehr muss sie sich durch inhaltliche Angemessenheit ausweisen, um vor § 3 AGBG bestehen zu können“*. Wolf/Horn/Lindacher/Lindacher, AGBG, § 3 Rdnr. 19 konkretisiert diesen Gedanken dergestalt, dass er in einer Abweichung vom gesetzlichen Leitbild die Unüblichkeit signalisiert sieht. Auch der BGH hat in seinem Urteil vom 18.05.1995 - IX ZR 108/94 (Zweibrücken), NJW 1995, 2553 (2554) ausgeführt, dass zu den allgemeinen Begleitumständen der Grad der Abweichung vom dispositiven Gesetzesrecht zählt. Das Urteil des OLG Düsseldorf vom 10.11.1983 – 6 U 240/82, WM 1984, 82 (83 f.) stellt ebenfalls auf diesen Gesichtspunkt ab.

ausgeführt[400], entsteht bei Fälligkeit der Bürgschaftsverpflichtung ein Pfandrecht gemäß Nr. 14 I 2 AGB-Banken (Nr. 21 I 3 AGB-Spark) an dem Auszahlungsanspruch des Bürgen, bedingt durch sein Kontoguthaben, das die Bürgschaftsforderung des Kreditinstitutes und auch noch die in Nr. 14 II AGB-Banken (Nr. 21 III AGB-Spark) genannten Ansprüche des Kreditinstitutes sichert. Der die AGB-Banken bzw. AGB-Spark (notgedrungen) akzeptierende Bürge wird eine solche Regelung aber nach dem Gesamtbild des konkreten Vertrages nicht als ungewöhnlich bezeichnen, weil er in Kenntnis der Allgemeinen Geschäftsbedingungen erwarten wird, dass das Kreditinstitut bei der Fälligkeit seiner Bürgschaftsverpflichtung auch auf sein bereits vorhandenes Kontoguthaben zugreifen kann. Letztlich entspricht diese Erkenntnis wiederum seiner Erwartung, dass sich das Kreditinstitut - auch im Fall einer Bürgschaft - umfassend abgesichert hat.

bb) Das subjektive Überraschungsmoment

Die Bürgschaftsklausel ist für den Bürgen auch nicht subjektiv überraschend, weil eben zwischen dem Klauselinhalt und den Erwartungen des Bürgen keine Diskrepanz besteht.[401] Der Überraschungseffekt richtet sich hierbei nach den für die Banken und Sparkassen erkennbaren subjektiven Umständen in der Sphäre des Bürgen, wobei ein generell-konkreter Maßstab anzulegen ist.[402] Der Bürge wird die Sicherheitszahlungen insbesondere in der Weise verstehen, dass sich die Banken und Sparkassen vor deren vollständiger Befriedigung nicht seiner Konkurrenz ausgesetzt sehen wollen. Hierbei werden dem Bürgen zwar die Einzelheiten der Bürgschaftsklausel unbekannt sein, diese Unkenntnis bedingt allerdings nicht den Überraschungscharakter der Bürgschaftsklausel, weil ihm zumindest seine zeitweilige Rechtlosigkeit bewusst ist. Ein subjektives Überraschungsmoment liegt demnach nicht vor.
Nach alledem verstößt die Bürgschaftsklausel nicht gegen § 305 c I BGB (§ 3 AGBG a.F.).

---

400 Siehe dazu oben, Teil 3, 2. Abschnitt, A), II., 2., b), aa).

401 Vgl. BGH, Urteil vom 24.09.1980 - VIII ZR 273/79 (OLG Hamm), NJW 1981, 117 (118); BGH, Urteil vom 17.05.1982 - VII ZR 316/81 (LG Bielefeld, OLG Hamm), BGHZ 84, 109 (112 f.) = NJW 1982, 2309 (2309); BGH, Urteil vom 06.12.1984 - IX ZR 115/83 (OLG Düsseldorf), NJW 1985, 848 (849).

402 Vgl. Palandt/Heinrichs, BGB, § 305c Rdnr. 4.

b) Die Auswirkungen der „Anlassrechtsprechung" des BGH auf die inhaltliche Ausgestaltung der Bürgschaftsklausel

Da nach dem Inhalt der Bürgschaftsklausel die Zahlungen des Bürgen so lange als Sicherheitsleistungen bewertet werden, bis der Gläubiger *„wegen seiner sämtlichen Ansprüche gegen den Hauptschuldner, die im Zeitpunkt der vollständigen Erfüllung der Bürgschaftsschuld bestehen, befriedigt ist"*, könnte der Gläubiger diesen Bedingungszeitpunkt dadurch hinausschieben, dass er dem Hauptschuldner nach der Bürgschaftsübernahme neue Kredite gewährt, die vom Sicherungszweck der Bürgschaft miterfasst wären. Eine in diesem Sinne zu interpretierende Bürgschaftsklausel würde aber als überraschend i.S.d. § 305 c I BGB (§ 3 AGBG a.F.) zu qualifizieren sein.

Nach der älteren Rechtsprechung[403] des BGH konnte durch eine Bürgschaft eine betragsmäßig unbegrenzte Einstandspflicht für fremde Schulden begründet werden. Daher war eine Bürgschaft, die der Bürge aus einem bestimmten Anlass eingegangen ist, auch dann wirksam, wenn zugleich formularmäßig die Haftung auf alle gegenwärtigen und künftigen Forderungen aus einer laufenden Geschäftsbeziehung ausgedehnt worden ist.

Nach der Grundsatzentscheidung des BGH[404] vom 18.05.1995 folgt aber aus § 767 I 3 BGB, dass das Gesetz eine summenmäßige Begrenzung der Bürgenverpflichtung als selbstverständlich voraussetzt, so dass der Gläubiger und der Hauptschuldner den Umfang der Bürgenverpflichtung nicht eigenmächtig ausweiten können. Vor dem Hintergrund, dass die Geschäftsbeziehung mit einem Kreditinstitut inhaltlich offen ist, bedarf es zum Schutze des Bürgen einer weitergehenden Einschränkung. Soweit durch die Art und den Inhalt der Vertragsverhandlungen bestimmte Erwartungen des Bürgen hinsichtlich des Umfanges seiner Verpflichtungen entstanden sind, ist die über den konkreten Anlass für

[403] Vgl. BGH, Urteil vom 10.10.1957 – VII ZR 419/56 (LG Berlin, KG Berlin), BGHZ 25, 318 (321) = NJW 1957, 1873 (1873); BGH, Urteil vom 21.05.1980 – VIII ZR 107/79 (LG Freiburg i.Br., OLG Karlsruhe), BGHZ 77, 167 (169) = NJW 1980, 1841 (1842); BGH, Urteil vom 06.12.1984 – IX ZR 115/83 (OLG Düsseldorf), NJW 1985, 848 (848) = ZIP 1985, 267 (267); BGH, Urteil vom 07.11. 1985 – IX ZR 40/85 (Stuttgart), NJW 1986, 928 (929); BGH, Urteil vom 04.06.1987 – IX ZR 31/86, NJW 1987, 3126 (3127); BGH, Urteil vom 16.01.1992 – IX ZR 113/91 (Stuttgart), NJW 1992, 896 (897); BGH, Urteil vom 17.03.1994 – IX ZR 102/93 (Celle), NJW 1994, 1656 (1656).

[404] Vgl. BGH, Urteil vom 18.05.1995 – IX ZR 108/94 (Zweibrücken), BGHZ 130, 19 (19 ff.) = NJW 1995, 2553 (2553 ff.) = WM 1995, 1397 (1397 ff.).

die Sicherung hinausgehende formularmäßige Erstreckung auf alle gegenwärtigen und künftigen Forderungen überraschend.[405]

Bei einer Bürgschaft für einen Kontokorrentkredit darf der Bürge, obwohl er weiß, dass im Kontokorrent auch künftige Forderungen eingestellt werden, von einer Begrenzung seiner Haftung auf die Höhe des bei der Abgabe seiner Bürgschaftserklärung vereinbarten Kreditlimits[406] ausgehen. Die formularmäßige Erweiterung ist dann eine überraschende Klausel i.S.d. § 305 c I BGB (§ 3 AGBG a.F.).[407]

---

405 Diese Rechtsfolge hat die Rechtsprechung wiederholt bestätigt. Als Beispiele hierfür dienen unter anderem BGH, Urteil vom 01.06.1994 – XI ZR 133/93 (LG Wiesbaden, OLG Frankfurt), BGHZ 126, 174 (176 ff.); BGH, Urteil vom 18.05.1995 – IX ZR 108/94 (Zweibrücken), BGHZ 130, 19 (23 ff.) = NJW 1995, 2553 (2554 ff.); BGH, Urteil vom 18.01.1996 – IX ZR 69/95 (LG Lüneburg, OLG Celle), BGHZ 132, 6 (8 ff.) = NJW 1996, 924 (924 f.); BGH, Urteil vom 07.03.1996 – IX ZR 43/95 (Karlsruhe), NJW 1996, 1470 (1472) = WM 1996, 766 (768 f.); BGH, Urteil vom 13.06.1996 – IX ZR 229/95 (Hamm), NJW 1996, 2369 (2369 f.) = WM 1996, 1391 (1392); BGH, Urteil vom 13.11.1997 – IX ZR 289/96 (LG Düsseldorf, OLG Düsseldorf), BGHZ 137, 153 (155 ff.) = ZIP 1998, 16 (17 f.) = JZ 1998, 730 (730 f.); OLG München, Urteil vom 10.12.1997 – 3 U 3961/97 (rechtskräftig), ZIP 1998, 731 (732); BGH, Urteil vom 02.07.1998 – IX ZR 255/97 (Brandenburg), NJW 1998, 2815 (2816); BGH, Urteil vom 24.09.1998 – IX ZR 425/97 (KG), NJW 1998, 3708 (3709); OLG Köln, Urteil vom 18.12.1998 – 3 U 9/98, BB 1999, 710 (711); BGH, Urteil vom 15.07.1999 – IX ZR 243/98 (LG Mainz, OLG Koblenz), BGHZ 142, 213 (215 f.); BGH, Urteil vom 28.10.1999 – IX ZR 364/97 (LG Schwerin, OLG Rostock), BGHZ 143, 95 (96 ff.); OLG Koblenz, Urteil vom 12.11.1999 – 10 U 1654/98 (rechtskräftig), WM 2000, 2296 (2298); BGH, Urteil vom 16.12.1999 – IX ZR 36/98 (München), NJW 2000, 1179 (1181 f.); BAG, Urteil vom 27.04.2000 – 8 AZR 286/99 (LAG Köln), ZIP 2000, 1351 (1354); BGH, Urteil vom 29.03.2001 – IX ZR 20/00 (OLG Brandenburg), ZIP 2001, 1361 (1361) = NJW-RR 2002, 343 (344); OLG Zweibrücken, Urteil vom 20.12.2001 – 4 U 131/00, NJW-RR 2002, 1037 (1038); OLG Köln, Urteil vom 30.01.2002 – 13 U 93/01 (rechtskräftig, LG Bonn), ZIP 2002, 844 (844 f.); in diesem Sinne auch Horn, ZIP 1997, 525 (526 f.); Trapp, ZIP 1997, 1279 (1281 ff.); kritisch zum Urteil des BGH vom 28.10.1999 Siems, JuS 2001, 429 (430 ff.) und zur Rückwirkung der Rechtsprechung Medicus, WM 1997, 2333 (2333 ff.); auf das Argument, dass die Haftung eines Höchstbetragsbürgen begrenzt ist, verweist Tiedtke, ZIP 1998, 449 (449 ff.).

406 Dabei betont der BGH, dass es grundsätzlich irrelevant sei, ob das Kreditlimit überschritten werden könne oder oft überschritten werde. Da der Hauptschuldner keinen Anspruch auf einen die Kreditlinie übersteigenden Kredit habe, liege in der Überziehung eine weitere Kreditgewährung, die nicht gesichert sei. Soweit der Kreditgeber darauf im Hinblick auf die umfassende Bürgenerklärung verzichtet habe, sei sein Vertrauen in eine wirksame Bürgenverpflichtung zu Lasten des Bürgen nicht schutzwürdig, weil die großzügige Bankenpraxis und ihr Zusammenhang mit der bei der Besicherung von Kontokorrentkrediten üblichen Bürgschaftsklausel nicht allgemein bekannt sei.

407 Nach dem BGH gelte dies allerdings nicht, wenn sich der Bürge bei der Übernahme der Bürgschaft keinerlei Vorstellungen über die Höhe der Hauptschuld bzw. deren Größenordnung gemacht habe. Dies gelte ferner auch dann nicht, wenn der Bürge als Gesell-

Teilweise verknüpften die Kreditinstitute die Bürgschaftsklausel, nach der die Zahlungen des Bürgen als Sicherheitsleistungen galten, mit dieser von der älteren Rechtsprechung anerkannten weiten Erstreckungsklausel.[408] Dies hatte zur Folge, dass der Zeitpunkt, bis zu dem die bereits erbrachten Zahlungen des Bürgen als Sicherheitsleistungen zu qualifizieren waren, von den Kreditinstituten unverhältnismäßig lange hinausgeschoben werden konnte. Die Banken und Sparkassen hatten des Weiteren die Möglichkeit, dem Hauptschuldner auch vor dem Zeitpunkt ihrer vollständigen Befriedigung neue Kredite zu gewähren, die vom Sicherungscharakter der Bürgschaft miterfasst waren. Da hierdurch eine Begrenzung auf den eigentlichen Anlass der Bürgschaftsgewährung nicht mehr garantiert war, mussten diese Bürgschaftsklauseln, die den Forderungsübergang auf diese Weise erschwerten, als überraschend i.S.d. § 305 c I BGB (§ 3 AGBG a.F.) qualifiziert werden. Die Banken und Sparkassen haben deshalb ihre Vertragsgestaltung nach dieser Rechtsprechung abgestimmt und geändert.
Von den sechs Kreditinstituten, die in Leipzig noch die zu untersuchende Bürgschaftsklausel gebrauchen[409], verwendete im Jahr 2001 nur noch die WTB Westdeutsche Kreditbank GmbH & Co. KG diese weite Erstreckungsklausel in ihren Bürgschaftsformularen. Da diese weite Erstreckungsklausel auch einen unmittelbaren Einfluss auf den Bedingungszeitpunkt der Sicherheitszahlungen hat, muss hierin weiterhin ein Verstoß gegen § 305 c I BGB (§ 3 AGBG a.F.) gesehen werden.

4. Die Inhaltskontrolle der Bürgschaftsklausel gemäß §§ 307 – 309 BGB (§§ 8 – 11 AGBG a.F.)

Die zu untersuchende Bürgschaftsklausel unterliegt der Inhaltskontrolle der §§ 307 – 309 BGB (§§ 9 – 11 AGBG a.F.), weil sie insbesondere den Zessionsregress des Bürgen gegenüber dem Hauptschuldner und die Rückgriffsansprüche des Bürgen gegenüber den anderen (ausgleichsverpflichteten) Sicherungsgebern trotz der bereits an den Gläubiger geleisteten Zahlungen hinausschiebt und bezüglich der Rechtslage vor und nach der Eröffnung eines Insolvenzver-

---

schafter oder Geschäftsführer des Hauptschuldners die Art und die Höhe der Hauptverbindlichkeit beeinflussen könne, weil er dann des Schutzes des § 767 I 3 BGB nicht bedarf.

408 Als Beispiele dienen die Bürgschaftsformulare aus dem Jahr 2001 der Deutschen Apotheker- und Ärztebank, das Bürgschaftsformular der Commerzbank AG, das Bürgschaftsformular der BHF-Bank (im Formular-Anhang im Anlagenkonvolut 1) und das Bürgschaftsformular des Bankhauses Reuschel & Co.

409 Siehe dazu oben, Teil 3, 1. Abschnitt.

fahrens über das Vermögen des Hauptschuldners und der anderen (ausgleichsverpflichteten) Sicherungsgeber eine von den gesetzlichen Vorschriften abweichende sowie ergänzende Regelung statuiert (§ 307 III 1 BGB bzw. § 8 AGBG a.F.).

a) Die Grundsatzentscheidung des BGH vom 30.10.1984

Der BGH[410] hatte in seinem vielfach als *„Grundsatzentscheidung"* benannten Urteil vom 30.10.1984 festgestellt, dass die Bürgschaftsklausel einer Sparkasse[411] je-

---

[410] Vgl. BGH, Urteil vom 30.10.1984 - IX ZR 92/83 (LG Rottweil, OLG Stuttgart), BGHZ 92, 374 (374 ff.) = WM 1984, 1630 (1630 ff.) = ZIP 1985, 18 (18 ff.) = DB 1985, 274 (274 ff.) = NJW 1985, 614 (614 ff.) = MDR 1985, 317 (317). Mit einer ähnlichen Bürgschaftsklausel beschäftigen sich auch OLG Stuttgart, Urteil vom 26.11.1976 – 2 U 104/75, BB 1977, 415 (416); OLG Celle, Urteil vom 02.10.1980 – 7 U 34/80, ZIP 1980, 1077 (1077 ff.); BGH, Urteil vom 07.11.1985 – IX ZR 40/85 (OLG Stuttgart), ZIP 1986, 85 (88) = NJW 1986, 928 (930); BGH, Urteil vom 23.10.1986 - IX ZR 203/85 (OLG Stuttgart), NJW 1987, 374 (375 f.) = WM 1986, 1550 (1551 f.) = JZ 1987, 520 (521 f.); OLG Schleswig, Urteil vom 01.10.1992 – 5 U 117/91 (rechtskräftig), WM 1993, 15 (17); OLG Frankfurt, Urteil vom 13.02.1997 – 3 U 203/95 (LG Wiesbaden - XX 9 O 284/94), OLGR Frankfurt 1997, 63 (63 f.). In dem Urteil vom 05.04.2001 – IX ZR 276/98 (LG Düsseldorf, OLG Düsseldorf), NJW 2001, 2327 (2330) = ZIP 2001, 914 (917 f.) = EWiR 2001, 575 (575 f.) kommt der BGH zu der Auffassung, dass die Bürgschaftsklausel auch dann wirksam sei, wenn der – allein verbürgte – Anspruch des Kreditinstitutes durch mehrere Bürgschaften voll gesichert werde. *„Die Höchstbetragsbürgschaft der Bekl. sichert die – allein verbürgte – Kreditforderung der Kl. gemeinsam mit den gleich hohen Bürgschaften der drei Mitgesellschafter in voller Höhe. Dieser Fall ist mit den vom Senat entschiedenen Fällen vergleichbar."* In diesem Sinne ist auch das Urteil des BGH vom 26.04.2001 – IX ZR 337/98 (Köln), NJW 2001, 2466 (2468) zu verstehen. In dieser Entscheidung führt der BGH wiederum abstrakt, aber immerhin zweifelnd aus, dass der Senat derartige Klauseln früher allgemein gebilligt habe. *„Deren Zulässigkeit mag dann zweifelhaft sein, wenn die Bürgschaft nicht sämtliche Forderungen der Bank aus der Geschäftsverbindung mit dem Hauptschuldner sichert ... . Für den vorliegenden Fall hat diese mögliche Einschränkung keine Bedeutung. Denn die Bürgschaft der Bekl. haftete der Kl. – bis zum Höchstbetrag – für alle Verbindlichkeiten der E. Im Übrigen betrifft die Rechtslage nur die Abwicklung der Bürgschaft nach teilweiser Erfüllung, nicht aber den Kern des schutzwürdigen Interesses von Bürgen."*

[411] Die der Entscheidung des BGH vom 30.10.1984 zu Grunde liegende Bürgschaftsklausel stimmt inhaltlich fast vollständig mit der von den Sparkassen im Jahr 2001 verwendeten Bürgschaftsklausel überein. Der wesentliche inhaltliche Unterschied basiert auf der Anlassrechtsprechung des BGH. Früher verwendeten die Sparkassen in diesem Zusammenhang die Formulierung *„zur Sicherung aller bestehenden und künftigen, auch bedingten und befristeten Forderungen des Kreditinstitutes gegen den Hauptschuldner aus der Geschäftsverbindung"*. Hierin lag aber ein Verstoß gegen die Anlassrechtsprechung des BGH, so dass die Bürgschaftsformulare aus dem Jahr 2001 die Wendung *„wegen aller seiner unter Nr. 1 genannten Ansprüche gegen den Hauptschuldner"* enthalten.

denfalls dann der an den Maßstäben von Treu und Glauben (§ 242 BGB) ausgerichteten Inhaltskontrolle standhalte, wenn hierdurch sämtliche Forderungen aus der bankmäßigen Geschäftsverbindung mit dem Hauptschuldner gesichert seien. Der BGH begründete seine Ansicht damit, dass sich die Regelung *„von dem gesetzlichen Leitbild des § 774 BGB nicht unangemessen entfernt"*, weil der gesetzliche Forderungsübergang nicht vollständig, sondern nur bis zur vollständigen Befriedigung des Gläubigers aufgeschoben werde. Zudem müsse der Bürge dem Gläubiger in der Regel nach § 774 I 2 BGB den Vortritt lassen. Darüber hinaus sei zu berücksichtigen, dass, *„soweit die Vertragsklausel die Rechtsstellung des Gläubigers im Konkurs des Hauptschuldners verbessert, entspricht dies der Tendenz des § 774 I 2 BGB, der § 68 KO nur teilweise Rechnung trägt."* Des Weiteren profitiere der Bürge auch von dieser Bestimmung, weil die als Sicherheitsleistungen zu bewertenden Zahlungen vom Gläubiger zurückgewährt werden müssen, falls er vom Hauptschuldner vollständig befriedigt werde und deshalb nicht auf die Sicherheitszahlungen zugreifen müsse.

b) Das Schrifttum

Ob die Bürgschaftsklausel die Anforderungen der Inhaltskontrolle erfüllt, wird im Schrifttum unterschiedlich beurteilt.
Die überwiegende LITERATURAUFFASSUNG ist der Entscheidung des BGH gefolgt und erachtet die Bürgschaftsklausel - zumindest in der Konstellation, dass sich die Bürgschaft auf die Gesamtverbindlichkeit des Hauptschuldners bezieht - als mit dem AGB-Gesetz a.F. (§§ 305 ff. BGB) im Einklang.[412]

---

[412] In der Literatur werden hierzu verschiedene Auffassungen vertreten.
- Klett, S. 173 meint pauschal, dass *„die Bank ... bis zur vollständigen Befriedigung die Berechtigte"* bleibe, *„das ist stets als zulässige Vereinbarung angesehen worden"*; in diesem Sinne auch Rehbein, FS W. Werner, S. 721 f.; Schaarschmidt, Rdnrn. 2.986 f.; Riedel/Riedel, S. 74, 117 f.; Horn, Rdnrn. 474 ff.; Weber, § 3 IV 2; Lwowski, Rdnrn. 256, 283, 401; Palandt/Heinrichs, BGB, § 307 Rdnr. 93; Soergel/Stein, AGBG, § 9 Rdnr. 67; Wolf/Horn/Lindacher/Wolf, AGBG, § 9 Rdnr. B 225; Erman/Roloff, BGB, § 307 Rdnr. 98; Schröter, WM 2000, 16 (17); Hadding/Häuser/Welter, S. 571 (S. 654); Rieder/Rieder, Bürgschaft, S. 83 f., 125 f.
- MK/Basedow, AGBG, § 23 Rdnr. 214 meint, dass die Bürgschaftsklausel jedenfalls dann der Inhaltskontrolle des § 9 AGBG a.F. standhalte, wenn die Bürgschaft sämtliche Forderungen *„der Sparkasse"* aus der Geschäftsverbindung mit dem Hauptschuldner sichere. Dies soll aber dann anders zu beurteilen sein, wenn die Bürgschaft nicht mit dem Erlöschen der Hauptschuld untergehe, für die sich der Bürge verpflichtet habe bzw. andere Ansprüche gegen den Hauptschuldner in die Haftung einbezogen werden, obwohl sich die Bürgschaft ausdrücklich nur auf die Hauptschuld beziehe.

aa) SCHÄFER[413] sieht den sachlichen Grund für den Regelungskomplex der Bürgschaftsklausel in den Wirkungen der allgemeinen Pfandklausel[414] der Kreditinstitute. Er empfindet es nicht als anstößig, wenn die Banken und Sparkassen ihre Rechte erst in dem Zeitpunkt auf den Bürgen übergehen lassen wollen, wenn sie vollständig befriedigt sind.
Zwar würde es für das Kreditinstitut im *„Konkurs"* des Hauptschuldners keinen solchen sachlichen Grund geben, dies soll den Bürgen aber deshalb nicht belasten, weil er dem Kreditinstitut nach dem Abschluss des *„Konkursverfahrens"* ohnehin denjenigen Teil herausgeben müsse, um den die Dividende durch seine Teilnahme am *„Konkursverfahren"* verkürzt worden sei.

bb) GRAF LAMBSDORFF/SKORA[415] erachten die Bürgschaftsklausel für wirksam, obwohl sie eingestehen, dass es in dem vom BGH nicht entschiedenen Fall der *„Geschäftsverbindungsbürgschaft"* an einem berechtigten Interesse des Gläubigers an dieser für den Bürgen sehr einschneidenden Regelung fehle.[416]
Die Wirksamkeit der Klausel folge daraus, dass sie den Bürgen nicht unangemessen berühre, weil er das als Sicherheit an den Gläubiger geleistete Geld wieder zurückfordern könnte.
Die Zulässigkeit der Bürgschaftsklausel wird aber auch von verschiedenen Vertretern in der Literatur verneint.

- Staudinger/Horn, BGB, § 774 Rdnr. 24 hält die Regelung zumindest bei einer Globalbürgschaft für wirksam. Er meint aber, dass die Bürgschaftsklausel dann bedenklich und im Zweifel gemäß §§ 3, 9 AGBG a.F. unwirksam sei, wenn der Forderungsübergang bis zur Erfüllung nicht verbürgter Forderungen hinausgeschoben werde.
- Ulmer/Brandner/Hensen/Brandner, AGBG, Anh. §§ 9-11 Rdnr. 263 weisen darauf hin, dass die Bürgschaftsklausel jedenfalls dann unbedenklich sei, wenn die Zahlungen des Bürgen als Sicherheiten gelten, weil die Gläubigerin bei der vollständigen Befriedigung zur Rückgewähr der Sicherheiten verpflichtet sei.
- Bülow, Rdnr. 948 konzediert, *„ob solche Klauseln der Inhaltskontrolle von § 307 BGB standhalten, erscheint zweifelhaft."*

413 Vgl. Schäfer, S. 165 f.

414 Vgl. Nr. 14 AGB-Banken bzw. Nr. 21 AGB-Spark.

415 Vgl. Graf Lambsdorff/Skora, Rdnr. 229.

416 Graf Lambsdorff/Skora verweisen darauf, dass eine Regelung, nach der die Wirkung des § 774 BGB auch wegen solcher Forderungen aufgeschoben werde, die mit der Bürgschaft nichts zu tun habe, in vielen Fällen gemäß § 3 AGBG a.F. (§ 305 c I BGB) überraschend und gemäß § 9 AGBG a.F. (§ 307 BGB) zweckwidrig sei.

cc) REINICKE/TIEDTKE[417] sehen im Regelungsgehalt der Bürgschaftsklausel einen Verstoß gegen § 9 AGBG a.F. (§ 307 BGB). Die Bürgschaftsklausel beabsichtige, den Gläubiger vor allem im Rahmen eines Insolvenzverfahrens über das Vermögen des Hauptschuldners dadurch zu schützen, dass sich der Bürge an diesem Verfahren wegen des Verbots der doppelten Belastung der Insolvenzmasse nicht beteiligen könne (§ 44 InsO). Dies treffe den Bürgen dann besonders, wenn in diesem Verfahren ein Insolvenzplan aufgestellt werde, weil er für diesen Fall seine Regressmöglichkeiten gegenüber dem Hauptschuldner endgültig verliere.
Diese Folge sei deshalb nicht gerechtfertigt, weil kein Grund ersichtlich sei, den Gläubiger trotz der erhaltenen Zahlungen des Bürgen im Insolvenzverfahren rechtlich so zu stellen, als ob er noch nichts erhalten habe. Der Gesetzgeber habe diese Rechtsfolge statt dessen nur für den Ausnahmefall des § 43 InsO vorgesehen. Wenn die Bürgschaftsklausel auch andere Konstellationen in diesem Sinne behandeln soll, könne dies nur als ein *„Kunstgriff"*[418] gewertet werden, um dem Bürgen seine Regressmöglichkeiten gegenüber dem Hauptschuldner zu vereiteln. Auch der Umstand, dass der Bürge nicht wegen seiner Sicherheitszahlungen bei den anderen (ausgleichsverpflichteten) Sicherungsgebern Rückgriff nehmen könne, indiziere die unangemessene Benachteiligung des Bürgen und somit die Unwirksamkeit der Bürgschaftsklausel.

dd) BECKER-EBERHARD[419] erachtet hingegen nicht das mit der Bürgschaftsklausel verfolgte Ziel, sondern die mit der Klausel verwendete Technik als missbilligenswert, dass sich der Gläubiger im Verhältnis zu Dritten so stellen dürfe, als ob er durch den Bürgen noch keine Zahlungen erhalten habe. In dieser Intention weiche die Bürgschaftsklausel wesentlich von den Regelungen der §§ 362 ff. BGB ab, indem die Klausel dem Gläubiger alle Vorteile der Befriedigung einräume, aber alle damit korrespondierenden Nachteile von ihm fernhalte.
Maßgebend für die Auffassung von BECKER-EBERHARD ist aber, dass die Bürgschaftsklausel die gesetzliche Wertung des § 774 I 2 BGB unbillig erweitere. Die Bürgschaftsklausel statuiere inhaltlich keine Ausweitung des Gläubigervorrechts, sondern *„blockiert durch das generelle Aussetzen der Befriedigungswirkung*

417 Vgl. Reinicke/Tiedtke, Rdnrn. 402 ff.; dies., Bürgschaftsrecht, Rdnrn. 569 ff., dies., DB 1985, 957 (957 ff.); Tiedtke, ZIP 1986, 150 (152 f.); ders., ZIP 1990, 413 (424 f.); ders., NJW 2003, 1359 (1366).
418 Reinicke/Tiedtke, DB 1985, 957 (960) bezeichnen diesen Kunstgriff auch als Trick, durch den der Gläubiger dem Bürgen seine ihm zustehenden Rechte vereitele.
419 Vgl. Becker-Eberhard, S. 703 ff.

alle Regressrechte des Sicherungsgebers bis auf weiteres bereits im Ansatz", so dass die anderen Gläubiger des Hauptschuldners nicht der Konkurrenz des Bürgen ausgesetzt seien und somit bei der Vermögensverteilung völlig offen sei, ob dem Bürgen überhaupt ein noch so geringer Vermögensrest verbleibe.[420] Gerade deshalb spricht BECKER-EBERHARD seinen Wunsch aus, dass die *„Entscheidung vom 30.10.1984 mit den sie bestätigenden Judikaten nicht das letzte Wort des BGH wären."*[421]

ee) WAGENKNECHT[422] lehnt nicht nur die Argumente des BGH ab, sondern differenziert bezüglich der Wirksamkeit der Bürgschaftsklausel nach der Art der Bürgschaftsverpflichtung. Ein Verstoß gegen § 9 II Nr. 1 AGBG a.F. (§ 307 II Nr. 1 BGB) liege zwar vor, wenn sich der Bürge nur für einen bestimmten Kredit verbürge[423], dagegen sollen diese Grundsätze bei einer Höchstbetragsbürgschaft, durch die der Bürge zu erkennen gebe, dass er den Gläubiger möglichst umfassend sichern wolle, nur dann gelten, soweit keine Freigabeverpflichtung[424] bezüglich der vom Gläubiger nicht nur vorübergehend nicht mehr benötigten Sicherheiten sowie keine Zinskompensation[425] vereinbart worden sei.

---

420 Becker-Eberhard, S. 717 weist zudem darauf hin, dass im Rahmen der für die sonstigen Interzessionssicherheiten (außer der Bürgschaft) verwendeten Klauseln das weitere Problem bestehe, dass den Kreditinstituten das Recht eingeräumt werde, den Erlös als Sicherheit behandeln zu dürfen. Da bis zu dem Zeitpunkt der Erklärung des Kreditinstitutes ein Zustand der Schwebe bestehe, könne dies nur als neuerliche Abweichung vom Leitbild der §§ 362 ff. BGB, insbesondere des § 366 BGB, wonach die befriedigende sowie erfüllende Wirkung des Eingangs der befriedigungstauglichen Leistungen beim Gläubiger selbsttätig eintrete, gesehen werden.

421 Vgl. Becker-Eberhard, S. 717.

422 Vgl. Wagenknecht, S. 256 ff.

423 Wagenknecht, S. 261 argumentiert dergestalt, dass der Gläubiger, der den begrenzten Sicherungszweck und den regelmäßig gegebenen Regressanspruch des Bürgen kenne, keinen anerkennenswerten Grund für die Verschlechterung der Bürgenstellung im Insolvenzverfahren des Schuldners anführen könne.

424 Dabei soll eine Freigabeverpflichtung aus den Allgemeinen Geschäftsbedingungen der Kreditinstitute nicht ausreichen, weil dessen Kenntnis von einem durchschnittlich erfahrenen Privatbürgen nicht erwartet werden könne und eine Freigabeverpflichtung aus der Bürgschaftsurkunde selbst ersichtlich sein müsse.

425 Wagenknecht, S. 269 meint, dass es nicht angehe, *„daß der Bürge für seine auf einem separaten Bürgschaftserlöskonto verbuchten Leistungen allenfalls den Zinssatz für täglich fällige Gelder vergütet bekommt (z.B. 0,5 % p.a.), während er für die auf die Hauptschuld entfallenden Zinsen weiter in der vertraglichen Höhe einschließlich Verzugszinsen (§ 355 I HGB) einzustehen hat (z.B. 17 % p.a. und mehr)."*

Diese differenzierende Argumentation teilen **GRAF VON WESTPHALEN**[426], **FISCHER**[427] und **SCHRÖDER**.[428]

Des Weiteren weisen auch **HÄSEMEYER**[429], **SCHREINER**[430], **WISSMANN**[431] und **RABL**[432] auf die Unwirksamkeit der Bürgschaftsklausel hin.

ff) Auch **HABERSACK**[433] verneint die Wirksamkeit der Bürgschaftsklausel, weil der Bürge nicht nur keinen Rückgriff gegenüber den weiteren Sicherungs-

---

426 Graf von Westphalen, Bürgschaft, Rdnrn. 64 ff. erachtet die Klauselgestaltung nur bei einer Globalbürgschaft mit einer bestimmten Kreditlinie (Höchstbetragsbürgschaft) als mit § 9 II Nr. 1 AGBG a.F. (§ 307 II Nr. 1 BGB) im Einklang. Er meint, dass die Bürgschaftsklausel in einer engen Beziehung zum formularmäßigen Verzicht auf § 776 BGB stehe. Soweit dieser Verzicht für wirksam erachtet werde, *„so schneidet der weitere Verzicht auf die Rechte aus § 774 I BGB sehr weit in die Rechtsstellung des Bürgen"* ein. *„Es entspricht deshalb der richtig verstandenen Tendenz in der Anwendung von § 9 II Nr. 1 AGBG, die Rechte des Bürgen auch im Rahmen von § 774 I BGB zu stärken. Daher verstößt die den § 774 I BGB abbedingende Klausel gegen § 9 II Nr. 1 AGBG."* Graf von Westphalen ist der Ansicht, dass, soweit keine Bedenken gegen § 9 II Nr. 1 AGBG a.F. (§ 307 II Nr. 1 BGB) bestehen, im Rahmen des § 9 I AGBG a.F. (§ 307 I BGB) eine Zinskompensation erfolgen müsse. Er vertrat zudem früher in WM 1984, 1589 (1595) die Auffassung, dass für die Wirksamkeit der Bürgschaftsklausel eine Freigabeklausel notwendig sei.

427 Fischer, WM 1998, 1711 (1712 f.) weist darauf hin, dass der Rechtsprechung des BGH nur zuzustimmen sei, *„wenn die Bürgschaft sämtliche Forderungen der Bank aus der Geschäftsverbindung mit dem Hauptschuldner sichert. Dies ist allerdings nach der neuen Rechtsprechung zur weiten Sicherungszweckerklärung oftmals nicht mehr der Fall"*. Soweit der Bürge nur für eine einzelne Forderung hafte, erachtet Fischer die Klausel als mit § 9 AGBG a.F. (§ 307 BGB) nicht mehr im Einklang, weil sich dann *„sein Risiko massiv"* erhöhe. Jauernig/Stadler, BGB, § 774 Rdnr. 2 verweist in ihrer Kommentierung auf die Ansicht von Fischer und beurteilt einen Aufschub des gesetzlichen Forderungsüberganges durch Allgemeine Geschäftsbedingungen wegen des zu wahrenden Bürgenschutzes für bedenklich.

428 Schröder, S. 217 meint im Rahmen des § 9 I AGBG a.F. (§ 307 I BGB), dass die Argumentation des BGH nur nachvollziehbar sei, wenn sich der Bürge für alle Forderungen aus der Geschäftsverbindung, nicht hingegen für eine einzelne Forderung verbürgt habe, weil ansonsten durch die Klausel die Ansprüche des Kreditinstitutes gegenüber dem Hauptschuldner miteinbezogen werden, die mit der Bürgschaft nichts zu tun haben. Da die Bürgschaftsklausel aber alle Fallgestaltungen erfasse, sei sie gemäß § 9 I AGBG a.F. (§ 307 I BGB) unwirksam.

429 Vgl. Häsemeyer, KTS 1993, 151 (177 f.).

430 Vgl. Schreiner, S. 136 ff.

431 Vgl. Wissmann, Rdnrn. 305 ff.

432 Rabl, S. 158 hat gegen die Zulässigkeit der Bürgschaftsklausel nach österreichischem Recht (§ 879 III Allgemeines bürgerliches Gesetzbuch JGS 946) Bedenken, weil es den Kreditinstituten nach seiner Ansicht nicht gestattet sein könne, dem Bürgen die Teilnahme am *„Konkurs"* vollständig zu verwehren und ihm das vollständige Risiko seiner Haftung aufzubürden.

433 Vgl. MK/Habersack, BGB, § 774 Rdnr. 5.

gebern nehmen könne, sondern weil ihm wegen seiner Teilleistungen auch die Teilnahme am Insolvenzverfahren über das Vermögen des Hauptschuldners verwehrt werde und sich damit die in § 774 I 1, 2 BGB getroffene Wertentscheidung einseitig zugunsten des Gläubigers verschiebe. Zudem ist HABERSACK der Ansicht, dass die vollständige Abbedingung der cessio legis den Charakter der Interzession verändere und das Rechtsverhältnis zwischen dem Gläubiger und dem Interzedenten besser als Garantie (oder Schuldbeitritt[434]) zu qualifizieren sei.[435]

gg) STELLUNGNAHME

Der BGH hatte die zu untersuchende Bürgschaftsklausel in seiner Entscheidung vom 30.10.1984 nicht nach dem AGB-Gesetz a.F. (§§ 305 ff. BGB) überprüft. Eine Inhaltskontrolle nach den Vorschriften des AGB-Gesetzes kam deshalb nicht in Betracht, weil die Parteien des Rechtsstreits den maßgebenden Bürgschaftsvertrag vor dem Inkrafttreten des AGB-Gesetzes abgeschlossen hatten (§ 28 I AGB-Gesetz a.F.). Vor dem Hintergrund, dass nunmehr nahezu alle Gerichtsentscheidungen, die sich mit der zu untersuchenden Bürgschaftsklausel beschäftigen, auf die *„Grundsatzentscheidung"* des BGH pauschal Bezug nehmen, ist der Regelungskomplex der Bürgschaftsklausel bereits aus diesem Grunde eingehender nach den Wirksamkeitsvoraussetzungen der §§ 305 ff. BGB (AGB-Gesetz a.F.) zu überprüfen.

Hierbei ist zunächst festzustellen, dass die Bürgschaftsklausel offensichtlich weder gegen ein absolutes Klauselverbot gemäß § 309 BGB (§ 11 AGBG a.F.) noch gegen ein Klauselverbot mit Wertungsmöglichkeit gemäß § 308 BGB (§ 10 AGBG a.F.) verstößt.

---

434 Vgl. MK/Habersack, BGB, § 774 Rdnr. 14 (3. Auflage). In der 4. Auflage des Münchener Kommentars verwendet Habersack diese Formulierung hingegen nicht mehr.

435 MK/Habersack, BGB, § 774 Rdnr. 14 stellt klar, dass eine solche Regelung zwar im Anwendungsbereich des AGB-Gesetzes a.F. problematisch sei, nicht aber im Rahmen einer Individualvereinbarung.

(1.) Die Inhaltskontrolle gemäß § 307 II Nr. 1 BGB (§ 9 II Nr. 1 AGBG a.F.)[436]

Nach § 307 II Nr. 1 BGB (§ 9 II Nr. 1 AGBG a.F.) sind Bestimmungen in Allgemeinen Geschäftsbedingungen unwirksam, wenn sie den Vertragspartner unangemessen benachteiligen. Dies ist im Zweifel dann anzunehmen, wenn eine Bestimmung mit den wesentlichen Grundgedanken der gesetzlichen Regelung, von der abgewichen wird, nicht zu vereinbaren ist. Ein Indiz für den Benachteiligungsgrad stellt dabei das Maß der Abweichung vom dispositiven Gesetzesrecht dar.[437]
Die RECHTSPRECHUNG[438] unterscheidet deshalb zwischen frei abänderbaren Zweckmäßigkeitsregeln und formularmäßig nicht abdingbaren Gerechtigkeitsgeboten.

(a) Der Auslegungsmaßstab der Inhaltskontrolle

Die Inhaltskontrolle von Allgemeinen Geschäftsbedingungen wird nach einer *„überindividuell-generalisierenden, typisierenden, von den konkreten Umständen des Einzel-*

---

436 Ulmer/Brandner/Hensen/Brandner, AGBG, § 9 Rdnr. 131 weist darauf hin, dass in der Praxis die an sich berechtigten Unterscheidungen zwischen § 9 I AGBG a.F. (§ 307 I BGB) und § 9 II AGBG a.F. (§ 307 II BGB) – ohne erkennbaren Schaden für die Richtigkeit des Ergebnisses – weithin vernachlässigt werden. Hierbei werden sowohl § 9 II Nr. 1 sowie § 9 II Nr. 2 AGBG a.F. (§ 307 II Nr. 1 sowie § 307 II Nr. 2 BGB) nebeneinander als auch mitunter § 9 AGBG a.F. (§ 307 BGB) insgesamt ohne weitere Differenzierung zur Anwendung gebracht.

437 Vgl. Ulmer/Brandner/Hensen/Brandner, AGBG, § 9 Rdnr. 141.

438 Der BGH führte in seinem Urteil vom 17.02.1964 – II ZR 98/62 (LG Essen, OLG Hamm), BGHZ 41, 151 (154) aus, dass, *„soweit Vorschriften des dispositiven Rechts ihre Entstehung nicht nur Zweckmäßigkeitserwägungen, sondern einem aus der Natur der Sache sich ergebenden Gerechtigkeitsgebot verdanken, müssen bei einer abweichenden Regelung durch Allgemeine Geschäftsbedingungen Gründe vorliegen, die für die von ihnen zu regelnden Fälle das dem dispositiven Recht zugrundeliegende Gerechtigkeitsgebot in Frage stellen und eine abweichende Regelung als mit Recht und Billigkeit vereinbar erscheinen lassen. Der Gerechtigkeitsgehalt der vom Gesetzgeber aufgestellten Dispositivnormen kann verschieden groß sein. Je stärker er ist, ein desto strengerer Maßstab muss an die Vereinbarkeit von Abweichungen in Allgemeinen Geschäftsbedingungen mit dem Grundsatz von Treu und Glauben angelegt werden."* In diesem Sinne auch BGH, Urteil vom 04.06.1970 – VII ZR 187/68 (LG Ellwangen, OLG Stuttgart), BGHZ 54, 106 (109 f.); BGH, Urteil vom 28.02.1973 – IV ZR 34/71 (LG Darmstadt, OLG Frankfurt), BGHZ 60, 243 (245); BGH, Urteil vom 08.11.1974 – V ZR 36/73 (LG Hannover, OLG Celle), BGHZ 63, 238 (239); BGH, Urteil vom 21.12.1983 – VIII ZR 195/82 (LG Köln, OLG Köln), BGHZ 89, 206 (211); BGH, Urteil vom 25.06.1991 – XI ZR 257/90 (LG Köln, OLG Köln), BGHZ 115, 38 (42).

falles absehenden Betrachtungsweise"[439] entschieden.[440] Diese Art der Betrachtungsweise stellt auf die typischen Interessenlagen der beteiligten Kreise ab und richtet die Inhaltskontrolle an der Frage aus, ob die Allgemeinen Geschäftsbedingungen für diesen Personenkreis im Allgemeinen eine billige und gerechte Regelung bei der in Rede stehenden Geschäftsart darstellen[441], wobei die besonderen Verhältnisse des individuellen Vertragspartners ebenso außer Betracht bleiben, wie die Handhabung der Bürgschaftsklausel im Einzelfall.[442]
In diesem Zusammenhang sei auch erwähnt, dass der Schutzzweck des nunmehr in die §§ 305 ff. BGB eingeordneten AGB-Rechts lange Zeit umstritten war und teilweise noch ist.[443] Früher war die Erfüllung des Schutzauftrages der Rechtsprechung überlassen.[444] Nach dem am 01.04.1977 in Kraft getretenen AGB-Gesetz a.F. richtet sich der Schutzzweck[445] darauf, *„den mit der Verwendung von AGB typischerweise, unabhängig von der Marktstellung des Verwenders, verbundenen Gefahren für den Kunden entgegenzutreten."*[446]

---

439 Vgl. Ulmer/Brandner/Hensen/Brandner, § 9 Rdnr. 78.

440 Vgl. BGH, Beschluss vom 08.01.1986 – VIII ARZ 4/85 (Stuttgart), NJW 1986, 2102 (2103); BGH, Urteil vom 08.10.1986 – VIII ZR 342/85 (LG Itzehoe, OLG Schleswig), BGHZ 98, 303 (308) = NJW 1987, 487 (489); BGH, Beschluss vom 01.07.1987 – VIII ARZ 9/86 (LG Kassel, OLG Frankfurt), BGHZ 101, 253 (264) = NJW 1987, 2575 (2576); BGH, Urteil vom 23.06.1988 – VII ZR 117/87 (LG Bremen, OLG Bremen), BGHZ 105, 24 (31); BGH Urteil vom 09.02.1990 – V ZR 200/88 (LG Frankenthal, OLG Zweibrücken), BGHZ 110, 241 (244) = NJW 1990, 1601 (1602); BGH, Urteil vom 07.07.1992 – XI ZR 274/91 (Hamm), NJW 1992, 2626 (2626); BGH, Urteil vom 23.06.1993 – IV ZR 135/92 (Stuttgart), NJW 1993, 2369 (2371); BGH, Urteil vom 09.05.1996 – VII ZR 259/94 (Düsseldorf), NJW 1996, 2155 (2156); Palandt/Heinrichs, BGB, § 307 Rdnr. 4 meint, *„da der rechtfertigende Grund der Inhaltskontrolle ihr (das dispositive Recht verdrängender) abstrakt-genereller Charakter ist, muss auch ihr Maßstab grundsätzlich überindividuell ausgerichtet sein."*; umfassend zur abstrakten Auslegung von Allgemeinen Geschäftsbedingungen mit einer eigenen, der Rechtsprechung des BGH widersprechender Stellungnahme, Schmidt-Salzer, JZ 1995, 223 (224 f.).

441 Vgl. Ulmer/Brandner/Hensen/Brandner, § 9 Rdnr. 78.

442 Vgl. BGH, Urteil vom 23.06.1988 – VII ZR 117/87 (OLG Bremen), ZIP 1988, 1126 (1128).

443 Grundlegend zum Schutzzweck des AGB-Rechts und den hierzu vertretenen Literaturauffassungen Ulmer/Brandner/Hensen/Ulmer, Einl. Rdnrn. 28 ff.

444 Vgl. Palandt/Heinrichs, BGB, Überbl. v. § 305 Rdnr. 7.

445 Ulmer/Brandner/Hensen/Ulmer, Einl. Rdnr. 28 führt im Rahmen des beabsichtigten Schutzzweckes aus, dass es damals vor allem um die Frage ging, *„ob das AGB-Gesetz dem Schutz des schwächeren Vertragspartners dienen und einen Ausgleich für das wirtschaftliche Machtgefälle und die Unterlegenheit der AGB-Kunden schaffen oder ob es die einseitige Ausnutzung der vom AGB-Verwender in Anspruch genommenen Vertragsgestaltungsfreiheit verhindern sollte."*

446 Ulmer/Brandner/Hensen/Ulmer, Einl. Rdnrn. 30 f. stellt auch ergänzend die Kritiker eines umfassenden AGB-Gesetzes, nämlich auf der einen Seite die Anhänger eines so genann-

Das AGB-Gesetz a.F. war deshalb nicht als Verbraucherschutzgesetz im technischen Sinne zu qualifizieren. Dies änderte sich erst im Jahre 1996 durch die Novelle zum AGB-Gesetz, die der Umsetzung der Richtlinie 93/13/EWG über missbräuchliche Klauseln in Verbraucherverträgen vom 05.04.1993 diente. Durch diese Umsetzung ist neben dem bereits beschriebenen Schutzzweck auch der Verbraucherschutz ein zweites tragendes Schutzprinzip des AGB-Rechts geworden.[447] Hieran hat auch das Gesetz zur Modernisierung des Schuldrechts vom 26.11.2001 nichts geändert, das am 01.01.2002 in Kraft getreten ist. Im Gegenteil hat es die Verbraucherverträge in der Regelung des § 310 III BGB verankert und somit den § 24 a AGB-Gesetz a.F. ersetzt.

Der BGH[448] interpretierte die Bürgschaftsklausel in seinem Urteil vom 30.10.1984 nach den damals geltenden Maßstäben in dem Sinne, dass sie der richterlichen Inhaltskontrolle *„j e d e n f a l l s“* dann standhalte, *„wenn die Bürgschaft – wie im vorliegenden Fall – sämtliche Forderungen aus der bankmäßigen Geschäftsverbindung mit dem Hauptschuldner sichert.“*

Eine solche eingeschränkte Überprüfung von Allgemeinen Geschäftsbedingungen würde aber den heute geltenden Maßstäben nicht mehr gerecht werden, weil hierbei insbesondere nicht zu erkennen ist, inwieweit sich das Gericht auch mit der Konstellation beschäftigt hat, die gerade nicht unter die *„j e d e n f a l l s - Fallgruppe“* fällt. Die Inhaltskontrolle muss eben nach einer überindividuell-generalisierenden Betrachtungsweise vorgenommen werden.

Zwar lag der Entscheidung des BGH keine Bürgschaft für eine einzelne Forderung, sondern eine Höchstbetragsbürgschaft zu Grunde, dies führt aber nicht dazu, dass das Gericht nur die Vereinbarkeit der Bürgschaftsklausel mit einer Höchstbetragsbürgschaft thematisieren darf[449], weil eine im Rahmen der Inhaltskontrolle durchzuführende Auslegung grundsätzlich abstrakt zu erfolgen hat. Die vom BGH statt dessen vorgenommene Auslegung und Interpretation führt nach heutigem Verständnis im Ergebnis zu einer geltungserhaltenden Re-

---

ten *„aktiven Verbraucherschutzes“* und auf der anderen Seite die Befürworter aus den Kreisen der so genannten *„gewerblichen Wirtschaft“* dar.

447 Vgl. Palandt/Heinrichs, BGB, Überbl. v. § 305 Rdnr. 9; Ulmer/Brandner/Hensen/Ulmer, Einl. Rdnr. 21a.

448 Vgl. BGH, Urteil vom 30.10.1984 - IX ZR 92/83 (LG Rottweil, OLG Stuttgart), BGHZ 92, 374 (374 ff.) = WM 1984, 1630 (1630 ff.) = ZIP 1985, 18 (18 ff.) = DB 1985, 274 (274 ff.) = NJW 1985, 614 (614 ff.) = MDR 1985, 317 (317).

449 Der BGH führte in seinem Urteil vom 03.03.1982 – IVa ZR 256/80 (LG Hamburg, OLG Hamburg), BGHZ 83, 169 (177) aus, dass *„es ... aber für die Auslegung von Allgemeinen Geschäftsbedingungen und damit für die Beurteilung ihrer Wirksamkeit nicht auf deren Auswirkungen im konkreten Einzelfall“* ankomme, *„ sondern auf ihre generellen Auswirkungen für alle Versicherungsnehmer.“*

duktion von Allgemeinen Geschäftsbedingungen. Dieses Prinzip wird bei unwirksamen Allgemeinen Geschäftsbedingungen diskutiert, ob diese nicht wenigstens insoweit aufrecht erhalten werden können, als sie gerade noch für zulässig erachtet werden.[450] Im Regelfall gilt das Verbot der geltungserhaltenden Reduktion[451], weil der Verwender von unangemessenen Allgemeinen Geschäftsbedingungen nicht davon ausgehen darf, dass seine Klauseln zumindest mit dem angemessenen Inhalt für das Vertragsverhältnis Wirkung entfalten. Anderenfalls würde der Zweck des Gesetzes, der nach den heute geltenden Maßstäben auch im Verbraucherschutz zu sehen ist, unterlaufen.

Die Entscheidung des BGH kann somit nur *„aus ihrer Zeit heraus“* verstanden werden. Zum einen hatte der BGH die Bürgschaftsklausel nach den Maßstäben von Treu und Glauben (§ 242 BGB) und nicht nach dem AGB-Gesetz a.F. zu überprüfen. Zum anderen hatte auch der Verbraucherschutz zu dieser Zeit noch nicht die Bedeutung erlangt, den er nunmehr als weiteres Schutzprinzip innehat. Aus heutiger Sicht würde die Sichtweise des BGH dazu führen, dass es den Gerichten erlaubt wäre, nicht streiterhebliche Problemfelder von kritischen Bürgschaftsklauseln mit der so genannten *„j e d e n f a l l s - Lösung“* zu bearbeiten und hierdurch im Kern das Verbot der geltungserhaltenden Reduktion zu umgehen. Eine solche Art der Auslegung führt zwangsläufig zu Zufallsergebnissen und demnach zu einem Verstoß gegen die Einheitlichkeit der Rechtsordnung. Bereits dieser Gesichtspunkt bewirkt, dass die Entscheidung vom 30.10.1984 hinterfragt werden muss.

Die Inhaltskontrolle der Bürgschaftsklausel ist statt dessen umfassend und abstrakt-generell durchzuführen. Unter Berücksichtigung dieser Ausgangslage sind zunächst im Rahmen des § 307 II Nr. 1 BGB (§ 9 II Nr. 1 AGBG a.F.) die wesentlichen Grundgedanken der gesetzlichen Regelungen darzustellen, von de-

---

450 Vgl. Horn, WM 1984, 449 (451).

451 Vgl. BGH, Urteil vom 10.01.1974 – VII ZR 28/72 (LG Hagen, OLG Hamm), BGHZ 62, 83 (89); BGH, Urteil vom 22.03.1979 – VII ZR 142/78 (Frankfurt), NJW 1979, 2095 (2095). Der BGH stellte in seinem Urteil vom 17.05.1982 – VII ZR 316/81 (Hamm), NJW 1982, 2309 (2310) unter anderem dar, dass sich das Verbot der geltungserhaltenden Reduktion von Allgemeinen Geschäftsbedingungen aus einem Umkehrschluss aus § 13 AGBG a.F. [§§ 1, 3 des Gesetzes über Unterlassungsklagen bei Verbraucherrechts- und anderen Verstößen (Unterlassungsklagengesetz – UKlaG) vom 26. 11. 2001 (BGBl. I S. 3138, 3173)] ergebe. Die teilweise Aufrechterhaltung verbotswidriger Klauseln würde die Verwendung derartiger Bestimmungen von jedem Risiko freistellen und ihre Verbreitung fördern. In diesem Sinne ebenfalls BGH, Urteil vom 07.06.1982 – VIII ZR 139/81 (KG), NJW 1982, 2311 (2312 f.); BGH, Urteil vom 19.09.1983 – VIII ZR 84/82, BB 1983, 1873 (1874) mit Anmerkung von Trinkner, BB, 1983, 1874 (1874 ff.); Horn, WM 1984, 449 (451).

nen die Bürgschaftsklausel abweicht, um anschließend festzustellen, ob diese Abweichungen als wesentlich zu charakterisieren sind.

(b) Das Gläubigervorrecht gemäß § 774 I 2 BGB[452]

Die durch die Bürgschaftsklausel bewirkte Modifizierung des Gläubigervorrechts könnte zu einer unangemessenen Benachteiligung des Bürgen führen.
Der Gesetzgeber hat den gesetzlichen Forderungsübergang gemäß § 774 I 1 BGB durch die Einfügung des Gläubigervorrechts gemäß § 774 I 2 BGB beschränkt, indem der Übergang der Hauptforderung nicht zum Nachteil des Gläubigers geltend gemacht werden kann.
Das im § 774 I 2 BGB verankerte Prinzip des *„nemo subrogat contra se"* stellt für den Gläubiger eine Schutzvorschrift dar, durch den zwar nicht der gesetzliche Forderungsübergang auf den Bürgen verhindert, aber dessen Geltendmachung gegenüber dem Hauptschuldner zeitlich beschränkt wird. In Abkehr der Grundsätze des gemeinen Rechts erstreckt sich dieses Gläubigervorrecht nicht auf alle Forderungen des Gläubigers gegenüber dem Hauptschuldner, sondern nur auf die durch den Bürgen gesicherte Hauptforderung des Gläubigers gegenüber dem Hauptschuldner. Diese Beschränkung des Gläubigervorrechts kann als das *„Prinzip der Forderungsindividualität"* bezeichnet werden. Charakteristisch für das Prinzip des *„nemo subrogat contra se"* ist somit, dass der Bürge den auf ihn übergegangenen Teil der Hauptforderung zeitweilig nicht gegenüber dem Hauptschuldner durchsetzen kann.
Dies ist aber wegen des Inhalts der Bürgschaftsklausel bereits dem Grunde nach nicht möglich, so dass die Kautelarpraxis der Kreditinstitute dazu führt, dass das Gläubigervorrecht obsolet und somit ausgehöhlt wird. Diese Rechtsfolge ergibt sich daraus, dass der Eintritt der Befriedigungswirkung des Gläubigers zeitweilig verhindert wird, weshalb auch der gesetzliche Forderungsübergang nicht stattfinden kann. Dies führt dazu, dass der Gläubiger - anders als es der Grundsatz des *„nemo subrogat contra se"* vorsieht - rechtlich so gestellt wird, als ob er vom Bürgen noch keine Zahlungen erhalten habe. In diesem Fall muss der Gläubiger nicht befürchten, mit der Konkurrenz des Bürgen konfrontiert zu sein. Eines Gläubigervorrechts bedarf es in dieser Konstellation nicht.
Der Regelungsgehalt der Bürgschaftsklausel geht somit weit über das gesetzlich verankerte Gläubigervorrecht hinaus, weil es den Gläubiger in allen Konstellationen zu schützen vermag, in denen § 774 I 2 BGB entweder nicht anwendbar oder in seiner Wirkungsweise nicht ausreichend ist. So wäre der Gläubiger bei-

---

452 Siehe dazu oben, Teil 2, 1. Abschnitt, B), IV., 1., a), aa).

spielsweise wegen des *„Prinzips der Forderungsindividualität"* nicht über § 774 I 2 BGB geschützt, wenn der Bürge zwar seine Bürgschaftsschuld vollständig erfüllt, ihm aber gegenüber dem Hauptschuldner noch weitere gesicherte und ungesicherte Forderungen zustehen[453] oder ihm gegenüber anderen Sicherungsgebern weitere Forderungen zur Verfügung stehen.[454] Auch kann der Gläubiger für den Fall, dass der Bürge an ihn vor der Eröffnung eines Insolvenzverfahrens Teilzahlungen leistet, weder die Teilnahme des Bürgen an einem späteren Insolvenzverfahren wegen des in diesem Verfahrensabschnittes unanwendbaren Gläubigervorrechts verhindern[455], noch erhält er entgegen der Ansicht von SCHÄFER[456] nach Abschluss des Insolvenzverfahrens einen Ausgleich für die vom Bürgen erhaltene Insolvenzdividende.[457]

Darüber hinaus bewirkt die Bürgschaftsklausel auch wegen des zu Stande gekommenen Vertrages zugunsten des Hauptschuldners, dass der Bürge nicht vorzeitig von seinem Innenregress gegenüber dem Hauptschuldner Gebrauch machen kann, obwohl bei dieser Regressmöglichkeit das Gläubigervorrecht gar nicht einschlägig ist.

Die mit der Bürgschaftsklausel verfolgte Gläubigerbegünstigung schließt somit im Ergebnis nicht nur den Anwendungsbereich des Gläubigervorrechts aus, sondern geht deutlich über den Schutzcharakter des § 774 I 2 BGB hinaus. Angesichts der vielfältigen Konstellationen, in denen der Gläubiger nicht durch § 774 I 2 BGB geschützt ist, erscheint es mutig, wenn der BGH[458] in seinem Urteil vom 30.10.1984 ausführt:

„Da der Bürge ... dem Gläubiger ohnehin nach § 774 I 2 BGB in aller Regel den Vortritt lassen müßte, belastet ihn die Verstärkung der Rechtsstellung des Gläubigers in dieser Hinsicht nicht übermäßig."

Im Rahmen der Inhaltskontrolle muss maßgebend berücksichtigt werden, dass sich der Regelungsgehalt der Bürgschaftsklausel nicht darauf beschränkt, das Gläubigervorrecht erweiternd wie im gemeinen Recht zu interpretieren[459], sondern die Zahlungen des Bürgen so zu bewerten, als ob sie der Bürge überhaupt noch nicht geleistet habe. Durch eine solche Kautelarpraxis wird nicht nur das *„Prinzip der Forderungsindividualität"* ausgehöhlt, sondern dem Wesen des Gläubi-

---

453 Siehe dazu oben, Teil 2, 1. Abschnitt, B), IV., 1., a), aa).

454 Siehe dazu oben, Teil 2, 3. Abschnitt, A), I.

455 Siehe dazu oben, Teil 2, 1. Abschnitt, B), IV., 1., b), aa).

456 Siehe dazu oben, Teil 4, 1. Abschnitt, A), II., 4., b), aa).

457 Siehe dazu oben, Teil 2, 1. Abschnitt, B), IV., 1., b), bb), (4.).

458 Vgl. BGH, Urteil vom 30.10.1984 - IX ZR 92/83 (LG Rottweil, OLG Stuttgart), BGHZ 92, 374 (383) = WM 1984, 1630 (1632) = ZIP 1985, 18 (21) = DB 1985, 274 (275) = NJW 1985, 614 (616) = MDR 1985, 317 (317) = EWiR § 774 BGB 1/85, 85 (86).

459 Siehe dazu oben, Teil 2, 1. Abschnitt, B), IV., 1., a), aa).

gervorrechts ein völlig anderer Sinn gegeben. Während nämlich das *„klassische"* Prinzip des *„nemo subrogat contra se"* einen Forderungsübergang voraussetzt und nur dessen Geltendmachung zeitlich beschränkt, verhindert die Bürgschaftsklausel den Forderungsübergang bereits dem Grunde nach. Insoweit ist es auch unbeachtlich, dass der gesetzliche Forderungsübergang bis zur vollständigen Befriedigung des Gläubigers nur zeitweilig aufgeschoben wird, weil dem Bürgen in dieser nicht unbeachtlichen Zeit das gesamte Insolvenzrisiko des Hauptschuldners und der anderen (ausgleichsverpflichteten) Sicherungsgeber übertragen wird. Denn solange die vollständige Gläubigerbefriedigung aussteht, wofür bei einer Insolvenz des Hauptschuldners vieles spricht, kann sich der Bürge gerade nicht beim Hauptschuldner erholen, d.h. er kann es unter Umständen nie. Dieses Risiko bestünde ohne die Bürgschaftsklausel zumindest nicht in diesem Ausmaß, weil dem Bürgen in diesem Fall durch seine Zahlungen an den Gläubiger sein Zessions- und Innenregress gegenüber dem Hauptschuldner sowie seine Rückgriffsansprüche gegenüber den anderen (ausgleichsverpflichteten) Sicherungsgebern zur Verfügung stünden. Natürlich müsste er auch in diesen Fällen befürchten, durch eine mögliche Insolvenz seiner *„Schuldner"* keine Zahlungen zu erhalten. Dieses Risiko besteht aber nicht wegen des Regelungsgehaltes der Bürgschaftsklausel, sondern ist im Geschäftsverkehr die Regel.
Auf Grund dieser Ausführungen kann es auch keinen Unterschied machen, wie eng der Kreis der Forderungen gegen den Hauptschuldner gezogen ist, wegen derer der Gläubiger befriedigt sein muss, bevor aus der Bürgenzahlung als bloßer Sicherheitsleistung eine Erfüllungsleistung wird. Dieser *„Kreis"* der Forderungen könnte nämlich beispielsweise so gezogen sein, dass eine Erfüllung erst dann eintritt, wenn der Gläubiger wegen aller seiner Forderungen oder wegen aller seiner Forderungen im Zeitpunkt der Übernahme der Bürgschaft bzw. wegen aller seiner Forderungen, für die sich der Bürge verbürgt hat, befriedigt ist. In allen Fallkonstellationen wird aber sowohl das Gläubigervorrecht als auch das *„Prinzip der Forderungsindividualität"* ausgehöhlt. Die *„Weite"* des Kreises der Forderungen ist somit nicht beim *„Prinzip des Gläubigervorrechts"*, das unabhängig von den durch den Bürgen gesicherten Forderungen durch den Regelungsgehalt der Bürgschaftsklausel aufgehoben ist, sondern maßgebend bei der Inhaltskontrolle gemäß § 307 I BGB (§ 9 I AGBG a.F.) zu berücksichtigen. Dort wird dieser Gesichtspunkt selbstverständlich eine zentrale Bedeutung haben.
Das mit der Bürgschaftsklausel bezweckte Hinausschieben der Befriedigungswirkung hat somit für den Bürgen einen Zustand der Passivität und Handlungsunfähigkeit zur Folge, den das BGB in dieser Reichweite nicht kennt. Eine solche Modifizierung des Gläubigervorrechts muss als unangemessen qualifiziert werden.

(c) Die Gläubigerbegünstigung gemäß § 43 InsO[460]

Die Erweiterung der Gläubigerbegünstigung gemäß § 43 InsO könnte eine unangemessene Benachteiligung des Bürgen darstellen.
Der Gesetzgeber hat sich auch im Rahmen der Insolvenzordnung für die Ausnahmeregelung des § 43 InsO entschieden.[461] Hiernach kann ein Gläubiger während eines Insolvenzverfahrens über das Vermögen jedes seiner Sicherungsgeber, die ihm für dieselbe Leistung auf das Ganze haften, bis zu seiner vollen Befriedigung den gesamten Betrag geltend machen, den er zum Zeitpunkt der Eröffnung des Insolvenzverfahrens fordern konnte. Hintergrund dieser Regelung war die Befürchtung des Gesetzgebers, dass der Gläubiger, dem verschiedene Personen für seine Forderung gegenüber dem Hauptschuldner haften, nur deshalb nicht die volle Insolvenzdividende erhalten könnte, weil seine beiden Sicherungsgeber insolvent werden und er jeweils die von einem Sicherungsgeber erhaltenen Zahlungen auf seine Forderung gegenüber dem anderen Sicherungsgeber anrechnen lassen müsste. Hierdurch bekäme der Gläubiger eine geringere Insolvenzdividende, als wenn er trotz der von dem einen Sicherungsgeber erhaltenen Zahlungen weiterhin berechtigt wäre, den ungeminderten Forderungsbetrag, d.h. ohne Abzug der erhaltenen Sicherheitszahlungen, im Insolvenzverfahren über das Vermögen der anderen Sicherungsgeber angemeldet zu lassen. Nur durch eine solche Handhabung könnte der Gläubiger demnach vollständig befriedigt werden. Hahn[462] führt in diesem Zusammenhang zu Recht folgendes aus:

„In dem Falle, dass die sämtlichen Verpflichteten zahlungsunfähig geworden und in Konkurs gefallen sind, würde die Anwendung jenes Grundsatzes zu der Unmöglichkeit führen, dass der Gläubiger seine Befriedigung voll erhalten könnte; der Gläubiger würde stets an seiner Forderung verlieren, auch wenn die verschiedenen Massen Dividenden von zusammen mehr als 100 Prozent ergäben."

Das gesetzgeberische Ziel der vollständigen Befriedigung des Gläubigers wird deshalb durch § 43 InsO in der Form realisiert, dass es dem Gläubiger durch diese *„Ausnahmevorschrift"* nach dem so genannten *„Prinzip der Doppelberücksichti-*

---

460 Siehe dazu oben, Teil 2, 1. Abschnitt, B), IV., 2.

461 Der Referentenentwurf des Bundesministeriums der Justiz beschrieb den Regelungsgehalt des § 43 InsO wie folgt: *„Die Vorschrift gibt sachlich unverändert die in § 68 KO und § 32 VerglO getroffene Regelung wieder. Sie erfasst neben den Fällen der gesamtschuldnerischen Haftung (§ 421 BGB) auch die Haftung des Bürgen, dem die Einrede der Vorausklage nicht zusteht."* Insoweit sei auf BMJ, Referentenentwurf zu § 48 und auf Balz/ Landfermann, InsO, § 43 verwiesen.

462 Vgl. Hahn, S. 265.

gung" möglich ist, seine ungeminderte Forderung zur Insolvenztabelle angemeldet zu lassen, so dass der Berücksichtigungsbetrag im Rahmen des Insolvenzverfahrens höher ist als seine materiell-rechtliche Forderung. Nach diesem Verständnis entspricht die Vorschrift des § 43 InsO der inhaltlichen Tendenz der Bürgschaftsklausel, nach der die Zahlungen des Bürgen so gewertet werden, als ob er sie tatsächlich noch nicht an den Gläubiger geleistet hat. Die Bürgschaftsklausel beschränkt sich aber nicht auf diesen Regelungsgehalt, sondern will den Gläubiger unabhängig von einem Insolvenzverfahren bis zu seiner vollständigen Befriedigung so stellen, als ob er von seinen Sicherungsgebern noch keine Leistungen erhalten habe.

Über den Anwendungsbereich des § 43 InsO hinaus erfasst die Bürgschaftsklausel nämlich auch den Fall, dass ein Teilbürge dem Gläubiger während des Insolvenzverfahrens über das Vermögen des Hauptschuldners seine Bürgschaftsforderung vollständig, aber dessen gesicherte Hauptforderung nur teilweise erfüllt.[463] Diese Ausweitung ist deshalb notwendig, weil § 43 InsO in dieser Konstellation nicht einschlägig sein kann, wie sich bereits aus den folgenden Gesetzesmaterialien zu § 61 des Entwurfs der KO[464] ergibt:

„Es würde der Billigkeit widersprechen, wenn der Empfang einer Theilzahlung die Konkursmasse eines anderen Solidarschuldners befreien sollte, ungeachtet diese nicht den Rest, sondern nur Prozente davon gewährte. ... Der zufälligen Aufeinanderfolge einzelner Theil- oder Dividendenzahlungen darf nicht ein anderes Ergebnis beigelegt werden, als wenn die Theilzahlungen oder die Vertheilung der sämmtlichen Massen gleichzeitig geschähe und dann der Gläubiger die Dividende auf die Solidarforderung voll erheben könnte. Bezahlung und Bezugsrecht sind auseinanderzuhalten. ... Immerhin aber bleibt die Vorschrift eine Ausnahme von allgemeinen Rechtsgrundsätzen."[465]

---

463 Siehe dazu oben, Teil 2, 1. Abschnitt, B), IV., 2., c).

464 § 61 des Entwurfs der KO ist die Vorgängervorschrift des § 68 KO und bei Hahn, S. 13 abgedruckt.

465 Vgl. Hahn, S. 266. Während der Beratungen zu § 61 des Entwurfs zur KO sei es für ausreichend erachtet worden, dass nicht nur über das Vermögen der gesamten Schuldner, sondern nur über das Vermögen des Hauptschuldners ein Konkursverfahren eröffnet worden sei. Hahn, S. 560 nimmt auf die Anregungen von Goldschmidt (Protokolle der Kommission, Erste Lesung) Bezug, der seinerseits explizit darauf hinwies, dass, soweit nur ein Gesamtschuldner solvent sei, ein wirkliches Bedürfnis für die Ausnahmevorschrift nicht bestehe, es aber denkbar sei, *„dass die solventen Gesamtschuldner gerade dadurch, dass man das ganze von ihnen fordere, ebenfalls insolvent würden und dass dadurch allerdings Gefahr für den Gläubiger entstehe."* Goldschmidt beurteilte diese Konsequenz als unbillig, so dass er in der Ersten Lesung den Antrag stellte, den Wortlaut des § 61 des Entwurfs zur KO zu ändern und wie folgt zu gestalten. *„Wird über das Vermögen einer oder mehrerer Personen das Konkursverfahren eröffnet"*. Dieser Antrag ist zunächst abgelehnt, aber im weiteren Verlauf der Beratungen von der Kommission mit 8 Stimmen angenommen worden. Insoweit sei auf Hahn, S. 622 (Protokolle der Kommission, Erste Lesung) und S. 650 (Protokolle der Kommission, Zweite Lesung) verwiesen.

Unter Berücksichtigung dieser Prämissen ist es dem Gläubiger nach den gesetzlichen Vorschriften verwehrt, trotz des Erhalts einer solchen Teilzahlung, im Insolvenzverfahren über das Vermögen des (zahlenden) Bürgen einen noch so geringen Forderungsbetrag anzumelden. Dies folgt daraus, dass der seine Verpflichtung vollständig erfüllende Bürge einen weiteren Zugriff auf sein Vermögen nicht erwarten muss. Soweit der Gläubiger aber nach Erhalt der vollständigen Teilzahlung nicht berechtigt ist, einen weiteren Forderungsbetrag zur Insolvenztabelle des (zahlenden) Bürgen anzumelden, kann auch der als Billigkeitsvorschrift ausgestaltete § 43 InsO nicht einschlägig sein, weil der Gläubiger eben keines weiteren Schutzes bedarf.
Dennoch verfolgt die Bürgschaftsklausel das Ziel, den beschränkten Anwendungsbereich des § 43 InsO zu erweitern. Es wird durch den Sicherheitscharakter der Bürgschaftszahlungen die Regel aufgestellt, dass der Gläubiger - ohne Berücksichtigung von bereits erhaltenen Zahlungen - grundsätzlich seinen ungeminderten Forderungsbetrag zur Insolvenztabelle anmelden darf. Dadurch wird aber die Rechtsposition des Bürgen erheblich beeinträchtigt. Der Bürge ist insbesondere wegen des *„Verbots der Doppelanmeldung"* daran gehindert, seinen Zessions- und Innenregress gegenüber dem Hauptschuldner im Insolvenzverfahren geltend zu machen und ist dadurch der Gefahr ausgesetzt, vom Hauptschuldner keine Zahlungen zu erhalten.
Auf diese Gefahr weisen zutreffend REINICKE/TIEDTKE hin, die feststellen, dass die Rechtsposition des Bürgen gravierend betroffen sei, wenn während eines Insolvenzverfahrens ein Insolvenzplan aufgestellt werde, durch die der Bürge seine gesamten Forderungen gegenüber dem Hauptschuldner vollständig verliere.[466] Dies ergebe sich daraus, dass dem Hauptschuldner zwar in diesem Verfahrensabschnitt ein Teil seiner Schuld erlassen werde, diese Wirkung aber dem Bürgen wegen § 254 II 1 InsO nicht zugute komme, weil seine Haftung grundsätzlich bestehen bleibe. Dem Bürgen, der dennoch an den Gläubiger Zahlungen leiste, die dem Hauptschuldner bereits erlassen worden seien, könne gegenüber dem Hauptschuldner wegen § 254 II 2 InsO kein Rückgriffsrecht zustehen. Anderenfalls würden dem Hauptschuldner dadurch die Vorteile des Insolvenzplans entzogen.[467] Der persönlich haftende Bürge werde somit wegen der Bürgschaftsklausel schlechter behandelt als ein Gesellschafter einer Offenen Handelsgesellschaft.[468]

---

466 Vgl. Reinicke/Tiedtke, Rdnr. 403.
467 Vgl. Reinicke/Tiedtke, Rdnr. 388.
468 Reinicke/Tiedtke, Rdnr. 389 führen hierzu aus, dass im Rahmen eines Insolvenzverfahrens über das Vermögen einer Gesellschaft die persönliche Haftung eines Gesellschafters

Gerade wegen der durch die Bürgschaftsklausel beabsichtigten Erweiterung des § 43 InsO ist es dem Bürgen nahezu unmöglich, sich an einem Insolvenzverfahren des Hauptschuldners aktiv zu beteiligen. Wie bereits gesagt: Solange die vollständige Gläubigerbefriedigung aussteht - und bei einer Insolvenz des Hauptschuldners bleibt es voraussichtlich dabei - kann sich der Bürge nicht beim Hauptschuldner erholen, d.h. er kann es unter Umständen nie.
Diese Regelung führt somit dazu, dass nicht nur der Bürgschaftsgläubiger, sondern auch die weiteren Gläubiger des Hauptschuldners nicht der Konkurrenz des Bürgen ausgesetzt sind. Der Bürge kann sich eben wegen der Bürgschaftsklausel nicht am Insolvenzverfahren beteiligen, mit der Folge, dass er auch hinter die an dem Vertragsverhältnis unbeteiligten Gläubiger zurücktreten muss.
Zur Vermeidung dieser Rechtsfolge ist es deshalb geboten, den Ausnahmecharakter des § 43 InsO beizubehalten und nicht auf Fälle zu erweitern, die mit den Motiven des Gesetzgebers nicht im Einklang stehen. Die Rechtsposition des Bürgen darf nicht soweit ausgehöhlt werden, dass ihm durch die Bürgschaftsklausel zeitweilig seine gesamten Regressmöglichkeiten vereitelt werden, unabhängig davon, ob er an den Gläubiger Bürgschaftszahlungen leistet oder nicht.
Trotz dieser Tatsache ist der BGH[469] der Ansicht, dass, *„soweit die Vertragsklausel die Rechtsstellung des Gläubigers im Konkurs des Hauptschuldners verbessert, entspricht dies der Tendenz des § 774 I 2 BGB, der § 68 KO nur teilweise Rechnung trägt.“*
Aber auch diese Erwägungen vermögen die Bürgschaftsklausel nicht zu rechtfertigen, weil beide Vorschriften inhaltlich unterschiedlich ausgestaltet sind. Während § 774 I 2 BGB eine Befriedigung des Gläubigers und einen gesetzlichen Forderungsübergang auf den Bürgen voraussetzt, wird der Gläubiger durch die Regelung des § 43 InsO so gestellt, als ob der Bürge noch keine Zahlungen geleistet hätte. Hinzu kommt, dass der Gläubiger durch das in § 774 I 2 BGB geregelte Gläubigervorrecht ausschließlich vor der Konkurrenz des Bürgen geschützt wird, wohingegen ihn § 43 InsO so stellt, als ob er noch keine

nur vom Insolvenzverwalter geltend gemacht werden könne (§ 93 InsO). Hinzu komme, dass wegen § 227 II InsO der Gesellschafter wie die Gesellschaft selbst mit der im Insolvenzplan vorgesehenen Befriedigung der Insolvenzgläubiger von den restlichen Verbindlichkeiten befreit werde. Diese Regelung führe dazu, dass ein Gesellschafter zwar eine Bürgschaft für eine Gesellschaftsschuld übernehmen könne, hierdurch aber nur gemäß § 128 HGB für diese Schuld hafte und sich durch die Bürgschaftsübernahme die Rechtsstellung des Gläubigers im Insolvenzverfahren verbessere.

469 Vgl. BGH, Urteil vom 30.10.1984 - IX ZR 92/83 (LG Rottweil, OLG Stuttgart), BGHZ 92, 374 (383) = WM 1984, 1630 (1632) = ZIP 1985, 18 (21) = DB 1985, 274 (275) = NJW 1985, 614 (616) = MDR 1985, 317 (317).

Zahlungen erhalten habe.[470] Somit haben § 774 I 2 BGB auf der einen Seite und § 43 InsO auf der anderen Seite einen unterschiedlichen Regelungsgehalt.
Durch die Bürgschaftsklausel wird die strikte Differenzierung nach dem Zeitpunkt der vom Bürgen geleisteten Zahlungen systematisch aufgehoben. Der Gläubiger wird nach dem Inhalt der Bürgschaftsklausel ja ohnehin stets so behandelt, als ob er noch keine Leistungen erhalten habe. Dies hat aber zur Folge, dass der Bürge trotz seiner Zahlungen *„bis zur vollständigen Befriedigung des Gläubigers"* nicht erfolgreich beim Hauptschuldner Regress nehmen kann.
Diese Rechtlosigkeit des Bürgen kann weder mit § 774 I 2 BGB, der den Gläubiger nur außerhalb eines Insolvenzverfahrens im Rahmen des Zessionsregresses des Bürgen schützt, noch mit der Ausnahmevorschrift des § 43 InsO begründet werden. Dem Willen des Gesetzgebers entsprach es statt dessen, dass sich der Bürge mit den Einschränkungen der §§ 43 f. InsO am Insolvenzverfahren beteiligen dürfe. Dadurch, dass die Bürgschaftsklausel beabsichtigt, die Schutzbedürftigkeit des Gläubigers an der für das Insolvenzverfahren vorgesehenen Ausnahmevorschrift des § 43 InsO zu orientieren und für alle Fallkonstellationen in diesem Sinne auszugestalten, hebelt es die durch die gesetzlichen Regelungen bestehende ausgewogene Abwägung zwischen den Interessen des Gläubigers und denen des Bürgen ohne ein begrenzendes Differenzierungsmerkmal einseitig zugunsten des Gläubigers aus.
Die Bürgschaftsklausel entspricht somit nicht den Tendenzen des § 774 I 2 BGB sowie des § 43 InsO, sondern kompensiert das Gläubigerinteresse in den Fällen, in denen es nach den gesetzlichen Vorschriften nicht geschützt ist. Schutzwürdige Belange des Bürgen werden hierbei nur ansatzweise berücksichtigt. Mit dieser Einseitigkeit des Regelungskomplexes korrespondiert eine erhebliche Benachteiligung des Bürgen. Die Bürgschaftsklausel muss deshalb für den Bürgen als unangemessen bewertet werden.

(d) Die Rückgriffsansprüche des Bürgen gegenüber den anderen (ausgleichsverpflichteten) Sicherungsgebern[471]

Auch das Hinausschieben der Rückgriffsansprüche des Bürgen gegenüber den anderen (ausgleichsverpflichteten) Sicherungsgebern könnte zu einer unangemessenen Benachteiligung führen.
Diese Ansprüche haben die Aufgabe, dass der die Zahlung leistende Sicherungsgeber nicht allein in Anspruch genommen wird, sondern dass eine anteili-

---

470 Vgl. Schreiner, S. 138.
471 Siehe dazu oben, Teil 2, 3. Abschnitt.

ge, sich nach dem Innenverhältnis orientierende Haftungsverteilung stattfindet. Deshalb ist der Bürge auch vor der Befriedigung des Gläubigers berechtigt, die anderen Sicherungsgeber aufzufordern, ihre Leistungen anteilig an den Gläubiger zu erbringen (so genannter Befreiungsanspruch).
Durch die Bürgschaftsklausel wird insbesondere der Anspruch auf Ausgleich des Geleisteten (§ 426 I BGB) sowie der Übergang der Gläubigerforderung gegenüber den Mitbürgen[472] und den anderen (ausgleichsverpflichteten) Sicherungsgebern (§ 426 II 1 BGB)[473] hinausgeschoben, so dass es dem Bürgen *„vor der vollständigen Befriedigung des Gläubigers“* unmöglich ist, von den anderen (ausgleichsverpflichteten) Sicherungsgebern Zahlungen an sich persönlich zu verlangen.
Diese Rechtsfolge ist weder von dem beschränkten Anwendungsbereich des im § 426 II 2 BGB statuierten Gläubigervorrechts noch von der Ausnahmevorschrift des § 43 InsO gedeckt. Im Gegenteil führt dieser zeitliche Aufschub zu einer weiteren zeitweiligen Rechtlosigkeit des Bürgen, die der Gesetzgeber durch den ausgewogenen Regelungskomplex der Rückgriffsansprüche der verschiedenen Sicherungsgeber untereinander vermeiden wollte. Dem Bürgen steht zwar weiterhin sein Befreiungsanspruch gegenüber den Mitbürgen und den anderen (ausgleichsverpflichteten) Sicherungsgebern zu, die Geltendmachung dieses Anspruches macht für den Bürgen aber (wirtschaftlich) keinen Sinn, weil der Gläubiger auch diese Zahlungen als Sicherheitsleistungen ohne Erfüllungswirkung entgegennehmen kann.
Die Bürgschaftsklausel beschränkt sich aber nicht auf diesen Inhalt, sondern schiebt sowohl den Zessionsregress des Bürgen gegenüber dem Hauptschuldner als auch die Rückgriffsansprüche gegenüber den Mitbürgen und den anderen (ausgleichsverpflichteten) Sicherungsgebern zeitweilig hinaus.
Für den Gläubiger ergibt sich dadurch die Möglichkeit, das gesamte Insolvenzrisiko auf den Bürgen zu verlagern. Dem Gläubiger verbleiben demgegenüber trotz der erhaltenen Bürgschaftszahlungen seine gesamten (ungeminderten) Ansprüche gegenüber seinen weiteren Sicherungsgebern und, als zusätzliche Haftungsmasse, die Sicherheitszahlungen des Bürgen.
Wie BECKER-EBERHARD[474] zutreffend darlegt, begünstigt diese Zielrichtung der Bürgschaftsklausel sowohl den Bürgschaftsgläubiger als auch alle unbeteiligten Gläubiger, die vor der vollständigen Befriedigung des Gläubigers nicht der Konkurrenz des Bürgen ausgesetzt sind und deshalb die anderen (aus-

[472] Siehe dazu oben, Teil 2, 3. Abschnitt, A).
[473] Siehe dazu oben, Teil 2, 3. Abschnitt, B).
[474] Vgl. Becker-Eberhard, S. 716.

gleichsverpflichteten) Sicherungsgeber sowie den Hauptschuldner in Anspruch nehmen können.
Hinzu kommt, dass es dem Bürgen wegen der Bürgschaftsklausel unmöglich ist, auf einen bevorstehenden Vermögensverfall der anderen (ausgleichsverpflichteten) Sicherungsgeber und des Hauptschuldners rechtzeitig zu reagieren. Soweit der Gläubiger nämlich die Bürgschaftszahlungen nicht als Erfüllungsleistung annehmen sollte, verbliebe ihm nur die Möglichkeit, an den Gläubiger einen höheren Betrag zu zahlen als er nach dem Bürgschaftsvertrag zu zahlen verpflichtet ist. Aber auch eine solche Vorgehensweise macht für den Bürgen wirtschaftlich keinen Sinn, weil der Gläubiger ja auch in diesem Fall berechtigt wäre, diese Bürgschaftszahlungen als Sicherheitsleistungen ohne Erfüllungswirkung anzunehmen. Und wieder käme es zu keinem Anspruch auf einen Ausgleich des Geleisteten sowie zu einem Übergang der Gläubigerforderung gegenüber den Mitbürgen und den anderen (ausgleichsverpflichteten) Sicherungsgebern. Wie bereits gesagt: Auch der Befreiungsanspruch führt nicht zu dem vom Bürgen erhofften Erfolg. Letztlich ist der Bürge somit auf einen Zustand der Passivität reduziert.
Zwar hat der BGH[475] gegen das Argument der Rechtlosigkeit eingewendet, dass die Rückgriffsansprüche des Bürgen nicht endgültig, sondern nur zeitlich beschränkt aufgeschoben werden, hingegen aber unberücksichtigt gelassen, dass es sich hierbei nur um ein Scheinargument handelt. Eine Aufschubphase wird es bei einer Insolvenz des Schuldners nämlich kaum geben. Dies ergibt sich eben daraus, dass es bei der Insolvenz - bei in der Regel hinter 100 % zurückbleibenden Quoten - nie zu einer vollständigen Gläubigerbefriedigung kommt, also der Bürge letztlich nie seine auf Zahlung an sich ausgestalteten Rückgriffsansprüche geltend machen kann.
Dies ist für den Bürgen besonders ärgerlich. Gerade auch dann, wenn er für seine Sicherheitszahlungen an den Gläubiger möglicherweise selbst einen Kredit mit einer erheblichen Zinsbelastung aufnehmen musste oder den geleisteten Bürgschaftsbetrag persönlich für mögliche Unterhaltsleistungen benötigt und deshalb auf seine Rückgriffsansprüche angewiesen ist. Hinzu kommt, dass der Entscheidung des BGH auch noch eine Bürgschaft mit einer weiten Zweckerklärung zu Grunde lag, die den Grundsätzen der Anlassrechtsprechung[476] noch nicht entsprechen musste und deshalb - in dieser Form - zu einer lebzeitigen

[475] Vgl. BGH, Urteil vom 30.10.1984 - IX ZR 92/83 (LG Rottweil, OLG Stuttgart), BGHZ 92, 374 (383) = WM 1984, 1630 (1632) = ZIP 1985, 18 (21) = DB 1985, 274 (275) = NJW 1985, 614 (616) = MDR 1985, 317 (317).

Haftung führen könnte. Der BGH verharmlost deshalb die nicht unbeachtlichen Gefahren für den Bürgen, die sich daraus ergeben, dass er von seinen Rückgriffsrechten *„zeitweilig"* keinen Gebrauch machen kann. Nochmals: Bei einer Insolvenz des Schuldners wird der Bürge voraussichtlich keine Rückgriffsansprüche mehr geltend machen können.

Darüber hinaus berücksichtigt der Regelungskomplex der Bürgschaftsklausel ausschließlich die Interessen des Gläubigers. Zwar *„dienen die Zahlungen des Bürgen nur als Sicherheitsleistungen"*, die der Bürge auch vom Gläubiger zurückfordern kann, soweit dieser die Bürgschaftszahlungen nicht mehr benötigt - dem Bürgen steht demnach eine konkrete Aussicht auf eine Rückforderung zu - jedoch kann dies entgegen GRAF LAMBSDORFF/SKORRA[477] nicht als ein wirklicher Vorteil gewertet werden. Zum einen ist völlig ungewiss, wann dem Bürgen jemals diese Rückforderungsmöglichkeit zustehen wird, zum anderen könnte der Bürge, soweit der Gläubiger die Bürgschaftsklausel nicht in seinen Allgemeinen Geschäftsbedingungen verankert hätte, sofort nach seinen Zahlungen an den Gläubiger seinen Zessions- und Innenregress gegenüber dem Hauptschuldner und seine Rückgriffsansprüche gegenüber den anderen (ausgleichsverpflichteten) Sicherungsgebern geltend machen. Seine Rückforderungsmöglichkeit gegenüber dem Gläubiger ist hingegen im Zeitpunkt seiner Sicherheitszahlungen noch nicht fällig. Von einer Besserstellung des Bürgen durch den Regelungskomplex der Bürgschaftsklausel kann deshalb keine Rede sein.

Der BGH[478] legte dennoch in seiner *„Grundsatzentscheidung"* besonderen Wert auf diesen scheinbaren Vorteil des Bürgen und führte im Rahmen der Inhaltskontrolle der Bürgschaftsklausel aus:

„Nur so ist auch dem Vorwurf einseitiger Interessenwahrung, die der richterlichen Inhaltskontrolle nicht standhalten könnte, zu begegnen."

In diesem Zusammenhang ist noch ein weiteres Argument zu berücksichtigen. Vielleicht wird der Bürge irgendwann einmal einen noch nicht bezifferbaren Teil seiner Sicherheitszahlungen vom Gläubiger zurückerhalten, weil dieser - egal auf welche Art und Weise - vollständig wegen seiner Forderungen gegenüber dem Hauptschuldner befriedigt worden ist und deshalb nicht die gesamten Sicherheitszahlungen des Bürgen benötigt. In diesem Fall könnte der Bürge wegen seiner vom Gläubiger beanspruchten Zahlungen beim Hauptschuldner

---

476 Die Anlassrechtsprechung des BGH ist bereits oben unter Teil 4, 1. Abschnitt, A), II., 3., b) dargestellt.

477 Siehe dazu oben, Teil 4, 1. Abschnitt, A), II., 4., b), bb).

478 Vgl. BGH, Urteil vom 30.10.1984 - IX ZR 92/83 (LG Rottweil, OLG Stuttgart), BGHZ 92, 374 (383 f.) = WM 1984, 1630 (1632) = ZIP 1985, 18 (22) = DB 1985, 274 (275) = NJW 1985, 614 (616).

sowie bei den anderen Mitbürgen und den anderen (ausgleichsverpflichteten) Sicherungsgebern Rückgriff nehmen. Zu diesem Zeitpunkt bestünde aber die nicht zu unterschätzende Gefahr, dass sich diese Personen - wegen des bereits verstrichenen Zeitraumes - selbst im Vermögensverfall befinden. Für den Bürgen ist es deshalb ungewiss, ob er seine Rechte gegenüber diesen Personen überhaupt erfolgreich durchsetzen kann. Dieses besondere Risiko besteht für ihn aber nur wegen des Regelungsgehaltes der Bürgschaftsklausel. Im Normalfall könnte sich der Bürge sofort nach seinen Zahlungen an den Gläubiger bei den bezeichneten Personen schadlos halten. Die Gefahr eines zu diesem Zeitpunkt bestehenden Vermögensverfalles müsste der Bürge zwar unabhängig von der Bürgschaftsklausel tragen, aber natürlich nicht das Risiko, das erst dadurch entsteht, dass der Gläubiger seine Bürgschaftszahlungen *„vorläufig"* nur als Sicherheitsleistungen entgegennimmt. Dieser *„Schwebezustand"* verschlechtert die Rechtsposition des Bürgen nochmals.
Wenn der BGH erkannt hätte, dass der Bürge durch die Bürgschaftsklausel nur einen scheinbaren Vorteil in Gestalt einer Rückforderungsmöglichkeit seiner Sicherheitszahlungen erlangt, wäre es ihm schwerer gefallen, die Wirksamkeit der Bürgschaftsklausel zu bejahen. Der Bürge wird hingegen auch wegen des Hinausschiebens seiner Rückgriffsansprüche unangemessen benachteiligt.

(e) Die Befriedigungswirkung beim Gläubiger

Das den Kreditinstituten gewährte Recht, die Bürgschaftszahlungen als Sicherheitsleistungen entgegennehmen zu dürfen, könnte für den Bürgen ebenfalls eine unangemessene Benachteiligung darstellen.
Namentlich BECKER-EBERHARD[479] trägt vor, dass die Bürgschaftsklausel von den allgemeinen Regeln der Erfüllung abweicht, indem die Wirkungen der Befriedigung des Gläubigers trotz des Erhaltes der Bürgschaftszahlungen nicht automatisch, sondern nur im Falle einer *„vollständigen Befriedigung"* eintreten können. Durch diese *„Aufschubwirkung"* verbleibe dem Gläubiger stets sein ungemindertes Forderungsrecht und zugleich die Möglichkeit, auf weitere bestellte Sicherheiten zuzugreifen.[480]
Den Ausgangspunkt der Kritik stellt dabei die Regelung des § 362 I BGB dar, die davon ausgeht, dass ein Schuldverhältnis dann erlischt, *„wenn die geschuldete Leistung an den Gläubiger bewirkt wird."* Eine Erfüllungswirkung tritt nach der *„Theorie der realen Leistungsbewirkung"* bereits dann ein, wenn der Leistungserfolg vor-

[479] Siehe dazu oben, Teil 4, 1. Abschnitt, A), II., 4., b), dd).
[480] Vgl. Becker-Eberhard, S. 716.

liegt, wobei es eines zusätzlichen Erfüllungsvertrages nicht bedarf.[481] Dem Kreditinstitut soll aber nach dem Regelungsgehalt der Bürgschaftsklausel ein Gestaltungs- oder Optionsrecht zustehen. Dies bedeutet, dass der Bürge *„nicht aus eigener Kraft heraus"* seine Bürgenschuld erfüllen kann. Der Bürge wird statt dessen wegen des für die Erfüllungswirkung vorausgesetzten Gestaltungs- oder Optionsrechts des Gläubigers zu dessen *„Spielball"*, weil der Gläubiger zwar die mit einem Pfandrecht[482] behafteten Sicherheitszahlungen des Bürgen entgegennehmen, aber die Befriedigungswirkung hinausschieben darf. Wie BECKER-EBERHARD zu Recht ausführt, räumt die Bürgschaftsklausel dem Gläubiger hierdurch *„alle Vorteile der Befriedigung ein, möchte aber alle damit verbundenen Nachteile von ihm fernhalten."*[483]
Ein solches Gestaltungs- oder Optionsrecht benachteiligt den Bürgen unangemessen, weil der Gläubiger entscheiden kann, ob und vor allem wann sich der Bürge sowohl beim Hauptschuldner als auch bei den Mitbürgen und den anderen (ausgleichsverpflichteten) Sicherungsgebern schadlos halten kann. Dem Bürgen ist es durch diese Konstruktion verwehrt, aus eigenen Mitteln den von ihm beabsichtigten Leistungserfolg herbeizuführen. Oder umgangssprachlich formuliert: Der Bürge kann machen was er will, ohne das Wohlwollen des Gläubigers in Gestalt der Ausübung des Gestaltungs- oder Optionsrechts bleiben seine gesamten Bemühungen erfolglos. Darüber hinaus droht ihm im Falle der Insolvenz seiner *„Schuldner"*, dass er seine Rechte am Ende vollständig verliert. Die Gefahr des Rechtsverlustes und die ebenfalls festgestellte Handlungsunfähigkeit des Bürgen führen somit dazu, dass die Bürgschaftsklausel den Bürgen unangemessen benachteiligt.

Die Generalklausel des § 307 I BGB (§ 9 I AGBG a.F.) legt den grundlegenden Wertmaßstab für die richterliche Inhaltskontrolle fest, wobei § 307 II BGB (§ 9 II AGBG a.F.) versucht, die Generalklausel zu konkretisieren, indem er zwei klare Kriterien angibt, die in der Regel die Unwirksamkeit begründen.[484] Die beiden Tatbestände des § 307 II BGB (§ 9 II AGBG a.F.) stellen deshalb gesetz-

481 Siehe dazu oben, Teil 3, 2. Abschnitt, A), II., 2., a), aa).
482 Siehe dazu oben, Teil 3, 2. Abschnitt, A), II., 2., b).
483 Becker-Eberhard, S. 717 weist auch auf Klauseln anderer Interzessionssicherheiten hin, bei denen dem Kreditinstitut das Recht zugebilligt werde, die Zahlungen der Sicherungsgeber als Sicherheit zu behandeln. Dieser Zustand der Schwebe stelle nach seiner Ansicht eine neuerliche Abweichung vom Leitbild der §§ 362 ff. BGB dar, die nicht ohne weiteres im Sinne des § 9 AGBG a.F. (§ 307 BGB) gerechtfertigt erscheine.
484 Vgl. Palandt/Heinrichs, BGB, § 307 Rdnr. 2.

liche Regelbeispiele[485] einer unangemessenen Benachteiligung dar, die wegen der Formulierung *„im Zweifel“* widerlegbar sind.[486] Dies soll insbesondere dann der Fall sein, *„wenn eine Gesamtwürdigung aller Umstände ergibt, dass die Klausel den Kunden nicht unangemessen benachteiligt“.*[487] Hiervon kann im Fall der zu untersuchenden Bürgschaftsklausel wegen den bereits aufgezeigten Rechtswirkungen keine Rede sein. Die Bürgschaftsklausel verstößt somit gegen § 307 II Nr. 1 BGB (§ 9 II Nr. 1 AGBG a.F.).

(2.) Die Inhaltskontrolle gemäß § 307 I BGB (§ 9 I AGBG a.F.)

§ 307 I BGB (§ 9 I AGBG a.F.) hat gegenüber § 307 II Nr. 1 BGB (§ 9 II Nr. 1 AGBG a.F.) eine eigenständige Bedeutung, weil insbesondere die gesetzlichen Regelbeispiele nicht alle Fallkonstellationen abdecken können.[488] Nach der Generalklausel des § 307 I BGB (§ 9 I AGBG a.F.) sind Bestimmungen in Allgemeinen Geschäftsbedingungen dann unwirksam, wenn sie den Vertragspartner des Verwenders entgegen den Geboten von Treu und Glauben unangemessen benachteiligen. Dies ist immer dann gegeben, wenn die Abweichungen vom dispositiven Recht bei dem Vertragspartner des Verwenders von Allgemeinen Geschäftsbedingungen Nachteile von einigem Gewicht begründen.[489] § 307 I BGB (§ 9 I AGBG a.F.) zielt letztlich auf das Ziel eines angemessenen vertraglichen Interessenausgleiches zwischen den Vertragsparteien ab, wobei dieses Gebot immer dann verletzt ist, *„wenn der Verwender bei der Vertragsgestaltung seine eigenen Interessen durchzusetzen versucht, ohne die des Vertragspartners von vornherein hinreichend zu berücksichtigen.“*[490] Die Frage nach der Vereinbarkeit der Bürgschaftsklausel mit den §§ 305 ff. BGB (AGB-Gesetz a.F.) ist deshalb maßgebend durch eine bei der Inhaltskontrolle stets gebotene Interessenabwägung zu

---

485 Vgl. Ulmer/Brandner/Hensen/Brandner, AGBG, § 9 Rdnr. 129; Palandt/Heinrichs, BGB, § 307 Rdnr. 25.

486 Ulmer/Brandner/Hensen/Brandner, AGBG, § 9 Rdnr. 70 führt in diesem Zusammenhang noch aus, dass *„außerdem ... die Darlegungslast in der Weise zum Nachteil des Verwenders geregelt“* werde, *„daß er in den Fällen des Abs. 2 ausreichende Gründe vortragen muß, die die Benachteiligung des Vertragspartners als nicht unangemessen erscheinen lassen. ... Lassen sich für die Klausel keine ausreichenden Gründe ins Feld führen, so wird die Verletzung von Treu und Glauben bereits dadurch indiziert, daß die Kriterien des Abs. 2 erfüllt sind.“*

487 Vgl. Palandt/Heinrichs, BGB, § 307 Rdnr. 25.

488 Vgl. Ulmer/Brandner/Hensen/Brandner, AGBG, § 9 Rdnr. 70.

489 Vgl. BGH, Urteil vom 27.02.1981 – 4 Re Miet 4/80, NJW 81, 1049 (1050); Palandt/Heinrichs, BGB, § 307 Rdnr. 8.

490 Vgl. Ulmer/Brandner/Hensen/Brandner, AGBG, § 9 Rdnr. 70.

entscheiden[491], wobei die mit der Bürgschaftsklausel verbundenen Vorteile des Gläubigers unterschiedlich ausgestaltet sein können.

(a) Keine Zugriffsverpflichtung der Kreditinstitute

Die Interessen des Bürgen könnten erheblich beeinträchtigt sein, wenn die Banken und Sparkassen durch den Regelungskomplex der Bürgschaftsklausel nicht verpflichtet sind, auf die Sicherheitszahlungen des Bürgen zuzugreifen. Ihnen steht statt dessen ein Gestaltungs- oder Optionsrecht in dem Sinne zu, dass sie durch einseitige Erklärung bestimmen können, dass sich die zunächst als Sicherheitsleistung geltende Leistung zur Erfüllungsleistung wandeln soll. Wegen dieses Gestaltungs- oder Optionsrechtes besteht für das Kreditinstitut zwar das Recht, nicht aber die Verpflichtung, sich aus den Sicherheitszahlungen des Bürgen zu befriedigen, weil eben in der uneingeschränkten Sicherung der besondere Regelungsgehalt der Bürgschaftsklausel zu sehen ist. Dieses Recht beeinträchtigt den Bürgen erheblich, wenn er dem Kreditinstitut im Rahmen einer Bürgschaft für eine einzelne Forderung den vollständigen Bürgschaftsbetrag zur Verfügung gestellt hat und das Kreditinstitut hierdurch vollständig befriedigt werden könnte, es aber die Bürgschaftszahlungen dennoch auf dem *„Sicherheitenerlöskonto"* verbucht und nicht mit der Hauptforderung verrechnet. Eine solche Handhabung hätte zur Folge, dass der Bürge nicht nur weiterhin das Insolvenzrisiko des Hauptschuldners und der anderen (ausgleichsverpflichteten) Sicherungsgeber tragen müsste, sondern sich auch zwangsläufig die Bürgschaftsforderung durch seine Weiterhaftung für die auf die Hauptforderung anfallenden Zinsen erhöht. Allein diese Weiterhaftung des Bürgen kann bei einer sehr hohen Hauptforderung und einem üblicherweise sehr hohen Zinssatz eine Größenordnung erreichen, die für einen leistungsschwachen Bürgen existenzgefährdend sein könnte. Während den Banken und Sparkassen auf der einen Seite das Recht gegeben wird, *„sich jederzeit aus von dem Bürgen gezahlten Beträgen zu befriedigen"*, bleibt ihnen auf der anderen Seite die Option gewahrt, von dem Bürgen Zinsen für die Hauptforderung zu beanspruchen, die nicht entstanden wären, wenn das

491 Nach dem Urteil des BGH vom 11.11.1968 – VIII ZR 151/66 (LG Essen, OLG Hamm), BGHZ 51, 55 (59) sei *„die Partei, die allgemeine Geschäftsbedingungen aufstellt, weil sie die Vertragsfreiheit für sich allein in Anspruch nimmt, verpflichtet, bei der Abfassung die Interessen ihrer künftigen Vertragspartner angemessen zu berücksichtigen. Bringt sie nur ihre eigenen Interessen zur Geltung, so missbraucht sie die Vertragsfreiheit."* Der BGH konkretisiert diesen Gedanken in seinem Urteil vom 11.06.1979 – VIII ZR 224/78 (LG Berlin, KG Berlin), BGHZ 74, 383 (390) mit der Formulierung *„er darf ihn daher vor allem ... nicht rechtlos stellen."*

Kreditinstitut die Bürgschaftszahlungen unmittelbar mit der zu sichernden Hauptforderung verrechnet hätte. Durch diese *„freiwillig"* ausgestaltete Zugriffsmöglichkeit der Kreditinstitute kann der Bürge im ungünstigsten Falle *„auf den Tag des endgültigen Zusammenbruchs des Hauptschuldners verwiesen werden."*[492]
Ein Ausweg aus dieser Lage könnte nur dadurch erreicht werden, dass die Banken und Sparkassen verpflichtet wären, die auf dem *„Sicherheitenerlöskonto"* verbuchten Sicherheitszahlungen unmittelbar mit der Hauptforderung zu verrechnen, sofern durch diese Verrechnung die gesicherte Forderung des Kreditinstitutes gegenüber dem Hauptschuldner vollständig befriedigt wird. Da aber eine solche Zugriffsverpflichtung wegen des Regelungsgehaltes der Bürgschaftsklausel methodisch nicht zu erreichen ist und im Übrigen auch dem Interesse des Kreditinstitutes widersprechen würde, muss es bei dem dem Kreditinstitut zustehenden Gestaltungs- oder Optionsrecht verbleiben.
Aber auch eine solche (hypothetisch angedachte) - an die Bedingung der vollständigen Befriedigung anknüpfende - Zugriffsverpflichtung der Kreditinstitute würde die mit der Bürgschaftsklausel verbundenen erheblichen Gefahren für den Bürgen nicht kompensieren. Dies ergibt sich beispielsweise daraus, dass ein Teilbürge durch seine Sicherheitszahlungen eine in diesem Sinne verstandene Zugriffsverpflichtung wegen des Fehlens einer vollständigen Befriedigung des Kreditinstitutes niemals erreichen könnte und deshalb auf einen *„freiwilligen"* Zugriff des Kreditinstitutes oder auf die Zahlungen der weiteren Sicherungsgeber angewiesen wäre. Ein vertragstreuer Teilbürge würde in diesem Falle schlechter behandelt werden als ein vertragstreuer Bürge, dessen Zahlungen alle Forderungen des Kreditinstitutes gegenüber dem Hauptschuldner erfüllen könnten. Dem Teilbürgen bliebe letztlich nur die - wirtschaftlich wenig sinnvolle - Möglichkeit, dem Kreditinstitut für dessen vollständige Befriedigung einen höheren Bürgschaftsbetrag zur Verfügung zu stellen, als es der Bürgschaftsvertrag vorsieht. Aber selbst diese Zahlungen müsste das Kreditinstitut nicht mit Erfüllungswirkung entgegennehmen.
Die fehlende Zugriffsverpflichtung der Kreditinstitute ist somit ein wesentlicher Grund dafür, dass der Bürge, obwohl er bereits die Sicherheitszahlungen an das Kreditinstitut geleistet hat, weiterhin das Insolvenzrisiko des Hauptschuldners und der anderen (ausgleichsverpflichteten) Sicherungsgeber tragen muss. Daran ändert auch die von GRAF VON WESTPHALEN und WAGENKNECHT[493] geforderte Zinskompensation nichts, weil die für den Bürgen durch ein Insolvenzverfahren drohenden Risiken ungleich höher sind.

---

492 Vgl. Reifner, Rdnr. 118.
493 Siehe dazu oben, Teil 4, 1. Abschnitt, A), II., 4., b), ee).

Die fehlende Zugriffsverpflichtung der Kreditinstitute, die wegen des Regelungsgehaltes der Bürgschaftsklausel als Gestaltungs- oder Optionsrecht ausgestaltet ist, benachteiligt den Bürgen unangemessen, weil das mit der Übernahme der Bürgschaft verbundene Risiko einseitig zu Lasten des Bürgen erhöht wird.

(b) Die Sicherheitszahlungen des Bürgen

Die Bürgschaftsklausel könnte den Bürgen darüber hinaus dadurch unangemessen benachteiligen, dass der Regelungskomplex keine Freigabeverpflichtung der Kreditinstitute bezüglich der von ihnen nicht mehr benötigten Sicherheiten vorsieht. Möglicherweise könnte dies dazu führen, dass die Bürgschaftsklausel zu einer Übersicherung des Kreditinstitutes führt.

(aa) Die Möglichkeit der Übersicherung des Kreditinstitutes

Die Bürgschaftsklausel könnte dem Kreditinstitut wegen des mit den Sicherheitszahlungen verbundenen Aufschubes der Befriedigungswirkung die Möglichkeit eröffnen, sich zu übersichern. Eine Übersicherung liegt immer dann vor, wenn die Gewährung einer Sicherheit als unverhältnismäßig hoch zu bewerten ist und ein Missverhältnis zwischen dem Wert des Sicherungsgutes und dem Wert der zu sichernden Forderung vorliegt, wobei beide Werte in einem unangemessenen Verhältnis[494] zueinander stehen. Für eine Übersicherung ist demnach charakteristisch, dass der Sicherungsnehmer seine Interessen einseitig wahrnimmt und auf die Belange des Sicherungsgebers keine Rücksicht nimmt.[495]
Die Bürgschaftsklausel gewährt dem Gläubiger abstrakt die Möglichkeit, die erhaltenen Bürgschaftszahlungen so lange als *„Sicherheitsleistungen"* zu behandeln, bis er wegen seiner Forderung(en) gegenüber dem Hauptschuldner vollständig befriedigt ist. Diese Option steht dem Gläubiger sogar dann zu, wenn er sich von mehreren Sicherungsgebern jeweils sehr hohe Sicherheiten gewähren

---

[494] Vgl. BGH, Urteil vom 04.10.1965 – VII ZR 185/63, WM 1966, 13 (15); BGH, Urteil vom 13.01.1994 – IX ZR 79/93 (Stuttgart), WM 1994, 414 (415).

[495] Reinicke/Tiedtke, Rdnrn. 550 ff. beschreiben die allgemeinen Grundsätze der Übersicherung beispielsweise im Rahmen der Sicherungsübereignung. *„Ist diese Voraussetzung gegeben, so wird der Sicherungsnehmer auch aus verwerflicher Gesinnung handeln, also aus eigennützigen Gründen eine Rücksichtslosigkeit gegenüber den berechtigten Belangen des Sicherungsgebers an den Tag legen, die nach sittlichen Maßstäben unerträglich ist."*

lässt, die ihn aber im Einzelnen nicht vollständig befriedigen. Hinzu kommt, dass der Gläubiger die erhaltenen Zahlungen nach dem Inhalt der Bürgschaftsklausel auch dann noch als Sicherheitsleistungen behandeln darf, wenn der Hauptschuldner persönlich die Hauptforderung fast vollständig erfüllt hat. Der Gläubiger wäre in diesem Fall wegen des noch offenen Forderungsrestes nicht verpflichtet, auf seine ihm zur Verfügung stehenden Sicherheiten zuzugreifen. Dies könnte (auf den ersten Blick) zu einer Übersicherung des Kreditinstitutes führen.

Eine Übersicherung muss aber stets auf Kosten ein und desselben Sicherungsgebers eintreten. Hieran fehlt es, weil der Bürge nach dem Inhalt der Bürgschaftsklausel nicht zur Bestellung weiterer Sicherheiten verpflichtet ist. Auch ergibt sich für den Bürgen keine Verpflichtung zu einer solchen Bestellung aus Nr. 13 I AGB-Banken (Nr. 22 I AGB-Spark).[496] Dieser Anspruch besteht nur gegen den *„Kunden"* des Kreditinstitutes im Rahmen der bankmäßigen Geschäftsverbindung, nicht gegen den Bürgen, außer wenn dieser selbst *„Kunde"* des Kreditinstitutes ist (Nr. 13 I 2 AGB-Banken bzw. Nr. 22 I AGB-Spark).[497] Aber auch in diesem Fall bestünde für das Kreditinstitut kein Anspruch auf Übersicherung[498], was letztlich auch aus der Begrenzung des Besicherungsanspruches gemäß Nr. 16 AGB-Banken (Nr. 22 II AGB-Spark) folgt. Ein Missverhältnis zwischen dem Wert des Sicherungsgutes und dem Wert der zu sichernden Forderung kann deshalb nicht vorliegen.

Etwas anderes könnte sich nur in dem eingangs beschriebenen Fall ergeben, wenn der Hauptschuldner selbst die vom Bürgen (allein) gesicherte Forderung teilweise erfüllt und deshalb die akzessorische Bürgschaft teilweise erlischt. Diese Folge ergibt sich daraus, dass die Bürgschaftsklausel nicht von dem Grundsatz der Akzessorietät abweicht. Nach dem Regelungskomplex der Bürg-

---

496 Die Allgemeinen Geschäftsbedingungen des jeweils handelnden Kreditinstitutes werden durch den Abschluss des Bürgschaftsvertrages (i.d.R.) Bestandteil des Vertragsverhältnisses. Die Sparkasse Leipzig gebrauchte beispielsweise im Jahr 2001 in ihren Bürgschaftsformularen die folgende Formulierung: *„9. Allgemeine Geschäftsbedingungen - Das Kreditinstitut weist ausdrücklich darauf hin, dass ergänzend seine Allgemeinen Geschäftsbedingungen (AGB) Bestandteil der Bürgschaft sind. Die AGB hängen/liegen in den Kassenräumen des Kreditinstituts zur Einsichtnahme aus."* Die Volksbank Leipzig eG verwendete hingegen im Jahr 2001 in ihrem Bürgschaftsformular die folgende Regelung: *„3. 1. Ergänzend gelten die Allgemeinen Geschäftsbedingungen der Bank (AGB). Die AGB können in den Geschäftsräumen der Bank eingesehen werden; auf Verlangen werden sie ausgehändigt."*

497 Vgl. Schwintowski/Schäfer, § 2 Rdnr. 92; Baumbach/Hopt, AGB-Banken, Nr. 13 Rdnr. 1; a.A. Krings, ZBB 1992, 326 (331), nach dem Bürgschaftsansprüche der Bank gegen den Kunden nicht Teil ihrer bankmäßigen Geschäftsverbindung mit ihm sind.

498 Vgl. Schwintowski/Schäfer, § 2 Rdnr. 92.

schaftsklausel dienen die Zahlungen des Bürgen zwar als Sicherheitsleistungen, dies heißt aber nicht, dass deshalb die Bürgschaftsschuld unabhängig vom Bestand der Hauptforderung existieren soll. So lange die Bürgschaftsschuld besteht und dies ist bis zu dem Zeitpunkt der Fall, bis die Bank wegen ihrer sämtlichen Ansprüche gegen den Hauptschuldner, die im Zeitpunkt der vollständigen Erfüllung der Bürgschaftsschuld bestehen, befriedigt ist, sollen die Bürgschaftszahlungen als Sicherheitsleistungen gelten. Dies schließt aber nicht aus, dass sich die Bürgschaftsschuld während diese Zeitraumes ermäßigt, eben dann, wenn sich die Hauptforderung durch eine Zahlung des Hauptschuldners verringert. Für diese dann ermäßigte Bürgschaftsschuld sollen die Zahlungen des Bürgen auch als Sicherheitsleistung gelten. Diese Ermäßigung der Bürgschaftsschuld steht nicht im Widerspruch zu dem Regelungskomplex der Bürgschaftsklausel, der nicht den Grundsatz der Akzessorietät aufheben, sondern statt dessen dem Kreditinstitut das Recht gewähren will, die Zahlungen des Bürgen (und nicht die des Hauptschuldners) als Sicherheitsleistungen ohne Erfüllungswirkung entgegennehmen zu können.
Soweit der Hauptschuldner demnach die Hauptforderung teilweise erfüllt, steht dem Bürgen ein Anspruch auf Rückgewähr der vom Kreditinstitut nicht mehr benötigten Sicherheitsleistungen zu. Wegen des noch nicht erfüllten Restbetrages der Hauptforderung verbleiben die übrigen Sicherheitszahlungen auf dem *„Sicherheitenerlöskonto"*. Eine Übersicherung kann somit auch in diesem Fall nicht eintreten.

(bb) Die Freigabeverpflichtung der Kreditinstitute

Die Bürgschaftsklausel könnte den Bürgen auch dadurch unangemessen benachteiligen, dass er wegen des Aufschubes der Befriedigungswirkung nicht die für die Hauptforderung bestellten Sicherheiten erhält.[499] Auf dieses Argument weisen REINICKE/TIEDTKE[500] hin, die ergänzend ausführen, dass, soweit der Gläubiger nach § 774 I 2 BGB gesichert sei, kein Bedürfnis dafür bestehe, den Übergang der Forderung hinauszuschieben.[501] WAGENKNECHT[502]

---

[499] Siehe dazu oben, Teil 2, 1. Abschnitt, B), I.

[500] Vgl. Reinicke/Tiedtke, DB 1985, 957 (961).

[501] Reinicke/Tiedtke, DB 1985, 957 (961) begründen diesen Gedanken wie folgt. *„Die Verzögerung kann den Bürgen auch im Einzelfall belasten. Dies ist vor allem der Fall, wenn die Forderung des Gläubigers auf einen bestimmten Betrag fixiert ist und feststeht, daß die vom Hauptschuldner bestellten Sicherheiten die Forderungen, die der Gläubiger gegen den Hauptschuldner geltend machen kann, vollständig und die Forderungen, deren*

verlangt deshalb auch von dem Kreditinstitut zur Vermeidung einer unangemessenen Benachteiligung des Bürgen *„eine entsprechende Freigabeverpflichtung hinsichtlich der von ihm nicht mehr benötigten Sicherheiten"*.[503]

REINICKE/TIEDTKE ist zwar zuzustimmen, dass den Bürgen der Aufschub des gesetzlichen Forderungsüberganges unangemessen benachteiligt, nicht überzeugend ist hingegen, die Bürgschaftsklausel als getrennten Regelungskomplex zu bewerten.[504] Gerade deshalb prüfen REINICKE/TIEDTKE auch, ob die Unwirksamkeit des Satzes eins der Bürgschaftsklausel, die dazu führe, dass die Zahlung des Bürgen seine Bürgschaftsschuld tilge, auch Auswirkungen auf den Satz zwei der Bürgschaftsklausel habe. Beide Autoren thematisieren, ob trotz der Tilgung der Bürgschaftsschuld dennoch die Hauptforderung des Gläubigers gegenüber dem Hauptschuldner in der Höhe des bezahlten Betrages in der Schwebe bleibe und deshalb nicht erloschen sei. Dies habe Auswirkungen auf die dem Kreditinstitut für die Hauptforderung vom Hauptschuldner bestellten Sicherheiten, die, soweit sie akzessorisch seien, nicht auf den Bürgen übergehen könnten.

Diese Sichtweise vermag nicht zu überzeugen. Wie bereits dargestellt[505], handelt es sich bei der Bürgschaftsklausel um ein *„einheitliches Regelungsgebilde"*, das auch einheitlich untersucht werden muss. Soweit demnach das Kreditinstitut die Zahlungen des Bürgen nicht als Sicherheitsleistungen und somit mit Erfüllungswirkung entgegennimmt, gehen nicht nur die Hauptforderung gemäß § 774 I 1 BGB in der Höhe der Bürgschaftszahlungen, sondern auch die für sie bestehenden akzessorischen Nebenrechte gemäß §§ 774 I 1, 412, 401 BGB auf den Bürgen über. Darüber hinaus kann sich auch aus einer Auslegung des Bürgschaftsvertrages ergeben, dass der Gläubiger verpflichtet ist, dem Bürgen die für die Hauptforderung bestellten nicht akzessorischen Sicherheiten zu übertragen. Ein Bedürfnis für eine Freigabeverpflichtung besteht in diesem Fall nicht. Soweit das Kreditinstitut hingegen Teilzahlungen des Bürgen als Sicherheitsleistungen ohne Erfüllungswirkung entgegennimmt, steht eine endgültige Inanspruchnahme des Bürgen noch nicht fest. Falls das Kreditinstitut diese entgegengenommenen Bürgschaftszahlungen nicht für seine vollständige Befriedi-

---

Schicksal in der Schwebe ist, ganz oder teilweise sichert. Warum soll der Bürge hier warten, bis der Gläubiger in vollem Umfange befriedigt ist?"

502 Vgl. Wagenknecht, S. 265 ff.

503 Früher verlangten Wagenknecht und Graf von Westphalen, dass eine Freigabeverpflichtung der Kreditinstitute ausdrücklich in den Bürgschaftsformularen zu verankern sei. Heute verzichtet Graf von Westphalen, Bürgschaft, Rdnrn. 64 ff. (S. 22 f.) auf dieses Erfordernis.

504 Siehe dazu oben, Teil 4, 1. Abschnitt, A), I.

gung benötigt, steht dem Bürgen ein Anspruch auf Rückgewähr der Sicherheitszahlungen zu. Darüber hinaus steht bei Teilzahlungen des Bürgen auch fest, dass das Kreditinstitut die weiteren für die Hauptforderung bestellten Sicherheiten für seine vollständige Befriedigung benötigt. Zusätzlich ist zu diesem Zeitpunkt noch unsicher, ob das Kreditinstitut überhaupt aus diesen weiteren Sicherheiten befriedigt werden kann. Bei Personalsicherheiten besteht immer die Gefahr, dass die Kreditsicherheiten wegen eines etwaigen Vermögensverfalles der Sicherungsgeber nicht realisiert werden können. Eine Freigabeverpflichtung des Kreditinstitutes hinsichtlich nicht mehr benötigter Sicherheiten kann deshalb zu diesem Zeitpunkt noch nicht bestehen. Weshalb sollte der Bürge in dieser Fallkonstellation auch vorzeitig Sicherheiten erhalten, obwohl noch ungewiss ist, ob die Hauptforderung überhaupt auf ihn teilweise oder - soweit er weitere Zahlungen leisten sollte - vollständig im Wege der cessio legis übergeht.

Etwas anderes könnte sich aber aus folgender Überlegung ergeben: Falls die Sicherheitsleistungen des Bürgen zur vollständigen Befriedigung des Kreditinstitutes führen könnten, soweit sie mit Erfüllungswirkung entgegengenommen würden, verhindert das Kreditinstitut durch sein Gestaltungs- oder Optionsrecht, dass der Bürge sowohl die Hauptforderung als auch die hierfür bestellten Sicherheiten erhält. Das Kreditinstitut könnte statt dessen andere Sicherungsrechte, die ebenfalls die Hauptforderung sichern, ausüben, obwohl dies bei einer Entgegennahme der Bürgschaftszahlungen mit Erfüllungswirkung nicht notwendig wäre. Dem Kreditinstitut stehen somit in der dargestellten Konstellation mehr Sicherheiten zur Verfügung, als es tatsächlich für seine vollständige Befriedigung benötigt. Das Kreditinstitut bräuchte sich ja nur aus den vom Bürgen gezahlten Beträgen zu befriedigen. Der Bürge hat hingegen - obwohl er bereits seiner Bürgschaftsverpflichtung vollständig nachgekommen ist - (noch) keinen Anspruch gegenüber dem Kreditinstitut, ihm die parallel bestehenden nicht akzessorischen Sicherheiten zu übertragen. Auch ein Übergang der akzessorischen Sicherheiten findet (noch) nicht statt, weil das Kreditinstitut nicht vollständig befriedigt ist. Dies erachtet WAGENKNECHT als ungerecht und schlägt deshalb eine Freigabeverpflichtung der Kreditinstitute bezüglich ihrer nicht mehr benötigten Sicherheiten vor, weil dies anderenfalls zu einer unangemessenen Benachteiligung des Bürgen führen würde.

Diese Sichtweise ist dem Grunde nach richtig, allerdings vermag die vorgeschlagene Rechtsfolge, dass eine Freigabeverpflichtung des Kreditinstitutes die

---

[505] Siehe dazu oben, Teil 4, 1. Abschnitt, A), I.

unangemessene Benachteiligung des Bürgen beseitigen könnte, nicht zu überzeugen.

Eine Freigabeverpflichtung wird sich vor der vollständigen Befriedigung des Kreditinstitutes nur auf die nicht im § 401 BGB genannten Sicherheiten beziehen können. Dies ergibt sich daraus, dass diese akzessorischen Sicherheiten nicht selbstständig ohne die Hauptforderung übertragen werden können. Das Gesetz sieht dies beispielsweise für die Hypothek im § 1153 II BGB und für das Pfandrecht im § 1250 I 2 BGB vor.

Eine Freigabeverpflichtung des Kreditinstitutes müsste zusätzlich ausdrücklich in der Bürgschaftsklausel verankert werden, weil insbesondere der zitierte Nr. 16 II AGB-Banken (Nr. 22 II AGB-Spark)[506] nicht einschlägig sein kann, soweit der Bürge nicht als *„Kunde"* die Bürgschaft im Rahmen der bankmäßigen Geschäftsverbindung abgeschlossen hat.[507] Darüber hinaus kann diese Vorschrift auch inhaltlich nicht anwendbar sein. Nr. 16 II AGB-Banken (Nr. 22 II AGB-Spark)[508] regelt statt dessen den Fall, dass der realisierte Wert der dem Kreditin-

---

506 Die Allgemeinen Geschäftsbedingungen sind in Bezug auf die geregelte Freigabeverpflichtung der Kreditinstitute unterschiedlich formuliert. Während Nr. 16 II AGB-Banken bestimmt, dass die Bank auf Verlangen des Kunden Sicherheiten nach ihrer Wahl freizugeben hat, und zwar in der Höhe des die Deckungsgrenze übersteigenden Betrages, *„falls der realisierbare Wert aller Sicherheiten die Deckungsgrenze nicht nur vorübergehend übersteigt"*, stellt hingegen Nr. 22 II AGB-Spark bezüglich der Freigabeverpflichtung fest, *„soweit der realisierbare Wert ... aller Sicherheiten den Gesamtbetrag um mehr als 20 v. H. übersteigt."*

507 Vgl. Baumbach/Hopt, AGB-Banken, Nr. 13 Rdnr. 6.

508 Im Rahmen der Bestimmtheit der Regelungskomplexe fällt in Bezug auf den Zeitpunkt der Freigabeverpflichtung auf, dass Nr. 16 II AGB-Banken - anders als Nr. 22 II AGB-Spark - keine zahlenmäßige Begrenzung enthält und statt dessen nur an die in Nr. 16 I AGB-Banken vereinbarte Deckungsgrenze anknüpft. Diese Deckungsgrenze wird als die Summe aller Ansprüche der Bank gegenüber dem Kunden aus der bankmäßigen Verbindung definiert. Diese so verstandene Deckungsgrenze bleibt allerdings hinter den Anforderungen der Entscheidung des Großen Senats für Zivilsachen des BGH vom 27.11.1997 (NJW 1998, 671 (671 ff.) = ZIP 1998, 235 (235 ff.)) zurück, als dass der insoweit zugestandene Zuschlag von 10 % für die Kosten der Realisierung und der Rechtsverfolgung nicht erfasst ist. Wolf/Horn/Lindacher/Horn, AGBG, § 23 Rdnr. 761 weist in diesem Zusammenhang darauf hin, dass Nr. 16 I AGB-Banken nur eine Rahmenregelung darstelle, durch die der Bank das Recht zugestanden werde, von einer erhöhten Deckungsgrenze durch eine Vereinbarung Gebrauch zu machen und in geringem Umfang von den Maßstäben des Großen Senats abzuweichen. Den Banken wird dieses Recht ausdrücklich in Nr. 16 III AGB-Banken zugebilligt. Diese Regelung beeinträchtigt den Bürgen weniger als die Freigaberegelung der Nr. 22 II AGB-Spark. Graf von Westphalen, WM 1993, 8 (13) kommt deshalb bei der Beurteilung der neuen Allgemeinen Geschäftsbedingungen der Sparkassen zu dem Resümee, *„dass es in hohem Maße bedauerlich ist, dass diese in zentralen Aussagen hinter den Banken-AGB zurückbleiben und an zentralen Stellen zum Nachteil des Kunden die Bestimmungen des AGB-Gesetzes nicht reflektieren."*

stitut vom *„Kunden"* zur Verfügung gestellten Sicherheiten den Gesamtbetrag aller Forderungen des Kreditinstitutes gegenüber dem *„Kunden"* nicht nur vorübergehend übersteigt.[509] In der Regel wird somit über diese Vorschrift nur das Verhältnis zwischen dem Kreditinstitut und dem *„Kunden"* geregelt. Mit der von WAGENKNECHT vorgeschlagenen Freigabeverpflichtung hat dies aber nichts zu tun.

Eine Freigabeverpflichtung der Kreditinstitute dürfte darüber hinaus auch nur dann möglich sein, wenn die Inanspruchnahme des Bürgen feststeht. Dies ist insbesondere dann der Fall, wenn das Kreditinstitut auf die Sicherheitsleistungen des Bürgen *„tatsächlich zugreift"* und sich aus diesen Zahlungen zumindest teilweise befriedigt.

In dem von REINICKE/TIEDTKE gebildeten und von WAGENKNECHT in Bezug genommenen Fall war dies gegeben, weil der Bürge zwar durch seine Zahlungen seine Bürgschaftsschuld tilgte, die Hauptforderung aber dennoch bestehen blieb. Dieser Fall könnte nunmehr mit der Konstellation vergleichbar sein, dass die Bürgschaftszahlungen zu einer Tilgung der Bürgschaftsschuld führen könnten, dies aber nur deshalb nicht eintritt, weil diese Zahlungen vom Kreditinstitut als Sicherheitsleistungen ohne Erfüllungswirkung entgegengenommen werden, mit der Folge, dass die Hauptforderung in ungeminderter Höhe bestehen bleibt. WAGENKNECHT meint in diesem Zusammenhang, dass, soweit die Kreditinstitute nicht zur Freigabe von nicht mehr benötigten Sicherheiten verpflichtet wären, eine unangemessene Benachteiligung des Bürgen vorliegen würde.

In der Praxis verwenden auch bereits verschiedene Kreditinstitute die von WAGENKNECHT geforderte Freigabeverpflichtung. So haben zum Beispiel im Jahr 2001 die Volksbank Leipzig eG, die DZ Bank, die Deutsche Apotheker- und Ärztebank sowie der Deutsche Genossenschafts-Verlag eG in ihren Bürgschaftsformularen, die auch die zu untersuchende Bürgschaftsklausel enthalten, die folgende Freigabeklausel verankert:

„Die Bank verpflichtet sich, sofern nicht eine Abrede des Sicherungsgebers mit der Bank entgegensteht, die nicht akzessorischen Rechte auf den Bürgen zu übertragen. Auf Verlangen des

509 Nach Nr. 22 AGB-Spark besteht der Freigabeanspruch des Bürgen dann, *„soweit der realisierbare Wert oder der in Sicherungsverträgen im einzelnen konkretisierte Wert aller Sicherheiten den Gesamtbetrag aller Forderungen der Sparkasse nicht nur vorübergehend um mehr als 20 v.H. übersteigt"* und nach Nr. 16 II AGB-Banken, *„falls der realisierbare Wert aller Sicherheiten die Deckungsgrenze nicht nur vorübergehend übersteigt."*

Bürgen hat die Bank diese Ansprüche vorzeitig auf den Bürgen zu übertragen, soweit sie diese nicht nur vorübergehend nicht mehr benötigt."[510]

Diese Freigabeverpflichtung des Kreditinstitutes entspricht auch trotz des allgemein gehaltenen Inhalts den allgemeinen Anforderungen des Transparenzgebotes i.S.d. § 307 I 2 BGB. Dieses Gebot verpflichtet den Verwender von Allgemeinen Geschäftsbedingungen, diese Regelungen so zu gestalten, dass der rechtsunkundige Durchschnittsbürger, wobei nicht auf den flüchtigen Betrachter, sondern auf den aufmerksamen und sorgfältigen Teilnehmer am Wirtschaftsverkehr abzustellen ist[511], in der Lage ist, die ihn benachteiligende Wirkung einer Klausel ohne Einholung von Rechtsrat zu erkennen.[512] Ein aufmerksamer und sorgfältiger Teilnehmer am Wirtschaftsverkehr kann dem Inhalt der Klausel entnehmen, dass er bereits *„vorzeitig"* Sicherheiten von der Bank erhalten kann, die sie nicht nur vorübergehend nicht mehr benötigt. Die Formulierung *„vorzeitig"* wird der Bürge so verstehen, dass die Bank bereits vor ihrer vollständigen Befriedigung Sicherheiten freizugeben hat, soweit seine Zahlungsverpflichtung feststeht und die Bank die freizugebenden Sicherheiten nicht zur Befriedigung der gesicherten Forderung(en) benötigt. Ebenfalls kann der Bürge erkennen, dass die Bank nur auf seine Initiative hin zur Freigabe von Sicherheiten verpflichtet ist.

Da eine solche Klausel die Rechtsposition des Bürgen erweitert, ist gegen deren Verankerung in den Bürgschaftsformularen der Kreditinstitute nichts einzuwenden. Immerhin könnte der Bürge dadurch bereits vor der vollständigen Befriedigung des Kreditinstitutes Sicherheiten erhalten, auf die er sonst - nach dem Regelungskomplex der Bürgschaftsklausel - nicht zugreifen könnte. Allerdings ist auch diese Freigabeverpflichtung entgegen der Auffassung von WAGEN-

---

510 Die Kreditinstitute, deren Formulare die zu untersuchende Bürgschaftsklausel nicht enthalten, gebrauchen zum Teil auch eine Freigabeklausel. So hat beispielsweise die Deutsche Hyp in ihrem selbstschuldnerischen Höchstbetragsbürgschaftsformular aus dem Jahr 2001 die folgende Freigabeklausel verankert: *„Nr. 10 Sicherheitenfreigabe (1) Nach Befriedigung ihrer durch die Bürgschaft gesicherten Ansprüche wird die Bank die Bürgschaft freigeben. (2) Die Bank ist schon vor vollständiger Befriedigung ihrer durch diese Bürgschaft gesicherten Ansprüche verpflichtet, auf Verlangen die Bürgschaft sowie andere ihr bestellte Sicherheiten (z.B. abgetretene Forderungen, Grundschulden) nach ihrer Wahl an den jeweiligen Sicherungsgeber ganz oder teilweise freizugeben, soweit der realisierbare Wert sämtlicher Sicherheiten 110 % der gesicherten Ansprüche der Bank nicht nur vorübergehend überschreitet."* In den Bürgschaftsformularen aus dem Jahr 2001 des Bankhauses Reuschel & Co. und der Dresdner Bank AG sind ähnliche Freigabeklauseln verankert.

511 Vgl. Palandt/Heinrichs, BGB, § 307 Rdnr. 19.

512 Vgl. BGH, Urteil vom 24.11.1988 – III ZR 188/87 (LG Stuttgart, OLG Stuttgart), BGHZ 106, 42 (49); Palandt/Heinrichs, BGB, § 307 Rdnrn. 16 ff.

KNECHT nicht geeignet, die im Rahmen der Inhaltskontrolle bereits festgestellte unangemessene Benachteiligung des Bürgen zu *„kompensieren"*. Dem Bürgen bliebe es nämlich wegen der Behandlung seiner Zahlungen als Sicherheitsleistungen verwehrt, auf einen Vermögensverfall des Hauptschuldners rechtzeitig zu reagieren. Ebenfalls müsste der Bürge im Falle eines Insolvenzverfahrens über das Vermögen des Hauptschuldners durch das Aufstellen eines Insolvenzplanes befürchten, seine gesamten Rückgriffsrechte endgültig zu verlieren. Von den anderen Sicherungsgebern könnte er im Zweifel nur anteilig schadlos gestellt werden, weil bei einem Zusammentreffen der verschiedenen Sicherungsgeber der Grundsatz der Gesamtschuldnerschaft zum Tragen kommt.[513] Es ist daher festzustellen, dass trotz der von WAGENKNECHT vorgeschlagenen Freigabeverpflichtung der Kreditinstitute hinsichtlich der von ihnen nicht mehr benötigten Sicherheiten die Benachteiligung des Bürgen - wegen der Behandlung seiner Bürgschaftszahlungen als Sicherheitsleistungen - unangemessen bliebe.

(c) Der Anspruch des Bürgen auf die zukünftigen Zinsen des Kreditinstitutes

Die Bürgschaftsklausel könnte den Bürgen auch deshalb unangemessen benachteiligen, weil er nicht unmittelbar nach seinen Zahlungen den ansonsten auf ihn im Wege der cessio legis übergehenden Anspruch des Kreditinstitutes gegenüber dem Hauptschuldner auf die zukünftigen Zinsen[514] für die Hauptforderung geltend machen kann. Wie bereits dargelegt[515], erfolgt dieser Übergang zwar nicht über § 774 I 1 BGB, gleichwohl ist nach dem Sinn dieser Vorschrift ein Übergang des Zinsanspruches, der mit dem übergehenden Hauptanspruch vertraglich eng verbunden ist, anzunehmen. Denn soweit der Bürge durch den gesetzlichen Forderungsübergang die im Zeitpunkt der Befriedigung bestehende Forderung des Kreditinstitutes gegenüber dem Hauptschuldner erhält, ist kein Grund ersichtlich, weshalb die originär für die Forderung vereinbarten und mit dieser eng zusammenhängenden Zinsen nicht von diesem Übergang erfasst sein sollten.[516]

Im Rahmen der Inhaltskontrolle ist nunmehr zu berücksichtigen, dass die Bürgschaftsklausel den Übergang der Zinsforderung zwar nicht endgültig ver-

513 Siehe dazu oben, Teil 2, 3. Abschnitt, B).
514 Siehe dazu oben, Teil 2, 1. Abschnitt, B), III., 4.
515 Siehe dazu oben, Teil 2, 1. Abschnitt, B), III.
516 Siehe dazu oben, Teil 2, 1. Abschnitt, B), III., 4.

hindert, diese Rechtsfolge aber bis zum Zeitpunkt der vollständigen Befriedigung des Kreditinstitutes hinausschiebt, ohne dem Bürgen einen adäquaten Ausgleich zu gewähren. Soweit die Zahlungen des Bürgen auf dem *„Sicherheitenerlöskonto"* verbucht werden, erhält der Bürge für seinen an das Kreditinstitut geleisteten Sicherheitsbetrag, den er möglicherweise über einen Kredit mit einem üblichen Zinssatz von durchschnittlich 9,5 %[517] finanzieren muss, keine Zinsen, weil die Sicherheitszahlungen als täglich fällige Gelder[518] gewertet und deshalb nicht längerfristig angelegt werden können. Trotz der fehlenden Verzinsungsverpflichtung sind die Zahlungen des Bürgen dennoch mit einem *„pignus indebiti"* belastet und führen darüber hinaus nicht automatisch zur Befriedigung des Kreditinstitutes. Dies hat zur Folge, dass trotz der Sicherheitszahlungen des Bürgen weitere Zinsen in ungeminderter Höhe für die Hauptforderung anfallen, für die der Bürge weiter haftet. Der Bürge kann sich demnach trotz seiner Leistungserbringung weder von den für die Hauptforderung anfallenden Zinsen mit einem üblichen Zinssatz von durchschnittlich 9,5 % befreien, noch erhält er wegen des *„Sicherheitenerlöskontos"* einen Zinssatz für seine Sicherheitszahlungen oder mangels einer Befriedigung der Hauptforderung die zukünftigen Zinsen des Kreditinstitutes gegenüber dem Hauptschuldner.

Der vertragstreue Bürge kann demnach wegen des Regelungsgehaltes der Bürgschaftsklausel in keiner Weise von seinen Sicherheitszahlungen profitieren, obwohl er dem Kreditinstitut nicht unerhebliche Geldzahlungen kostenfrei zur Verfügung gestellt hat. Im ungünstigsten Fall kann die Bürgschaftsklausel das Kreditinstitut sogar legitimieren, die Sicherheitszahlungen des Bürgen jahrelang auf dem *„Sicherheitenerlöskonto"* zu deponieren, ohne dass der Bürge berechtigt wäre, die Zahlungen zurückzufordern. Auch deshalb ist die Behandlung der Bürgschaftszahlungen als Sicherheitsleistungen und die dadurch bedingte Weiterhaftung des Bürgen für die auf die Hauptforderung anfallenden Zinsen sowie das nicht unbeachtliche Hinausschieben der zukünftigen Zinsen des Kreditinstitutes gegenüber dem Hauptschuldner nicht gerechtfertigt, weil bei der Interes-

---

517 Der durchschnittliche Zinssatz von 9,5 % entspricht dem der Volksbank Leipzig eG. Für die Berechnung des Zinssatzes für einen normalen Darlehensvertrag waren folgende Parameter relevant.
1. Laufzeit bis 36 Monate:
Nominalzins 8 % + Bearbeitungsgebühr von 1 % = 9,05 % effektiver Zinssatz
2. Laufzeit zwischen 37 und 47 Monaten:
Nominalzins 9 % + Bearbeitungsgebühr von 1 % = 10,04 % effektiver Zinssatz
3. Laufzeit zwischen 48 und 72 Monaten:
Nominalzins 9 % + Bearbeitungsgebühr von 2 % = 10,34 % effektiver Zinssatz

518 Diesen Sachverhalt teilte am 11.04.2002 der Filialleiter der Volksbank Leipzig eG (Filiale Leipzig Grünau-Allee Center), Herr Betriebswirt (FH) Sylvio Anton, mit.

senabwägung die schutzwürdigen Belange des Bürgen nicht berücksichtigt werden. Hinzu kommt, dass in der Literatur auf Grund der Bürgschaftsklausel die Auffassung[519] vertreten wird, dass nicht nur der Zessionsregress, sondern insbesondere auch der Innenregress des Bürgen gegenüber dem Hauptschuldner hinausgeschoben wird, weil die Sicherheitszahlungen des Bürgen nicht als Aufwendungen qualifiziert werden können. Diese Sichtweise hat aber zur Folge, dass dem Bürgen trotz seiner Leistungserbringung auch kein Verzinsungsanspruch gegenüber dem Hauptschuldner i.H.v. 4 % gemäß §§ 670, 256, 246 BGB sowie i.H.v. 5 % gemäß § 352 HGB zusteht, sondern dieser Zinsanspruch erst mit der zumindest teilweisen Erfüllung der Bürgenschuld entstehen kann. Das Kreditinstitut hat somit über die Bürgschaftsklausel nicht nur die Möglichkeit, die Bürgschaftsforderung wegen der Weiterhaftung des Bürgen für die auf die Hauptforderung anfallenden Zinsen systematisch zu erhöhen, sondern vor allem auch, auf den Zinsanspruch des Bürgen Einfluss zu nehmen und die Entstehung dieses Anspruches lange Zeit hinauszuschieben. Diese Folge stellt eine erhebliche Beeinträchtigung der schutzwürdigen Interessen des Bürgen dar, weil der Bürge nicht auf einer ihm ohne die Bürgschaftsklausel zustehenden Rechtsposition bestehen kann. Er ist statt dessen ausschließlich vom Willen des Kreditinstitutes abhängig und wird dadurch zu dessen *„Spielball"*.

Insoweit haben GRAF VON WESTPHALEN und WAGENKNECHT[520] Recht, wenn sie meinen, dass für den Bürgen eine Zinskompensation erforderlich sei, um die mit der Bürgschaftsklausel verbundenen Nachteile etwas erträglicher zu gestalten.

Eine solche Zinskompensation hätte für den Bürgen den Vorteil, dass er zum einen im Rahmen der Sicherungsphase nicht gänzlich rechtlos gestellt wäre und das Kreditinstitut zum anderen wegen der eigenen Verzinsungsverpflichtung gehalten wäre, zügig entweder die Sicherheitszahlungen mit der Hauptforderung zu verrechnen oder diese dem Bürgen wieder zurückzugewähren. Durch eine solche Zinskompensation wären die Kreditinstitute auch ihrerseits nicht erheblich beeinträchtigt, weil ihnen einerseits weiterhin am Rückforderungsanspruch des Bürgen ein *„pignus indebiti"* zusteht und sie andererseits durch einen schnellen Zugriff auf die Sicherheitszahlungen des Bürgen die Zinslast gering halten könnten.

Ohne eine diesbezügliche Verzinsungsverpflichtung stellen die Sicherheitszahlungen eine unangemessene Benachteiligung des Bürgen dar. Allerdings kann entgegen GRAF VON WESTPHALEN und WAGENKNECHT die Bürg-

---

519 Siehe dazu oben, Teil 3, 2. Abschnitt, B).

520 Siehe dazu oben, Teil 4, 1. Abschnitt, A), II., 4., b), ee).

schaftsklausel auch mit einer Verzinsungsverpflichtung der Inhaltskontrolle nicht standhalten, weil die besondere Verwerflichkeit des Regelungskomplexes in der Eigenart der *„Sicherheitszahlungen"* begründet liegt, die dem Bürgen nicht nur seinen Zinsanspruch zeitweilig *„abschneidet"*, sondern ihm darüber hinaus das gesamte Insolvenzrisiko des Hauptschuldners aufbürdet. Es kann nicht oft genug darauf hingewiesen werden, dass der Bürge angesichts bei der in einem Insolvenzverfahren in der Regel hinter 100 % zurückbleibenden Quoten der Gefahr ausgesetzt ist, wegen der noch nicht erfolgten vollständigen Befriedigung des Kreditinstitutes *„leer auszugehen"*. Allein dieses Risiko ist so groß, dass die damit korrespondierende Gefahr eines Vermögensverlustes nicht hinreichend durch eine Zinskompensation ausgeglichen wird und statt dessen immer zu einer unangemessenen Benachteiligung des Bürgen führen muss.

(d) Differenzierung nach der Reichweite der Bürgschaftsverpflichtung

Möglicherweise könnte für die Frage der unangemessenen Benachteiligung danach differenziert werden, ob sich der Bürge dem Kreditinstitut gegenüber nur für eine einzelne Forderung oder für eine Mehrheit von Forderungen gegen den Hauptschuldner verbürgt hat. Zumindest der BGH hat diese Unterscheidungskriterien in seiner Entscheidung vom 30.10.1984 als wesentlich erachtet.

(aa) Die Bürgschaft für eine einzelne Forderung

Der Regelungsgehalt der Bürgschaftsklausel benachteiligt den Bürgen, soweit er sich gegenüber dem Kreditinstitut nur für eine einzelne Forderung gegen den Hauptschuldner verbürgt hat. Eine solche Fallkonstellation hatte der BGH in seiner *„Grundsatzentscheidung"* vom 30.10.1984 *„ausgeklammert"*.[521] In der Entscheidung vom 05.04.2001 stellte der BGH[522] hingegen für eine Höchstbetragsbürgschaft, die *„die – allein verbürgte – Kreditforderung der Kl. gemeinsam mit den gleich hohen Bürgschaften der drei Mitgesellschafter in voller Höhe"* sichere, fest, dass dieser Fall mit den bereits entschiedenen Fällen vergleichbar sei. In der Entscheidung vom 26.04.2001[523] führte der BGH aber immerhin aus: *„Deren Zulässigkeit mag dann zweifelhaft sein, wenn die Bürgschaft nicht sämtliche Forderungen der Bank aus der Geschäftsverbindung mit dem Hauptschuldner sichert … ."*

---

[521] Siehe dazu oben, Teil 4, 1. Abschnitt, A), II., 4., b), gg), (1.), (a).

[522] Vgl. BGH, Urteil vom 05.04.2001 – IX ZR 276/98 (LG Düsseldorf, OLG Düsseldorf), NJW 2001, 2327 (2327 ff.) = ZIP 2001, 914 (914 ff.) = EWiR 2001, 575 (575 f.).

[523] Vgl. BGH, Urteil vom 26.04.2001 – IX ZR 337/98 (Köln), NJW 2001, 2466 (2468).

Die Benachteiligung des eine einzelne Forderung sichernden Bürgen zeigt sich besonders in dem soeben geschilderten Fall, in dem ein Teilbürge zwar seine gesamte Bürgschaftsverpflichtung erfüllt, aber die Forderung des Kreditinstitutes gegenüber dem Hauptschuldner nur deshalb nicht vollständig befriedigen kann, weil seine Zahlungen weiterhin als Sicherheitsleistungen qualifiziert werden. Durch eine solche Regelung kann der Teilbürge weder beim Hauptschuldner noch bei den anderen (ausgleichsverpflichteten) Sicherungsgebern Rückgriff nehmen und ist deshalb der Gefahr des Vermögensverfalles dieser Personen ausgesetzt. Auch wenn der Teilbürge somit entsprechend des Bürgschaftsvertrages alles Erforderliche getan haben sollte, wozu er vertraglich verpflichtet ist, bleibt es dem Kreditinstitut wegen des ihm zustehenden Gestaltungs- oder Optionsrechtes unbenommen, den Zessionsregress des Bürgen gegenüber dem Hauptschuldner als auch die Rückgriffsansprüche gegenüber den Mitbürgen und den anderen (ausgleichsverpflichteten) Sicherungsgebern wegen der fehlenden vollständigen Befriedigung auf lange Zeit hinauszuschieben. Während des *„Schwebezustandes“* seiner Sicherheitszahlungen muss der Teilbürge somit das gesamte Insolvenzrisiko seiner Rückgriffsverpflichteten tragen. Zusätzlich besteht für ihn während eines Insolvenzverfahrens die Gefahr, durch das Aufstellen eines Insolvenzplanes seine Rückgriffsrechte zu verlieren. Angesichts dieser erheblichen Beeinträchtigungen der Interessen des Bürgen scheint es nahezu unbedeutend zu sein, dass der Bürge auch wegen des Charakters seiner Bürgschaftszahlungen als Sicherheitsleistungen für die Zinsen der Hauptforderung einzustehen hat und sich dadurch der Betrag seiner Bürgschaftsforderung erhöht.

Nur klarstellend ist darauf hinzuweisen, dass die beschriebene Gefahrenlage selbstverständlich nicht nur für den Teilbürgen, sondern auch für jeden anderen Bürgen gilt. Nochmals: In einem Insolvenzverfahren des Hauptschuldners wird es - angesichts in der Regel hinter 100 % zurückbleibenden Quoten - nie zu einer vollständigen Gläubigerbefriedigung kommen, weshalb der Bürge auch letztlich nie den Hauptschuldner sowie die Mitbürgen und die anderen (ausgleichsverpflichteten) Sicherungsgeber in Anspruch nehmen kann. Dies auch trotz der Tatsache, dass das Kreditinstitut bereits die Bürgschaftszahlungen als Sicherheitsleistungen entgegengenommen hat. Eine offengestanden befremdende Rechtslage.

Gerade bei einer Bürgschaft für eine einzelne Forderung ist diese Rechtsfolge für den Bürgen besonders unangemessen. Ein solcher Bürge sichert nämlich durch seine Bürgschaft eine ganz konkrete Forderung des Kreditinstitutes gegen den Hauptschuldner. Er wird deshalb der Auffassung sein, das eingegangene Risiko - in diesem Umfang - genau kalkuliert zu haben. Dies trifft aber (insbesondere) für den Teilbürgen nicht zu, der wegen des *„Sicherheitscharakters“* seiner Bürgschaftszahlungen in keiner Weise abschätzen und beeinflussen kann, zu welchem Zeitpunkt das Kreditinstitut vollständig befriedigt ist bzw. wann es auf seine Sicherheitszahlungen zugreift. Dies kann sich - wie bereits beschrieben - als *„echte Falle“* herausstellen, die im Übrigen auch noch sehr kostenintensiv ist. Darüber hinaus könnte sich für den Bürgen, der eine einzelne Forderung des Kreditinstitutes gegen den Hauptschuldner sichert, ein weiteres Problem stellen. Zwar braucht dieser Bürge wegen der Anlassrechtsprechung des BGH nicht zu befürchten, dass sich seine Einstandsverpflichtung nach der Bürgschaftsübernahme erhöht, möglicherweise ist die Bürgschaftsklausel aber in der Weise zu interpretieren, dass seine Zahlungen dennoch so lange als Sicherheiten dienen, *„bis die Bank wegen ihrer sämtlichen Ansprüche gegen den Hauptschuldner, die im Zeitpunkt der vollständigen Erfüllung der Bürgschaftsschuld bestehen, befriedigt ist.“*[524] Zumindest war diese Formulierung früher explizit in einigen Bürgschaftsformularen enthalten.

Dieser Gefahr ist der Bürge nach heutigem Verständnis nicht mehr ausgesetzt, weil eine solche Regelung stets als überraschend i.S.d. § 305 c I BGB (§ 3 AGBG a.F.) zu qualifizieren ist. Der BGH brauchte im Rahmen der Anlassrechtsprechung nicht zu der Frage Stellung zu nehmen, ob sich die Beschränkung der Bürgschaftsverpflichtung auch auf die Befugnis des Kreditinstitutes auswirkt, die erhaltenen Zahlungen über die eigentliche Bürgschaftsverpflichtung hinaus als Sicherheiten behandeln zu dürfen. Dies wäre nämlich für das Kreditinstitut günstig, weil es zwar nicht die Bürgschaftsverpflichtung erweitern müsste - was wegen der Anlassrechtsprechung auch nicht möglich wäre - aber dennoch wegen der Sicherheitszahlungen des Bürgen weiterhin eine Sicherheit hätte. Eine solche Interpretation ist aber nicht zulässig.

Das Kreditinstitut wäre anderenfalls berechtigt, dem Hauptschuldner nach der Übernahme der Bürgschaft und vor dem Zeitpunkt seiner vollständigen Befriedigung neue Kredite zu gewähren, die zwar wegen der Anlassrechtsprechung des BGH nicht mehr durch die Bürgschaft gesichert wären, die aber dennoch zur Folge hätten, dass der Sicherheitscharakter der Bürgschaftszahlungen noch länger hinausgeschoben würde. Der eine einzelne Forderung sichernde Bürge könnte hiernach den Zeitraum seiner Einstandsverpflichtung nicht mehr überschauen, so dass er bereits wegen der damit zusammenhängenden unkalkulierbaren Folgen der Bürgschaftsklausel nachhaltig beeinträchtigt wäre. Eine solche Regelung müsste stets als überraschend i.S.d. § 305 c I BGB (§ 3 AGBG a.F.) bewertet werden und könnte ebenfalls nicht der Inhaltskontrolle standhalten.

524 Die Bürgschaftsklausel der BHF-Bank ist bereits oben unter Teil 1 aufgeführt.

Die Kreditinstitute[525] haben ihre Formularverträge auch dahingehend verändert, dass die Zahlungen des Bürgen nur *„bis zur vollständigen Befriedigung der Bank wegen ihrer durch die Bürgschaft besicherten Ansprüche“*[526] als Sicherheiten dienen können. Aber selbst der nunmehr geänderte Regelungsgehalt der Bürgschaftsklausel kann nicht den Anforderungen des § 307 I BGB (§ 9 I AGBG a.F.) entsprechen. Neben den bereits dargestellten Rechtsfolgen der Bürgschaftsklausel liegt die Ungerechtigkeit dieses Regelungskomplexes für den eine einzelne Forderung sichernden Bürgen darin, dass er trotz seiner beschränkten Einstandsverpflichtung weder den Zeitraum seiner Haftung absehen noch sich hiervon kurzfristig befreien kann, weil seine Zahlungen vom Kreditinstitut eben nicht mit Erfüllungswirkung entgegengenommen werden müssen und somit rechtlich so behandelt werden, als ob er sie noch nicht geleistet hätte. Ein Entlassen aus seiner Haftung erscheint wegen der fehlenden Zugriffsverpflichtung des Kreditinstitutes völlig ungewiss. Zusätzlich muss er befürchten, dass er seine Regressmöglichkeiten gegen den Hauptschuldner verliert, falls während eines Insolvenzverfahrens über das Vermögen des Hauptschuldners ein Insolvenzplan aufgestellt wird. Allein dieser Umstand benachteiligt den Bürgen unangemessen.

(bb) Die Bürgschaft für eine Mehrheit von Forderungen

Die Bürgschaftsklausel beeinträchtigt den Bürgen aber auch im Fall einer Bürgschaft für eine Mehrheit von Forderungen, weil das Kreditinstitut die Bürgschaftszahlungen ebenfalls als Sicherheitsleistungen entgegennehmen kann. Die Gefahr, dass der Bürge bei einer Insolvenz des Hauptschuldners *„leer ausgeht“*, besteht demnach auch in dieser Konstellation.

Zwar ist es bei einer Bürgschaft für eine Mehrheit von Forderungen möglich, dass die Bürgschaft auch die den Anlass der Bürgschaftsübernahme umfassenden zukünftigen Forderungen des Kreditinstitutes gegen den Hauptschuldner sichert, so dass der Bürge davon ausgehen kann, dass sein Zessionsregress gegenüber dem Hauptschuldner und seine Rückgriffsansprüche gegenüber den Mitbürgen und den anderen (ausgleichsverpflichteten) Sicherungsgebern für längere Zeit hinausgeschoben werden, jedoch reicht auch in dieser Fallkonstellation zur Vermeidung einer unangemessenen Benachteiligung des Bürgen die

---

525 Siehe dazu oben, Teil 3, 1. Abschnitt.

526 Diese Formulierung wird in den Bürgschaftsformularen aus dem Jahr 2001 der Volksbank Leipzig eG, der DZ Bank AG, der Deutschen Apotheker- und Ärztebank sowie der WTB Westdt. Kreditbank GmbH & Co. KG verwendet.

von WAGENKNECHT[527] und GRAF VON WESTPHALEN[528] geforderte ausdrückliche Verankerung einer Freigabeklausel im Rahmen der Bürgschaftsklausel ebenso wenig wie eine Zinskompensation auf dem *„Sicherheitenerlöskonto"*. Gegen eine Kompensation durch eine ausdrücklich in der Bürgschaftsklausel verankerte Freigabeklausel spricht vor allem, dass der Bürge dennoch nicht vor einem drohenden Vermögensverfall des Hauptschuldners geschützt ist. Der Bürge wird somit trotz einer ausdrücklich verankerten Freigabeklausel nicht von den negativen Folgen eines Insolvenzverfahrens entlastet. Und auch mit einer Zinskompensation korrespondiert für den Bürgen kein Ausgleich für die Gefahr des Verlustes seiner Rechte. Eine sich am Maßstab des § 307 I BGB (§ 9 I AGBG a.F.) orientierende Interessenabwägung hält einer Inhaltskontrolle nur dann stand, wenn auch die Interessen des Bürgen maßvoll gewürdigt und berücksichtigt werden. Dies ist aber durch eine Zinskompensation nicht der Fall, weil diese Regelung nur die *„Weiterhaftung"* des Bürgen für die auf die Hauptforderung anfallenden Zinsen teilweise ausgleicht, ihn aber nicht vor den Gefahren eines Insolvenzverfahrens schützen kann.
Wie bereits bei der Bürgschaft für eine einzelne Forderung ausgeführt[529], würde sich auch bei einer Bürgschaft für eine Mehrheit von Forderungen eine unangemessene Benachteiligung des Bürgen daraus ergeben, dass der Sicherheitscharakter der Bürgschaftszahlungen auch für nicht verbürgte Forderungen bestehen bliebe. Eine solche Kautelarpraxis wäre angesichts der besonderen Stellung des Bürgen durch *„nichts"* zu rechtfertigen.
Für die Unangemessenheit der Bürgschaftsklausel spielt es somit keine Rolle, ob sich der Bürge nur für eine einzelne Forderung oder für eine Mehrheit von Forderungen des Kreditinstitutes gegen den Hauptschuldner verbürgt hat. Ebenso unbeachtlich ist, ob es sich bei dem Bürgen um eine Privatperson oder um einen Kaufmann handelt.[530] Es ist zwar allgemein anerkannt, dass ein geschäftserfahrener Kaufmann mit den Risiken von Allgemeinen Geschäftsbedingungen vielfach besser als eine Privatperson vertraut ist und auch zu einer entsprechenden Vorsorge und Überprüfung der rechtlichen Reichweite der Regelungen im Stande ist. Dies könnte zur Folge haben, dass er nicht in dem gleichen Maße schutzwürdig ist wie der durchschnittliche Verbraucher. Jedoch muss auch ein Kaufmann nicht die mit der Bürgschaftsklausel bewirkte zeitweilige Rechtlo-

527 Siehe dazu oben, Teil 4, 1. Abschnitt, A), II., 4., b), ee).
528 Siehe dazu oben, Teil 4, 1. Abschnitt, A), II., 4., b), ee).
529 Siehe dazu oben, Teil 4, 1. Abschnitt, II., 4., b), gg), (2.), (d), (aa).
530 Vgl. Graf von Westphalen, Bürgschaft, Rdnr. 66.

sigkeit und den im Falle des Aufstellens eines Insolvenzplanes verbundenen Verlust seiner Rechte hinnehmen.

(cc) Die Höchstbetragsbürgschaft

Im Rahmen einer Höchstbetragsbürgschaft stellt sich noch ein weiteres Problem. Die mit der Bürgschaftsklausel versehenen Formulare enthielten früher wegen der Verpflichtung des Bürgen, auch für die auf die Hauptforderung anfallenden Nebenforderungen einzustehen, teilweise noch folgende Klausel[531]:

„Der Betrag der von mir/uns übernommenen Bürgschaft erhöht sich um die Beträge, die als Zinsen, Provisionen, Spesen und Kosten jeder Art auf den verbürgten Betrag anfallen oder durch deren Geltendmachung entstehen; dies gilt auch dann, wenn die Beträge durch Saldofeststellung im Kontokorrent jeweils zum Kapital geschlagen werden und dadurch der verbürgte Höchstbetrag überschritten wird."

Diese Klausel wirkt sich insbesondere wegen des Sicherheitscharakters der Bürgschaftszahlungen und der fehlenden Zugriffsverpflichtung der Kreditinstitute nachteilig aus, weil der Bürge trotz seiner Zahlungen weiterhin für die auf die *„ungeminderte"* Hauptforderung anfallenden Zinsen einzustehen hat und sich dadurch die Höhe seiner Bürgschaftsverpflichtung - trotz des vereinbarten Höchstbetrages - erhöht. Dem Kreditinstitut ist es demnach wegen des Sicherheitscharakters der Bürgschaftszahlungen möglich, das Wesen einer Höchstbetragsbürgschaft zu umgehen, indem die *„Geschäftspraxis"* zu einer den Höchstbetrag weit überschreitenden Bürgenhaftung führen kann. Auch dieser Umstand bewirkt eine unangemessene Benachteiligung des Bürgen.

Der BGH hat deshalb die soeben beschriebene Klausel in seinem Urteil vom 18.07.2002[532] unter Aufgabe seiner früheren Rechtsprechung[533] gemäß § 9 AGBG a.F. (§ 307 BGB) für unwirksam erklärt. Das Gericht argumentierte in dieser Entscheidung in einer auch für die zu untersuchende Bürgschaftsklausel interessanten Weise:

---

[531] Diese Klausel befindet sich in einem älteren Bürgschaftsformular der Commerzbank AG.

[532] Vgl. BGH, Urteil vom 18.07.2002 – IX ZR 294/00 (Karlsruhe), NJW 2002, 3167 (3167 ff.). Die maßgebenden Entscheidungsgründe, die auch für diese Arbeit relevant sind, lauten wie folgt: *„Die besondere Form der Höchstbetragsbürgschaft dient dem Zweck, das Haftungsrisiko des Bürgen summenmäßig endgültig festzulegen. ... Der in dieser Begrenzung liegende vertragswesentliche Schutz des Bürgen wird durch eine Erweiterungsklausel, wie sie das von den Parteien verwendete Formular enthält, weitgehend beseitigt. ... Da sich diese Befugnis zudem auf alle verbürgten Ansprüche erstreckt, kann eine den Höchstbetrag weit – sogar um ein Vielfaches – übersteigende Bürgenhaftung eintreten."*

[533] Vgl. BGH, Urteil vom 11.06.1980 – VIII ZR 164/79 (LG München II, OLG München), BGHZ 77, 256 (259 ff.).

„Da zudem die Begrenzung auf den vereinbarten Höchstbetrag gänzlich entfallen soll, soweit die Forderung dadurch entstanden ist, daß Zinsen ... durch Saldenfeststellung im Kontokorrent Teil der Hauptschuld geworden sind, begründet die Klausel für den Verpflichteten ein nicht mehr kalkulierbares Haftungsrisiko, das in unvereinbarem Widerspruch zu Inhalt und Sinn einer Höchstbetragsbürgschaft steht."

Die Bürgschaftsklausel führt demnach wegen der den Kreditinstituten eröffneten Möglichkeit, die Bürgschaftszahlungen nur als Sicherheitsleistungen ohne Erfüllungswirkung entgegennehmen zu können, in allen Bürgschaftskonstellationen zu einer unangemessenen Benachteiligung des Bürgen.

(e) Der Auskunftsanspruch des Bürgen gegenüber dem Gläubiger

Eine unangemessene Benachteiligung des Bürgen könnte sich auch daraus ergeben, dass für den Bürgen innerhalb der Bürgschaftsklausel kein Auskunftsanspruch gegenüber dem Gläubiger verankert ist. Diesen Auskunftsanspruch könnte der Bürge als Voraussetzung für die Geltendmachung seines Zessionsregresses gegenüber dem Hauptschuldner sowie seiner Rückgriffsansprüche gegenüber den Mitbürgen und den anderen (ausgleichsverpflichteten) Sicherungsgebern benötigen, durch den er vom Gläubiger die Mitteilung erhält, ob bereits die Forderung gegenüber dem Hauptschuldner erfüllt ist oder welche weiteren Sicherheiten dem Gläubiger hierfür noch zur Verfügung stehen.

Nach der Auffassung des BGH[534] bestehen für den Gläubiger keine Sorgfaltspflichten gegenüber dem Bürgen, weil der Bürgschaftsvertrag nur ein einseitig

---

534 Vgl. BGH, Urteil des BGH vom 17.09.1959 – VII ZR 115/58, WM 1960, 51 (51); BGH, Urteil vom 05.12.1962 – VIII ZR 251/61, WM 1963, 25 (25); BGH, Urteil vom 15.02.1967 – VIII ZR 232/64, WM 1967, 366 (367); BGH, Urteil vom 10.02.1971 – VIII ZR 144/69 (Hamm), WM 1971, 614 (615); BGH, Urteil vom 05.12.1973 – VIII ZR 141/72 (Köln), WM 1974, 8 (10); BGH, Beschluss vom 09.10.1974 – VIII ZR 149/73 (Düsseldorf), WM 1974, 1129 (1130); BGH, Urteil vom 30.06.1976 – VIII ZR 52/75, WM 1976, 808 (808); BGH, Urteil vom 17.03.1994 – IX ZR 174/93 (München), WM 1994, 1064 (1066) = NJW 1994, 2146 (2148); in diesem Sinne auch OLG Frankfurt, Urteil vom 05.07.1995 – 23 U 215/94 (rechtskräftig), WM 1996, 715 (716). Auf die Problematik der Aufklärungspflichten des Kreditinstitutes gegenüber dem Bürgen im Zeitpunkt vor oder bei Vertragsabschluß weisen beispielsweise die Urteile des BGH vom 15.04.1997 – IX ZR 112/96 (Düsseldorf), NJW 1997, 3230 (3231) sowie vom 01.07.1999 – IX ZR 161/98 (Nürnberg), WM 1999, 1614 (1615) = NJW 1999, 2814 (2814 f.) hin. Fischer/Klanten, Rdnr. 5.177 meinen in diesem Zusammenhang, dass im Rahmen des Bürgschaftsvertrages der Grundsatz gelte, dass der Gläubiger keine Vermögensinteressen des Bürgen wahrzunehmen habe. Dieses Prinzip habe zur Folge, dass Informationspflichten nach dem wirksamen Zustandekommen des Bürgschaftsvertrages praktisch ausgeschlossen seien. *„Es ist Sache des Bürgen selbst, seine vertraglichen Interessen wahrzunehmen und sein für den Hauptschuldner übernommenes Risiko fortlaufend zu prüfen."* Ebenso in der Argumentation Schimansky/Bunte/Lwowski/Schmitz, Band II, § 91 Rdnr. 42.

verpflichtender Vertrag sei, der dem Gläubiger keine Nebenpflichten oder Obliegenheiten auferlege.[535] Da der Gläubiger aber trotz dieser Tatsache die Grundsätze von Treu und Glauben zu beachten habe, kommt der BGH zu einem ähnlichen Ergebnis wie die LITERATURAUFFASSUNG[536], die aus dem Fehlen von Hauptpflichten des Gläubigers nicht schlussfolgert, dass der Gläubiger keinen Nebenpflichten oder Obliegenheiten gegenüber dem Bürgen ausgesetzt sei.

Weder die gesetzlichen Vorschriften des Bürgschaftsrechts noch die Bürgschaftsformulare[537] der Banken und Sparkassen und deren Allgemeine Geschäftsbedingungen sehen einen Auskunftsanspruch des Bürgen gegenüber dem Gläubiger vor. Statt dessen verwenden beispielsweise die Deutsche Hyp und die WTB Westdt. Kreditbank GmbH & Co. KG, die beide die zu untersuchende Bürgschaftsklausel gebrauchen, in ihren Bürgschaftsformularen[538] im Jahr 2001 die folgende Formulierung:

„Der Bürge wird sich über den jeweiligen Stand der Hauptschuld gegebenenfalls beim Hauptschuldner selbst unterrichten."

Es stellt sich deshalb die Frage, ob es nicht gegen die Grundsätze von Treu und Glauben verstoße, wenn der Bürge keinen Auskunftsanspruch gegenüber dem Gläubiger dergestalt geltend machen könne, dass ihn der Gläubiger über den Stand der Hauptforderung zu informieren habe.

Ausgangspunkt der Überlegungen ist, dass es den Banken und Sparkassen heute zugemutet wird, den Bürgen diskret davon in Kenntnis zu setzen, falls Anzeichen für eine wirkliche Krise beim Hauptschuldner erkennbar werden oder aber den Bürgen über ein besonderes Haftungsrisiko aufzuklären, falls das Verhalten des Kreditinstitutes erkennbar einen Irrtum des Bürgen über dessen erhöhtes Risiko veranlasst hat.[539] Insoweit könnte es die Banken und Sparkassen *„erst recht"* nicht belasten, den Bürgen über den Stand der gesicherten Hauptforderung oder über die Anzahl der noch vorhandenen Sicherheiten zu informieren. Freiwillig kann das Kreditinstitut diese Auskunft dem Bürgen sicherlich ertei-

535 Vgl. Reinicke/Tiedtke, Rdnr. 231; Palandt/Sprau, BGB, § 765 Rdnr. 33.

536 Reinicke/Tiedtke, Rdnr. 231; Horn, ZBB 1997, 139 (141) stellen fest, dass es ein praktisches Bedürfnis für einen Auskunftsanspruch gebe.

537 Die Bürgschaftsformulare lagen dem Verfasser zur Überprüfung vor, sind dieser Arbeit jedoch nicht im Formular-Anhang beigefügt.

538 Die Bürgschaftsformulare der Deutschen Hyp und der WTB Westdt. Kreditbank GmbH aus dem Jahr 2001 sind dieser Arbeit nicht im Formular-Anhang beigefügt. Eine ähnlich gestaltete Bürgschaftsklausel befindet sich auch in den Bürgschaftsformularen des Bankhauses Reuschel & Co. aus dem Jahr 2001.

539 Die aufgezählten Beispiele sind bei Reinicke/Tiedtke, Rdnrn. 233 f. aufgeführt.

len, die hiervon unabhängige Frage ist aber, ob es auch zu einer solchen Auskunft verpflichtet ist.

Das **OLG DÜSSELDORF**[540] hatte sich in der Entscheidung vom 15.12.1995 mit einem Bürgschaftsvertrag zu beschäftigen, durch den ein Kreditinstitut nicht verpflichtet war, dem Bürgen eine Auskunft über den Stand der Hauptforderung zu erteilen. Das Gericht sah in dieser Vertragsgestaltung eine unangemessene Benachteiligung des Bürgen, weil es grundsätzlich die Sache des Kreditinstitutes sei, das Entstehen und die Fälligkeit der Hauptschuld darzulegen sowie nachzuweisen. Anderenfalls könne sich das Kreditinstitut der Beweislastverteilung entziehen.[541] Diese Entscheidung beschäftigte sich zwar nur mit der Begründung einer Bürgschaftsverpflichtung, maßgebend ist aber zu würdigen, dass das Gericht einen Auskunftsanspruch für einschlägig erachtete, soweit sich eine Verweigerung als treuwidrig darstellen würde.

FONTAINE[542] vertritt die Ansicht, dass dem Bürgen immer ein Auskunftsanspruch gegenüber dem Gläubiger zustehe[543] und dessen berechtigtes Interesse insbesondere das Bankgeheimnis verdränge.[544] Er begründet seine Auffassung

---

540 Vgl. OLG Düsseldorf, Urteil vom 15.12.1995 – 17 U 39/95, NJW-RR 1996, 620 (621).

541 Die Beweislastregeln stellten für das OLG Düsseldorf die entscheidenden Gründe für die Benachteiligung des Bürgen dar. Dieser hätte im Prozess nachweisen müssen, dass die von dem Kreditinstitut geltend gemachte Forderung nicht entstanden oder noch nicht fällig sei, wodurch ihm sein Anspruch auf Einsichtnahme in die Handelsbücher gemäß § 810 BGB streitig gemacht werden könnte. Auf diesen Gesichtspunkt stellt auch das Urteil des BGH vom 18.05.1995 – IX ZR 129/94 (OLG München), NJW 1995, 2161 (2162) ab.

542 Vgl. Fontaine, S. 149 ff.

543 So im Ergebnis auch Berensmann, S. 78, der dem Bürgen während der gesamten Dauer des Vertragsverhältnisses die Möglichkeit zubilligt, vom Gläubiger Auskunft über den Stand der Hauptforderung zu verlangen. Auch Fichtenbauer, S. 99 f. kommt im Rahmen ihrer empirischen Untersuchung zu den Auskunftspflichten des Gläubigers gegenüber dem Bürgen zu dem Ergebnis, *„dass alle von den Kreditinstituten bekannt gewordenen Argumente gegen eine Novellierung des Bürgschaftsrechtes in Bezug auf Auskunftspflichten des Gläubigers in ihrem Gewicht nur gering sind und eine Überarbeitung notwendig erscheint."* Sie tritt allerdings für eine Begrenzung des Auskunftsanspruches gegenüber dem Gläubiger ein. Fichtenbauer, S. 135 will in ihrem Novellierungsvorschlag die gesetzliche Regelung des § 765 BGB um einen Absatz erweitern und folgendermaßen inhaltlich ausgestalten. *„Der Gläubiger hat dem Bürgen unter den Voraussetzungen des Paragraphen 775 I Nr. 1 – 3 BGB Auskunft zu erteilen. Auf Verlangen des Bürgen hat der Gläubiger ihm den Stand der Hauptschuld mitzuteilen."* Auch Fontaine, S. 156 bezieht sich zur Vermeidung eines Missbrauchs auf die §§ 259 f. BGB.

544 Fontaine, S. 5 ff. bezeichnet solche Diligenzpflichten als Schutzpflichten, die als Nebenpflichten unabhängig vom Leistungsinteresse darauf gerichtet seien, den anderen Teil vor Schäden an seinen Lebens- und Rechtsgütern einschließlich seines Vermögens zu bewahren. Die rechtliche Grundlage einer solchen Diligenzpflicht sei vor Vertragsschluss die

damit, dass eine mögliche Auskunft des Hauptschuldners als weniger zuverlässig angesehen werden könne, dass die mit einem Auskunftsbegehren verbundenen Belastungen für den Gläubiger geringer seien als bei einer Aufklärungsverpflichtung und insbesondere, dass sich ein Auskunftsanspruch nicht gegen die schutzwürdigen Belange des Gläubigers richte.

Darüber hinaus werden in der LITERATUR noch die Auffassungen vertreten, dass ein Auskunftsanspruch des Bürgen gegenüber dem Gläubiger gar nicht[545] bzw. nur dann nicht besteht, wenn der Bürge dieselben Informationen auch vom Hauptschuldner erhalten könnte.[546]

Eine Auskunftsverpflichtung des Gläubigers in dem eingangs dargestellten Maße besteht aber aus guten Gründen nicht. Zum einen muss der Bürge berücksichtigen, dass er dem Gläubiger im Auftrag des Hauptschuldners eine Bürgschaft gegeben hat. Soweit er tatsächlich über den Stand der Hauptforderung wegen der Geltendmachung sowohl seines Zessionsregresses gegenüber dem Hauptschuldner als auch seiner Rückgriffsansprüche gegenüber den Mitbürgen und den anderen (ausgleichsverpflichteten) Sicherungsgebern informiert werden will, muss er sich schon an seinen Auftraggeber wenden. Dieser kann ihm seinerseits alle erforderlichen Informationen erteilen, so dass für einen Auskunftsanspruch bereits dem Grunde nach kein Bedürfnis besteht. Im Übrigen entspricht diese Sichtweise auch dem Grundsatz, dass die Ansprüche im Rahmen eines Rechtsverhältnisses gegenüber dem Vertragspartner geltend zu machen

---

culpa in contrahendo und nach Vertragsschluss die positive Forderungsverletzung. Für die Reichweite dieser Diligenzpflichten orientiert sich Fontaine, S. 205 an den Grundaussagen der Entscheidung des RG vom 12.10.1905 – VI 591/1904 (Hamburg), SeuffArch. Bd. 61 (1906), Nr. 108 (S. 190 ff.). Für ihn gilt: *„1. Der Gläubiger bekommt durch den Abschluss eines Bürgschaftsvertrages keinen Nachlässigkeitsspielraum, denn der Bürge hat für die Erfüllung der Verbindlichkeit des Hauptschuldners, nicht aber für ein Verschulden des Gläubigers einzustehen. 2. Der Bürge kann auf ein Mindestmaß an Sorgfalt und Rücksicht vertrauen. Dies ergibt sich heute besonders daraus, dass der Schutz der Vertragsparteien im gesamten Vertragsrecht aufgrund eines geänderten Rechtsempfindens zunehmend stärker ausgeprägt ist. 3. Andererseits kann der Bürge nicht erwarten, dass der Gläubiger seine Interessen wahrnimmt, wenn er sich selbst zu schützen vermag.“*

545 Graf von Westphalen, Bürgschaft, Rdnr. 78 hält eine Information des Gläubigers über den Stand der Hauptschuld nicht für notwendig, weil die Bürgschaft schuldnerbezogen sei und gerade das Bonitäts- und Insolvenzrisiko des Schuldners sichere. Hauschild, S. 57 stellt die Rechtsprechung und die Literatur nach französischem Recht dar.

546 In diesem Sinne beispielsweise Ulmer/Brandner/Hensen/Brandner, AGBG, Anh. §§ 9-11 Rdnr. 264 unter Hinweis auf das Urteil des BGH vom 07.11.1985 – IX ZR 40/85 (OLG Stuttgart), WM 1986, 95 (97) = NJW 1986, 928 (930). Brandner verweist darauf, dass gerade bei globalen Verbürgungen die Bank die geeignete Informationsstelle für den Bürgen sei.

sind, den man sich ja auch auf der Grundlage der Privatautonomie ausgesucht hat. Dieses Argument spricht vor allem gegen die Auffassung von FONTAINE, der die Auskunft des Hauptschuldners als wenig zuverlässig ansieht. Darauf kann es aber nicht ankommen, weil sich der Bürge eben diesen – möglicherweise unzuverlässigen – Hauptschuldner als Vertragspartner ausgesucht hat. An diesen muss er sich dann auch - mit allen Konsequenzen - halten.

Zum anderen kann eine Auskunftsverpflichtung des Gläubigers auch deshalb nicht bestehen, weil die Bürgschaft nur ein Vertrag ist, der einseitig den Bürgen verpflichtet. Nur in Ausnahmefällen - wie in den bereits dargestellten Konstellationen - könne dies einmal anders gehandhabt werden.[547] Die Regel stellt dies aber nicht dar. Anderenfalls bräuchte sich der Bürge ja nicht einmal zu bemühen, die von ihm benötigten Informationen vom Hauptschuldner zu erhalten. Dies kann erkennbar nicht dem Interesse des Kreditinstitutes entsprechen. Möglicherweise könnte sich aber eine Auskunftsverpflichtung des Kreditinstitutes dann ergeben, wenn der Hauptschuldner dem Bürgen nicht die gewünschte Auskunft erteilt. Hierbei ist allerdings zu berücksichtigen, dass es sich bei dieser Weigerung um eine Situation handeln würde, die im Geschäftsverkehr immer vorkommen kann und für die das Kreditinstitut nicht verantwortlich ist. Der Bürge muss schon vor Abschluss des Auftragsverhältnisses prüfen, ob der Hauptschuldner die Kriterien eines seriösen Vertragspartners erfüllt. Er kann sich nicht statt dessen im Nachhinein dadurch entlasten, dass er die vom Hauptschuldner benötigten Informationen nun einfach vom Gläubiger verlangt. Zumindest kann er auf den Erhalt dieser Informationen nicht vertrauen.

Eine andere Sichtweise könnte vielleicht in dem Fall angezeigt sein, dass den Bürgen die erbetene Auskunft des Gläubigers vor einem ihm sonst drohenden Schaden im Geschäftsverkehr bewahren würde.[548] Auch könnte der Bürge zusätzlich die Auskunft für seinen Befreiungsanspruch gemäß § 775 I Nr. 3 BGB benötigen, um zu prüfen, ob sich der Hauptschuldner bereits mit einer Teilzahlung im Verzug befindet. Eine Notwendigkeit für einen Auskunftsanspruch könnte sich zuletzt auch aus dem Umstand ergeben, dass dem Bürgen vom Hauptschuldner bewusst eine unrichtige bzw. überhöhte Hauptforderung mitgeteilt wird, um dem Kreditinstitut das Sicherungsmittel im Interesse des Haupt-

---

547 Vgl. Palandt/Sprau, BGB, § 765 Rdnr. 33; Reinicke/Tiedtke, Rdnrn. 231 ff.; dies., Bürgschaftsrecht, Rdnrn. 245 ff.

548 Vgl. BGH, Urteil vom 28.01.1985 – II ZR 10/84 (OLG Koblenz), WM 1985, 381 (381); BGH, Urteil vom 16.10.1990 – XI ZR 165/88 (OLG Frankfurt), NJW 1991, 352 (352) = WM 1990, 1990 (1991); Schimansky/Bunte/Lwowski/Bruchner, Band I, § 40 Rdnr. 20; Schwintowski, Rdnr. 61.

schuldners zu belassen.[549] In all diesen Konstellationen muss aber wiederum gelten: Die Bürgschaft ist nun einmal ein so genanntes *„risikoreiches Geschäft"*.[550] Dies muss der Bürge wissen und er verdiene deshalb nur eingeschränkte Schonung. Im Ergebnis läuft diese Interpretation darauf hinaus, dass der Bürge im Zweifel die Bürgschaft nicht übernehmen kann, wenn er ernsthafte Bedenken an der Person des Hauptschuldners hat. Unabhängig davon bleibt aber die Bürgschaft ein nur den Bürgen einseitig verpflichtender Vertrag.
Wie GRAF VON WESTPHALEN[551] zu Recht feststellt, beschränkt sich die Bürgschaft - auch wegen der Eigenart der Bürgschaftsklausel - darauf, das Bonitäts- und Insolvenzrisiko des Schuldners zu sichern. Eine Information des Gläubigers über den Stand der Hauptschuld sei deshalb auch nicht notwendig.
Zwar weist BRANDNER[552] in diesem Zusammenhang darauf hin, dass die Fassung 11/98 des Bankverlages auf die Klausel: *„Der Bürge wird sich über den jeweiligen Stand der Hauptschuld gegebenenfalls beim Hauptschuldner selbst unterrichten."* verzichtet habe.[553] Dies kann aber nicht dahingehend interpretiert werden, dass der Bankverlag damit konkludent einen Auskunftsanspruch des Bürgen gegenüber dem Gläubiger bejaht habe. Da somit ein solcher Auskunftsanspruch zu Recht nicht besteht, kann den Bürgen dessen fehlende Verankerung im Rahmen der Bürgschaftsklausel auch nicht unangemessen benachteiligen.

(f) Interessenabwägung

Aus einer umfassenden Würdigung des Regelungskomplexes der Bürgschaftsklausel, bei der die Interessen des Kreditinstitutes und des Bürgen, die Anschauungen der beteiligten Verkehrskreise sowie die sich aus der Gesamtheit

---

549 Vgl. Fontaine, S. 150 ff.

550 Vgl. BGH, Urteil vom 19.09.1985 – IX ZR 16/85 (LG Aurich, OLG Oldenburg), BGHZ 95, 375 (387) = WM 1985, 1387 (1389); BGH, Urteil vom 05.07.1990 - IX ZR 294/89 (Oldenburg), WM 1990, 1410 (1411) für den Fall der Bürgschaft auf erstes Anfordern, die sogar ein *„besonders"* bzw. *„äußerst"* risikoreiches Rechtsgeschäft sei.

551 Vgl. Graf von Westphalen, Bürgschaft, Rdnr. 78.

552 Vgl. Ulmer/Brandner/Hensen/Brandner, AGBG, Anh. §§ 9-11 Rdnr. 264.

553 Der Bundesverband deutscher Banken stellt in dem Formular über eine *„Höchstbetragsbürgschaft mit engem Sicherungszweck"*, Redaktionelle Anpassung 42.145 auf Seite 5 klar, dass die Klausel bereits im Rahmen der am 01.01.1993 realisierten Überarbeitung der Allgemeinen Geschäftsbedingungen der Banken gestrichen worden sei. *„Dies dürfte im Ergebnis auf keine Änderung der praktischen Handhabung hinweisen, da nach der Rechtsprechung den Gläubiger gegenüber dem Bürgen keine Deligenzpflicht trifft und die Bank in der Regel eine Verpflichtung zur Mitteilung dann nicht treffen wird, wenn der Bürge auf andere Art und Weise die Möglichkeit hat, die Höhe der Hauptschuld festzustellen."*

der Rechtsordnung ergebenden Bewertungskriterien einzubeziehen sind[554], könnte sich ebenfalls ergeben, dass eine unangemessene Benachteiligung des Bürgen vorliegt. Dabei ist im Rahmen der Interessenabwägung von dem Gegenstand, dem Zweck und der Eigenart des Bürgschaftsvertrages auszugehen, wobei die zu überprüfende Bürgschaftsklausel vor dem Hintergrund des gesamten Vertrages ausgelegt und bewertet werden muss. Diese Interessenabwägung stellt sich (zusammengefasst) wie folgt dar:

Die Bürgschaftsklausel verfolgt das Ziel, das Kreditinstitut umfassend bei der Realisierung seiner gesicherten und ungesicherten Forderungen gegen den Hauptschuldner zu sichern. Dies wird dadurch gewährleistet, dass das Kreditinstitut die Zahlungen des Bürgen nur als Sicherheitsleistungen ohne Erfüllungswirkung entgegennehmen kann, mit der Folge, dass es nicht mit der Konkurrenz des Bürgen wegen seines Zessionsregresses gegen den Hauptschuldner konfrontiert ist. Die Bürgschaftsklausel sichert das Kreditinstitut somit in allen Fallkonstellationen, in denen es durch die gesetzlichen Vorschriften nicht vor der Konkurrenz des Bürgen geschützt ist.[555] Nachteile hat der Regelungsgehalt der Bürgschaftsklausel für das Kreditinstitut nicht. Die Bürgschaftsklausel führt statt dessen zu einer Erweiterung des Rechtskreises des Kreditinstitutes.

Für den Bürgen stellt sich die Bürgschaftsklausel hingegen so dar, dass dieser Regelungskomplex in vielfältiger Weise zu seinem Nachteil von den gesetzlichen Vorschriften abweicht. Dies zeigt sich vor allem daran, dass die Banken und Sparkassen von den wesentlichen Grundgedanken der gesetzlichen Regelungen des § 774 I 2 BGB, des § 43 InsO sowie der §§ 362 ff. BGB abweichen. Der Bürge ist wegen des Sicherheitscharakters seiner Bürgschaftszahlungen und des damit zusammenhängenden Aufschubes der Befriedigungswirkung daran gehindert, unmittelbar nach dem Zeitpunkt seiner Zahlungen seinen Zessionsregress gegenüber dem Hauptschuldner und seine Rückgriffsansprüche gegenüber den Mitbürgen und den anderen (ausgleichsverpflichteten) Sicherungsgebern geltend zu machen. Durch diese Kautelarpraxis werden nicht nur der Bürgschaftsgläubiger, sondern auch die an dem Vertragsverhältnis unbeteiligten Gläubiger bei der Beitreibung der Forderungen privilegiert. Der Bürge muss hingegen wegen des in der Bürgschaftsklausel verankerten Aufschubes der Befriedigungswirkung das Insolvenzrisiko des Hauptschuldners, der Mitbürgen und der anderen (ausgleichsverpflichteten) Sicherungsgeber tragen, wobei er seine Rechte in einem Insolvenzverfahren durch das Aufstellen eines Insolvenzplanes vollständig verlieren kann. Diese Gefahr besteht auch deshalb, weil

---

554 Vgl. Palandt/Heinrichs, BGB, § 307 Rdnr. 8.

555 Siehe dazu oben, Teil 3, 2. Abschnitt, D).

bei einer Insolvenz des Hauptschuldners und bei einer in der Regel hinter 100 % zurückbleibenden Insolvenzquote nicht damit zu rechnen ist, dass das Kreditinstitut jemals vollständig befriedigt wird. In diesem Fall könnte sich der Bürge bei niemandem schadlos halten. Dies ist der Grund, weshalb sich für den Bürgen auch ein zeitweiliger Aufschub der Befriedigungswirkung als besonders riskant darstellt. Denn soweit das Kreditinstitut nicht vollständig befriedigt ist, wovon bei einer Insolvenz des Hauptschuldners auszugehen ist, wird aus einem zeitweiligen Aufschub der Befriedigungswirkung eine lebzeitige Haftung des Bürgen. Dies auch deshalb, weil das Kreditinstitut wegen des ihm zustehenden Gestaltungs- oder Optionsrechtes nicht auf die Sicherheitszahlungen des Bürgen (oder anderer Sicherungsgeber) zugreifen muss. Der Bürge wird durch eine solche Handhabung schlechter gestellt als der Hauptschuldner, sofern dieser die Hauptforderung erfüllen würde.

Auf dieser Grundlage ist die Interessenabwägung durchzuführen. Der BGH hat hierzu beispielsweise in seinem Urteil vom 02.03.2000 (zur Frage der Zulässigkeit des formularmäßigen Verzichtes auf die Rechte des § 776 BGB) folgendes ausgeführt:

„Die Angemessenheit einer Klausel i.S. von § 9 AGBG verlangt einen sachgerechten vertraglichen Ausgleich der Interessen von Verwender und Vertragspartner. ... Der Verwender darf nicht versuchen, nur seine eigenen Interessen durchzusetzen, ohne von vornherein die Interessen des Gegners hinreichend zu berücksichtigen. ... Bei einer bloßen Willkürkontrolle ist ein derartiger Interessenausgleich nicht gewährleistet. Vielmehr werden die Interessen des Verwenders in erheblich größerem Umfang, nämlich bis zur Grenze der Unsachlichkeit, geschützt, als dies für die Angemessenheit einer Klausel von § 9 AGBG vorausgesetzt wird."[556]

---

[556] Der BGH vertrat früher in ständiger Rechtsprechung, dass ein formularmäßiger Verzicht auf die Rechte des § 776 BGB wirksam sei. Insoweit sei beispielhaft verwiesen auf BGH, Urteil vom 24.09.1980 – VIII ZR 291/79 (Frankfurt), BGHZ 78, 137 (141 ff.) = NJW 1981, 748 (748 f.); BGH, Urteil vom 24.11.1980 – VIII ZR 317/79 (Stuttgart), NJW 1981, 761 (762); BGH, Urteil vom 23.06.1982 – VIII ZR 333/80 (Karlsruhe), NJW 1982, 2308 (2308 f.); BGH, Urteil vom 19.05.1985 – III ZR 214/83 (Hamburg), BGHZ 95, 350 (358 f.) = NJW 1986, 43 (45); BGH, Urteil vom 13.12.1990 – IX ZR 79/90 (Koblenz), WM 1991, 558 (559); BGH, Urteil vom 17.03.1994 – IX ZR 174/93 (München), NJW 1994, 2146 (2147) = WM 1994, 1064 (1066); BGH, Urteil vom 30.03.1995 – IX ZR 98/94 (Brandenburg), NJW 1995, 1886 (1888). Der BGH äußerte aber bereits Zweifel in seinem Urteil vom 18.09.1997 – IX ZR 283/96 (Saarbrücken), BGHZ 136, 347 (352) = NJW 1997, 3372 (3373), ob die Argumente für einen formularmäßigen Verzicht haltbar seien. Der BGH hat seine Argumentation in dem Urteil vom 02.03.2000 – IX ZR 328/98 (LG Osnabrück, OLG Oldenburg), BGHZ 144, 52 (52 ff.) = NJW 2000, 1566 (1566 ff.) aufgegeben und wie folgt begründet. *„Auch prozessual ist der bloße Schutz durch das Willkürverbot für den Bürgen unangemessen nachteilig. Er muß die Bank verklagen, um zu seinem Recht zu kommen. Ob er den Rechtsstreit gewinnt, ist ungewiss, weil er beweispflichtig ist und oft die Tatsachen nicht kennt, von denen das Vorliegen der Willkür abhängt."* Dieses Ergebnis führen auch aus BGH, Urteil vom 06.04.2000 – IX ZR 2/98

Auf der Grundlage dieser Prämissen muss maßgebend bei der Interessenabwägung berücksichtigt werden, dass die Bürgschaftsklausel weitestgehend vom Sinn und Zweck einer Bürgschaftsverpflichtung abweicht, nach der ein Bürge zwar persönlich und solidarisch für die Verpflichtung des Hauptschuldners einzustehen hat, seine Rechtsstellung aber nicht deutlich hinter der des primär verpflichteten Hauptschuldners zurückstehen darf. Auch wenn durch die Bürgschaftsklausel keine Abkehr von der vertraglich vereinbarten *„Letztverantwortlichkeit"* des Hauptschuldners erzielt werden soll, so verschärft sie dennoch das zu tragende Risiko des Bürgen in nicht unerheblicher Art und Weise.

Diesem Argument könnte entgegengehalten werden, dass die Bürgschaft ein *„risikoreiches Geschäft"*[557] sei. Dies müsse der Bürge wissen und verdiene deshalb nur eingeschränkte Schonung. Durch diese Charakterisierung kommt aber ausschließlich die besondere Gefährlichkeit einer Bürgschaft zum Ausdruck. Der Bürge kann seiner Inanspruchnahme durch den Gläubiger beispielweise nicht dadurch entgehen, dass er das Risiko der Personalsicherheit falsch eingeschätzt habe, weil er in einer solchen Angelegenheit noch geschäftsunerfahren sei. Die Bürgschaft ist eben ein *„risikoreiches Geschäft"*. Hiervon zu unterscheiden ist aber die Lage, die dadurch eintritt, dass das Kreditinstitut durch die Verwendung von Allgemeinen Geschäftsbedingungen einseitig (zu seinen Gunsten) von den Vorschriften des Bürgschaftsrechts abweicht, ohne dem Bürgen selbst einen Vorteil zu belassen. Wäre auch dies wegen der Charakterisierung der Bürgschaft als *„risikoreiches Geschäft"* möglich, würde eine Inhaltskontrolle obsolet werden. Maßgebend muss somit bei der Inhaltskontrolle sein, ob das Kreditinstitut trotz der Tatsache, dass die Bürgschaft ein *„risikoreiches Geschäft"* ist, eine Interessenabwägung durchgeführt hat. Genau dies ist aber bei der Bürgschaftsklausel nicht erfolgt. Zwar kann der Bürge seine Sicherheitszahlungen von dem Kreditinstitut zurückfordern, soweit es die Zahlungen nicht zur vollständigen Befriedigung benötigt, jedoch ist der Zeitpunkt der Rückforderungsmöglichkeit mehr als ungewiss. Immerhin steht die Aussicht der Rückforderung unter der Bedin-

---

(Hamm), NJW 2000, 2580 (2583) = WM 2000, 1141 (1144); BGH, Urteil vom 26.04.2001 – IX ZR 337/98 (Köln), NJW 2001, 2466 (2468); BGH, Urteil vom 25.10.2001 – IX ZR 185/00 (OLG München), ZIP 2001, 2168 (2168 f.). Der BGH hat hierzu in seinem Urteil vom 25.10.2001 – IX ZR 185/00 (München), NJW 2002, 295 (295) aber folgendes festgestellt: *„Ein solcher allgemeiner Ausschluss der dem Bürgen zustehenden Rechte kann allerdings rechtlich haltbar sein, sofern er sich lediglich auf Sicherheiten bezieht, die dem Kreditinstitut nicht auf Grund einer gesonderten Sicherungsvereinbarung, sondern schon nach dem Inhalt seiner Allgemeinen Geschäftsbedingungen zustehen."* Die geänderte Rechtsprechung des BGH stellt Tiedtke, NJW 2001, 1015 (1029) dar.

[557] Siehe dazu oben, Teil 4, 1. Abschnitt, A), II., 4., b), gg), (2.), (e).

gung der vollständigen Befriedigung des Kreditinstitutes, was angesichts einer möglichen Insolvenz des Hauptschuldners eher unwahrscheinlich ist. Die - erst zukünftig *„irgendwann einmal"* fällig werdende - Rückforderungsmöglichkeit des Bürgen kann deshalb auch nur als ein scheinbarer Vorteil gewertet werden. Denn dem Bürgen ist es wegen dieser (schwachen) Rechtsposition nicht möglich, auf den Vermögensverfall des Hauptschuldners, der Mitbürgen sowie der anderen (ausgleichsverpflichteten) Sicherungsgeber zu reagieren und seine Rechte geltend zu machen. Immerhin sollen durch diese Rechte - wie der BGH[558] zu Recht in seiner Entscheidung vom 02.03.2000 festgestellt hat - *„die Folgen der Bürgenhaftung gemildert werden."* Der Bürge soll sich eben (im Fall der Befriedigung des Gläubigers) *„bei dem Hauptschuldner oder einem Dritten, der die Hauptschuld neben dem Bürgen besichert hat, erholen"* können. Dies wäre hingegen ohne die Bürgschaftsklausel möglich gewesen.[559] Der Regelungskomplex der Bürgschaftsklausel ist deshalb auch nur mit Nachteilen für den Bürgen verbunden.

Die Bürgschaftsklausel nimmt somit nur einseitig die Rechte des Kreditinstitutes wahr, ohne die Interessen des Bürgen gebührend zu berücksichtigen. Dieser Regelungskomplex führt demnach unter Ausnutzung der von Anfang an bestehenden ungleichen Verhandlungsposition zu einer zeitweiligen Rechtlosigkeit des Bürgen, die für den Fall, dass das Kreditinstitut (beispielsweise wegen der Insolvenz des Hauptschuldners) nicht vollständig befriedigt wird, zu einer lebzeitigen Haftung führen kann. Die bereits ohne die Bürgschaftsklausel festgestellte schwächere Rechtsstellung des Bürgen[560] wird durch die Kautelarpraxis der Kreditinstitute nochmals einseitig zu Lasten des Bürgen verschärft. Obwohl der Bürge wegen der ungleichen Verhandlungsposition besonders schutzwürdig ist, verstoßen die Banken und Sparkassen im Rahmen der untersuchten Bürgschaftsklausel gegen die *„formularmäßig nicht abdingbaren Gerechtigkeitsgebote"*[561] und gleichzeitig gegen die Grundsätze von Treu und Glauben, weil sie ausschließlich ihre Rechte wahrnehmen, ohne eine notwendige Interessenabwä-

---

558 Vgl. BGH, Urteil vom 02.03.2000 – IX ZR 328/98 (LG Osnabrück, OLG Oldenburg), BGHZ 144, 52 (57) = NJW 2000, 1566 (1568).

559 Siehe dazu oben, Teil 4, 1. Abschnitt, A), II., 4., b), gg), (1.), (d).

560 Siehe dazu oben, Teil 2.

561 Vgl. BGH, Urteil vom 17.02.1964 – II ZR 98/62 (LG Essen, OLG Hamm), BGHZ 41, 151 (154); BGH, Urteil vom 04.06.1970 – VII ZR 187/68 (LG Ellwangen, OLG Stuttgart), BGHZ 54, 106 (109 f.); BGH, Urteil vom 28.02.1973 – IV ZR 34/71 (LG Darmstadt, OLG Frankfurt), BGHZ 60, 243 (245); BGH, Urteil vom 08.11.1974 – V ZR 36/73 (LG Hannover, OLG Celle), BGHZ 63, 238 (239); BGH, Urteil vom 21.12.1983 – VIII ZR 195/82 (LG Köln, OLG Köln), BGHZ 89, 206 (211); BGH, Urteil vom 25.06.1991 – XI ZR 257/90 (LG Köln, OLG Köln), BGHZ 115, 38 (42).

gung durchzuführen. Die Bürgschaftsklausel benachteiligt den Bürgen somit entgegen den Geboten von Treu und Glauben unangemessen.

(g) Verbraucherschutz

Die Bürgschaftsklausel könnte den Bürgen auch deshalb unangemessen benachteiligen, weil das Kreditinstitut dessen Rechte als Verbraucher nicht maßgebend gewürdigt hat. Der BGH musste diesen Aspekt in seiner Entscheidung vom 30.10.1984 noch nicht berücksichtigen, weil der Verbraucherschutz erst durch die Novelle zum AGB-Gesetz im Jahre 1996, die der Umsetzung der Richtlinie 93/13/EWG über missbräuchliche Klauseln in Verbraucherverträgen vom 05.04.1993 diente[562], zu einem weiteren tragenden Schutzprinzip des AGB-Rechts geworden ist.[563] Verbraucherverträge sind deshalb im § 310 III BGB (§ 24 a AGBG a.F.) verankert.[564] Diese Regelung[565] ist auch für die meisten Bürgschaftsverträge anwendbar, weil das Kreditinstitut als Unternehmer i.S.d. § 14 BGB[566] und der Bürge (in den meisten Fällen) als Verbraucher i.S.d. § 13 BGB[567] handeln wird. Darüber hinaus ist die Bürgschaft auch ein Vertrag i.S.d.

---

562 Palandt/Heinrichs, BGB, § 307 Rdnr. 3 führt in diesem Zusammenhang aus, dass ein Bewertungswandel nicht dazu führen könne, dass eine nach den zur Zeit des Vertragsabschlusses geltenden Maßstäben wirksame Klausel nachträglich unwirksam werde.

563 Siehe dazu oben, Teil 4, 1. Abschnitt, A), II., 4., b), gg), (1.), (a).

564 Palandt/Heinrichs, BGB, § 310 Rdnr. 8 weist darauf hin, dass die Bundesrepublik Deutschland die Richtlinie in Verletzung des Art. 10 statt zum 31.12.1994 erst zum 25.07.1996 umgesetzt habe, hiermit aber keine Schadensersatzforderungen korrespondierten, weil der wesentliche Inhalt der Richtlinie auch durch eine richtlinienkonforme Auslegung übernommen werden konnte.

565 § 310 III BGB gilt wegen Art. 229 § 5 EGBGB für Verträge, die nach dem 01.01.2002 abgeschlossen worden sind. Auf die vom 24.07.1996 bis zum 31.12.2001 abgeschlossenen Verträge ist der inhaltsgleiche § 24 a AGBG a.F. anzuwenden. In diesem Zusammenhang weist Palandt/Heinrichs, BGB, § 310 Rdnr. 9 darauf hin, dass die Verträge, die nach dem 30.12.1994 abgeschlossen worden sind, ebenso zu behandeln seien, weil die Regelungen des § 24 a AGBG a.F. seit dem 01.01.1995 durch eine richtlinienkonforme Auslegung übernommen werden konnten.

566 In § 14 I BGB befindet sich die Legaldefinition der Person des Unternehmers. „*Unternehmer ist eine natürliche oder juristische Person oder eine rechtsfähige Personengesellschaft, die bei Abschluss eines Rechtsgeschäftes in Ausübung ihrer gewerblichen oder selbständigen beruflichen Tätigkeit handelt.*" Dies ist bei einem Kreditinstitut der Fall, das am Markt planmäßig und dauerhaft Leistungen gegen ein Entgelt anbietet. Der Abschluss des Bürgschaftsvertrages dient ja in der Regel als Sicherheit für einen (entgeltpflichtigen) Darlehensvertrag mit dem Hauptschuldner.

567 § 13 BGB regelt, wer als Verbraucher zu qualifizieren ist. Dies ist „*jede natürliche Person, die ein Rechtsgeschäft zu einem Zweck abschließt, der weder ihrer gewerblichen noch ihrer selbständigen beruflichen Tätigkeit zugerechnet werden kann.*" Dies trifft in

§ 310 III BGB (§ 24 a AGBG a.F.). Die Bürgschaft ist zwar kein gegenseitiger, sondern ein einseitig den Bürgen verpflichtender Vertrag, dies reicht aber für den Anwendungsbereich aus.[568] § 310 III Nr. 3 BGB (§ 24 a Nr. 3 AGBG a.F.)[569] führt nunmehr dazu, dass bei der Beurteilung der unangemessenen Benachteiligung nach § 307 I BGB (§ 9 I AGBG a.F.) sowie nach § 307 II BGB (§ 9 II AGBG a.F.) auch die den Vertragsschluss begleitenden Umstände zu berücksichtigen sind. Dies bedeutet, dass die Inhaltskontrolle von Allgemeinen Geschäftsbedingungen von Verbraucherverträgen - wie von anderen Verträgen auch - zunächst nach einer generellen, überindividuellen Betrachtung vorgenommen werden muss.[570] Wegen der Verpflichtung zur richtlinienkonformen Auslegung muss bei der Inhaltskontrolle von Allgemeinen Geschäftsbedingungen von Verbraucherverträgen auch der gesamte Inhalt der Richtlinie 93/13/EWG über missbräuchliche Klauseln in Verbraucherverträgen vom

---

der Regel für den Bürgen zu, der den Bürgschaftsvertrag (meist) aus einer privaten Verpflichtung heraus abschließt. Wie Ulmer/Brandner/Hensen/Ulmer, AGBG, § 24a Rdnr. 29 zu Recht hinweist, kommt es dabei nicht darauf an, ob auch der Hauptschuldner selbst als Verbraucher zu qualifizieren sei. Maßgebend sei nur der vom Bürgen selbst verfolgte Vertragszweck. Soweit er die Bürgschaft weder auf der Grundlage einer gewerblichen noch einer selbständigen beruflichen Tätigkeit abgeschlossen habe, sei er – unabhängig von der Person des Hauptschuldners – als Verbraucher in Erscheinung getreten.

568 Palandt/Heinrichs, BGB, § 310 Rdnr. 11 führt in diesem Zusammenhang aus, dass § 310 III BGB (§ 24 a AGBG a.F.) auf alle Verträge zwischen einem Unternehmer und einem Verbraucher anwendbar sei und sich nicht nur auf die in der Richtlinie vorgesehenen Verträge über Güter und Dienstleistungen beschränke.

569 § 310 III BGB (§ 24 a AGBG a.F.) hat noch zwei weitere Rechtsfolgen. Gemäß § 310 III Nr. 1 BGB (§ 24 a Nr. 1 AGBG a.F.) gelten die Allgemeinen Geschäftsbedingungen - auch wenn sie auf Vorschlag eines Dritten Vertragsbestandteil geworden sind - als vom Unternehmer (Kreditinstitut) gestellt. Darüber hinaus sind nach § 310 III Nr. 2 BGB (§ 24 a Nr. 2 AGBG a.F.) die wesentlichen Schutzvorschriften des AGB-Rechts auf vorformulierte Vertragsbedingungen auch dann anzuwenden, wenn diese nur zur einmaligen Verwendung bestimmt sind.

570 § 307 BGB auf der einen Seite und Art. 3 der Richtlinie auf der anderen Seite sind inhaltlich unterschiedlich ausgestaltet. Während § 307 BGB auf die gegen Treu und Glauben verstoßende unangemessene Benachteiligung des Vertragspartners abstellt, ist eine Vertragsklausel nach Art. 3 der Richtlinie dann missbräuchlich, wenn sie entgegen den Geboten von Treu und Glauben zum Nachteil des Verbrauchers ein erhebliches und ungerechtfertigtes Missverhältnis der vertraglichen Rechte und Pflichten verursacht. Palandt/Heinrichs, BGB, § 307 Rdnr. 6 weist darauf hin, dass Art. 3 der Richtlinie als europarechtliche Grundlage des § 307 BGB bei seiner Anwendung auf Verbraucherverträge mitberücksichtigt werden müsse. Ulmer/Brandner/Hensen/Brandner, AGBG, § 9 Rdnrn. 167 ff. konkretisiert diesen Gedanken durch das Gebot einer richtlinienkonformen Auslegung. Er führt hierzu ergänzend aus, *„daß vorläufig keine Fallgestaltung zu erkennen ist, für die Art. 3 Abs. 1 RL einen Maßstab mit höherem Verbraucherschutzniveau vorgibt."*

05.04.1993[571] berücksichtigt werden.[572] Da aber § 307 BGB (§ 9 AGBG a.F) im Gegensatz zu der Richtlinie einen strengeren Maßstab[573] an die Inhaltskontrolle stellt, ergeben sich keine Unterschiede zu der bereits durchgeführten Inhaltskontrolle der Bürgschaftsklausel.[574] Im Rahmen eines weiteren (zusätzlichen) Prüfungsmaßstabes sollen dann auch die konkreten, individuellen Umstände berücksichtigt werden. HEINRICHS spricht deshalb von der so genannten *„Kombinationslösung"*.[575] [576]

Diese - noch nicht erörterten - konkreten, individuellen Umstände fasst BRANDNER[577] wie folgt zusammen:

„Es handelt sich demnach um a) persönliche Eigenschaften der individuellen Vertragspartner, die ihre Verhandlungsstärke – positiv oder negativ – beeinflussen, b) um Besonderheiten der konkreten Vertragsabschlußsituation oder c) um das Vorliegen mit dem Vertrag verbundener untypischer Sonderinteressen des Verbrauchers."

Diese Umstände können das Ergebnis der Inhaltskontrolle nach der generellen, überindividuellen Betrachtung nach beiden Richtungen beeinflussen, d.h. die unangemessene Benachteiligung des Bürgen erst begründen oder verstärken bzw. ausschließen oder abschwächen.[578] Eine Korrektur ist jedoch nur dann zulässig, wenn diese Umstände so erheblich sind, dass nach Treu und Glauben eine Einzelfallkorrektur zwingend geboten ist, weil anderenfalls die generelle, überindividuelle Betrachtung obsolet werden würde.[579]

Somit kann - unter Umständen - eine unangemessene Benachteiligung des Bürgen auch in den den Vertragsschluss begleitenden Umständen liegen. Dies ist

---

571 Für die weiteren mit der Richtlinie 93/13/EWG über missbräuchliche Klauseln in Verbraucherverträgen vom 05.04.1993 verbundenen Problembereiche – insbesondere, welche rechtliche Qualität der Anhang der Richtlinie (Klauseln gemäß Art. 3 der Richtlinie) haben soll – sei auf die ausführliche Darstellung bei Ulmer/Brandner/Hensen/Brandner, AGBG, § 9 Rdnrn. 164 ff. verwiesen.

572 Vgl. Palandt/Heinrichs, BGB, § 310 Rdnr. 22; Ulmer/Brandner/Hensen/Brandner, AGBG, § 9 Rdnrn. 167 ff.

573 Vgl. Palandt/Heinrichs, BGB, § 310 Rdnr. 22; a.A. Ulmer/Brandner/Hensen/Brandner, AGBG, § 9 Rdnr. 170, der meint, *„die Annahme, § 9 Abs. 1 enthalte den „strengeren" Maßstab, ist spekulativ, wenn man berücksichtigt, daß Art. 3 Abs. 1 RL auf bisher ungeklärte Weise eigenständig gemeinschaftsrechtlich auszulegen ist."*

574 Siehe dazu oben, Teil 4, 1. Abschnitt, A), II., 4., b), gg), (2.), (f).

575 Vgl. Palandt/Heinrichs, BGB, § 310 Rdnr. 19.

576 Ulmer/Brandner/Hensen/Brandner, AGBG, § 9 Rdnr. 178 konkretisiert diese Kombinationslösung. *"Auf einer zweiten Stufe der Abwägung sind auch die individuellen Begleitumstände des Vertragsabschlusses einzubeziehen, die somit eine den Geboten von Treu und Glauben entsprechende Korrekturfunktion im Individualfall ausüben können."*

577 Vgl. Ulmer/Brandner/Hensen/Brandner, AGBG, § 9 Rdnr. 179.

578 Vgl. Ulmer/Brandner/Hensen/Brandner, AGBG, § 9 Rdnr. 180.

579 Vgl. Ulmer/Brandner/Hensen/Brandner, AGBG, § 9 Rdnr. 180; Palandt/Heinrichs, BGB, § 310 Rdnr. 21.

aber für jeden einzelnen Bürgschaftsvertrag gesondert zu prüfen. Soweit für solche konkreten, individuellen Umstände keine Anhaltspunkte vorliegen, verbleibt es bei dem Ergebnis der Inhaltskontrolle nach der generellen, überindividuellen Betrachtung. Für die zu überprüfende Bürgschaftsklausel bedeutet dies, dass sie den Bürgen entgegen den Geboten von Treu und Glauben unangemessen benachteiligt.

B) Die Rechtsfolgen der Unwirksamkeit der Bürgschaftsklausel

Wegen des Verbots der geltungserhaltenden Reduktion[580] von Allgemeinen Geschäftsbedingungen darf die gegen § 307 I, II Nr. 1 BGB (§ 9 I, II Nr. 1 AGBG a.F.) verstoßende Bürgschaftsklausel nicht wenigstens insoweit aufrecht erhalten werden, als sie gerade noch für zulässig erachtet wird, sondern sie ist statt dessen unwirksam. Insoweit verbietet sich nicht nur eine inhaltliche Beschränkung des Sicherheitscharakters der Bürgschaftsklausel, sondern vor allem auch eine ergänzende Vertragsauslegung in der Weise, dass die mit der Bürgschaftsklausel verbundenen Nachteile durch entsprechende Ergänzungsvorschriften kompensiert werden. Trotz dieser Rechtsfolge bleibt der Bürgschaftsvertrag aber im Übrigen wirksam. Diese Rechtsfolge ergibt sich nicht nur aus dem Schutzbedürfnis des Bürgen, der in der Regel an der Aufrechterhaltung des Bürgschaftsvertrages als Sicherheit für das Kreditinstitut interessiert ist, sondern vor allem aus § 306 I BGB (§ 6 I AGBG a.F.).
An die Stelle der ersatzlos entfallenden unwirksamen Bürgschaftsklausel treten gemäß § 306 II BGB (§ 6 II AGBG a.F.) die Regelungen des dispositiven Rechts. Die Rechtslage ist demnach so zu beurteilen, als ob die Banken und Sparkassen die Bürgschaftsklausel nicht in ihren Bürgschaftsverträgen verwendet hätten.[581] Diese Rechtsfolge führt auch nicht gemäß § 306 III BGB (§ 6 III AGBG a.F.) zur Unwirksamkeit des gesamten Bürgschaftsvertrages, weil die Bindung an den nunmehr maßgebenden Bürgschaftsvertrag für keine Vertragspartei eine unzumutbare Härte darstellt. Dies folgt daraus, weil die Banken und Sparkassen wegen ihrer Kautelarpraxis das Risiko einer Verschlechterung ihrer Rechtsstellung tragen[582] und sich die Rechtsposition des Bürgen durch die Unanwendbarkeit der Bürgschaftsklausel entscheidend verbessert.[583]

580 Siehe dazu oben, Teil 4, 1. Abschnitt, A), II., 4., b), gg), (1.), (a).
581 Die ohne die Bürgschaftsklausel bestehende Rechtslage ist bereits oben im Teil 2 dargestellt.
582 Vgl. OLG Frankfurt, Urteil vom 22.09.1994 – 1 U 103/93, NJW-RR 1995, 283 (284).
583 Die ohne und mit der Bürgschaftsklausel bestehende Rechtslage ist bereits oben im Teil 2 und im Teil 3, 2. Abschnitt aufgeführt.

2. ABSCHNITT: INDIVIDUALVERTRÄGE

Gemäß § 305 b BGB (§ 4 AGBG a.F.) haben individuelle Vertragsabreden Vorrang vor Allgemeinen Geschäftsbedingungen.[584] Fraglich ist deshalb, ob das Kreditinstitut und der Bürge den Inhalt der Bürgschaftsklausel wirksam im Rahmen eines Individualvertrages vereinbaren können. Dies ist dann nicht der Fall, wenn die vertragliche Regelung gegen § 138 I BGB verstößt.
Diese Bestimmung besagt, dass ein Rechtsgeschäft, das gegen die guten Sitten verstößt, nichtig ist. Dies liegt insbesondere dann vor, wenn das Rechtsgeschäft gegen das so genannte *„Anstandsgefühl aller billig und gerecht Denkenden"*[585] verstößt, d.h. wenn sein Inhalt mit grundlegenden Wertungen der Rechts- oder Sittenordnung unvereinbar ist. Zu berücksichtigen sind hierbei nicht nur der objektive Gehalt des Rechtsgeschäfts, sondern auch die Umstände, die zu seiner Vornahme geführt haben, sowie die Absichten und Motive der Parteien. Es genügt, wenn der Handelnde die Tatsachen kennt, aus denen sich die Sittenwidrigkeit ergibt. Ein Bewusstsein der Sittenwidrigkeit oder eine Schädigungsabsicht ist nicht erforderlich.[586]
Eine Sittenwidrigkeit könnte sich aus zwei Gesichtspunkten ergeben.

- Zum einen vertritt HABERSACK[587] die Ansicht, dass eine vollständige Abbedingung der cessio legis den Charakter der Interzession verändern würde und das Rechtsverhältnis zwischen dem Gläubiger und dem Interzedenten möglicherweise als Garantie (oder als Schuldbeitritt[588]) zu qualifizieren sei. Allerdings muss dieser Auffassung entgegengehalten werden, dass trotz der individuell vereinbarten Bürgschaftsklausel weiterhin eine Bürgschaft vorliegt. Diese zeichnet sich dadurch aus, dass der Bürge zwar eine Verbindlichkeit begründet, die jedoch nach dem Grundsatz der Akzessorietät in ihrem Bestand und Umfang

---

584 Der Vorrang setzt *„nur"* voraus, dass die Individualabrede zwischen den Parteien wirksam vereinbart wird, anderenfalls bleibt es bei der – subsidiär geltenden - AGB Regelung. Insoweit sei auf Ulmer/Brandner/Hensen/Ulmer, AGBG, § 4 Rdnr. 26 und Schlosser/Coester-Waltjen/Graba/Schlosser, AGBG, § 4 Rdnr. 16 verwiesen.

585 Vgl. RG, Urteil vom 15.10.1912 – VII 231/12 (Geheimer Justizrat 1. Instanz zu Berlin, Geheimer Justizrat 2. Instanz zu Berlin), RGZ 80, 219 (221); BGH, Urteil vom 09.07.1953 – IV ZR 242/52 (LG Kiel, OLG Schleswig), BGHZ 10, 228 (232); BGH, Urteil vom 29.09.1977 – III ZR 164/75 (LG Berlin, KG Berlin), BGHZ 69, 295 (297); BAG, Urteil vom 01.04.1976 – 4 AZR 96/75 (Düsseldorf), NJW 1976, 1958 (1958).

586 Vgl. Palandt/Heinrichs, BGB, § 138 Rdnrn. 7 f.

587 Vgl. MK/Habersack, BGB, § 774 Rdnr. 14.

588 Siehe dazu oben, Teil 4, 1. Abschnitt, A), II., 4., b), ff).

von der Hauptverbindlichkeit abhängig ist (§ 767 BGB).[589] An diesem Grundsatz wird durch die individuell vereinbarte Bürgschaftsklausel festgehalten. Anderenfalls müssten die Bürgschaftszahlungen auch nicht als Sicherheitsleistungen gelten, weil die Bürgschaft eine selbstständige Schuld begründen würde. Zwar stellt HABERSACK in diesem Zusammenhang richtig dar, dass wegen der Vereinbarung der Sicherheitszahlungen die Bürgschaft inhaltlich verändert wird, dies führt aber nicht dazu, dass das Rechtsverhältnis nunmehr als Garantie oder Schuldbeitritt zu bewerten sei.

Eine Garantie liegt nur dann vor, wenn der Garant einen bestimmten Erfolg garantiert oder die Gefahr eines künftigen (also noch nicht eingetretenen) Schadens übernimmt. Durch die Garantie wird somit eine selbstständige, vom Bestehen einer Hauptverbindlichkeit losgelöste Verbindlichkeit begründet.[590] Dies gilt aber für den Regelungskomplex der Bürgschaftsklausel nicht, weil insbesondere der Bürge an den Gläubiger keine Zahlungen leisten muss, wenn der Hauptschuldner seinerseits dem Gläubiger nicht mehr zur Zahlung verpflichtet ist oder ihm ein Leistungsverweigerungsrecht zusteht. Bei einer Garantie wäre dies hingegen anders. Im Übrigen hat der Bürge (in der Regel) auch kein eigenes, unmittelbares Interesse an der *„Gegenleistung"*, was ebenfalls als wichtiges Indiz gegen die Annahme eines Garantievertrages spricht.[591]

Bei einem Schuldbeitritt würde der *„Bürge"* in das bereits bestehende Schuldverhältnis eintreten und neben dem Hauptschuldner die Schuld als eigene übernehmen. Der Schuldbeitritt ist zwar bei seiner Entstehung von einer bereits bestehenden Schuld abhängig, danach jedoch nicht mehr (§ 425 BGB). Dem Gläubiger stehen also zwei selbstständige Forderungen zur Verfügung.[592] Für die Abgrenzung zwischen einem Schuldbeitritt und einer Bürgschaft kommt es neben dem Wortlaut der Bürgschaftsklausel wiederum darauf an, ob nach dem Willen der Vertragspartner eine selbstständige oder eine angelehnte Schuld begründet werden soll, wobei ein Schuldbeitritt regelmäßig von einem sachlichen Eigeninteresse des Beitretenden indiziert ist.[593] Nach dem Inhalt der Bürgschaftsklausel ist die Verpflichtung des Bürgen an die Hauptforderung angelehnt. Dies hat zur Folge, dass, soweit die Hauptforderung erlischt, dies auch zum Erlöschen der Bürgschaft führt. Der Bürge ist somit keine selbstständige Verpflichtung eingegangen. Zusätzlich wird er in den meisten Fällen nur ein

589 Vgl. Palandt/Sprau, BGB, § 767 Rdnr. 1.
590 Vgl. Reinicke/Tiedtke, Rdnrn. 443 ff.; dies., Bürgschaftsrecht, Rdnr. 33.
591 Vgl. Reinicke/Tiedtke, Bürgschaftsrecht, Rdnr. 34.
592 Vgl. Reinicke/Tiedtke, Bürgschaftsrecht, Rdnr. 27.
593 Vgl. Palandt/Heinrichs, BGB, Überbl. v. § 414 Rdnr. 4.

persönliches Interesse daran haben, für eine fremde Schuld akzessorisch zu haften.

Ein Verstoß gegen die guten Sitten könnte deshalb nach der von HABERSACK vertretenen Auffassung nur darin zu sehen sein, dass der Bürge während des *„Schwebezustandes"* seiner Sicherheitszahlungen rechtlich so gestellt wird, als ob er an das Kreditinstitut noch keine Zahlungen geleistet hat. Durch diese Regelung wird aber von der dauernden Abhängigkeit der Bürgschaftsschuld von der Hauptschuld nicht abgewichen. Dies ergibt sich daraus, dass das Kreditinstitut die Bürgschaftszahlungen nicht mit Erfüllungswirkung annehmen muss, so dass sich auch die Hauptforderung nicht reduzieren kann. Die Bürgschaft bleibt somit - trotz der individuell vereinbarten Bürgschaftsklausel - akzessorisch. Anders wäre der Fall nur dann zu beurteilen, wenn die Bürgschaft nicht von der Entstehung, dem Bestand und der Höhe der Hauptschuld abhängig sein sollte.[594] In diesem Fall wäre tatsächlich zu prüfen, ob der Bürge nicht eine selbstständige Verpflichtung übernommen hat, mit der Folge, dass das Rechtsverhältnis besser als Garantie oder Schuldbeitritt qualifiziert werden müsste.

Für den statt dessen durch die Bürgschaftsklausel vereinbarten *„Schwebezustand"* muss maßgebend berücksichtigt werden, dass es sich bei § 774 I 1 BGB um eine disponible Rechtsnorm handelt, die abdingbar ist.[595] Deshalb ist auch das *„Hinausschieben"* des gesetzlichen Forderungsüberganges durch Individualverträge möglich[596], was letztlich der Vertragsfreiheit geschuldet ist. Die Vertragsfreiheit[597] ist als Haupterscheinungsform der Privatautonomie als die Freiheit des Einzelnen zu verstehen, seine Lebensverhältnisse durch Vertrag eigenverantwortlich zu gestalten.[598] Die Vertragsparteien können somit nicht nur wegen dieser Vertragsfreiheit, sondern vor allem wegen der disponiblen Regelung des § 774 I 1 BGB den gesetzlichen Forderungsübergang erweitern, einschränken,

---

594 Vgl. Palandt/Sprau, BGB, § 765 Rdnr. 31.

595 Vgl. RG, Urteil vom 20.05.1935 – VI 43/35 (LG Altenburg), RGZ 148, 65 (66); BGH, Urteil vom 30.10.1984 - IX ZR 92/83 (LG Rottweil, OLG Stuttgart), BGHZ 92, 374 (382) = WM 1984, 1630 (1631) = ZIP 1985, 18 (21) = DB 1985, 274 (275) = NJW 1985, 614 (615); in diesem Sinne auch Palandt/Sprau, BGB, § 774 Rdnr. 5; Jauernig/Stadler, BGB, § 774 Rdnr. 2; MK/Habersack, BGB, § 774 Rdnr. 14; Staudinger/Horn, BGB, § 774 Rdnr. 24; RGRK/Mormann, BGB, § 774 Rdnr. 2; Erman/Herrmann, BGB, § 774 Rdnr. 11.

596 Vgl. RGRK/Mormann, BGB, § 774 Rdnr. 2 m.w.N.

597 Ulmer/Brandner/Hensen/Ulmer, AGBG, § 4 Rdnrn. 26 f. führt aus, dass es keine generellen gesetzlichen Schranken für die Zulässigkeit solcher Individualabreden gebe, die auf eine für den Kunden günstigere Vertragsgestaltung im Vergleich zum AGB-Inhalt gerichtet sei.

598 Vgl. Palandt/Heinrichs, BGB, Einf. v. § 145 Rdnr. 7.

aber auch ausschließen.[599] Dann muss es ihnen *„erst recht"* möglich sein, diese Folge zeitlich beschränkt hinauszuschieben. Dies kann nicht gegen die guten Sitten verstoßen.

• Zum anderen könnte sich die Sittenwidrigkeit aus einer so genannten *„Überforderung des Bürgen"* ergeben. Ein in diesem Sinne abgeschlossener Bürgschaftsvertrag ist nichtig, wenn er Ausdruck einer strukturellen Unterlegenheit des Bürgen ist und für ihn eine nicht hinnehmbare, mit seinen Einkommens- und Vermögensverhältnissen unvereinbare Belastung begründet.[600] Dies könnte vor allem deshalb vorliegen, weil die vereinbarte Bürgschaftsklausel ausschließlich die Interessen des Kreditinstitutes schützt. Hierbei ist aber zu berücksichtigen, dass der Bürge im Rahmen eines Individualvertrages nicht per se wegen typischer Unterlegenheit an Verhandlungsstärke und Geschäftserfahrung als schutzwürdiger als das Kreditinstitut angesehen wird. Auch für den Bürgen gilt die Vertragsfreiheit, die den Schranken der verfassungsmäßigen Ordnung unterliegt. Allerdings sind in diesem Sinne keine Umstände erkennbar, dass aus der *„Selbstbestimmung"* des Kreditinstitutes für den Bürgen *„eine schrankenlose Fremdbestimmung"*[601] geworden ist.
Ein die Bürgschaftsklausel enthaltender und von den Vertragsparteien abgeschlossener Individualvertrag verstößt demnach nicht gegen § 138 I BGB.

---

599 Vgl. Staudinger/Horn, BGB, § 774 Rdnr. 24.

600 Vgl. BVerfG, Beschluss vom 19.10.1993 – 1 BvR 567/89 u.a., NJW 1994, 36 (36 ff.); BGH, Urteil vom 24.02.1994 – IX ZR 93/93 (LG Mainz, OLG Koblenz), BGHZ 125, 206 (209 f.); BVerfG (1. Kammer des Ersten Senats), Beschluss vom 05.08.1994 – 1 BvR 1402/89, NJW 1994, 2749 (2750); BGH, Urteil vom 14.11.2000 – XI ZR 248/99 (Stuttgart), NJW 2001, 815 (816).

601 Vgl. BVerfG, Beschluss vom 07.02.1990 – 1 BvR 26/84, NJW 1990, 1469 (1470); BVerfG, Beschluss vom 19.10.1993 – 1 BvR 567/89 u.a., NJW 1994, 36 (38).

TEIL 5: SCHLUSSFOLGERUNGEN

1. ABSCHNITT: FORMULARVERTRÄGE

Auf Grund der Unwirksamkeit der überprüften Bürgschaftsklausel stellt sich die Frage, wie sich die Banken und Sparkassen angesichts ihrer berechtigten Interessen wirksam und hinreichend sichern können. Soweit eine Sicherung durch die Verwendung von Allgemeinen Geschäftsbedingungen beabsichtigt ist, muss im Rahmen der zu beachtenden Inhaltskontrolle die schwierige Gratwanderung zwischen dem nachvollziehbaren Sicherungsbedürfnis der Banken und Sparkassen sowie der ungleich schwächeren Verhandlungsposition des Bürgen berücksichtigt werden, um die zu gestaltende Regelung in einem objektiven Abwägungsprozess zu harmonisieren.
Zwar sind die Banken und Sparkassen im Rahmen einer Bürgschaft nicht umfassend durch die gesetzlichen Vorschriften geschützt, dies kann aber nicht dazu führen, dass sie hierdurch berechtigt wären, ihre Interessen einseitig zu Lasten des persönlich haftenden Bürgen wahrzunehmen. Das Sicherungsbedürfnis der Banken und Sparkassen basiert nicht nur auf der Tatsache, dass nach den wenig publizierten Auffassungen und Aussagen der Bankenvertreter[602] die Bürgschaft neben der Grundschuld die im Kreditwesen meist verbreitetste Sicherheit darstellt, sondern vor allem darauf, dass die Banken und Sparkassen dem Hauptschuldner häufig nicht nur einen, sondern mehrere Kredite gewähren, und dass sie deshalb möglicherweise auch mit der Konkurrenz mehrerer Sicherungsgeber konfrontiert sind. Zwar ist es legitim, das Risiko der Beitreibung einer Forderung auf andere Sicherungsgeber maßvoll zu verlagern, hieraus folgt aber keine Berechtigung, sowohl die Rechtspositionen des Bürgen als auch die der weiteren Sicherungsgeber beliebig zu beeinträchtigen. Jeder Eingriff muss statt dessen der Inhaltskontrolle von Allgemeinen Geschäftsbedingungen standhalten. Deshalb kann eine Bürgschaftsklausel, die zu einer partiellen Rechtlosigkeit einer Vertragspartei führt, selbst dann nicht der Inhaltskontrolle standhalten, wenn mit der Beeinträchtigung eine adäquate Kompensation korrespondiert.

Im Rahmen eines Formularvertrages sollten deshalb die folgenden Regelungen vermieden werden:

---

[602] Vgl. Weber, Die Bank 1997, 353 (353 f.).

• Eine Regelung, nach der die Zahlungen des Bürgen als *„Sicherheitsleistungen"* qualifiziert werden, hält grundsätzlich den strengen Anforderungen der Inhaltskontrolle von Allgemeinen Geschäftsbedingungen nicht stand. Ein solcher *„Schwebezustand"* beeinträchtigt die Rechtsposition des Bürgen dann in unzumutbarer Art und Weise, wenn über das Vermögen des Hauptschuldners ein Insolvenzverfahren eröffnet wird. Vor dem Hintergrund, dass der Bürge durch eine solche Regelung so gestellt wird, als ob er tatsächlich noch nicht in Anspruch genommen worden ist, besteht für ihn im Rahmen eines Insolvenzverfahrens die große Gefahr, dass er durch das Aufstellen eines Insolvenzplanes seine Rückgriffsrechte endgültig verliert. Dieser Verlust einer gesetzlich vorgesehenen Rechtsposition kann nur in den engen Grenzen der Ausnahmevorschriften der §§ 43 f. InsO gerechtfertigt sein. Ein in diesem Sinne zu verallgemeinerndes Interesse der Banken und Sparkassen, diesen Regelungskomplex auf alle (weiteren) Konstellationen auszuweiten, würde nicht mit dem Willen des Gesetzgebers im Einklang stehen.
Der durch die Behandlung von Sicherheitszahlungen möglich werdende Rechtsverlust kann auch nicht im Falle einer Bürgschaft für eine Mehrheit von Forderungen durch eine in der Bürgschaftsklausel verankerte Freigabeverpflichtung sowie eine Verzinsungsverpflichtung für die sich auf dem *„Sicherheitenerlöskonto"* befindenden Bürgschaftszahlungen kompensiert werden. Hierdurch werden nämlich nicht die Gefahren für den Bürgen beseitigt, sondern nur der bestehende Zustand verbessert, ohne einen *„status quo ante"* zu erreichen, der bestehen würde, wenn die Banken und Sparkassen die Bürgschaftsklausel nicht verwendet hätten. Immerhin könnte hierdurch auch nicht das Aufstellen eines für den Bürgen gefährlichen Insolvenzplanes verhindert werden.
Auf Grund dieser Tatsachen sollten die Banken und Sparkassen die Regelung: *„Zahlungen des Bürgen dienen als Sicherheitsleistung für dessen Bürgschaftsschuld, ... Erst dann gehen die Ansprüche der Bank gegen den Hauptschuldner auf den Bürgen über."* nicht gebrauchen und sich anderweitig sichern.

• Eine zu gestaltende Bürgschaftsklausel darf auch nicht dazu führen, den Ausnahmecharakter der §§ 43 f. InsO auszuhöhlen und beliebig zu erweitern. Ein solches Verbot kann nicht nur mit den Motiven des Gesetzgebers begründet werden, sondern beruht vor allem darauf, dass der Bürge auch im Falle seiner vollständigen Leistungserbringung wegen des zu wahrenden *„Berücksichtigungsbetrages"* nicht am Insolvenzverfahren teilnehmen kann und deshalb der Gefahr des Aufstellens eines Insolvenzplanes sowie der Gefahr des Verlustes seiner Rückgriffsrechte ausgesetzt ist. Eine solche Regelung, die nicht durch schutzwürdige Interessen der Banken und Sparkassen gerechtfertigt ist, kann ebenfalls nicht der Inhaltskontrolle standhalten und ist als unangemessen zu qualifizieren.

• Dem Bürgen muss es demnach wegen der Gefahr des Aufstellens eines Insolvenzplanes unter Berücksichtigung der Ausnahmevorschriften der §§ 43 f. InsO möglich sein, sich an einem Insolvenzverfahren zu beteiligen. Den Banken und Sparkassen sollte hingegen wegen der hiermit korrespondierenden Minderung ihrer Insolvenzquote das Recht zugebilligt werden, gegenüber dem Bürgen nach dem Abschluss des Insolvenzverfahrens einen Ausgleichsanspruch geltend zu machen. Eine diese Prämissen beachtende Bürgschaftsklausel wird sowohl dem Grundsatz des *„nemo subrogat contra se"* als auch der besonderen Stellung des Bürgen gerecht. Gleichzeitig werden aber auch die Interessen des Kreditinstitutes gebührend berücksichtigt.

• Da die Bürgschaft ein einseitig verpflichtender Vertrag ist, hat der Bürge gegenüber dem Kreditinstitut keinen Anspruch darauf, sowohl über den aktuellen Stand der Hauptschuld als auch über die dem Kreditinstitut für die gesicherte Hauptforderung noch zur Verfügung gestellten Sicherheiten unterrichtet zu werden. Diesen Auskunftsanspruch muss der Bürge statt dessen gegenüber dem Hauptschuldner als seinem Auftraggeber geltend machen.
Ein zu gestaltender Formularvertrag sollte deshalb - unter Berücksichtigung der vorgenannten Grundsätze - die folgenden Regelungen enthalten:

• Das legitime Sicherungsinteresse der Banken und Sparkassen kann über eine Erweiterung des Prinzips des *„nemo subrogat contra se"* realisiert werden. Dieses Ziel wird erreicht, indem sich das Gläubigervorrecht - wegen des Grundsatzes der Forderungsindividualität - nicht nur auf die konkret gesicherte Forderung gegenüber dem Hauptschuldner bezieht, sondern auch die den Kreditinstituten zustehenden nichtgesicherten Forderungen erfasst. Ebenso sollte sich dieses (erweiterte) Gläubigervorrecht auch auf den Innenregress des Bürgen gegenüber dem Hauptschuldner sowie auf die Rückgriffsansprüche des Bürgen gegenüber den Mitbürgen und den anderen (ausgleichsverpflichteten) Sicherungsgebern beziehen, wobei diese Erweiterung den Grundsätzen der Anlassrechtsprechung des BGH zu entsprechen hat.
Gerade im Falle einer Höchstbetragsbürgschaft müsste wegen der Rechtsprechung des BGH[603] vom 11.01.1990 in Bezug auf die Interpretation des im § 774

---

[603] Vgl. BGH, Urteil vom 11.01.1990 - IX ZR 58/89 (LG Frankfurt, OLG Frankfurt), BGHZ 110, 41 (41 ff.) = NJW 1990, 903 (903 ff.) = ZIP 1990, 222 (222 f.) = DB 1990, 1962

I 2 BGB verankerten Gläubigervorrechts[604] vorsorglich eine ähnliche Formulierung verwendet werden:

„Soweit die Ansprüche der Bank den Höchstbetrag übersteigen und ‚die kraft Gesetzes auf den Bürgen übergehenden Sicherheiten auch zur Sicherung des nicht verbürgten Teils der Ansprüche dienen', steht der Bank gegenüber dem Bürgen ein vorrangiges Befriedigungsrecht zu.“[605]

Bei einer Höchstbetragsbürgschaft ist es darüber hinaus auch sinnvoll, zu regeln, dass die Banken und Sparkassen das Recht haben, den Erlös aus der Verwertung von Sicherheiten zunächst auf den Teil ihrer Ansprüche anzurechnen, der den verbürgten Höchstbetrag übersteigt. Gleiches sollte bei Zahlungen des Hauptschuldners gelten.

• Wegen der vorgeschlagenen umfassenden Erweiterung des Prinzips des *„nemo subrogat contra se“* muss den Banken und Sparkassen für den Fall, dass sich der Bürge an dem Insolvenzverfahren beteiligt, gegenüber dem Bürgen nach dem Abschluss dieses Verfahrens ein Ausgleichsanspruch zustehen.[606] Dieser Ausgleichsanspruch basiert inhaltlich auf den §§ 774 I 2, 426 II 2 BGB, die während des Insolvenzverfahrens nicht anwendbar sind. Der Ausgleichsanspruch muss aber ausdrücklich in der Bürgschaftsklausel verankert werden, weil es hierfür keine gesetzliche Anspruchsgrundlage gibt. Auf Grund dessen sollte eine zu gestaltende Bürgschaftsklausel die Regelung enthalten, dass der Bürge dem am Insolvenzverfahren auch teilnehmenden Kreditinstitut den Teil der erhaltenen Insolvenzdividende herauszugeben hat, den es ohne die Teilnahme des Bürgen erhalten hätte. Hierbei ist allerdings zu beachten, dass dieser Ausgleichsanspruch gegenüber dem Bürgen nicht *„insolvenzfest“* ist. Diese Lage muss aber vom Kreditinstitut hingenommen werden.

Dieses Sicherungsmodell berücksichtigt ausgewogen die Interessen der Banken und Sparkassen sowie die des Bürgen, ohne das Ziel einer umfassenden Sicherung erreichen zu können. Eine solche Sicherung könnte nur über einen Aufschub der Befriedigungswirkung erreicht werden. Dies würde aber wegen der einseitigen Interessenwahrnehmung der Kreditinstitute nicht der Inhaltskontrol-

---

(1962 f.) = JuS 1990, 581 (581 f.) = EWIR § 774 BGB 1/90, 247 (247 f.) = JA 1990, 201 (201 ff.) = JR 1991, 193 (193 ff.) mit Anmerkung von Rehbein.

604 Das Urteil des BGH vom 11.01.1990 ist bereits oben im Teil 2, 1. Abschnitt, B), IV., 1., a), bb), (1.) dargestellt.

605 Vgl. Bundesverband deutscher Banken, Höchstbetragsbürgschaft mit engem Sicherungszweck, Redaktionelle Anpassung 42.145, S. 6.

606 Dieser Theorienstreit ist bereits oben im Teil 2, 1. Abschnitt, B), IV., 1., b), bb) ausgeführt.

le des § 307 BGB (§ 9 AGBG a.F.) standhalten. Eine umfassende Sicherung der Kreditinstitute über Formularverträge ist somit rechtlich nicht möglich.
Für die Banken und Sparkassen ist die Erweiterung ihres Gläubigervorrechts deshalb vorteilhaft, weil sie hierdurch außerhalb eines Insolvenzverfahrens (sehr lange) nicht mit der Konkurrenz des Bürgen konfrontiert sind. Zwar kann durch eine solche Regelung weder der Zessions- und Innenregress des Bürgen gegenüber dem Hauptschuldner noch die Entstehung der Rückgriffsansprüche des Bürgen gegenüber den Mitbürgen und den anderen (ausgleichsverpflichteten) Sicherungsgebern verhindert werden, die Banken und Sparkassen sind aber dennoch geschützt, weil *„die Inanspruchnahme der Ausgleichsverpflichteten durch den Bürgen nicht zu ihrem Nachteile erfolgen kann.“*
Die Banken und Sparkassen können die Teilnahme des Bürgen am Insolvenzverfahren des Hauptschuldners und der anderen (ausgleichsverpflichteten) Sicherungsgeber wegen des in dieser Phase unanwendbaren Gläubigervorrechts nicht verhindern. Dadurch werden ihre Rechtspositionen aber nicht (formell) beeinträchtigt, weil ihre Interessen durch einen in der Bürgschaftsklausel verankerten Ausgleichsanspruch gegenüber dem Bürgen geschützt sind, der nach dem Abschluss des Insolvenzverfahrens geltend gemacht werden kann. Allerdings können die Banken und Sparkassen nicht berechtigt gegen diesen Ausgleichsanspruch einwenden, vom Bürgen nicht die gesamte Insolvenzdividende zu erhalten, weil sie wegen des Prinzips des *„nemo subrogat contra se“*[607] nur so gestellt werden können, als wenn sich der Bürge nicht am Insolvenzverfahren beteiligt hätte. Nur in diesem Umfang sind ihre Interessen schutzwürdig.
Für den Bürgen ist dieses Sicherungsmodell deshalb vorteilhaft, weil seine Zahlungen wegen des dem Kreditinstitut nicht zustehenden Gestaltungs- oder Optionsrechtes unmittelbar zu einer Befriedigung des Kreditinstitutes führen und er deshalb auch nicht für Zinsen weiterhaftet, die sich trotz seiner Zahlungen noch auf die gesamte Hauptforderung beziehen. Der Bürge kann außerhalb des Insolvenzverfahrens den Hauptschuldner, die Mitbürgen sowie die anderen (ausgleichsverpflichteten) Sicherungsgeber wegen des erweiterten Gläubigervorrechts zeitweilig nicht erfolgreich in Anspruch nehmen. Mit dieser Beschränkung seiner Rechtsposition ist aber keine zeitweilige Rechtlosigkeit verbunden, weil sich der Bürge insbesondere an einem Insolvenzverfahren beteiligen könnte und dadurch nicht von den Folgen eines Insolvenzplanes betroffen wird. Dass der Bürge dem Kreditinstitut dennoch nach dem Abschluss eines Insolvenzverfahrens zum Ausgleich verpflichtet ist, ergibt sich daraus, dass sich das (erwei-

[607] Das Wesen des Gläubigervorrechts ist bereits oben im Teil 2, 1. Abschnitt, B), IV., 1., a), aa) dargestellt.

terte) Gläubigervorrecht im Rahmen dieses Sicherungsmodells auch auf den Innenregress des Bürgen gegenüber dem Hauptschuldner sowie auf die Rückgriffsansprüche gegenüber den anderen (ausgleichsverpflichteten) Sicherungsgebern bezieht und dieses Prinzip im Insolvenzverfahren nicht zur Anwendung kommt. Anderenfalls könnten unbeteiligte Gläubiger privilegiert werden.
Eine diese Regeln beachtende Bürgschaftsklausel berücksichtigt sowohl die schutzwürdigen Belange des persönlich haftenden Bürgen als auch die auf Sicherung angelegten Interessen der Banken und Sparkassen. Dieser in sich geschlossene und harmonische Regelungskomplex hält einer Inhaltskontrolle stand. Dies folgt letztlich auch daraus, dass die Regelung durch die Berücksichtigung der vielfältigen Interessen der Vertragsparteien nicht gegen die allgemeinen Gerechtigkeitsgebote verstößt. Mit dieser Bürgschaftsklausel ist aber - wie bereits mehrfach erwähnt - keine umfassende Sicherung des Kreditinstitutes verbunden, weil dies im Rahmen eines Formularvertrages nicht möglich ist.
Die von den Banken und Sparkassen zu verwendende Bürgschaftsklausel könnte deshalb - beispielsweise im Fall einer Höchstbetragsbürgschaft - wie folgt formuliert werden:

1. Gläubigervorrecht[608]

(1) Der Übergang der Hauptforderung sowie der Anspruch des Bürgen gegenüber dem Hauptschuldner aus dem Innenverhältnis können nicht zum Nachteil der Bank geltend gemacht werden, bis die Bank wegen ihrer sämtlichen Ansprüche gegenüber dem Hauptschuldner, die im Zeitpunkt der Übernahme dieser Bürgschaft bestehen, vollständig befriedigt ist. Gleiches gilt für die Ansprüche des Bürgen gegenüber den anderen Sicherungsgebern, die ebenfalls die verbürgte Hauptforderung sichern. Der Bank steht wegen ihrer sämtlichen Ansprüche gegenüber diesen Sicherungsgebern, die im Zeitpunkt der Übernahme dieser Bürgschaft bestehen, ein vorrangiges Befriedigungsrecht zu.[609]

---

608 Diese Bürgschaftsklausel sollte noch durch eine weitere Bürgschaftsklausel, die die Anrechnung von Zahlungseingängen regelt, ergänzt werden. Hierfür bietet sich folgende Formulierung an: Die Bank ist befugt, den Erlös von Sicherheiten, Zahlungen des Hauptschuldners oder anderer Verpflichteter sowie sonstige Zahlungseingänge zunächst auf den Betrag ihrer Ansprüche zu verrechnen, der die Bürgschaftssumme bzw., im Fall der Kündigung, den verbürgten Betrag übersteigt.

609 In diesem Zusammenhang ist auch folgende Regelung möglich: Soweit die Ansprüche der Bank den Höchstbetrag übersteigen und die kraft Gesetzes auf den Bürgen übergehenden Sicherheiten auch zur Sicherung des nicht verbürgten Teils der Ansprüche dienen, steht der Bank gegenüber dem Bürgen (ebenfalls) ein vorrangiges Befriedigungsrecht zu.

(2) *Der Bürge ist außerhalb eines Insolvenzverfahrens über das Vermögen des Hauptschuldners und der unter Nr. 1. (1) genannten Sicherungsgeber gegenüber der Bank verpflichtet, bis zu deren vollständiger Befriedigung der durch die Bürgschaft gesicherten Ansprüche nicht seinen Zessions- und Innenregress gegenüber dem Hauptschuldner sowie seine Rückgriffsansprüche gegenüber den unter Nr. 1. (1) genannten Sicherungsgebern geltend zu machen. Hiervon bleibt der dem Bürgen zustehende Befreiungsanspruch gegenüber dem Hauptschuldner und den unter Nr. 1. (1) genannten Sicherungsgebern unberührt.*

(3) *Sowohl dem Hauptschuldner als auch den unter Nr. 1. (1) genannten Sicherungsgebern steht bis zur vollständigen Befriedigung der durch die Bürgschaft gesicherten Ansprüche das Recht zu, eine Einrede gegen ihre Inanspruchnahme durch den Bürgen zu erheben („pactum de non petendo"). Dieses Recht entspringt aus dem Bürgschaftsvertrag, der in dieser Hinsicht als Vertrag auch zugunsten des Hauptschuldners und der genannten Sicherungsgeber abgeschlossen worden ist.*

(4) *Falls sich der Bürge vor der vollständigen Befriedigung der durch die Bürgschaft gesicherten Ansprüche an dem Insolvenzverfahren des Hauptschuldners oder der unter Nr. 1. (1) genannten Sicherungsgeber beteiligt, ist er der Bank gegenüber verpflichtet, ihr nach dem Abschluss des Insolvenzverfahrens den Teil der erhaltenen Insolvenzdividende herauszugeben, den die Bank ohne seine Teilnahme erhalten hätte.*

2. ABSCHNITT: INDIVIDUALVERTRÄGE

Im Rahmen eines Individualvertrages können die Parteien - anders als im Rahmen eines Formularvertrages - den Inhalt der *„Bürgschaftsklausel"* wirksam vereinbaren.[610] Allerdings sollte in diesem Zusammenhang klargestellt werden, dass sich der Aufschub der Befriedigungswirkung nicht nur auf den Zessionsregress, sondern auch auf die Rückgriffsansprüche des Bürgen gegenüber den Mitbürgen und den anderen (ausgleichsverpflichteten) Sicherungsgebern bezieht. Dem Bürgen verbleibt zwar die Möglichkeit, seinen Befreiungsanspruch gegenüber den anderen (ausgleichsverpflichteten) Sicherungsgebern geltend zu machen, dies macht für ihn aber wirtschaftlich keinen Sinn, weil das Kreditin-

[610] Siehe dazu oben, Teil 4, 2. Abschnitt.

stitut die Zahlungen dieser Personen (in der Regel) ebenfalls als Sicherheitsleistungen ohne Erfüllungswirkung entgegennehmen kann.
Der Bürge sollte sich zusätzlich gegenüber dem Kreditinstitut verpflichten, den Hauptschuldner nicht aus dem Innenverhältnis vor der vollständigen Befriedigung des Kreditinstitutes auf Zahlung in Anspruch zu nehmen. Gleiches gilt bezüglich der Inanspruchnahme der anderen (ausgleichsverpflichteten) Sicherungsgeber. Im Bürgschaftsvertrag sollte ebenfalls ausdrücklich verankert werden, dass sich auch der Hauptschuldner zur Vermeidung einer doppelten Inanspruchnahme auf die Vereinbarung zwischen dem Kreditinstitut und dem Bürgen berufen kann (aber selbstverständlich nicht muss). Gleiches gilt für die anderen (ausgleichsverpflichteten) Sicherungsgeber. Ein solcher Bürgschaftsvertrag ist als ein Vertrag zugunsten Dritter zu qualifizieren. Der Hauptschuldner und die anderen (ausgleichsverpflichteten) Sicherungsgeber können demnach kraft des Vertrages zugunsten Dritter eine Einrede erheben (so genanntes *„pactum de non petendo"*).
Der Hauptschuldner kann dem Bürgen aber auch seine Aufwendungen vor der vollständigen Befriedigung des Kreditinstitutes erstatten, beispielsweise deshalb, weil er ihm (oft) näher steht als seine Bank. In diesem Fall besteht für ihn zumindest zur Vermeidung einer doppelten Inanspruchnahme die Möglichkeit, im Wege eines Zurückbehaltungsrechts die Erfüllung des Anspruches aus dem Innenverhältnis von der Abtretung des vom Bürgen gemäß § 667 BGB erlangten Anspruches auf Herausgabe der vom Kreditinstitut nicht mehr benötigten Bürgenleistung abhängig zu machen.[611]

Ein zu gestaltender Individualvertrag könnte deshalb wie folgt formuliert werden:

1. Sicherheitszahlungen[612]

(1) Die Zahlungen des Bürgen dienen als Sicherheitsleistung für dessen Bürgschaftsschuld, bis die Bank wegen ihrer sämtlichen Ansprüche gegenüber dem Hauptschuldner, die im Zeitpunkt der Übernahme dieser Bürgschaft bestehen, vollständig befriedigt ist. Erst dann gehen die Ansprüche der Bank gegen den Hauptschuldner auf den Bürgen über. Von dieser Regelung bleibt der dem Bürgen zustehende Befreiungsanspruch

[611] Siehe dazu oben, Teil 3, 2. Abschnitt, B), VIII., 1., b).
[612] Dieser Individualvertrag sollte ebenfalls durch eine Klausel, die die Anrechnung von Zahlungseingängen regelt, ergänzt werden. Siehe dazu oben, Teil 5, 1. Abschnitt.

gegenüber dem Hauptschuldner und den anderen Sicherungsgebern, die ebenfalls die verbürgte Hauptforderung sichern, unberührt.

(2) *Der Bürge verpflichtet sich gegenüber der Bank, bis zu deren vollständiger Befriedigung der durch die Bürgschaft gesicherten Ansprüche nicht seinen Innenregress gegenüber dem Hauptschuldner und seine Rückgriffsansprüche gegenüber den in Nr. 1. (1) genannten Sicherungsgebern geltend zu machen.*

(3) *Dem Hauptschuldner und den in Nr. 1. (1) genannten Sicherungsgebern steht bis zur vollständigen Befriedigung der durch die Bürgschaft gesicherten Ansprüche das Recht zu, eine Einrede gegen ihre Inanspruchnahme durch den Bürgen zu erheben („pactum de non petendo"). Dieses Recht entspringt aus dem Bürgschaftsvertrag, der in dieser Hinsicht als Vertrag auch zugunsten des Hauptschuldners und der genannten Sicherungsgeber abgeschlossen worden ist.*

(4) *Die Bank ist jederzeit berechtigt, sich aus den vom Bürgen gezahlten Beträgen zu befriedigen.*

LITERATURVERZEICHNIS

Balz, Manfred; Landfermann, Hans-Georg	„Die neuen Insolvenzgesetze“, Insolvenzordnung und Einführungsgesetz zur Insolvenzordnung, 2. Auflage nach dem Stand vom 01.01.1999, Düsseldorf 1999
Baumbach, Adolf; Hopt, Klaus J.; Merkt, Hanno	„Handelsgesetzbuch mit GmbH & Co., Handelsklauseln, Bank- und Börsenrecht, Transportrecht (ohne Seerecht)“, 31. Auflage, München 2003
Baur, Jürgen F.; Stürner, Rolf	„Sachenrecht“, 17. Auflage, München 1999
Bayer, Walter; Wandt, Manfred	„Das Verhältnis zwischen Bürgen und Grundschuldbesteller - BGH, NJW 1982, 2308“, JuS 1987, 271 ff.
dies.	Anmerkung zum Urteil des BGH vom 29.06.1989 - IX ZR 175/88 (OLG Frankfurt), ZIP 1989, 1047 f.
Bayer, Walter	„Der Vertrag zugunsten Dritter - Neuere Dogmengeschichte - Anwendungsbereich - Dogmatische Strukturen“, Tübingen 1995
Becker, Hans-Jürgen	„Ausgleich zwischen mehreren Sicherungsgebern nach Befriedigung des Gläubigers“, NJW 1971, 2151 ff.
Becker, Lutz	„Persönliche Kreditsicherungen im deutschen und französischen Recht“, Berlin 1974
Becker-Eberhard, Ekkehard	„Die Forderungsgebundenheit der Sicherungsrechte“, Bielefeld 1993

Berensmann, Wolfgang — „Bürgschaft und Garantievertrag im englischen und deutschen Recht“, Berlin 1988

Blessing, Dieter — „Akzessorietät und Sicherungszweck der Bürgschaft - Eine rechtsvergleichende Untersuchung zum deutschen und französischen Recht -“, Stuttgart 1972

Borst, Hans-Joachim — „Die Bürgschaft in der deutschen und schweizerischen Kodifikation - eine rechtspolitische und rechtsvergleichende Studie -“, Frankfurt 1966

Braun, Eberhard — „Insolvenzordnung (InsO)“, Kommentar, München 2002

Breutigam, Axel; Blersch, Jürgen; Goetsch, Hans-W. — „Insolvenzrecht“, Kommentierung der Insolvenzordnung mit Antragsmustern für die Rechtspraxis, Band I, Berlin 1998

Brox, Hans — „Allgemeiner Teil des BGB“, 26. Auflage, Köln [u.a.] 2002

Bundesministerium der Justiz — „Referentenentwurf“, Gesetz zur Reform des Insolvenzrechts mit Begründung und Gesamtregister des Verlags zum Referentenentwurf (Artikel 1 bis 3) und zu den „Ergänzungen“ des Referentenentwurfs = Ergänzungen des Diskussionsentwurfs (Artikel 4 bis 25), Köln 1989

Bülow, Peter — „Recht der Kreditsicherheiten, Sachen und Rechte, Personen“, 6. Auflage, Heidelberg 2003

Bydlinski, Peter — „Die Bürgschaft im österreichischen und deutschen Handels-, Gesellschafts- und Wertpapierrecht“, Wien [u.a.] 1991

Canaris, Claus-Wilhelm — „Bankvertragsrecht“, 2. Auflage, Berlin [u.a.] 1981

Damm, Reinhard; Hart, Dieter; Kohl, Helmut; Ott, Claus — „Kommentar zum Bürgerlichen Gesetzbuch“, Band 1, Allgemeiner Teil, Darmstadt 1987

Däubler, Wolfgang; Derleder, Peter; Dubischar, Roland; Joerges, Christian; Kohl, Helmut; Ott, Claus; Reich, Norbert; Rittstieg, Helmut; Rüßmann, Helmut; Teubner, Gunther — „Kommentar zum Bürgerlichen Gesetzbuch“, Band 3, Besonderes Schuldrecht, Darmstadt 1979

Dehner, Walter; Glanzmann, Roderich; Mormann, Josef; Freiherr von Gamm, Otto-Fr.; Krohn, Günter; Seibert, Claus; Steften, Erich — „RGRK - Das Bürgerliche Gesetzbuch mit besonderer Berücksichtigung der Rechtsprechung des Reichsgerichts und des Bundesgerichtshofes“, Kommentar, 12. Auflage, Band II, 4. Teil, §§ 631 - 811 BGB, Berlin [u.a.] 1978

Dempewolf, Günter — „Übertragung von Sicherheiten auf den zahlenden Bürgen“, NJW 1958, 979 ff.

ders. — „Zur Anwendbarkeit der §§ 68 KO und 32 VerglO bei Teilbürgschaften“, NJW 1961, 1341 ff.

Dernburg, Heinrich	„Die Schuldverhältnisse nach dem Rechte des Deutschen Reichs und Preußens“, 2. Abteilung, 3. Auflage, Halle 1906
Ehlscheid, Dirk	„Die Ausgleichsansprüche unter Sicherungsgebern“, BB 1992, 1290 ff.
Eickmann, Dieter; Flessner, Axel; Irschlinger, Friedrich; Kirchhof, Hans-Peter; Kreft, Gerhard; Landfermann, Hans-Georg; Marotzke, Wolfgang; Stephan, Guido	„Heidelberger Kommentar zur Insolvenzordnung“, 3. Auflage, Heidelberg 2003
Eggert, Rainer	„Die Bürgschaft im süddeutschen Recht des späteren Mittelalters“, Frankfurt 1962
Fichtenbauer, Claudia	„Bürgschaftsrecht, Auskunftspflicht als Nebenpflicht des Gläubigers gegenüber dem Bürgen - Eine empirische Untersuchung der Praxis“, Gießen 1995
Finger, Peter	„Die Konkurrenz der Rückgriffsansprüche von Pfandschuldner und Bürge“, BB 1974, 1416 ff.
Fischer, Gero	„Aktuelle Rechtsprechung des Bundesgerichtshofs zur Bürgschaft und zum Schuldbeitritt - Teil I –“, WM 1998, 1711 ff.
ders.	„Aktuelle höchstrichterliche Rechtsprechung zur Bürgschaft und zum Schuldbeitritt - Teil I -“, WM 2001, 1049 ff.

ders.	„Aktuelle höchstrichterliche Rechtsprechung zur Bürgschaft und zum Schuldbeitritt - Teil II -“, WM 2001, 1093 ff.
Fischer, Reinfrid; Klanten, Thomas	„Bankrecht - Grundlagen der Rechtspraxis“, 3. Auflage, Köln 2000
Fontaine, Nicolas W.	„Diligenzpflichten des Gläubigers gegenüber dem Bürgen“, Hannover 1985
Forstmoser, Peter	„Rechtsprobleme der Bankpraxis“, Bern [u.a.] 1976
Geißler, Markus	„Der Befreiungsanspruch des Bürgen und seine vollstreckungsrechtliche Durchsetzbarkeit“, JuS 1988, 452 ff.
Genz, Jochen	„Die Bürgschaft im islamischen Recht nach al- Kasani“, Stuttgart 1960
Giesen, Dieter	„Grundsätze der Konfliktlösung im Besonderen Schuldrecht: Die Bürgschaft (Schluss)“, Jura 1997, 122 ff.
Glöckner, Jochen	„Ausgleich zwischen mehreren Bürgen bei unterschiedlichen Höchstbetragsbeschränkungen“, ZIP 1999, 821 ff.
Gößmann, Wolfgang; Wagner-Wieduwilt, Klaus; Weber, Ahrend	„Allgemeine Geschäftsbedingungen der Banken“ - Sonderdruck aus dem Loseblattwerk „Bankrecht und Bankpraxis“, Köln 1993
Graf Lambsdorff, Hans Georg; Skora, Bernd	„Handbuch des Bürgschaftsrechts“, München 1994

Graf von Westphalen, Friedrich	„Vertragsrecht und AGB-Klauselwerke“, 13. Ergänzung, Juni 2003, München 2002
ders.	„Die AGB der Privatbanken im Licht der jüngsten Judikatur und Literatur“, WM 1980, 1406 ff.
ders.	„Bürgschaftsformulare im Licht des AGB-Gesetzes“, WM 1984, 1589 ff.
ders.	„Die neuen Sparkassen-AGB unter der Lupe des AGB-Gesetzes“, WM 1993, 8 ff.
Gursky, Karl-Heinz	„Befreiungsansprüche im Konkurs des Befreiungsgläubigers“, KTS 1973, 27 ff.
Hadding, Walther; Schneider, Uwe H.	„Recht der Kreditsicherheiten in europäischen Ländern, Teil III: Belgien“, Berlin 1979
dies.	„Recht der Kreditsicherheiten in europäischen Ländern, Teil IV: England“, Berlin 1980
dies.	„Recht der Kreditsicherheiten in den Vereinigten Staaten von Amerika, Teil II: Immobiliarsicherheiten und persönliche Sicherheiten“, Berlin 1988
dies.	„Recht der Kreditsicherheiten in europäischen Ländern, Teil VII/1: Spanien“, Berlin 1988

Hadding, Walther; Häuser, Franz; Welter, Reinhard	„Bürgschaft und Garantie“ in: „Gutachten und Vorschläge zur Überarbeitung des Schuldrechts“, Bundesministerium der Justiz, Band III, Köln 1983, 571 ff.
Hahn, Carl	„Die gesamten Materialien zu den Reichs-Justizgesetzen“, Band 4, Materialien zur Konkursordnung, Berlin 1881
Hauschild, Isabell	„Der Schutz des Bürgen - Eine vergleichende Untersuchung zum französischen und deutschen Recht“, Köln 1997
Häsemeyer, Ludwig	„Gläubigerschutz und Gläubigergleichbehandlung bei Regreßverhältnissen“, KTS 1993, 151 ff.
Hellner, Thorwald; Steuer, Stefan	„Bankrecht und Bankpraxis“, Loseblattsammlung, Bank-Verlag Köln, 1979 ff.
Henneberg, Heinz	„Die Stellung des Bürgen im Konkurse des Hauptschuldners“, LZ 1911, 268 ff.
Hess, Harald	„Kommentar zur Konkursordnung“, 6. Auflage, Neuwied [u.a.] 1998
Hess, Harald; Weis, Michaela; Wienberg, Rüdiger	„Kommentar zur Insolvenzordnung mit EGInsO“, Band 1, Insolvenzordnung, 2. Auflage, Heidelberg 2001
Hofmann, Klaus	„Rückgriffsanspruch eines Bürgen im Konkurs des Hauptschuldners“, BB 1964, 1398 f.
Horn, Norbert	„Bürgschaften und Garantien - Aktuelle Rechtsfragen der Bank-, Unternehmens- und Außenwirtschaftspraxis“, 8. Auflage, Köln 2001

ders.	„Die Neufassung 1984 der AGB der Banken“, WM 1984, 449 ff.
ders.	„Die Aufklärungs- und Beratungspflichten der Banken“, ZBB 1997, 139 ff.
ders.	„Zur Zulässigkeit der Globalbürgschaft - Bestimmtheitsgrundsatz und Verbot der Fremddisposition im Bürgschaftsrecht“, ZIP 1997, 525 ff.
Jan, Yang Shwu-wen	„Die Akzessorietät der Bürgschaft und das AGB-Gesetz im deutschen sowie im taiwanischen Recht“, Frankfurt 1993
Jauernig, Othmar	„Bürgerliches Gesetzbuch“, Kommentar, 10. Auflage, München 2003
Kerbein, Björn	„Wettlauf der Sicherungsgeber“, JA 1999, 377 ff.
Kiesow	„Zur Stellung des Bürgen im Vergleichsverfahren“, KuT 1937, 139 ff.
Kilger, Joachim; Schmidt, Karsten	„Insolvenzgesetze KO/ VglO/ GesO“, 17. Auflage, München 1997
Kirchhof, Hans-Peter; Lwowski, Hans-Jürgen; Stürner, Rolf	„Münchner Kommentar zur Insolvenzordnung“, Band 1, §§ 1 - 102 InsO, InsVV, München 2001
Klett, Dieter	„Der Schutz des Bürgen unter besonderer Berücksichtigung der Formularpraxis der Kreditinstitute - de lege lata und de lege ferenda -“, Freiburg 1971
Knütel, Rolf	„Probleme des Bürgenregresses“, JR 1985, 6 ff.

Koch, Stefan	„Anwendung der Anlassrechtsprechung auf Bürgschaften von Geschäftsführern und Gesellschaftern", NJW 2000, 1996 ff.
Kohls, Rainer M.	„Bankrecht", 2. Auflage, München 1997
Kretschmer, Ernst	„Kann sich der Befreiungsanspruch des Bürgen in einen Zahlungsanspruch verwandeln?", NJW 1962, 141 ff.
Krings, Günter	„Die Neufassung der AGB-Banken", ZBB 1992, 326 ff.
Kuhn, Georg	„Zur Anwendbarkeit des § 68 KO bei Teilbürgschaften", KTS 1957, 68 ff.
ders.	„Die Rechtsprechung des BGH zum Insolvenzrecht (Fortsetzung zu WM 1969, 226)", WM 1971, 1038 ff.
Kuhn, Georg; Uhlenbruck, Wilhelm	„Konkursordnung", Kommentar, 11. Auflage, München 1994
Künne, Karl	„Über die Anwendbarkeit der §§ 68 KO und 32 VglO bei Teilbürgschaften und Teilgesamtschuldnerschaften", KTS 1957, 58 ff.
Larenz, Karl; Canaris, Claus-Wilhelm	„Lehrbuch des Schuldrechts", 2. Band, Besonderer Teil, 2. Halbband, 13. Auflage, München 1994
Leonhard, Franz	„Besonderes Schuldrecht des BGB", 2. Band, München und Leipzig 1931

Lepach, Michael Paul — „Die persönlichen Kreditsicherheiten unter besonderer Berücksichtigung der Bürgschaft im deutschen und spanischen Recht“, Mainz 1987

Loewenwarter, Viktor — „Lehrkommentar zum Bürgerlichen Gesetzbuch“, 3. Band, Recht der Schuldverhältnisse, Besonderer Teil, Berlin 1928

Lüke, Wolfgang — Anmerkung zum Urteil des BGH vom 24.09.1992 - IX ZR 195/91, JR 1993, 324 ff.

Lwowski, Hans-Jürgen — „Das Recht der Kreditsicherung“, 8. Auflage, Berlin 2000

Maier, Karlheinz Rudolf — „Die Bürgschaft in süddeutschen und schweizerischen Gesetzbüchern 16. - 18. Jahrhundert“, Tübingen 1980

Mair, Anton — „Das neue Bürgschaftsrecht der Schweiz - Nach dem Bundesgesetz über die Revision des XX. Titels des Obligationenrechts: Die Bürgschaft vom 10. Dezember 1941 - Verglichen mit dem geltenden Deutschen Recht“, München 1948

Max-Planck-Institut — „Die Bürgschaft im Recht der Mitgliedstaaten der Europäischen Gemeinschaften“, Studie, Brüssel 1971

Medicus, Dieter — „Bürgerliches Recht, Eine nach Anspruchsgrundlagen geordnete Darstellung zur Examensvorbereitung“, 19. Auflage, Köln [u.a.] 2002 ders. — „Neues zur Rückwirkung von Rechtsprechung“, WM 1997, 2333 ff.

Mertens, Bernd; Schröder, Jan — „Der Ausgleich zwischen Bürgen und dinglichem Sicherungsgeber - Überlegungen zu BGHZ 108, 179 ff.“, Jura 1992, 305 ff.

Mertens, Hans-Joachim — „Soergel“, Kommentar zum Bürgerlichen Gesetzbuch mit Einführungsgesetz und Nebengesetzen, Band 2, Schuldrecht I (§§ 241 - 432), 12. Auflage, Stuttgart [u.a.] 1990

ders. — „Soergel“, Kommentar zum Bürgerlichen Gesetzbuch mit Einführungsgesetz und Nebengesetzen, Band 3, Schuldrecht II (§§ 433 - 515) mit AGB-Gesetz, AbzG, EAG, EKG, UN-KaufAbK, 12. Auflage, Stuttgart [u.a.] 1991

Nobbe, Gerd — „Bankrecht - Aktuelle höchst- und obergerichtliche Rechtsprechung“, Köln 1999

Nöldeke, Wilhelm — Anmerkung zum Urteil des OLG Hamburg vom 23.10.1911 Bf. I 71/11, LZ 1912 Sp. 410 Nr. 4

Palandt, Otto — „Palandt“, Kommentar zum Bürgerlichen Gesetzbuch, 63. Auflage, München 2004

Park, Yong-Bok — „Rechtsvergleichende Untersuchungen über die persönlichen Kreditsicherheiten im deutschen und koreanischen Recht - Unter besonderer Berücksichtigung der Bürgschaft“, Göttingen 1991

Paulus, Christoph	„Grundfragen des Kreditsicherungsrechts“, JuS 1995, 185 ff.
Planck, G.	„Bürgerliches Gesetzbuch nebst Einführungsgesetz“, 2. Band, Recht der Schuldverhältnisse, 3. Auflage, Berlin 1907
Rabl, Thomas	„Die Bürgschaft - Form und Auslegung, Globalbürgschaft, Sittenwidrigkeit und Verbraucherschutz, Insolvenz des Hauptschuldners, Rechtsprechung und Formularpraxis“, Wien 2000
Rebmann, Kurt; Säcker, Franz Jürgen; Rixecker, Roland	„Münchner Kommentar zum Bürgerlichen Gesetzbuch“, Band 1, Allgemeiner Teil (§§ 1 - 240, AGB-Gesetz), 4. Auflage, München 2001
dies.	„Münchner Kommentar zum Bürgerlichen Gesetzbuch“, Band 2, Schuldrecht Allgemeiner Teil (§§ 241 - 432, FernAbsG), 4. Auflage, München 2001
dies.	„Münchner Kommentar zum Bürgerlichen Gesetzbuch“, Band 5, Schuldrecht, Besonderer Teil III, §§ 705 - 853, Partnerschaftsgesellschaftsgesetz, Produkthaftungsgesetz, 4. Auflage, München 2004
Rehbein, Dieter	Anmerkung zum Urteil des BGH vom 19.01.1983 - VIII ZR 315/81, JR 1983, 245 ff.
ders.	„Neuere Rechtsprechung des Bundesgerichtshofs zur Bürgschaft“, Festschrift für Winfried Werner zum 65. Geburtstag am 17.10.1984

ders.	Anmerkung zum Urteil des BGH vom 11.01.1990 - IX ZR 58/89, JR 1991, 195 ff.
Reifner, Udo	„Handbuch des Kreditrechts - Verbraucherkredit und Realkredit -“, München 1991
Reinicke, Dietrich	„Die Verzinsung der Rückgriffsforderungen eines Bürgen“, DB 1967, 847 ff.
Reinicke, Dietrich; Tiedtke, Klaus	„Kreditsicherung durch Schuldbeitritt, Bürgschaft, Patronatserklärung, Garantie, Sicherungsübereignung, Sicherungsabtretung, Eigentumsvorbehalt, Pool-Vereinbarungen, Pfandrecht an beweglichen Sachen und Rechten, Hypothek und Grundschuld“, 4. Auflage, Neuwied [u.a.] 2000
dies.	„Bürgschaftsrecht“, 2. Auflage, Neuwied [u.a.] 2000
dies.	„Die Sicherung einer Gesamtschuld durch eine Grundschuld auf dem Grundstück eines Dritten“, NJW 1981, 2145 ff.
dies.	Anmerkung zum Urteil des BGH vom 14.07.1983 - IX ZR 40/82 (OLG Celle), JZ 1983, 896 ff.
dies.	„Zahlungen des Bürgen als vorläufige Sicherheit“, DB 1985, 957 ff.
dies.	„Das Schicksal der persönlichen Forderung bei Ablösung der Grundschuld durch den Eigentümer des Grundstücks“, WM 1987, 485 ff.

dies. „Rückgriffsansprüche des Bürgen bei Zahlung als Sicherheit - Zugleich eine Besprechung des Urteils des OLG Köln vom 26.01.1989 - 1 U 97/88 -", JZ 1990, 327 ff.

dies. „Der Übergang der verbürgten Forderung auf den Bürgen als Nachteil für den Gläubiger - Zugleich eine Besprechung des BGH-Urteils vom 11.01. 1990 - IX ZR 58/89 -", DB 1990, 1953 ff.

Reischl, Klaus „Grundfälle zu den Grundpfandrechten", JuS 1998, 318 ff.

Rieder, Josef; Rieder, Stefan „Die Bankbürgschaft", 5. Auflage, Stuttgart 1998

dies. „Bürgschaft, Schuldübernahme, Garantievertrag", 4. Auflage, Stuttgart 2003

Schaarschmidt, Wilhelm „Die Sparkassenkredite - Die rechtlichen Grundlagen des Kredits, seiner Sicherung und Einziehung", 8. Auflage, Stuttgart 1991

Schäfer, Karl-Josef „Bankkontokorrent und Bürgschaft", Köln 1971

Schimansky, Herbert; Bunte, Hermann-Josef; Lwowski, Hans-Jürgen „Bankrechts - Handbuch", Band I – III, München 2001

Schlosser, Peter; Coester-Waltjen, Dagmar; Graba, Hans-Ulrich „Kommentar zum Gesetz zur Regelung des Rechts der Allgemeinen Geschäftsbedingungen", Bielefeld 1977

Schlosser, Peter	„Entwicklungstendenzen im Recht der Allgemeinen Geschäftsbedingungen“, ZIP 1985, 449 ff.
Schmidt-Salzer, Joachim	„Recht der AGB und der missbräuchlichen Klauseln: Grundfragen“, JZ 1995, 223 ff.
Schmitz-Herscheidt, Stephan	„Ergänzende Auslegung eines unwirksamen Bürgschaftsvertrages? - Eine Besprechung des Urteils des Bundesgerichtshofs vom 13. November 1997, ZIP 1998, 16 -“, ZIP 1998, 1218 ff.
Schreiner, Dirk	„Die Kreditbürgschaft in der Formularpraxis der Banken und Sparkassen“, Frankfurt [u.a.] 1989
Schröder, Andreas	„Interessengegensätze beim Personalkredit in der Bankpraxis“, Frankfurt [u.a.] 1998
Schröter, Jürgen	„Auswirkungen der geänderten Bürgschaftsrechtsprechung auf die Kreditpraxis“, WM 2000, 16 ff.
Schütz, Wilhelm	„Bankgeschäftliches Formularbuch“, 18. Auflage, Berlin 1969
Schwintowski, Hans-Peter	„Bankrecht“, Prüfe Dein Wissen, Rechtsfälle in Frage und Antwort, München 1994
Schwintowski, Hans-Peter; Schäfer, Frank A.	„Bankrecht: Commercial Banking - Investment Banking -“, 2. Auflage, Köln [u.a.] 2004

Selb, Walter — „Mehrheit von Gläubigern und Schuldnern“, Handbuch des Schuldrechts in Einzeldarstellungen, Band 5, Tübingen 1984

Siems, Mathias — „Globale Haftungsklauseln im Bürgschaftsrecht - BGHZ 143, 95“, JuS 2001, 429 ff.

Simeon; David, Albert — „Lehrbuch des Bürgerlichen Rechtes“, 15. Auflage, Berlin 1928

Sitzmann, Valentin — „Zum Regreß des Hypothekenschuldners gegen den Bürgen bei fehlenden Abreden“, BB 1991, 1809 ff.

Smid, Stefan — „Insolvenzordnung (InsO) mit Insolvenzrechtlicher Vergütungsverordnung (InsVV)“, Kommentar, 2. Auflage, Stuttgart [u.a.] 2001

Staudinger, J. von — „Kommentar zum Bürgerlichen Gesetzbuch mit Einführungsgesetz und Nebengesetzen“, Erstes Buch, Allgemeiner Teil, §§ 134 - 163 (Allgemeiner Teil 4), Neubearbeitung 2003, Berlin 2003

ders. — „Kommentar zum Bürgerlichen Gesetzbuch mit Einführungsgesetz und Nebengesetzen“, Zweites Buch, Recht der Schuldverhältnisse, §§ 255 - 292, 13. Bearbeitung, Berlin 1995

ders. — „Kommentar zum Bürgerlichen Gesetzbuch mit Einführungsgesetz und Nebengesetzen“, Zweites Buch, Recht der Schuldverhältnisse, §§ 255 - 314, Neubearbeitung 2001, Berlin 2001 ders. „Kommentar zum Bürgerlichen Gesetzbuch mit Einführungsgesetz und Nebengesetzen“, Zweites Buch, Recht der Schuldverhältnisse, §§ 328 - 361 b, Neubearbeitung 2001, Berlin 2001

ders. „Kommentar zum Bürgerlichen Gesetzbuch mit Einführungsgesetz und Nebengesetzen“, Zweites Buch, Recht der Schuldverhältnisse, §§ 652 - 704, 13. Bearbeitung, Berlin 1995

ders. „Kommentar zum Bürgerlichen Gesetzbuch mit Einführungsgesetz und Nebengesetzen“, §§ 765 - 778 BGB, 13. Bearbeitung, Berlin 1997

ders. „Kommentar zum Bürgerlichen Gesetzbuch mit Einführungsgesetz und Nebengesetzen“, Gesetz zur Regelung des Rechts der Allgemeinen Geschäftsbedingungen (AGBG), 13. Bearbeitung, Berlin 1998

Steinbach, Dietwin Johannes; Lang, Klaus „Zum Gesamtschuldregreß im Verhältnis zwischen Personal- und Realsicherungsgeber“, WM 1987, 1237 ff.

Thamm, Manfred; Pilger, Gerhard „Taschenkommentar zum AGB-Gesetz“, Heidelberg 1998

Tiedtke, Klaus „Die Regressansprüche des Nachbürgen“, WM 1976, 174 ff.

ders. „Ausgleichsansprüche zwischen dem Eigentümer des mit einer Grundschuld belasteten Grundstücks und dem Bürgen“, BB 1984, 19 ff.

ders. „Die Rechtsprechung des Bundesgerichtshofs zum Bürgschaftsrecht seit 1980“, ZIP 1986, 69 ff.

ders. „Die Rechtsprechung des Bundesgerichtshofs zur Anwendung des AGB-Gesetzes im Bürgschaftsrecht seit 1980“, ZIP 1986, 150 ff.

ders. „Gesamtschuldklausel und Sicherungsklausel im Bürgschaftsrecht - Zugleich eine Besprechung des BGH-Urteils v. 23. Oktober 1986 - IX ZR 203/85 -“, JZ 1987, 491 ff.

ders. „Zur Rechtsprechung des Bundesgerichtshofs auf dem Gebiete des Bürgschaftsrechts seit dem 1. Januar 1986“, ZIP 1990, 413 ff.

ders. „Ausgleichsansprüche zwischen dem Bürgen und dem Besteller einer Grundschuld - Zugleich eine Besprechung des BGH-Urteils v. 29.06.1989 - IX ZR 175/88“, WM 1990, 1270 ff.

ders. „Die Begrenzung der Haftung eines Höchstbetragsbürgen“, ZIP 1998, 449 ff.

ders. Anmerkung zum Urteil des BGH vom 13.11.1997 - IX ZR 289/96 (OLG Düsseldorf), JZ 1998, 732 ff.

ders. „Die Rechtsprechung des BGH auf dem Gebiet des Bürgschaftsrechts seit 1997“, NJW 2001, 1015 ff.

ders.	„Die Rechtsprechung des BGH auf dem Gebiet des Bürgschaftsrechts in den Jahren 2001 und 2002“, NJW 2003, 1359 ff.
Trapp, Andreas	„Zur Wirksamkeit der weiten Sicherungszweckvereinbarung bei Bürgschaften - Zugleich eine Besprechung des Beschlusses des Bundesgerichtshofs v. 24. September 1996, ZIP 1997, 449“, ZIP 1997, 1279 ff.
Trinkner, Reinhold	Anmerkung zum Urteil des BGH v. 19.09.1983 – VIII ZR 84/82, BB 1983, 1874 ff.
Uhlenbruck, Wilhelm	„Insolvenzordnung“, Kommentar, 12. Auflage, München 2003
Ulmer, Peter; Brandner, Hans Erich; Hensen, Horst-Diether; Schmidt, Harry	„AGB-Gesetz“, Kommentar zum Gesetz zur Regelung des Rechts der Allgemeinen Geschäftsbedingungen, 9. Auflage, Köln 2001
Vallenthin, Wilhelm	„Rechtsgrundlagen des Bankgeschäfts“, Frankfurt 1974
Wagenknecht, Claus-Rainer	„Rechtsgrenzen der Ausgestaltung von Bürgschaftsverträgen“, Bremen 1986
Weber, Ahrend	„Aktuelle BGH-Rechtsprechung zum Bürgschaftsrecht (I)“, Die Bank 1997, 353 ff.
Weber, Hansjörg	„Kreditsicherheiten - Recht der Sicherungsgeschäfte“, 7. Auflage, München 2002

Westermann, Harm Peter — „Erman“, Bürgerliches Gesetzbuch, Handkommentar mit EGBGB, Erbbau-VO, HausratsVO, LPartG, ProdHaftG, UKlaG, VAHRG und WEG, Band I, 11. Auflage, Köln 2004

Wimmer, Klaus — „Frankfurter Kommentar zur Insolvenzordnung“, 3. Auflage, Bonn 2002

Wissmann, Eike — „Persönliche Mithaft in der Insolvenz - Die Stellung des Bürgen und des Personenhandelsgesellschafters“, 2. Auflage, Köln 1998

Wolf, Manfred; Horn, Norbert; Lindacher, Walter F. — „AGB-Gesetz“, Gesetz zur Regelung des Rechts der Allgemeinen Geschäftsbedingungen, Kommentar, 4. Auflage, München 1999

Wolf, Manfred — „Mitbürgen als Gesamtschuldner und Nebenschuldner“, NJW 1987, 2472 ff.

Wurzer — „Zum Begriffe der Nebenforderung im Sinne des § 4 ZPO“, Gruchot 53 (1909), 48 ff.

Zeitlmann, E. — „Zur Auslegung der Bestimmung, daß der kraft Gesetzes erfolgende Übergang einer Forderung nicht zum Nachteile des früheren Gläubigers geltend gemacht werden kann.“, SeuffBl. 74 (1909), 6 ff.

FORMULAR-ANHANG

Anlagenkonvolut 1	Drei Bürgschaftsformulare der BHF-Bank AG
Anlage 2	Mitteilungsschreiben der Deutschen Hyp – Deutsche Hypothekenbank Frankfurt – Hamburg AG – vom 17.10.2001
Anlage 3	Mitteilungsschreiben der Stadt- und Kreissparkasse Leipzig vom 22.10.2001
Anlage 4	Mitteilungsschreiben der Deutschen Apotheker- und Ärztebank eG Düsseldorf vom 24.10.2001

ANLAGENKONVOLUT 1

Az. der Bank ________

SELBSTSCHULDNERISCHE HÖCHSTBETRAGSBÜRGSCHAFT (unbefristet)

...

- nachstehend „**Bürge**" genannt -

übernimmt hiermit gegenüber der

BHF-BANK Aktiengesellschaft
Bockenheimer Landstr. 10

60323 Frankfurt am Main

- nachstehend „**BHF-BANK**" genannt -

für alle bestehenden, künftigen und bedingten Ansprüche,

1. die der BHF-BANK aus dem mit Kreditvertrag (Alt. dem Kreditzusageschreiben) vom ________, eingeräumten (Bar-, Aval-, Betriebsmittel- etc.) kredit über DM ________ /EUR ________, befristet bis zum________ - nachstehend auch der „Kredit" genannt -

   gegen

...

- nachstehend „**Hauptschuldner**" genannt -
- bei mehreren Hauptschuldnern auch gegen jeden einzelnen von ihnen -

zustehen, **und zwar auch dann, wenn die ursprüngliche Kreditlaufzeit periodisch verlängert wird, sofern der zu besichernde Kredit auf zunächst höchstens 1 Jahr befristet ist und der Zweck des Kredites bei der Verlängerung der Kreditlaufzeit nicht geändert wird,** sowie

2. für den Fall, daß aufgrund der Anfechtung nach der Insolvenzordnung die BHF-BANK verpflichtet ist, Rückzahlungen des Hauptschuldners auf den Kredit oder evtl. auf den Kredit angerechnete Verwertungserlöse aus vom Hauptschuldner selbst gestellten Sicherheiten wieder herauszugeben und gem. § 144 Abs. 1 InsO der Anspruch auf Rückzahlung des Kredites gegen den Hauptschuldner wieder auflebt,

die selbstschuldnerische Bürgschaft bis zum Höchstbetrag von

DM ________ / EUR ________
(in Worten: Deutsche Mark ________ / EURO ________)

- nachstehend „**Höchstbetrag**" genannt -

Für diese Bürgschaft gelten des weiteren folgende Bestimmungen:

DokumentJ
26. Juni 2001

.../4

§ 1 Umfang der Bürgschaft.

Der Bürge haftet aus dieser Bürgschaft insgesamt nur bis zu dem oben genannten Höchstbetrag und zwar auch dann, wenn er die Bürgschaft für mehrere Hauptschuldner übernimmt.

§ 2 Fortbestand der Bürgschaft.

Handelt es sich bei dem verbürgten Kredit um einen solchen in laufender Rechnung (Kontokorrentkredit) oder einen sonstigen revolvierenden Kredit, so erlischt die Bürgschaft nicht, wenn der Hauptschuldner die durch die Bürgschaft gesicherten Ansprüche vorübergehend zurückführt.

§ 3 Inanspruchnahme aus der Bürgschaft, Verzicht auf Einreden.

1. Sind die durch die Bürgschaft gesicherten Ansprüche der BHF-BANK fällig und erfüllt der Hauptschuldner diese Ansprüche nicht, kann sich die BHF-BANK an den Bürgen wenden, der dann aufgrund seiner Haftung als Selbstschuldner nach Aufforderung durch die BHF-BANK Zahlung zu leisten hat. Die BHF-BANK ist nicht verpflichtet, zunächst gegen den Hauptschuldner gerichtlich vorzugehen oder ihr gestellte Sicherheiten zu verwerten.
2. Der Bürge kann sich nicht darauf berufen, daß die BHF-BANK ihre Ansprüche durch Aufrechnung gegen eine fällige Forderung des Hauptschuldners befriedigen kann (Verzicht auf die dem Bürgen nach § 770 Abs. 2 BGB zustehende Einrede der Aufrechenbarkeit).

§ 4 Übergang von Sicherheiten.

1. Vor vollständiger Erfüllung der Bürgschaftsschuld hat der Bürge keinen Anspruch auf Übertragung von Sicherheiten, die der BHF-BANK zur Sicherung der verbürgten Ansprüche bestellt worden sind.
2. Soweit Sicherheiten kraft Gesetzes auf den Bürgen übergehen (z.B. Pfandrechte), bleibt es jedoch bei der gesetzlichen Regelung. Wenn die Ansprüche der BHF-BANK den oben genannten Höchstbetrag übersteigen und die kraft Gesetzes auf den Bürgen übergehenden Sicherheiten auch zur Sicherung des nicht verbürgten Teils der Ansprüche dienen, so steht hierfür der BHF-BANK gegenüber dem Bürgen ein vorrangiges Befriedigungsrecht zu.
3. Hat der Bürge seine Bürgschaftsschuld vollständig erfüllt und hat die BHF-BANK nach den Sicherungsvereinbarungen Sicherheiten freizugeben, so wird sie Sicherheiten, die ihr vom Hauptschuldner bestellt worden sind - ggfs. anteilig -, auf den Bürgen übertragen; Sicherheiten, die von Dritten bestellt worden sind, wird die BHF-BANK an den jeweiligen Sicherungsgeber zurückübertragen, falls mit diesen nichts anderes vereinbart worden ist.
4. Etwaige Ansprüche des Bürgen gegen andere Sicherungsgeber auf Ausgleich und Übertragung von Sicherheiten werden durch die vorstehende Regelung nicht berührt.

§ 5 Anrechnung von Zahlungseingängen.

Die BHF-BANK darf den Erlös aus der Verwertung von Sicherheiten, die ihr der Hauptschuldner oder ein anderer Dritter bestellt hat, zunächst auf den Teil ihrer Ansprüche anrechnen, der den oben genannten verbürgten Höchstbetrag übersteigt. Dies gilt auch für Sicherheiten, die der Bürge zur zusätzlichen Sicherung der Ansprüche gegen den Hauptschuldner bestellt hat, es sei denn, daß diese zur Unterlegung der Bürgschaft ab Fälligkeit der Bürgenverpflichtung bestimmt waren.

Dies gilt jedoch nur, soweit die verwerteten Sicherheiten auch für andere als den verbürgten Kredit mithaften. Haften die verwerteten Sicherheiten ausschließlich für den verbürgten Kredit, wird der Bürge durch eingehende Erlöse in entsprechender Höhe von seiner Haftung befreit.

Die BHF-BANK ist jedoch berechtigt, alle vom Hauptschuldner oder für dessen Rechnung geleisteten Zahlungen vorrangig auf den nicht verbürgten Teil ihrer Ansprüche zu verrechnen.

§ 6 Haftung mehrerer Bürgen.

1. Haben sich mehrere Bürgen in gesonderten Bürgschaftsurkunden für dieselben Verbindlichkeiten des Hauptschuldners verbürgt, haftet jeder einzelne Bürge - im Verhältnis zur BHF-BANK unter Ausschluß eines Gesamtschuldverhältnisses - ungeachtet etwaiger Zahlungen eines anderen Bürgen auf den vollen Betrag der von ihm übernommenen Bürgschaft, und zwar solange, bis alle von ihm verbürgten Ansprüche der BHF-BANK vollständig erfüllt sind.
2. Haben sich mehrere Bürgen in dieser Urkunde verbürgt, haften sie gegenüber der BHF-BANK als Gesamtschuldner. Dies bedeutet, daß die BHF-BANK den oben vereinbarten Höchstbetrag von jedem einzelnen Bürgen ganz oder teilweise fordern kann, insgesamt jedoch nicht mehr als diesen Betrag.
3. Ausgleichsansprüche des in Anspruch genommenen Bürgen gegen die anderen Bürgen werden durch die vorstehende Regelung nicht berührt.

§ 7 Zusätzliche Bürgschaftserklärungen.

Die Bürgschaft gilt zusätzlich zu etwaigen weiteren vom Bürgen abgegebenen Bürgschaftserklärungen.

§ 8 Freigabe von Sicherheiten.

Der Bürge wird von seiner Bürgschaftsverpflichtung nicht frei, wenn die BHF-BANK Verfügungen über Gegenstände zuläßt, die dem AGB-Pfandrecht der BHF-BANK unterliegen und dies im Rahmen der ordnungsgemäßen Durchführung der Geschäftsverbindung zum Hauptschuldner geschieht.

§ 9 Recht des Bürgen zur Kündigung der Bürgschaft.

1. Der Bürge kann die Bürgschaft nach Ablauf eines Jahres ab dem Zeitpunkt ihrer Übernahme schriftlich kündigen. Die Kündigung wird mit einer Frist von drei Monaten nach dem Eingang bei der BHF-BANK wirksam.
2. Dieses Kündigungsrecht besteht nicht für zeitlich befristete Bürgschaften und für Bürgschaften für Kredite mit fest vereinbarter Laufzeit. Bei Krediten in laufender Rechnung mit fest vereinbarter Laufzeit kann der Bürge im Falle der Prolongation des Kredites die Bürgschaft mit einer Kündigungsfrist von drei Monaten zum Ende der jeweiligen Laufzeit kündigen.
3. Das Recht auf Kündigung aus wichtigem Grunde bleibt unberührt.
4. Die Haftung des Bürgen besteht auch nach Wirksamwerden der Kündigung fort, beschränkt sich jedoch auf den Bestand der verbürgten Ansprüche, der zum Zeitpunkt der Kündigungswirkung vorhanden war. Die Regelungen dieser Bürgschaft gelten bis zum vollständigen Ausgleich der verbürgten Verbindlichkeiten des Hauptschuldners weiter. Alle Zahlungen - gleich welcher Art -, die zugunsten des Hauptschuldners nach Wirksamwerden der Kündigung eingehen, werden zunächst auf denjenigen Teil der Ansprüche angerechnet, der bei Wirksamwerden der Kündigung nicht durch die Bürgschaft gesichert ist. Weitere Zahlungseingänge führen zu einer Ermäßigung der Bürgschaftsschuld.
5. Ist der verbürgte Kredit in laufender Rechnung gewährt worden (Kontokorrentkredit), können bis zum Wirksamwerden der Kündigung Kreditlinien, die vor Eingang der Kündigung zugesagt wurden, vom Hauptschuldner in Anspruch genommen werden.
6. Der Bürge haftet nach Wirksamwerden der Kündigung auch für solche Ansprüche der BHF-BANK gegen den Hauptschuldner, die dadurch entstehen, daß die BHF-BANK sich im Auftrage

des Hauptschuldners Dritten gegenüber - z.B. durch Übernahme einer Bürgschaft oder einer Garantie - verpflichtet hat, für Verbindlichkeiten des Hauptschuldners einzustehen. Dies gilt jedoch nur dann, wenn der durch die Bürgschaft gesicherte Kredit vom Hauptschuldner in dieser Weise in Anspruch genommen werden kann.

§ 10 Anwendbares Recht.

Für das Bürgschaftsverhältnis gilt deutsches Recht.

___________, den __. ________ 2001 ________________________________

(Name/Firma des Bürgen)

26.2.92
MUVE 10 - vorm. MUSI 20

B Ü R G S C H A F T S E R K L Ä R U N G

Firma

- nachstehend "Bürge" genannt -

übernimmt hiermit gegenüber der

Berliner Handels- und Frankfurter Bank

- nachstehend "BHF-BANK" genannt -

für alle bestehenden, künftigen und bedingten Ansprüche, die der BHF-BANK und ihren in- und ausländischen Geschäftsstellen aus der bankmäßigen Geschäftsverbindung

gegen

- nachstehend "Hauptschuldner" genannt -

zustehen,

die selbstschuldnerische Bürgschaft über

DM

(in Worten: Deutsche Mark

- nachstehend "Kapitalbetrag" genannt -

zuzüglich mitverbürgter Nebenleistungen gemäß Ziff. 1).

Falls der Hauptschuldner gegenüber der BHF-BANK für die Schuld eines Dritten die persönliche Haftung übernommen hat (z.B. Bürgschaft), so dient diese Bürgschaftserklärung ab Fälligkeit dieser Verpflichtung auch zu deren Sicherung.

Für diese Bürgschaft gelten des weiteren folgende Bestimmungen:

1) Zusätzlich mitverbürgte Nebenleistungen.

Der vorgenannte Kapitalbetrag erhöht sich um Zinsen, Spesen und Kosten jeder Art, die auf den verbürgten Kapitalbetrag anfallen oder die durch dessen Geltendmachung entstehen, max. jedoch um 20 % des Kapitalbetrages. Dies gilt auch dann, wenn die Beträge durch Saldofeststellung im Kontokorrent zum Kapital geschlagen werden. Diese können neben dem vorerwähnten Kapitalbetrag geltend gemacht werden.

2) Befristung

Diese Bürgschaft ist befristet bis zum ...., d.h., der Bürge haftet für alle oben genannten Ansprüche der BHF-BANK gegen den Hauptschuldner, die bis zum Ablauf dieses Tages entstanden sind, für diese Ansprüche aber unbefristet.

3) Fortbestand der Bürgschaftsschuld.

-2-

Die Bürgschaft besteht bis zur Beendigung der Geschäftsverbindung und bis zur Rückführung aller gesicherten Ansprüche der BHF-BANK; sie erlischt insbesondere nicht durch eine vorübergehende Rückzahlung der Kredite. Ein Anspruch auf Befreiung von der Bürgschaft (§ 775 BGB) darf nur mit vorheriger schriftlicher Zustimmung der BHF-BANK gegen den Hauptschuldner geltend gemacht werden.

4) Stellung weiterer Sicherheiten durch den Bürgen.

Falls der Bürge der BHF-BANK für die Verbindlichkeiten des Hauptschuldners weitere Sicherheiten stellen sollte, so dienen diese nicht zur Unterlegung der Bürgschaftsverpflichtung des Bürgen, sondern zur direkten Absicherung der Verbindlichkeiten des Hauptschuldners.

5) Zahlungen des Bürgen und ihre Wirkungen.

Zahlungen des Bürgen dienen als Sicherheitsleistung für dessen Bürgschaftsschuld, bis die BHF-BANK wegen ihrer sämtlichen Ansprüche gegen den Hauptschuldner, die im Zeitpunkt der vollständigen Erfüllung der Bürgschaftsschuld bestehen, befriedigt ist. Erst dann gehen die Ansprüche der BHF-BANK gegen den Hauptschuldner auf den Bürgen über. Die BHF-BANK ist jedoch berechtigt, sich jederzeit aus von dem Bürgen gezahlten Beträgen zu befriedigen. Nach Übergang der Ansprüche hat die BHF-BANK Sicherheiten, die ihr vom Hauptschuldner oder von dritter Seite bestellt worden sind, nur insoweit auf den Bürgen zu übertragen, als der Sicherungsgeber seinen Anspruch gegen die BHF-BANK auf Rückübertragung der Sicherheiten an den Bürgen abgetreten oder sich mit der Übertragung auf den Bürgen ausdrücklich einverstanden erklärt hat. Dies gilt nicht für Sicherheiten, die kraft Gesetzes auf den Bürgen übergehen.

6) Anrechnung anderer Zahlungseingänge.

Die BHF-BANK darf den Erlös aus ihr anderweitig bestellten Sicherheiten, ferner alle vom Hauptschuldner oder für dessen Rechnung geleisteten Zahlungen sowie dessen etwaige Gegenforderungen zunächst auf ihre Ansprüche anrechnen, die durch diese Bürgschaft nicht gedeckt sind.

7) Mehrere Bürgen / Bürgschaften / Hauptschuldner.

Die Bürgschaft gilt unabhängig von Bürgschaften, die vom Bürgen oder von dritter Seite bereits übernommen sind oder künftig übernommen werden. Die Entstehung von Gesamtbürgschaften ist ausgeschlossen und jeder Bürge haftet für die gesamten von ihm verbürgten Beträge.

Sind mehrere Hauptschuldner angegeben, so erstreckt sich die Bürgschaft auch auf die Ansprüche gegen jeden einzelnen Hauptschuldner.

8) Verzicht auf Einwendungen und Einreden.

Der Bürge erkennt alle Maßnahmen und Vereinbarungen, welche die BHF-BANK mit dem Hauptschuldner treffen sollte oder bei der Geltendmachung der von ihm verbürgten Forderungen oder bei der Verwertung anderweitiger Sicherheiten für nützlich erachtet, als für ihn verbindlich an. Insbesondere gilt die Bürgschaft ohne Rücksicht auf die Bestellung und den Rechtsbestand sonstiger Sicherheiten und bleibt auch unverändert wirksam, wenn die BHF-BANK Sicherheiten, welche ihr anderweitig bestellt worden sind oder künftig bestellt werden, freigibt. Die BHF-BANK ist nicht verpflichtet, sich vor Inanspruchnahme dieser Bürgschaft zunächst an andere Sicherheiten zu halten.

Der Bürge wird daraus, daß die BHF-BANK die Einziehung der Hauptschuld aufschiebt, dem Hauptschuldner weitere Kredite und/oder Prolongationen gewährt, keine Einwendungen erheben. Der Bürge verzichtet auf die Einreden der Vorausklage, der Anfechtbarkeit und Aufrechenbarkeit.

Die Haftung aus dieser Bürgschaft bleibt auch dann unberührt, wenn dem Hauptschuldner eine Konvertierung und/oder Transferierung des geschuldeten Betrages in der geschuldeten Währung, auch nur zeitweilig, nicht möglich ist. Der Bürge wird auch daraus keine Einwendungen ableiten, daß gegen den Hauptschuldner ein, wenn auch nur befristetes, Zahlungsverbot verhängt wird.

9) Information über den Stand der Hauptschuld.

Die BHF-BANK wird den Bürgen über den Stand der Hauptschuld nur unterrichten, sofern der Hauptschuldner hierzu schriftlich seine Zustimmung erteilt.

10) Nebenbestimmungen.

Auf diese Bürgschaft findet das Recht der Bundesrepublik Deutschland Anwendung.

Ist der Bürge eine juristische Person des öffentlichen Rechts, ein öffentlich-rechtliches Sondervermögen oder ein Kaufmann, der nicht zu den in § 4 des HGB bezeichneten Gewerbetreibenden gehört, oder hat der Bürge keinen allgemeinen Gerichtsstand im Inland, so sind für alle Streitigkeiten aus dieser Bürgschaft die Gerichte in Frankfurt am Main sowie diejenigen Gerichte örtlich zuständig, in deren Bereich sich die kontoführende Stelle der BHF-BANK befindet. Befindet sich der Wohnsitz des Bürgen außerhalb der Bundesrepublik Deutschland, so ist die BHF-BANK berechtigt, den Bürgen an seinem Wohnsitz oder jedem anderen zulässigen Gerichtsstand zu verklagen.

-3-

Änderungen und Nebenabreden bedürfen zu ihrer Rechtswirksamkeit der Schriftform.

Sollte eine Bestimmung des Vertrages unwirksam sein, so wird die Wirksamkeit der übrigen Bestimmungen dadurch nicht beeinträchtigt.

......................, den ....

....

BÜRGSCHAFTSERKLÄRUNG

Herr/Frau/Firma

- nachstehend "Bürge" genannt -

übernimmt hiermit gegenüber der

Berliner Handels- und Frankfurter Bank

- nachstehend "BHF-BANK" genannt -

für alle bestehenden, künftigen und bedingten Ansprüche, die der BHF-BANK mit ihren sämtlichen in- und ausländischen Geschäftsstellen aus der bankmäßigen Geschäftsverbindung

gegen

- nachstehend "Hauptschuldner" genannt -

zustehen,

die selbstschuldnerische Bürgschaft über

DM ____________________

(in Worten: Deutsche Mark

- nachstehend "Kapitalbetrag" genannt -

zuzüglich mitverbürgter Nebenleistungen gemäß Ziff. 1).

Falls der Hauptschuldner gegenüber der BHF-BANK für die Schuld eines Dritten die persönliche Haftung übernommen hat (z.B. Bürgschaft), so dient diese Bürgschaftserklärung ab Fälligkeit dieser Verpflichtung auch zu deren Sicherung.

Für diese Bürgschaft gelten des weiteren folgende Bestimmungen:

1) Zusätzlich mitverbürgte Nebenleistungen.

Der vorgenannte Kapitalbetrag erhöht sich um Zinsen, Spesen und Kosten jeder Art, die auf den verbürgten Kapitalbetrag anfallen oder die durch dessen Geltendmachung entstehen, max. jedoch um 20 % des Kapitalbetrages. Dies gilt auch dann, wenn die Beträge durch Saldofeststellung im Kontokorrent zum Kapital geschlagen werden. Diese können neben dem vorerwähnten Kapitalbetrag geltend gemacht werden.

2) Umfang der Bürgschaft.

Der Bürge haftet aus dieser Bürgschaft insgesamt nur bis zum oben genannten Kapitalbetrag zuzüglich der gem. Ziff. 1) mitverbürgten Nebenleistungen, und zwar auch dann, wenn er die Bürgschaft für mehrere Hauptschuldner übernimmt.

3) Fortbestand der Bürgschaft.

Die Bürgschaft bleibt über eine Beendigung der Geschäftsverbindung hinaus solange bestehen, bis alle durch diese Bürgschaft gesicherten Ansprüche der BHF-BANK endgültig erfüllt sind; sie erlischt insbesondere nicht, wenn der Hauptschuldner die durch die Bürgschaft gesicherten Ansprüche vorübergehend zurückführt.

- 2 -

4) Inanspruchnahme aus der Bürgschaft, Verzicht auf Einreden.

a) Sind die durch die Bürgschaft gesicherten Ansprüche der BHF-BANK fällig und erfüllt der Hauptschuldner diese Ansprüche nicht, kann sich die BHF-BANK an den Bürgen wenden, der dann aufgrund seiner Haftung als Selbstschuldner nach Aufforderung durch die BHF-BANK Zahlung zu leisten hat. Die BHF-BANK ist nicht verpflichtet, zunächst gegen den Hauptschuldner gerichtlich vorzugehen oder ihr gestellte Sicherheiten zu verwerten.

b) Die Zahlungsverpflichtung des Bürgen besteht auch dann, wenn der Hauptschuldner das Geschäft, das seiner Verbindlichkeit zugrundeliegt, anfechten kann (Verzicht auf die dem Bürgen nach § 770 Abs. 2 BGB zustehende Einrede der Anfechtbarkeit der Hauptschuld). Ferner kann sich der Bürge nicht darauf berufen, daß die BHF-BANK ihre Ansprüche durch Aufrechnung gegen eine fällige Forderung des Hauptschuldners befriedigen kann (Verzicht auf die dem Bürgen nach § 770 Abs. 2 BGB zustehende Einrede der Aufrechenbarkeit).

5) Übergang von Sicherheiten.

a) Vor vollständiger Erfüllung der Bürgschaftsschuld hat der Bürge keinen Anspruch auf Übertragung von Sicherheiten, die der BHF-BANK zur Sicherung der verbürgten Ansprüche bestellt worden sind.

b) Hat der Bürge seine Bürgschaftsschuld vollständig erfüllt und hat die BHF-BANK nach den Sicherungsvereinbarungen Sicherheiten freizugeben, so wird sie Sicherheiten, die ihr vom Hauptschuldner bestellt worden sind - ggfs. anteilig -, auf den Bürgen übertragen; Sicherheiten, die von Dritten bestellt worden sind, wird die BHF-BANK an den jeweiligen Sicherungsgeber zurückübertragen, falls mit diesen nichts anderes vereinbart worden ist.

c) Soweit Sicherheiten kraft Gesetzes auf den Bürgen übergehen (z.B. Pfandrechte), bleibt es jedoch bei der gesetzlichen Regelung. Wenn die Ansprüche der BHF-BANK den oben genannten Höchstbetrag übersteigen und die kraft Gesetzes auf den Bürgen übergehenden Sicherheiten auch zur Sicherung des nicht verbürgten Teils der Ansprüche dienen, so steht hierfür der BHF-BANK gegenüber dem Bürgen ein vorrangiges Befriedigungsrecht zu.

d) Etwaige Ansprüche des Bürgen gegen andere Sicherungsgeber auf Ausgleich und Übertragung von Sicherheiten werden durch die vorstehende Regelung nicht berührt.

6) Anrechnung von Zahlungseingängen.

Die BHF-BANK darf den Erlös aus der Verwertung von Sicherheiten, die ihr der Hauptschuldner oder ein anderer Dritter bestellt hat, zunächst auf den Teil ihrer Ansprüche anrechnen, der den oben genannten verbürgten Höchstbetrag übersteigt. Dies gilt auch für Sicherheiten, die der Bürge zur zusätzlichen Sicherung der Ansprüche gegen den Hauptschuldner bestellt hat, es sei denn, daß diese zur Unterlegung der Bürgschaft bestimmt waren. In derselben Weise - nämlich vorrangig mit dem hier nicht verbürgten Teil ihrer Ansprüche - darf die BHF-BANK alle vom Hauptschuldner oder für dessen Rechnung geleisteten Zahlungen verrechnen.

7) Haftung mehrerer Bürgen.

a) Haben sich mehrere Bürgen in gesonderten Bürgschaftsurkunden für dieselben Verbindlichkeiten des Hauptschuldners verbürgt, haftet jeder einzelne Bürge - im Verhältnis zur BHF-BANK unter Ausschluß eines Gesamtschuldverhältnisses - ungeachtet etwaiger Zahlungen eines anderen Bürgen auf den vollen Betrag der von ihm übernommenen Bürgschaft, und zwar solange, bis alle von ihm verbürgten Ansprüche der BHF-BANK vollständig erfüllt sind.

b) Haben sich mehrere Bürgen in dieser Urkunde verbürgt, haften sie gegenüber der BHF-BANK als Gesamtschuldner. Dies bedeutet, daß die BHF-BANK den oben vereinbarten Kapitalbetrag nebst mitverbürgter Nebenleistungen gem. Ziff. 1) von jedem einzelnen Bürgen ganz oder teilweise fordern kann, insgesamt jedoch nicht mehr als diesen Betrag.

c) Ausgleichsansprüche des in Anspruch genommenen Bürgen gegen die anderen Bürgen werden durch die vorstehende Regelung nicht berührt.

8) Zusätzliche Bürgschaftserklärungen.

Die Bürgschaft gilt zusätzlich zu etwaigen weiteren vom Bürgen abgegebenen Bürgschaftserklärungen.

9) Stundung und Freigabe von Sicherheiten.

Der Bürge wird von seiner Bürgschaftsverpflichtung nicht frei, wenn die BHF-BANK dem Hauptschuldner Stundung gewährt, andere Bürgen aus der Haftung entläßt oder sonstige Sicherheiten freigibt, insbesondere, wenn die BHF-BANK Verfügungen über Gegenstände zuläßt, die dem Pfandrecht der BHF-BANK unterliegen und dies im Rahmen der ordnungsgemäßen Durchführung und Abwicklung der Geschäftsverbindung zum Hauptschuldner oder zur Wahrung berechtigter Belange des Hauptschuldners oder der BHF-BANK geschieht. Der Bürge wird ebenfalls nicht frei, wenn die BHF-BANK Sicherheiten aufgibt, um eine sich aus anderen Sicherungsverträgen ergebende Freigabeverpflichtung zu erfüllen.

10) Recht des Bürgen zur Kündigung der Bürgschaft.

a) Der Bürge kann die Bürgschaft - sofern sie nicht zeitlich befristet ist - nach Ablauf eines Jahres ab dem Zeitpunkt ihrer Übernahme schriftlich kündigen. Die Kündigung wird mit einer Frist von 3 Monaten nach dem Eingang bei der BHF-BANK wirksam. Das Recht auf Kündigung aus wichtigem Grund bleibt unberührt.

b) Die Haftung des Bürgen besteht auch nach Wirksamwerden der Kündigung fort, beschränkt sich jedoch auf den Bestand der verbürgten Ansprüche, der zum Zeitpunkt der Kündigungswirkung vorhanden war. Die Regelungen dieser Bürgschaft gelten bis zum vollständigen Ausgleich der verbürgten Verbindlichkeiten des Hauptschuldners weiter. Alle Zahlungen - gleich welcher Art -, die zugunsten des Hauptschuldners nach Wirksamwerden der Kündigung eingehen, werden zunächst auf denjenigen Teil der Ansprüche angerechnt, der bei Wirksamwerden der Kündigung nicht durch die Bürgschaft gesichert ist. Weitere Zahlungseingänge führen zu einer Ermäßigung der Bürgschaftsschuld.

c) Bis zum Wirksamwerden der Kündigung können vor Eingang der Kündigung zugesagte Kredite vom Hauptschuldner in Anspruch genommen werden.

d) Der Bürge haftet nach Wirksamwerden der Kündigung auch für solche Ansprüche der BHF-BANK gegen den Hauptschuldner, die dadurch entstehen, daß die BHF-BANK sich im Auftrage des Hauptschuldners Dritten gegenüber - z.B. durch Übernahme einer Bürgschaft oder einer Garantie - verpflichtet hat, für Verbindlichkeiten des Hauptschuldners einzustehen.

11) Nebenbestimmungen.

Auf diese Bürgschaft findet das Recht der Bundesrepublik Deutschland Anwendung.

Ist der Bürge eine juristische Person des öffentlichen Rechts, ein öffentlich-rechtliches Sondervermögen oder ein Kaufmann, der nicht zu den in § 4 des HGB bezeichneten Gewerbetreibenden gehört, oder hat der Bürge keinen allgemeinen Gerichtsstand im Inland, so sind für alle Streitigkeiten aus dieser Bürgschaft die Gerichte in Frankfurt am Main sowie diejenigen Gerichte örtlich zuständig, in deren Bereich sich die kontoführende Stelle der BHF-BANK befindet. Befindet sich der Wohnsitz des Bürgen außerhalb der Bundesrepublik Deutschland, so ist die BHF-BANK berechtigt, den Bürgen an seinem Wohnsitz oder jedem anderen zulässigen Gerichtsstand zu verklagen.

Änderungen dieser Bürgschaft - einschließlich dieser Bestimmung - sowie Nebenabreden bedürfen zu ihrer Rechtswirksamkeit der Schriftform.

Sollte eine Bestimmung des Vertrages unwirksam sein, so wird die Wirksamkeit der übrigen Bestimmungen dadurch nicht beeinträchtigt.

...................., den ....

....
Unterschrift

...

ANLAGE 2

Deutsche Hyp

Deutsche Hyp, Postfach 16 02 65, D-60065 Frankfurt am Main

Herrn
Olaf Dyck

Deutsche Hyp
Deutsche Hypothekenbank
Frankfurt-Hamburg AG
Taunusanlage 9
D-60329 Frankfurt am Main
www.deutschehyp.de
Bereich Recht
Herr Gärtner
Telefon (0 69) 25 48 – 69 30
Telefax (0 69) 25 48 - 61 13

Frankfurt am Main, 17.10.2001
Dyck – bf gae

im Schriftverkehr bitte stets angeben:
Darlehens-Nr.: Bearb.-Kennz.:
19200

Ihre Dissertation

Sehr geehrter Herr Dyck,

in vorbezeichneter Angelegenheit danken wir für Ihr Schreiben vom 07.10.2001 und teilen Ihnen mit, dass die Sie interessierende Bürgschaftsklausel bei uns keine praktische Relevanz hat. Etwaige Zahlungen eines Bürgen werden durchweg sofort auf die verbürgte Forderung verrechnet.

Ergänzend fügen wir Ihnen noch einen Bürgschaftstext bei, der die fragliche Klausel nicht enthält und im wesentlichen dem vom Bundesverband Deutscher Banken verabschiedeten und über den Bankverlag vertriebenen Text entspricht. Den Bundesverband deutscher Banken, in dem die deutschen Privatbanken organisiert sind, erreichen Sie unter der Anschrift Burgstraße 28 in 10178 Berlin. Der Deutsche Sparkassen- und Giroverband hat die Anschrift Behrenstraße 31 in 10117 Berlin.

Mit freundlichen Grüßen

Deutsche Hyp
Deutsche Hypothekenbank
Frankfurt-Hamburg AG

zur Megede   Gärtner

Anlage

ANLAGE 3

Sparkasse
Leipzig

Stadt- und Kreissparkasse Leipzig • Postfach 10 08 40 • 04008 Leipzig

Herrn
Olaf Dyck

Abteilung Recht / Sanierung
Petra Datko
Telefon: (03 41) 9 86-34 04
Telefax: (03 41) 9 86-34 09
Petra.Datko@Sparkasse-Leipzig.de

Leipzig, 22. Oktober 2001

Auskunftsbegehren zu Bürgschaftsklauseln

Sehr geehrter Herr Dyck,

in Beantwortung Ihres Schreibens teilen wir Ihnen mit, dass eine Bürgschaftsinanspruchnahme durch uns erst nach Fälligstellung der Hauptschuld erfolgt. Zahlungen aus einer solchen Inanspruchnahme werden unmittelbar mit der fällig gestellten Forderung verrechnet. Einer "Zwischenlagerung" der eingehenden Zahlung des Bürgen bedarf es insoweit nicht.

Die Verzinsung etwaiger Kredite richtet sich nach verschiedensten Parametern (Art des Kredites, Laufzeit, Kredithöhe, Sicherheitenlage etc.) und kann nicht pauschal angegeben werden.

Das gewünschte Adressenverzeichnis haben wir als Anlage beigefügt. Der Sparkassenverlag ist postalisch unter DSV GmbH, Am Wallgraben 115, 70565 Stuttgart zu erreichen.

Mit freundlichen Grüßen

Stadt- und Kreissparkasse Leipzig

ANLAGE 4

Deutsche Apotheker- und Ärztebank

Rechtsabteilung

Postfach 10 10 31 · 40001 Düsseldorf

Herrn
Olaf Dyck

Postanschrift
Postfach 10 10 31
40001 Düsseldorf

Hausanschrift
Emanuel-Leutze-Straße 8
40547 Düsseldorf

Telefon (0211) 5998-0
Telefax (0211) 59 38 52
Telex 8 584 330 dad d
T-Online *20605#
Internet http://www.apobank.de
SWIFT DAAE DE DD

Deutsche Apotheker- und Ärztebank eG, Düsseldorf
Konto-Nr. 0002000097 BLZ 30060601

Ihr Zeichen	Ihre Nachricht vom	Unser Zeichen	Tel.-Durchwahl	Datum
			5998 —	24.10.2001

Bürgschaftsklausel

Sehr geehrter Herr Dyck,

Bezug nehmend auf Ihr Schreiben vom 07.10.2001 teilen wir Ihnen mit, dass die betreffende Klausel in der allgemeinen Formularpraxis Anwendung bei Firmenkrediten und der Verwertung von Sicherheiten findet.

Der Schwerpunkt unseres Geschäfts hingegend liegt bei den Krediten für Heilberufler. Soweit wir den Bürgen in Anspruch nehmen, geschieht dies im Regelfall nach der Verwertung anderweitiger Sicherheiten und sobald feststeht, dass vom Kreditnehmer keine Zahlungen mehr zu erwarten sind. Die Zahlungen des Bürgen werden in diesen Fällen unmittelbar mit der verbürgten Schuld verrechnet.

Zu Ihrer Anfrage bzgl. der Bankverbände können Sie versuchen, weitere Informationen unter <u>www.bdb.de</u> zu bekommen.

Wir wünschen Ihnen weiterhin viel Erfolg für Ihre Dissertation und verbleiben

mit freundlichen Grüßen

FSC
www.fsc.org
MIX
Papier | Fördert
gute Waldnutzung
FSC® C083411

Kolibri 360 GmbH
Ferdinand-Jühlke-Straße 7
99095 Erfurt, Deutschland
produktsicherheit@kolibri360.de

Druck:
CPI Druckdienstleistungen GmbH
im Auftrag der
Kolibri 360 GmbH
Ferdinand-Jühlke-Str. 7
99095 Erfurt